Federer

CHRISTOPHER CLAREY

Federer
O homem que mudou o esporte

TRADUÇÃO DE
Cássia Zanon, Isadora Prospero,
Marcelo Schild e Paula Diniz

intrínseca

Copyright © 2021 by Christopher Clarey
Publicado mediante acordo com Grand Central Publishing, Nova York, Nova York, EUA. Todos os direitos reservados.

Título original
The Master: The long run and beautiful game of Roger Federer

Preparação
Carolina Vaz
Isadora Prospero
Mariá Tomazoni
Sofia Soter
Stella Carneiro

Revisão
Eduardo Carneiro

Revisão técnica
Felipe Mussa

Diagramação
Cláudio Corrêa | DTPhoenix Editorial

Design de capa
Jarrod Taylor

Adaptação de capa
Henrique Diniz

Imagem de capa
© AP / Seth Wenig

CIP-BRASIL. CATALOGAÇÃO NA PUBLICAÇÃO
SINDICATO NACIONAL DOS EDITORES DE LIVROS, RJ

C541f   Clarey, Christopher
Federer: o homem que mudou o esporte / Christopher Clarey; tradução Cássia Zanon ... [et al.]. – 1. ed. – Rio de Janeiro: Intrínseca, 2021.
432 p.; 23 cm.

Tradução de: The master: the long run and beautiful game of Roger Federer
Inclui índice
ISBN 978-65-5560-292-0

1. Federer, Roger, 1981-. 2. Tenistas – Biografia – Suíça. I. Zanon, Cássia. II. Título.
CDD: 927.9634209494
CDU: 929:796.342(494)

21-72082

Camila Donis Hartman – Bibliotecária – CRB-7/6472

[2021]

Todos os direitos desta edição reservados à
Editora Intrínseca Ltda.
Av. das Américas, 500, bloco 12, sala 303
22640-904 – Barra da Tijuca
Rio de Janeiro — RJ
Tel./Fax: (21) 3206-7400
www.intrinseca.com.br

Para minha mãe, uma mulher deslumbrante que me transmitiu seu amor pelas palavras e pelo tênis

CAPÍTULO UM

TIGRE, Argentina

A meia-noite se aproximava — e Roger Federer também.

Nós, jornalistas, passamos muito tempo esperando, e esta espera específica ocorria em um carro com chofer em um subúrbio de Buenos Aires enquanto "All By Myself", a balada melancólica de Eric Carmen, tocava no rádio. Parecia muito apropriado para mim, sentado sozinho no banco de trás com minhas anotações e meus pensamentos pré-entrevista, mas não muito adequado para Federer, que quase nunca estava sozinho e certamente não estava nessa ocasião.

Eram meados de dezembro de 2012, o fim de um ano de volta por cima: era novamente o número 1 após ganhar Wimbledon, seu primeiro título de Grand Slam em mais de dois anos. Havia então deixado a esposa, Mirka, e as filhas gêmeas de três anos em casa, na Suíça, vindo pela primeira vez a essa cidade da América do Sul para jogar uma série de partidas de exibição cujos ingressos se esgotaram em questão de minutos.

Ele estava ali pelo dinheiro: 2 milhões de dólares por aparição, que lhe garantiam mais por essas seis partidas do que os 8,5 milhões que ele ganhara com prêmios oficiais em todo o ano de 2012. Mas Federer também estava ali pelas lembranças: a chance de se conectar com outros públicos em novos lugares, apesar de todas as demandas sobre sua mente e seu corpo nos onze meses anteriores.

Outros campeões, com a fortuna já garantida, teriam se contentado em evitar a viagem e o jet lag. Mas Federer e seu agente, Tony Godsick, estavam pensando alto: consideravam mercados inexplorados pelo tenista, assim como emoções inexploradas por Federer. O torneio, que o levara ao Brasil e agora à Argentina, tinha superado as expectativas, simbolizadas pelo público de vinte mil pessoas que encheu o estádio improvisado em Tigre naquela noite. Era um recorde para uma partida de tênis na Argentina, a orgulhosa terra natal de ícones do esporte como Guillermo Vilas, Gabriela Sabatini e Juan Martín del Potro, que tinha sido adversário de Federer e lhe dava trabalho de vez em quando.

"Foi ótimo, mas meio esquisito para Juan Martín", contou Franco Davin, técnico de Del Potro na época. "Ele está em casa na Argentina, mas as pessoas torcem mais para o Federer."

Isso já aconteceu em muitos países. Federer joga em casa praticamente em qualquer lugar, e por volta da meia-noite várias centenas de fãs ainda esperavam do lado de fora do estádio: adultos em pé sobre caixas para ver melhor; crianças nos ombros dos pais; flashes de câmeras disparando enquanto as pessoas não tiravam o dedo do botão para capturar o momento.

Havia um silêncio cheio de expectativa, que de repente se tornou um caos quando Federer emergiu de uma porta lateral e se dirigiu para o banco de trás do carro, movendo-se com agilidade mesmo depois da partida de três sets contra Del Potro.

"Tchau, tchau. Tchau, tchau. Tchau, tchau!", repetiu ele aos fãs, em tom tranquilo, antes de abrir a porta do carro.

"Como vão as coisas?", perguntou no mesmo tom depois de fechá-la.

Segui Federer por seis continentes e o entrevistei mais de vinte vezes ao longo de vinte anos para o *The New York Times* e o *International Herald Tribune*. Nossos encontros aconteciam em todo tipo de lugar, de aviões particulares ao fundo da quadra em Wimbledon, da Times Square a restaurantes nos Alpes suíços, e até uma suíte no Hotel Crillon, em Paris, com uma vista incrível da Place de la Concorde enquanto sua futura esposa, Mirka Vavrinec, experimentava roupas de marca.

Um hábito que separa Federer da maioria dos outros atletas de elite que já conheci é que ele antes pergunta como você está, e não de um jeito burocrático: ele quer saber sobre como foi sua viagem até aquele lugar específico, suas opiniões em relação ao torneio, ao país, às pessoas.

"A coisa mais interessante sobre Roger é que ele se interessa", disse-me certa vez Paul Annacone, seu antigo técnico.

Minha família de cinco membros também tinha embarcado em uma viagem ao redor do mundo em 2012: um ano escolar passado na estrada, que começaria com três meses no Peru, no Chile e na Argentina.

Federer queria ouvir sobre as melhores partes (Torres del Paine e Ilha de Chiloé, no Chile, e Arequipa, no Peru). Estava, no entanto, ainda mais interessado na educação das crianças e em como meus três filhos reagiram e se beneficiaram disso. Era mais um indício de que ele pretendia permanecer na estrada com a própria família, que desejava manter as crianças por perto e mostrar a elas boa parte do mundo ao longo do processo.

"Somos meio que convidados recorrentes na maioria das cidades e torneios, e fizemos muitos amigos ao redor do mundo", disse ele. "É aquela sensação de ter um lar longe do seu lar. Consigo reproduzi-la com facilidade agora, especialmente com as crianças. Quero continuar trazendo essa experiência para elas, para que se sintam confortáveis não importa onde estejam."

A curiosidade de Federer — fosse apenas por educação, fosse genuína — dita o tom para uma conversa que vai além de uma entrevista estruturada. Isso desarma o entrevistador, embora não pareça ser a intenção dele. O que cria, sobretudo, é um ar de normalidade em meio ao extraordinário, e isso é algo que Federer projeta de forma bastante intencional. Ele consegue lidar com o fato de estar num pedestal (teve muita prática), mas com frequência enfatiza que fica mais feliz quando está em pé de igualdade com os outros. A responsável pela perpetuação desse comportamento pode ter sido sua mãe, Lynette. Quando alguém ouve o sobrenome dela ou um atendente de loja o vê no cartão de crédito e pergunta se ela é parente *daquele* Federer, ela responde que sim, mas rapidamente muda o foco e pergunta se a pessoa também tem filhos.

"Veja isso, escute isso", disse Federer no seu barítono nasalado característico, gesticulando para fora da janela do carro. "Estamos passando pela multidão com uma escolta policial, e isso não é o que costuma acontecer comigo, sabe?"

"Engraçado", falei. "Pensei que acontecesse bastante com você."

"Graças a Deus não", disse ele. "Eu me considero um cara realmente normal com uma vida fascinante como tenista, porque a vida de tenista se tornou muito exposta ao público, com as viagens pelo mundo, com audiência.

Você sente a reação na mesma hora. Sabe se é bom ou ruim. É um pouco como ser músico, e posso afirmar que é uma sensação agradável. Mesmo se você for ruim, não faz diferença. Treine. Pelo menos você sabe que tem trabalho a fazer e, se for um ótimo jogador, isso lhe dá confiança e motivação e o inspira. Então é uma vida ótima, preciso admitir. É complicado às vezes, sabe, porque as viagens podem ser difíceis. Você entende bem como é. Mas eu estava pensando, outro dia, que entrei no top 10 já faz uns dez anos e ainda estou aqui, vivenciando essas situações. É uma experiência transcendente, mal consigo acreditar que está acontecendo de verdade. Eu me sinto muito sortudo e acho que é uma das razões pelas quais gostaria de continuar jogando, porque essas coisas não acontecem mais depois que você se aposenta."

A surpresa, até mesmo para o próprio Federer, foi quanto mais ainda aconteceria antes de sua aposentadoria.

Naquela noite na Argentina ele já estava com 31 anos, a mesma idade de Pete Sampras, um dos seus ídolos, quando ganhou seu 14º título de simples de Grand Slam e estabeleceu um recorde no Aberto dos Estados Unidos de 2002. Essa acabou sendo a última partida de Sampras no circuito, e teria sido uma das despedidas mais bem-sucedidas da história do esporte se ele não tivesse esperado mais um ano para anunciar oficialmente sua aposentadoria.

Stefan Edberg, outro dos heróis de infância de Federer, aposentou-se aos trinta anos.

Mas o suíço não estava no fim da carreira em Buenos Aires, como a maioria dos especialistas e fãs de tênis poderia ter imaginado. Ele ainda estava no meio de sua jornada e continuaria jogando com habilidade até os anos 2020, conforme seus pares geracionais de tênis se tornavam empresários, comentaristas ou técnicos dos rivais mais jovens de Federer.

Observando-se Sampras em suas últimas temporadas em 2001 e 2002, o cansaço e a pressão eram visíveis. "Pete chegara ao limite, mas Roger é um animal completamente diferente", disse Annacone, que treinou ambos. "Viajar o mundo exauria a energia de Pete. Já Roger tirava ânimo disso."

Annacone viajou com Federer para o Masters de Xangai. No segundo dia na cidade, ele e o restante da equipe estavam à mesa conversando na suíte do tenista quando houve uma batida na porta. Era uma mulher chinesa.

Federer anunciou que a professora dele de mandarim acabara de chegar.

"Aí Roger diz: 'Ela vai vir todos os dias por meia hora, e nós vamos tentar pegar algumas palavras aqui e ali para eu aprender um pouco de mandarim'", declarou Annacone. "E eu estava, tipo, 'Cara, eu mal consigo falar inglês.' E Roger: "Que nada, vai ser divertido.' E ele realmente adorou. Ele queria aprender algumas frases para poder agradecer aos fãs em mandarim, mas também ficava nervoso de ouvir a gente tentando pronunciar as coisas. Roger simplesmente abraça os diferentes aspectos de viajar de uma maneira que nem todo mundo faz."

Era o estado natural para Federer, cujo pai vinha da Suíça e a mãe, da África do Sul, país que Federer visitou pela primeira vez aos três meses e para onde voltou diversas vezes ao longo da infância. Sampras não falava outro idioma além do inglês. Federer fala francês, inglês, alemão e suíço-alemão, além de saber várias palavras em africâner, graças à mãe, e uma quantidade considerável de xingamentos em sueco, graças ao seu antigo técnico Peter Lundgren.

Como um suíço da cidade fronteiriça da Basileia, Federer estava acostumado a transitar entre diversas culturas desde muito jovem. Mas estar exposto a um modo de vida não é garantia de que a pessoa vai adotá-lo. Federer fazia isso em parte porque, para um tenista vencedor, havia um motivo para suas viagens ao redor do mundo, e o que o deixou genuinamente eufórico naquele carro na Argentina, em 2012, foi a percepção de que tudo que ele tinha criado nas quadras de Wimbledon e Roland Garros tinha se traduzido mais amplamente do que imaginara a princípio, inspirando muitas pessoas.

"Eles são tão entusiasmados", disse ele. "Vi mais fãs chorando aqui na América do Sul do que em qualquer outro lugar do mundo. Eles choram, tremem e ficam tão... não deslumbrados, mas tão felizes por te conhecer que mal parecem acreditar. E isso é algo que já me aconteceu algumas vezes, mas é muito raro, e aqui tive pelo menos umas vinte pessoas, provavelmente, me abraçando e beijando, muito felizes só pela chance de me tocar."

Enquanto os argentinos gritavam e se espremiam em direção ao carro, ele não se afastou da janela. Aproximou-se dela.

Perguntei a Federer se ele conhecia a palavra em inglês "*jaded*" [desencantado].

"Mais ou menos", respondeu, parecendo hesitante.

"Em francês, basicamente significa *blasé*", falei. "Você já viu tudo, e as coisas não lhe dão a mesma emoção. É um pouco como imagino Björn Borg no carro saindo do Aberto dos Estados Unidos, para nunca mais voltar."

Borg tinha 25 anos na época.

Federer considerou isso por um momento.

"Acontece muito rápido", disse ele. "Você só pensa: *Já deu pra mim. Não quero mais fazer isso. Cansei de tudo isso*. E, na verdade, é algo que tento evitar com uma agenda razoável, me divertindo e passando por boas mudanças, porque, como você mencionou, se você faz sempre a mesma coisa — não importa o que seja — vezes demais, o tempo todo, com muita frequência, vai acabar entediado. Não importa quão extraordinária possa ser sua vida. Então penso que é aí que entram essas viagens, ou uma boa sessão de treino, ou férias maravilhosas, ou alguns torneios incríveis em sequência, aguentando firme, não importa o que venha pela frente... É nessa mistura que encontro os recursos para fazer mais, a energia para fazer mais. Na verdade, é bem simples, de certo modo."

Vendo Federer permanecer renovado e disposto com mais de trinta anos, contra a lógica e contra os precedentes no tênis, fiquei intrigado ao perceber que sua habilidade de aproveitar o momento se devia, na verdade, à premeditação. Se ele era relaxado e solícito apesar das forças que o puxavam em todas as direções, era porque conhecia a si mesmo e seu microcosmo bem o suficiente para evitar as armadilhas que poderiam apagar sua chama.

Mas, é claro, essa intencionalidade está em perfeita harmonia com sua carreira de modo geral.

Com frequência, ao longo das décadas, ele já disputou partidas que impressionaram por parecerem fáceis para ele: marcando aces, deslizando para direitas e, em seu ato mais desafiador à gravidade, permanecendo acima da superfície em um mundo merecidamente inundado pelo cinismo dos ídolos. Mas sua jornada de um adolescente temperamental, com o cabelo loiro descolorido e estilo questionável, a um dos atletas mais elegantes e confiantes do mundo foi um ato prolongado de força de vontade, não um ato do destino.

Embora seja considerado pela maioria um talento natural, Federer é um jogador meticuloso que aprendeu a aceitar a rotina e a autodisciplina: ele planeja sua agenda com muita antecedência e em detalhes consideráveis.

"Geralmente tenho uma ideia de como será o próximo ano e meio e uma ideia bem concreta acerca dos próximos nove meses", comentou ele na Argentina. "Posso dizer a você o que estarei fazendo na segunda, antes de Rotterdam, ou no sábado antes de Indian Wells. Não hora a hora, claro, mas praticamente tenho todos os dias programados."

Embora seja raro ver Federer suar, houve muito cansaço e muitas dúvidas sobre si mesmo nos bastidores. Ele jogou sentindo dor muito mais vezes do que a maioria de nós viria a saber. Isso sem contar uma série de revezes esmagadores sob os holofotes. Qualquer um poderia dizer que as duas maiores partidas de sua carreira foram a final de Wimbledon em 2008, contra Rafael Nadal, e a final de Wimbledon de 2019, contra Novak Djokovic. Ambas terminaram em derrotas amargas em disputados quintos sets que se estenderam além do tempo normal.

Ele foi um grande vencedor, somando mais de cem títulos e 23 semifinais de Grand Slam consecutivas, mas também foi um grande perdedor.

Isso sem dúvida contribuiu para o seu charme de homem comum, ajudando a humanizá-lo. E — em sua defesa — Federer absorveu os golpes, tanto públicos quanto privados, e se recuperou com foco na energia positiva e no longo prazo.

Ele transcendeu o tênis, mas não ao usá-lo como plataforma para causas mais elevadas ou controversas, e sim permanecendo em grande parte dentro dos limites do esporte. Isso não é um feito desprezível em um esporte cujos fãs têm se tornado cada vez mais raros e mais velhos na Europa e na América do Norte.

É uma abordagem da velha guarda: poucas controvérsias e poucos vislumbres de sua vida pessoal; muita cordialidade e espírito esportivo.

Entediante? De modo algum. Como alguém que une pessoas em um mundo dividido poderia ser fonte de tédio? Há muito tempo que o seu jogo encanta os espectadores: como um balé, muitas vezes suspenso no ar enquanto salta para sacar ou executar um golpe de fundo de quadra com os olhos no ponto de contato por um instante a mais do que qualquer outro jogador que já vi em meus mais de trinta anos cobrindo tênis.

A capacidade de terminar — realmente concluir — o golpe pode fazê-lo parecer despreocupado, mas também é isso que o torna fascinante de observar. É o equivalente de Michael Jordan pairando um pouco mais do que todos os outros no voo até a cesta; de um dançarino sustentando uma pose para se exibir.

"Ele tem o jogo mais bonito e semelhante ao balé que eu já vi", disse-me Billie Jean King. "A cadeia cinética dele está sempre bem conectada. É daí que vem sua elegância."

O tênis profissional foi colocado em um acelerador de partículas durante os últimos 25 anos, com raquetes mais potentes, cordas de poliéster e atletas mais altos e explosivos. A técnica dos golpes e o trabalho dos pés precisaram ser ajustados para acompanhar a velocidade, mas Federer ainda parece ter o tempo de que precisa para dar uma última demão de tinta em suas jogadas. Como ele consegue jogar dessa maneira e ainda se recuperar a tempo de executar o próximo golpe elegante? É graças a uma visão rara, mobilidade e agilidade, mas também a golpes relativamente compactos e a confiança que vem de saber que, enquanto os outros precisam planejar, forçar muito e pressionar, ele é capaz de improvisar soluções, saltos ou movimentos para os quais os outros simplesmente não têm as ferramentas — ou o canivete suíço — para criar.

Marc Rosset, o melhor jogador suíço entre os homens antes de Federer revolucionar as regras do jogo, gosta de falar da "velocidade de processamento" de Federer.

Rosset se lembra de participar de um treino no qual alguém jogava cinco bolas de cores diferentes no ar e pedia aos jogadores que pegassem as cinco de acordo com a cor. "O máximo que consegui foram quatro", disse Rosset. "Era muito complicado para mim, mas não para Rog — você lançava cinco bolas para ele e ele pegava as cinco."

"As pessoas se concentram muito no talento de um atleta com as mãos ou os pés", disse Rosset. "Mas existe um talento que não discutimos o suficiente, que é a reatividade, a habilidade do cérebro de interpretar o que os olhos estão vendo. Quando você assiste aos grandes campeões, um jogador de futebol como Zidane ou Maradona, ou Federer, Djokovic e Nadal no tênis, parece às vezes que eles estão na Matrix, que tudo está acontecendo rápido demais, rápido demais para você e para mim, mas eles conseguem captar as coisas tão depressa que é como se tivessem mais tempo para o cérebro processar tudo.

"Zidane, quando driblava, podia estar sendo marcado por quatro jogadores, mas se mantinha calmo. Tudo acontecia em câmera lenta para ele. Esses grandes campeões estão uma fração de segundo na frente de todo mundo, e isso permite que fiquem mais relaxados, porque, quando você vê algumas das jogadas incríveis que Roger fez na carreira, não são coisas que dá para alguém treinar."

Assistir a Federer em seus melhores dias era ser arrebatado pelo fluxo de seu movimento, mas também ficar na expectativa de que algum truque de mágica vai acontecer a qualquer instante — mas quando? É uma dose dupla de arrebatamento: intensificado pelo fato de que ele pouco desviou do desafio à sua frente ao longo da maior parte de sua carreira. Sem diatribes ou gracejos, ele raramente permitiu que seus pensamentos interferissem em sua concentração em quadra, o foco permaneceu no ato físico de treinar seu ofício.

"Ele joga a bola, mas também brinca com ela", disse-me certa vez Severin Lüthi, amigo e técnico de longa data de Federer.

É uma qualidade que agrada tanto a quem entende do jogo como a quem está de fora. "Fed é o cara que, provavelmente mais do que qualquer outro, ainda impressiona os outros jogadores", disse Brad Stine, um técnico experiente que trabalhou com Kevin Anderson e o número 1 do mundo Jim Courier. "Eles assistem a Federer e perguntam sinceramente: 'Como consegue fazer isso? Quer dizer, sério, como alguém acertaria essa jogada?'"

John McEnroe também era um artista com a raquete, mas era um homem atormentado. Se Johnny Mac era Jackson Pollock, jogando tinta em uma tentativa de expressar algum conflito interno, Federer estaria mais próximo de Rubens: prolífico, equilibrado, perseverante e perfeitamente acessível às massas, mas capaz igualmente de assombrar os especialistas com suas pinceladas e composições.

É uma escola de arte performática e tanto, mas que também deixa um amplo espaço vazio na tela para que outras pessoas encontrem um sentido próprio no seu trabalho. O próprio Federer afirma preferir não pensar demais na sua fórmula — "é bem simples, de certo modo" —, mas aceita o fato de que outras pessoas farão isso, como um escritor cujos romances são destrinchados em um curso universitário.

Lembro-me de conversar com Federer a respeito disso antes de embarcarmos em um jatinho no deserto da Califórnia em 2018 (foi meu primeiro — e provavelmente último — passeio em um jatinho). No dia anterior, ele tinha jogado a final do BNP Paribas Open, mais conhecido como Masters 1000 de Indian Wells, contra Del Potro, perdendo três match points durante o próprio serviço, além de um tiebreak no terceiro set: sua primeira derrota da temporada. Foi um jogo apertado; o tempo de reação muito limitado, até para ele.

"Tática? As pessoas falam de tática", disse Federer. "Mas muitas vezes, quando se está nesse nível, resume-se a instinto. Acontece tão rápido que você tem que fazer a jogada quase sem pensar. E, claro, há um pouco de sorte envolvida."

A sorte realmente teve um papel na carreira de Federer. Talvez ele não tivesse se tornado um campeão, pelo menos não de tênis, se um tenista profissional australiano chamado Peter Carter não tivesse decidido aceitar um emprego como técnico em — de todos os lugares possíveis — um pequeno clube na Basileia. Federer talvez não tivesse se mantido no auge por tanto tempo se não tivesse encontrado um preparador físico racional, sensível e talentoso chamado Pierre Paganini ou caso não cruzasse o caminho de Mirka Vavrinec, uma jogadora suíça mais velha que viria a se tornar sua esposa, fazendo também as vezes de assessora de imprensa e sendo sua organizadora em tudo. Ele jamais teria jogado por tanto tempo e de modo tão convincente sem o apoio constante e a própria ambição de Mirka.

"Ela tem um desejo de vencer que é tão forte quanto o de Federer, e talvez até maior", alegou Paul Dorochenko, o preparador físico francês que trabalhou com Vavrinec e Federer nos primeiros anos deles na Suíça.

Mas, na vida — e certamente no tênis profissional —, o que interessa de verdade é o que você faz com a sua sorte, com as oportunidades, e Federer aproveitou muitas delas em vez de desperdiçá-las.

Ele não tem tanta lábia quanto sua assessoria de imprensa faz parecer. É inteligente e intuitivo, mas não tem o charme de um James Bond. Afinal, largou a escola aos dezesseis anos e não era um estudante particularmente dedicado. Mas encarou a idade adulta e os torneios com muito mais rigor.

"Considero isso a escola da vida", disse ele na Argentina.

Embora Federer fosse sem sombra de dúvida talentoso, uma das coisas que o diferenciavam de outros grandes prodígios de sua geração era que ele tinha tanto um amor duradouro pelo jogo quanto o ímpeto de exigir mais de si mesmo. Acreditava que manter o nível no tênis profissional era, na verdade, perder terreno: uma crença que transmitiu aos rivais mais jovens.

"Acredito que a principal exigência para ser bem-sucedido nesse patamar é o desejo constante e a mente aberta para dominar, melhorar e evoluir em todos os aspectos", disse-me Djokovic recentemente. "Sei que Roger já falou muito sobre isso e acho que é algo com que a maioria dos melhores atletas, de todos os esportes, concorda. Estagnação é regressão."

Federer entendia, ou veio a entender, seus pontos fracos, e lidou com eles: controle da raiva, força psicológica, concentração, resistência, dores crônicas nas costas e o golpe de esquerda de uma mão. Ele mudou de tática, atacando mais da linha de base do que da rede. Passou a usar uma raquete de cabeça maior, para aumentar as chances de ganhar ralis longos, e mudou de técnicos várias vezes — mas não impulsivamente — a fim de ganhar uma nova perspectiva, ficando inclusive sem técnico em alguns momentos. Ao longo da vida, buscou pessoas que pudessem atuar como mentoras, até exemplos para a etapa seguinte de sua vida: de Sampras a Tiger Woods, antes da queda, e, mais recentemente, Bill Gates, cuja abordagem filantrópica Federer espera emular nos próximos anos.

Suas habilidades no tênis foram o principal ingrediente de seu sucesso, mas suas habilidades com pessoas também fazem parte da receita. Superestrelas do tênis costumam receber muitos presentes, mas empatia não é um deles. Federer é alguém que se coloca no lugar dos outros, sempre registrando os sentimentos e a energia no estádio, na rua, no ambiente, no assento traseiro de carros.

"Ele tem uma enorme inteligência social, e acho que esse é um componente importantíssimo para explicar por que ele é tão popular", disse Andy Roddick, o astro americano que se tornou amigo de Federer. "Ele é um camaleão. Ele pode trabalhar em qualquer ambiente e demonstrar uma emoção genuína. Não é como se ele tentasse se encaixar de um modo calculado.

A meio caminho entre Tigre e o centro de Buenos Aires, um carro conseguiu furar a escolta e emparelhou brevemente ao lado do nosso veículo a toda a velocidade. Um jovem, inebriado pela adrenalina da perseguição e talvez por alguma outra coisa, esticou metade do corpo para fora da janela e sacudiu para Federer um boné com o monograma RF.

"Bem, pelo menos você sabe que as suas mercadorias estão vendendo", comentei.

Federer riu e acenou por trás do vidro. "Espero que ele não perca o boné", disse. "Tchau, tchau. Tchau, tchau."

O senso aguçado de Federer é parte da explicação de suas lágrimas após as partidas, muito menos frequentes agora, mas ainda uma parte intrínseca à sua persona. Elas parecem ser não apenas expressão de alegria ou decepção, mas uma descarga emocional após todos os estímulos que absorveu na quadra.

Não se trata apenas do seu investimento emocional em uma partida ou um torneio; trata-se do investimento emocional de todos em uma partida ou um torneio.

"Então, isso perde a novidade depois de um tempo?", perguntei enquanto o carro levando o fã com o boné RF acelerava e sumia de vista.

"Isso? Não, não, não", respondeu, a voz ficando mais aguda. "Isso é inacreditável. É bom ver as pessoas felizes de modo geral, não é? E isso aqui é de outro mundo, e é o motivo de eu amar jogar em torneios de exibição. Porque é diferente. Você finalmente visita um país onde nunca esteve ou faz coisas que em geral não tem tempo para fazer. Não tem que se preocupar demais sobre como vai jogar, mesmo que haja um certo nível que eu sempre consiga alcançar. Mas se trata mais de tocar o coração de muitas pessoas em uma exibição e deixá-las felizes, não fazer com que viajem para ver você, mas você viajar para vê-las."

Nas coletivas de imprensa, Federer dá respostas completas e fala com certo comedimento. É raro desviar do assunto ou oferecer informações a mais, mas ele respeita a pergunta e quem a fez: um grande contraste com alguns de seus predecessores (ver Jimmy Connors) e pares (ver Lleyton Hewitt e, infelizmente em seus últimos anos, Venus Williams). Em contextos mais íntimos, a exuberância e a simpatia de Federer muitas vezes o levam a agitar os braços e se lançar em longas digressões. Pensamentos expressados em inglês — sua língua materna, mas nem sempre a que se sente mais confortável ao falar — podem levá-lo a direções inesperadas, exigindo que ele dê meia-volta e faça alguns desvios para chegar ao destino pretendido.

Ele é menos polido longe das câmeras, às vezes até chega a ser brincalhão, embora reserve suas pegadinhas para amigos e colegas, não jornalistas que estão ali para acompanhá-lo.

Já segui muitas pessoas ao longo dos anos, e neste livro vou examinar a carreira de Federer, em parte, através do prisma dessas experiências. Não será uma enciclopédia sobre Federer: resultados e resumos de partidas em excesso acabam com qualquer narrativa sobre tênis, e ele deu a nós, biógrafos, material demais, pois jogou mais de 1.500 partidas em torneios e deu coletivas de imprensa depois da maioria delas. Em vez disso, este livro pretende ser episódico e interpretativo, construído cuidadosamente a partir dos lugares, pessoas e duelos que mais importaram ou impactaram Federer.

Vivemos em um planeta só, e ele cobriu boa parte dele: perseguindo troféus, premiações, novidades, satisfação pessoal e, cada vez mais ao longo das temporadas, comunhão.

A Argentina foi uma etapa inesperadamente significativa em sua trajetória, e, conforme nos aproximávamos do hotel em que estava hospedado no centro de Buenos Aires, Federer, àquela altura vencedor de dezessete títulos simples de Grand Slam, estava enfatizando quanto ainda queria melhorar.

"Vou tirar férias depois disso; descansar e ficar longe de tudo, porque os últimos anos foram extremamente intensos", revelou. "Sinto que, se continuar insistindo em manter esse ritmo, posso perder o interesse, como você mencionou, simplesmente ficar desencantado." Ele riu. "Desencantado. Essa é uma palavra nova para o meu vocabulário e a última coisa que desejo que aconteça", disse. "Com sorte, o ano que vem será uma plataforma para muitos outros anos. Essa é a oportunidade que quero dar a mim mesmo."

CAPÍTULO DOIS

※

BASILEIA, Suíça

O tênis me salvou em muitos sentidos. Quando eu era criança, meu pai, assim como o pai dele, galgava a hierarquia na Marinha dos Estados Unidos para se tornar almirante. Nós nos mudamos mais de dez vezes antes de eu entrar na faculdade. Da Virgínia ao Havaí e à Califórnia, o tênis era a maneira que eu encontrava de me inserir na próxima comunidade, na próxima escola, no próximo time. Nunca deixei de apreciar o esporte e venho escrevendo sobre ele com olhar crítico, mas também com muito prazer, desde os anos 1980. Já escrevi sobre todos os tipos de esporte em 35 anos, mas o tênis manteve meu interesse como nenhum outro, em parte porque joguei, sofri e perdi o suficiente para entender como é difícil acertar jogadas que virtuosos como Federer fazem parecer coisa rotineira, mesmo quando sob pressão.

Depois de concluir os estudos na William College, onde joguei na equipe de tênis, dei aulas de tênis durante o verão em East Hampton, Nova York, em um clube pequeno com uma clientela de classe alta. Dois dos meus alunos foram Jann Wenner, o fundador da *Rolling Stone*, e a designer de moda Gloria Sachs. Meu objetivo era dar aulas o suficiente para uma viagem de baixo custo pelo mundo, acompanhado do meu colega de quarto da faculdade, e consegui realizá-lo com a ajuda de Jann, Gloria e de outros. Eu me sentia tão ligado ao esporte que prendi minha raquete Yonex na mochila e a levei junto comigo, o que pareceu um tanto aleatório em lugares como Myanmar e o interior da China, onde não havia quadras à vista. Mas a raquete era um conforto familiar em meio ao desconhecido, assim como fora ao longo da minha infância.

Assistir a partidas de tênis ainda é, para mim, um ato mais físico do que passivo: meu corpo fica tenso, minha mão direita muitas vezes se contrai numa empunhadura imaginária. O primeiro torneio que cobri estava longe de ser um Wimbledon. Foi o campeonato nacional sub-12 da Associação de Tênis dos Estados Unidos, em 1987 — basicamente um torneio para alunos talentosos do fundamental —, na cidade onde eu morava na época, San Diego.

Eu fazia um estágio de verão no jornal local numa época em que as pessoas ainda liam a maior parte das notícias no papel. Tudo que me lembro daquele campeonato longínquo é que Vincent Spadea, o pai de Vince Spadea, futuro jogador profissional do top 20, cantou árias nas arquibancadas entre as partidas do filho e que Alexandra Stevenson estava lá com a mãe, Samantha, como uma espectadora de seis anos, dando piruetas na grama. Isso foi muito antes de ela chegar às semifinais de Wimbledon, em 1999, e muito antes de qualquer um fora do seu círculo íntimo saber que ela também era filha da estrela da NBA Julius Erving.

O que fica na memória e o que some pode parecer aleatório, mas tenho certeza de uma coisa: só houve duas ocasiões em que vi um jovem jogador e tive certeza, sem sombra de dúvida, que estava observando um futuro número 1.

A primeira vez foi durante o torneio de Roland Garros de 1998, quando Marat Safin, de dezoito anos, derrotou Andre Agassi e o então campeão Gustavo Kuerten contra todas as expectativas em suas duas primeiras partidas em um Grand Slam. Safin era um russo explosivo, fotogênico e fenomenalmente atlético: um tártaro com confiança, *sex appeal* e uma esquerda de duas mãos potente, muitas vezes voadora, que era diferente de qualquer jogada que eu já vira.

A segunda vez foi em minha primeira viagem à Basileia. Fui para lá em fevereiro de 2001 cobrir a estreia de Patrick McEnroe como capitão da equipe americana na Copa Davis e a estreia do jogador de dezoito anos Andy Roddick — mas acabei escrevendo muito mais sobre um adolescente suíço.

Tinha visto Federer jogar (e perder) sua primeira partida de Grand Slam em Roland Garros de 1999 para Patrick Rafter, e o vira também no ano seguinte em partidas de simples nos Jogos Olímpicos de Sydney, quando ele terminou em quarto lugar — a posição mais amarga para se acabar em qualquer Olimpíada. Agora com dezenove anos, ele era considerado por muitos um talento promissor, mas eu não tinha entendido quão promissor até aqueles três dias na cidade natal de Federer.

A Copa Davis, o principal evento de equipes no tênis, desfrutava de mais prestígio naquela época: gerava um tipo de pressão diferente, com frequência mais intensa, do que os torneios regulares, testando os limites da resistência dos jogadores com partidas que eram decididas em melhor de cinco sets.

Federer, ainda fora do top 20, já tinha passado por alguns sucessos e derrotas esmagadoras na competição, da qual participara pela primeira vez aos dezessete anos. No entanto, durante aquele longo fim de semana na Basileia, ele carregou a equipe suíça nas costas e a levou à vitória sobre os americanos na primeira rodada, vencendo tanto as partidas de simples como um jogo de duplas com o parceiro Lorenzo Manta.

No dia de abertura, Federer jogou melhor do que o veterano Todd Martin, que fora duas vezes finalista de Grand Slam. Embora a partida tenha sido disputada em uma superfície sintética coberta, eu ficava imaginando grama sob os pés ágeis de Federer enquanto ele golpeava a esquerda, executava direitas na corrida, fluía da linha de base para a rede e dava voleios e smashs bem-sucedidos. Seus golpes e movimentos tinham uma característica fluida que remetia tanto a Sampras como a Edberg: uma capacidade de cobrir grandes distâncias depressa e sem aparentar esforço. Ele conseguia fugir da esquerda para bater de direita com uma velocidade e uma fluidez inéditas para mim. Seu saque parecia perfeito e era, evidentemente, difícil de ler, considerando a frequência com que Martin, de 1,98 metro, com uma ótima devolução e grande envergadura, não chegava nem perto de conseguir alcançá-lo.

"Esse cara vai ganhar Wimbledon várias vezes", falei para as pessoas sentadas perto de mim nos assentos destinados à imprensa nos dias distantes em que os jornalistas esportivos conversavam em vez de tuitar.

Isso era raro para mim. Por natureza, sou muito mais observador do que profeta, e aquela previsão poderia ter parecido um exagero. Pete Sampras ainda tinha vinte e poucos anos e era um grande nome em Wimbledon. Patrick Rafter, o australiano que gostava de jogar perto da rede, estava no auge e era brilhante na grama. Mas, se você assiste ao tênis de elite o suficiente, passa a enxergar padrões e habilidades necessárias para ser bem-sucedido e consegue transpor na imaginação o jogo de um novato para ocasiões mais grandiosas. O estilo de ataque de Federer, seus recursos na quadra, sua força dissimulada e o trabalho de pés gracioso se transpunham maravilhosamente.

Seu estilo de jogo, repleto de opções táticas, tinha amadurecido, o que era excelente para os suíços e péssimo para os americanos.

"Cruzamos com um cara que dominou a partida", afirmou McEnroe após a derrota por 3-2. "Federer é um ótimo atleta e meio que amadureceu nesta semana, e não conseguimos acompanhá-lo. O cara joga muito bem. Com certeza está jogando em um nível de top 10, se não mais alto."

Federer tinha acabado de vencer seu primeiro título da Associação de Tenistas Profissionais (ATP) na semana anterior em Milão, em uma outra superfície coberta: um divisor de águas para um jovem atleta. Mas vencer na Basileia, para seu país, foi um momento de muito impacto emocional.

Ele ganharia dez títulos em partidas de simples naquela mesma arena no Swiss Indoors. Mas, no início, ainda estava inseguro a respeito de suas habilidades, sem saber se conseguiria carregar o fardo de liderar sua equipe, ainda mais porque tinha um relacionamento tenso com o capitão, Jakob Hlasek. Uma antiga estrela do tênis suíço, Hlasek abrira caminho à força para ganhar a posição no ano anterior, tomando o lugar de um homem de quem Federer e seus colegas de equipe gostavam: Claudio Mezzadri.

"Aquela partida contra os Estados Unidos foi um momento importante para a minha carreira", contou-me Federer muito tempo depois. "Me ajudou a acreditar."

De fato, foi um prenúncio do futuro. Houve lágrimas na vitória e coletivas de imprensa em três línguas. O cabelo dele era comprido; sua pele ainda era a de um adolescente e seu rosto, com as feições fortes e o nariz proeminente, mais apropriado a um pugilista. Quando chegou para a entrevista, caminhou com postura confiante, mas parecia constrangido, como se ainda estivesse se adaptando a ser observado de perto.

O time americano também incluía duas futuras estrelas — Roddick e James Blake — que sofreriam com as mãos habilidosas de Federer várias vezes nos anos seguintes.

Roddick, com sua língua afiada e jogo potente, fez sua estreia na Copa Davis com o que é conhecido como "dead rubber",[1] derrotando George Bastl na partida de simples no domingo depois que Federer já tinha garantido a vitória do time suíço ao derrotar Jan-Michael Gambill.

Roddick e Federer tiveram sua primeira conversa bem mais tarde, naquela mesma noite, quando os dois times se encontraram em um bar na Basileia.

"Você fica curioso pra saber como alguém como ele vai lidar com o fato de jogar a Copa Davis em sua cidade natal, e eu o vi simplesmente acabar com o nosso time inteiro", contou-me Roddick recentemente. "Acho que tínhamos ultrapassado o ponto de nos perguntar: será que esse cara vai ser bom de verdade? Isso já era um fato. A questão era: ele vai ser Roger ou, e sem querer ser desrespeitoso, um Richard Gasquet, que é alguém que é bom, mas muito bom? Se alguém falar para você que naquela altura já conseguia saber vai estar mentindo, porque a diferença provavelmente é interior. Acho que era quase certo que Roger estaria no top 10, no top 5, mas há uma grande diferença entre isso e alguém que é o número 1, que ganha um Slam e é campeão constantemente durante dez anos. Com certeza não era algo que alguém ia pensar vinte anos atrás."

Blake, que havia largado Harvard após o segundo ano para jogar torneios em tempo integral, era um parceiro de treino na Basileia, o que significava que passou um tempo com Michel Kratochvil, o parceiro de treino da equipe suíça.

"Tínhamos tanto orgulho de Andy", contou-me Blake. "Pensávamos: Esse garoto é tão bom, esperem só, pessoal, ele vai arrasar, vai ficar no nosso time por muito tempo. Eu estava conversando com Kratochvil e ele disse: 'Depois dá uma olhada no nosso cara. Ele também vai ser muito especial.'"

Blake observou Federer de perto. A primeira coisa que percebeu foi que, uma vez que Federer tomava controle de um ponto, era muito difícil levar a bola para a sua esquerda, menos perigosa. Era esse o nível da sua rapidez.

---

[1] "Dead rubber" é uma partida da Copa Davis jogada depois que o vencedor de uma rodada de eliminação já foi definido. Geralmente são disputadas em três sets e os jogadores que estão em posições inferiores no ranking a jogam para adquirir experiência. (N. da T.)

"Ele se move tão rápido que, se ele bate de direita, você não consegue forçá-lo a usar a esquerda", declarou Blake. "Uma vez que usa a direita, Federer está no controle total do ponto. Isso era simplesmente incrível."

Houve uma segunda revelação.

"Estávamos todos assistindo e parecia que ele não suava", disse Blake. "Era como se sua frequência cardíaca fosse trinta. Parecia que nada o afetava; ficou evidente que não tomaria uma decisão errada só porque era break point e ele estava nervoso com a empolgação da plateia ou algo do gênero."

Blake não sabia quanto Federer tinha evoluído no quesito comportamento desde os episódios em que jogara raquetes para o alto e se recriminara na juventude.

"Ele simplesmente parecia que estava pronto para aquilo e poderia lidar com qualquer situação que surgisse", comentou Blake. "E daí, após a partida, foi muito legal vê-lo chorar e perceber quanto jogar a Copa Davis em sua cidade natal importava para ele."

Os americanos logo voltaram para casa, e eu fiz a minha coluna para o *International Herald Tribune*. Mas não fui ousado a ponto de escrever que um dia ele seria diversas vezes campeão de Wimbledon.

Federer é um jogador especial — precocemente equilibrado e completo, com um instinto natural para elevar seu nível sob pressão e executar tudo quase sem esforço.

É capaz de acertar ótimos saques. Consegue defender atacando e executar um lob vencedor. Consegue jogar o clássico tênis de ir à rede na devolução e fazer um voleio vencedor com o pulso rígido. Consegue ditar a jogada com a direita e lançar a bola com alta velocidade com a esquerda de uma mão ou fazer um slice rápido e fundo que deixa os oponentes menos ágeis arquejando, ofegando e correndo atrás da bola que gira depressa.

Apesar de tudo isso, é impossível saber se ele usará seus muitos talentos para se tornar um campeão consistente. Dinheiro, bajulação e lesões podem diminuir os maiores apetites e os golpes mais afiados, mas não há dúvida, depois das últimas duas semanas, que os suíços têm outro campeão em potencial. E, ao contrário de Martina Hingis, Federer de fato passa mais tempo na Suíça do que na Flórida.

O jogo de Federer foi mesmo *made in* Suíça. Ele nasceu no Hospital Universitário da Basileia em 8 de agosto de 1981, filho caçula de Lynette e Robert Federer, ambos atletas entusiasmados de altura mediana que começaram a jogar tênis tardiamente.

Roger aprendeu a jogar na Basileia e aperfeiçoou seu tênis em outras cidades suíças, mas, em um país com quatro línguas oficiais, também recebeu muitas influências estrangeiras na infância.

Lynette é da África do Sul e conheceu Robert aos dezoito anos, perto de Johanesburgo, quando ambos trabalhavam na Ciba-Geigy, uma empresa suíça de química. Embora sua língua materna fosse o africâner, ela estudou em uma escola de língua inglesa por insistência do pai e, depois que ela e Robert se mudaram para a Suíça e tiveram filhos, passou a falar inglês com Roger e a irmã mais velha dele, Diana.

"Isso foi nos primeiros anos", contou-me Lynette Federer em uma entrevista no início da carreira do filho. "Depois troquei para o suíço-alemão. Tendo vivido na Suíça por tanto tempo, foi fácil aprender a língua. Roger e eu ainda conversamos muito em inglês. Falamos misturado, dependendo do que estamos discutindo."

Lynette e Robert escolheram "Roger" porque gostavam da eufonia com Federer (ele não tem nome do meio). Também gostavam do fato de ser fácil de pronunciar em inglês, embora seu filho tenha precisado passar boa parte da infância e da juventude lembrando as pessoas de que seu primeiro nome não era pronunciado "Roe-jay" (Roger em francês).

O primeiro técnico de tênis relevante de Federer foi Adolf Kacovsky, um imigrante tcheco que morava na Suíça. O técnico mais influente, no começo, foi Peter Carter, um australiano. Ao longo dos anos, Federer também seria treinado por suecos, americanos, e um croata cosmopolita e ex-refugiado de guerra: Ivan Ljubicic.

Mas Federer, por mais globais que sejam seus gostos e interesses, ainda se considera um produto da Federação Suíça de Tênis. Não é o caso de outros atletas de elite recentes do país: Hingis, que o precedeu tornando-se a número 1 no feminino de simples e duplas, e Stan Wawrinka, que veio depois dele e alcançou o posto de segundo melhor jogador suíço de todos os tempos entre os homens.

"Apenas Roger atingiu um grande sucesso por meio da federação", disse Marc Rosset, o campeão olímpico suíço de simples das Olimpíadas de 1992.

A história de Federer começou na Basileia: uma cidade cosmopolita às margens do rio Reno, com a Alemanha e a França como vizinhos próximos.

"Eu ia a outros países fazer compras quando Roger era bebê", contou Lynette Federer.

Para Rosset, a Suíça deu sorte. "Cinco quilômetros para um lado ou outro e ele poderia ter sido alemão ou, pior, francês", disse ele, que é de Genebra, na Suíça francófona. "Imagina só se ele tivesse sido francês? Teria sido um pesadelo."

Federer foi uma criança muito ativa — "quase hiperativa", como ele mesmo afirma — e cresceu em uma casa de classe média em uma rua tranquila no subúrbio de Münchenstein, onde demonstrou muito mais paixão pelos esportes do que pelos estudos.

"Eu não gostava muito da escola", contou. "Meus pais tinham que me forçar a estudar."

Há uma foto dele segurando uma raquete de tênis de mesa, embora mal tivesse altura suficiente para enxergar por cima da beirada. Sua primeira raquete de tênis era feita de madeira, o que provavelmente o torna o último grande jogador a ter começado com uma. Aos três anos já estava jogando e logo passou a treinar contra paredes, portas de garagem e armários.

"Boom, boom, boom", disse Robert Federer no documentário *Spirit of a Champion* [Espírito de um campeão], de 2008, descrevendo o barulho. "Ele ficava jogando por horas contra as paredes."

"Boom" parece um efeito sonoro bastante apropriado para descrever aquela época. Os anos 1980 foram o momento em que o tênis estava no auge na Alemanha, inflamada pela vitória de Boris "Boom-Boom" Becker em Wimbledon em 1985, aos dezessete anos, e por Steffi Graf, que completara o primeiro Golden Slam em 1988 ao conquistar o ouro olímpico e vencer todos os quatro títulos de Grand Slam em uma mesma temporada.

Um pouco após a fronteira, na Basileia de língua alemã, o jovem Federer e seus amigos estavam prestando atenção — e Becker foi o seu primeiro ídolo.

Federer começou a jogar em quadras de saibro no clube frequentado pelos pais, que pertencia à empresa Ciba e ficava no subúrbio de Allschwil. Mas, naqueles primeiros momentos, o tênis era apenas uma das muitas atividades do garoto. Ele também jogava badminton, squash, basquete e futebol.

"Não gosto muito de correr, nadar nem andar de bicicleta", disse ele certa vez. "Precisa ser algo que envolva uma bola."

Isso nem sempre foi verdade ao longo de sua infância. Federer se interessou pelo esqui alpino — ele é suíço, afinal —, mas teve que abandonar as pistas para reduzir o risco de lesão (falaremos mais sobre isso depois). Também gostava de fazer trilhas com a família.

Mas, no fim, a escolha de uma carreira esportiva ficou entre um esporte em equipe com uma bola e um esporte individual com uma bola. Aos doze anos, ele escolheu o tênis em vez do futebol. Uma escolha tardia na vida, se comparado a alguns prodígios do tênis: Agassi, Sampras, as irmãs Williams e Maria Sharapova começaram a treinar muito antes disso. Mas não foi tarde comparado a alguns dos rivais de longa data de Federer. Nadal, que cresceu na ilha espanhola de Mallorca, também optou pelo tênis em vez do futebol aos doze anos. Wawrinka, considerado um atleta que começou tarde no tênis, só jogou uma vez por semana até os onze anos.

Tem havido uma reação negativa compreensível nos anos recentes contra a especialização precoce, que pode levar a lesões por esforços repetitivos e *burnout*. Federer tornou-se um dos exemplos do movimento para incentivar as crianças a explorar diversos esportes, com benefícios a longo prazo. A longevidade, a durabilidade e o eterno entusiasmo dele são ótimos argumentos. O mesmo pode ser dito de Nadal, embora ele tenha precisado lidar com uma quantidade bem maior de lesões, mas a realidade é que, quando estamos falando do surgimento de grandes campeões, tanto uma abordagem extrema quanto uma mais equilibrada podem se mostrar eficazes.

As irmãs Williams, afinal, persistiram contra todas as expectativas e apesar de todos os planos feitos pelo pai, Richard, para torná-las estrelas do tênis: um planejamento com o intuito de levá-las à grandeza e que — isso deve ser enfatizado — permitia que elas tivessem bastante tempo para explorar interesses fora do esporte.

Agassi, que tinha uma bola de tênis suspensa sobre o berço para lhe dar uma vantagem na coordenação olho-mão, também jogou em alto nível para além dos trinta anos (apesar de sofrer dores crônicas nas costas) e foi um dos atletas que mostraram a Federer ser possível ter uma carreira longa e gratificante estando no topo.

Como pai de três filhos e técnico de futebol juvenil de longa data, sei qual abordagem considero a mais saudável, mas é inegável que um jovem com uma única meta — ou com pais com uma única meta — pode crescer e se tornar um campeão de Grand Slam. Só que a especialização precoce parece estar muito mais perto do trabalho infantil do que das brincadeiras de criança. É triste pensar em quantas crianças talentosas abandonaram o esporte após terem sido programadas para vencer no tênis com base no modelo Agassi ou Williams, e por esse motivo perderam o gosto pela prática — se é que algum dia o tiveram.

Federer, cujos pais tinham como regra deixá-lo encontrar o próprio caminho, citou três motivos pelos quais escolheu o tênis em vez do futebol.

"Eu era mais talentoso com as mãos do que com os pés", contou-me.

No entanto, ele também sentiu algo em si mesmo que muitos grandes tenistas sentiram: um desejo por controle, por domínio. "Eu queria ter a vitória ou a derrota em minhas mãos sem precisar depender de outras pessoas", explicou ele.

Mas observando Federer ao longo dos anos, ficou claro que ele não era um típico individualista do tênis. Ele é sociável e extrovertido, e se via energizado — e não drenado — por ocasiões sociais. Muitas vezes demonstrou interesse pelo bem coletivo, atuando por diversos períodos no Conselho de Jogadores da ATP e lançando uma fundação de caridade focada na educação infantil. Quando Federer e seu agente, Tony Godsick, decidiram usar o considerável capital político do suíço para criar uma nova competição de tênis em 2017, eles começaram um evento de equipe — a Copa Laver — organizado para homenagear os grandes nomes subvalorizados do tênis do passado.

Embora seja difícil imaginar que uma estrela como Jimmy Connors aprecie ser um atleta de um esporte em equipe, é fácil imaginar Federer sentindo prazer nisso. Mas parte dele queria o controle total, havia uma tendência ao perfeccionismo que o fez perceber que teria dificuldade em aceitar os defeitos dos outros, quando já era difícil o suficiente aceitar os próprios.

No entanto, se ele tivesse tido um técnico de futebol com uma mentalidade diferente no clube Concordia Basel, quem sabe teria demorado mais tempo para fazer sua escolha.

Federer era um atacante rápido e talentoso, mas conciliava os treinos de futebol com os de tênis. Segundo ele, seu técnico de futebol lhe disse que não seria justo com os colegas de time se ele entrasse nas partidas nos fins de semana sem ter comparecido a todos os treinos que ocorriam durante a semana.

Para Federer, eram as partidas que importavam, mas ele não podia abandonar o tênis. Teria que largar o futebol.

"Não me arrependo", disse — compreensivelmente — muitos anos depois.

Aos oito anos, Federer começara a jogar tênis no Old Boys Basel, um clube renomado, mas com estrutura modesta, em uma parte afluente da cidade, percorrendo de bicicleta a distância entre o clube e sua casa. Lynette já era jogadora do time feminino do Old Boys e decidiu transferir os filhos para lá por causa da qualidade do programa infantojuvenil, conduzido por Madeleine Barlocher, uma suíça boa o bastante para ter jogado no torneio juvenil de Wimbledon em 1959.

Havia quase 130 jogadores no programa.

"Dava para ver que ele tinha algum talento, mas aquele era um bom grupo com muitos garotos talentosos, então jamais teria adivinhado que ele chegaria tão longe", contou-me Barlocher. "Mas, mesmo aos oito anos, Roger já brincava com os amigos que um dia seria o número 1."

Ele começou fazendo aulas em grupo, mas não demorou a ter sessões particulares com Adolf Kacovsky, um técnico veterano apelidado de "Seppli" que logo percebeu como o jovem era extraordinário.

"Um dia, Seppli me disse que nunca tinha visto uma criança que conseguisse pôr em prática seus conselhos tão rapidamente", disse Barlocher. "Alguns estudantes tentam e levam uma ou duas semanas, mas Roger simplesmente conseguia fazer as coisas."

Era uma observação que muitos técnicos fariam ao longo das décadas. "Roger é muito bom em imitar as coisas; incrível, na verdade", declarou

Sven Groeneveld, o holandês que trabalharia com ele no Centro Nacional Suíço de Tênis.

Mas Federer às vezes também precisava aprender do jeito difícil. Em uma de suas primeiras partidas, aos dez anos, foi derrotado por 6-0, 6-0 por Reto Schmidli, um suíço três anos mais velho e, portanto, muito mais forte. Schmidli nunca chegou a se profissionalizar no circuito, mas ainda daria entrevistas sobre aquela partida e seu resultado improvável trinta anos depois.

Os resultados iniciais de Federer logo melhoraram à medida que passou a treinar no Old Boys com Peter Carter, um jovem australiano com um corte de cabelo tigela, uma sólida ética de trabalho e um temperamento tranquilo que ainda estava conciliando a função de técnico com torneios-satélites.

"Eles se deram muito bem desde o começo", contou Barlocher.

O fato de Federer falar inglês certamente ajudou. O suíço-alemão de Carter sempre permaneceria mediano, embora ele tenha acabado se casando com uma mulher da Basileia.

"Peter era uma boa pessoa e incentivou muito Roger", disse Barlocher. "Fez ele se sentir um jogador especial, e o ajudou não apenas com a técnica, mas também com a maneira de jogar as partidas."

Carter tinha um estilo de jogo clássico de ataque que incluía voleios acrobáticos, trabalho de pés ágil e a esquerda de uma mão.

Se parece familiar é porque é.

"Muito do que vemos em Federer é muito parecido com o que Peter fazia", disse Darren Cahill, o experiente técnico e analista da ESPN que era um dos amigos mais próximos de Carter. "Mas Federer tem aquele poder explosivo e a habilidade de gerar uma quantidade enorme de rotações, e também se movimenta melhor. Peter era muito bom em tudo. Se movia bem, mas não era ótimo. Era bom dos dois lados, mas não ótimo. Tinha um belo saque, mas não era potente o bastante para ganhar dois ou três pontos de saque por jogo."

David MacPherson, um australiano da Tasmânia, jogou no circuito-satélite na mesma época que Carter. Mais tarde, viria a se tornar técnico dos irmãos Bryan e de John Isner. "Eu achava incrível como os golpes de Roger pareciam com os de Peter", contou-me MacPherson. "Talvez Roger nem perceba isso de maneira consciente. Peter costumava bater com a direita assim como ele faz. A bola já saiu das cordas e ele ainda está olhando para o ponto de contato. Tenho uma lembrança muito nítida de ver Peter fazendo o mesmo, porque era uma coisa única, e então de repente temos o melhor jogador do mundo repetindo essa jogada, como um jogador de golfe segurando a posição final após a tacada. Não é coincidência, isso é fato. O saque deles também é muito parecido, com aquele começo relaxado e fluido. Peter tinha o jogo mais bonito de todos, mas, ao contrário de Roger, seus golpes não tinham tanta potência."

Carter, apelidado "Carts", já foi um dos principais jogadores juvenis da Austrália. Seu técnico era Peter Smith, que também trabalhou com Cahill e muitas outras estrelas em ascensão de Adelaide. Entre os alunos de Smith estavam Mark Woodforde e John Fitzgerald, ambos excelentes jogadores de simples que sobressaíram nos jogos de duplas. Fitzgerald venceu sete títulos de Grand Slam; Woodforde ganhou doze, todos — com exceção de um — com o parceiro Todd Woodbridge.

Mas o aluno mais renomado de Smith acabou sendo Lleyton Hewitt, um jogador veloz e cheio de energia, especializado em golpes de profundidade, que usava o boné virado para trás como marca registrada e atingiu o ápice precocemente. Hewitt tornou-se o número 1 do mundo aos vinte anos e ganhou os únicos dois títulos de simples de Grand Slam de sua carreira — no Aberto dos Estados Unidos e em Wimbledon — antes de completar 22 anos.

Carter foi criado em Nuriootpa, uma cidade rural na influente região produtora de vinho de Barossa Valley, lar de Penfolds, Peter Lehmann e outros vinhedos com alcance global. Ele viajava com frequência até Adelaide para treinar e participar de torneios de tênis, mas para reduzir o tempo de deslocamento às vezes passava a noite na casa da família de Cahill. O pai de Cahill, John, era um conhecido técnico do chamado "futebol australiano".

"Carts era um jogador muito estiloso, mas também um cara muito honesto, simples, humilde e esforçado", declarou Cahill. "Meu pai, obviamente, sendo um técnico de futebol australiano de algum sucesso, é ótimo em julgar as pessoas. E ele sempre dizia: "Cara, seus amigos definem quem você se torna, e você encontrou um bom amigo em Peter Carter. Ele é um bom homem, então passe quanto tempo quiser com ele."

Carter, por fim, se tornou um pensionista da família Smith aos quinze anos, antes que ele e Cahill deixassem Adelaide e fossem para a capital australiana de Camberra, para morar no Instituto Australiano de Esporte, um centro de treinamento financiado pelo governo que ajudou a desenvolver muitos dos principais atletas do país.

"Carts era um garoto muito bom", disse Smith. "Abrigamos várias pessoas ao longo dos anos, e em geral o relacionamento vai azedando depois de um tempo porque você descobre muito sobre as pessoas quando mora com elas. Mas durante todo o tempo que Carts ficou com a gente, acho que ele nunca nos deu uma resposta mal-educada."

Carts tinha talento suficiente para ir contra todas as expectativas e vencer Pat Cash, que viria a ser campeão de Wimbledon, nas quartas de final do juvenil masculino do Aberto da Austrália, quando Cash estava no topo do ranking juvenil. Mas sua performance mais impressionante foi aos dezessete anos, quando, ainda na escola, entrou no ATP de Adelaide de 1982 com um *wild card* — convite que a organização do torneio oferece a jovens atletas locais — e encarou o segundo melhor jogador qualificado, John Alexander, da Austrália, na primeira rodada.

Alexander, uma figura imponente e futuro político, era o 34º do mundo e tinha acabado de vencer o torneio de Sydney. Carter estava participando de seu primeiro torneio de nível ATP, mas surpreendeu Alexander com um jogo refinado, vencendo por 7-5, 6-7, 7-6, e só parecia perdido quando chegou a hora da entrevista pós-partida, na qual respondeu o mais brevemente possível, ansioso para sair da quadra e dos holofotes.

"Carts era muito tímido e reservado", disse Smith. "Mas quem o conhecia bem sabia que ele tinha uma voz imponente e era um bom jogador."

Apesar do início promissor, Carter nunca chegou a deslanchar no circuito, atingindo um ápice de 173 em partidas de simples e 117 em jogos de duplas. A falta de potência era parte da explicação, mas as lesões também. Smith disse que Carter, de físico esguio, tinha fraturas por estresse no braço direito — aquele com o qual jogava — que demoraram a ser diagnosticadas. Também sentia dores nas costas e sofria com alguns problemas mais raros, dentre os quais um tímpano perfurado depois de um acidente de esqui aquático que exigiu cirurgia e mais tarde levou a uma infecção.

Por causa disso, perdia muito tempo de jogo, mas continuou a buscar uma carreira no circuito. Já é uma batalha muito difícil para a maioria das pessoas, mas pode ser ainda mais dura para os australianos, obrigados a competir tão longe de casa, se considerarmos que a maioria dos torneios ocorre na Europa e na América do Norte.

De acordo com Cahill, que conseguiu atingir a elite e as semifinais do Aberto dos Estados Unidos, Carter foi prejudicado pela falta de armas definitivas em seu jogo e por uma tendência procrastinadora que tornava difícil para ele ser decisivo.

"Foi um dos motivos da sua derrocada", disse Cahill. "A gente tirava sarro dele por isso. Podia se tratar de comprar um carro ou um imóvel, de uma oportunidade profissional ou seja lá o que fosse. Mas essa procrastinação fez parte de sua carreira e o prejudicou um pouco porque ele não conseguia apenas tomar uma decisão e se ater a ela. Estava sempre pensando sobre qual era a coisa certa a fazer, e isso podia se estender também para as jogadas que escolhia fazer."

Pressões financeiras também foram um fator, e Carter, como muitos profissionais que não atingiam o topo, decidiu complementar sua parca renda jogando em competições europeias interclubes. Embora pudesse ter acabado em uma infinidade de clubes em uma infinidade de países, a roleta da vida o fez pousar na Basileia.

Dar aulas de tênis na Suíça pagava relativamente bem, e Carter usou seus ganhos para financiar as viagens. Por fim, ficou evidente que seu futuro era ser técnico — e na Basileia.

"Acho que a matemática finalmente pesou um pouco", disse Smith, que manteve contato regular com ele. "Mas o bom para todos nós, acho, é que as aulas levaram a coisas melhores. E não tem como saber, mas acho que talvez não existisse o Roger da maneira que conhecemos, quem sabe jamais tivéssemos ouvido falar dele, se não fosse por Carts."

Rosset suspeita que Federer teria encontrado de algum modo o caminho para a grandeza. "Não sei", disse ele. "Acho que, quando Roger nasceu, havia alguns deuses perto do berço mandando boas vibrações para ele."

Smith, que era professor de escola e de tênis, tinha um dom para produzir excelentes técnicos de tênis. Cahill acabaria treinando três números 1: Hewitt, Agassi e Simona Halep. Roger Rasheed, outro aluno de Smith, mais tarde foi técnico de Hewitt e dos renomados jogadores franceses Gaël Monfils e Jo-Wilfried Tsonga. Fitzgerald se tornaria o capitão da Austrália na Copa Davis.

Tragicamente, Carter teve pouco tempo para explorar seu talento como técnico. Ele morreu precocemente, em 2002, em um acidente de jipe durante sua lua de mel na África do Sul: um destino que escolhera após a indicação da família Federer. Tinha apenas 37 anos.

Mas ele deixou um legado precioso para o esporte ao moldar o jogo e a psique de Federer com cuidado. Quando perguntam a Federer qual foi a maior influência em seu estilo de jogo, ele raramente menciona Kacovsky. Sempre cita Carter.

"Peter me ensinou muito, no âmbito humano em primeiro lugar e, é claro, no meu tênis", disse Federer. "As pessoas falam muito da minha técnica. Se é tão boa, tem muito a ver com Peter, embora, claro, outras pessoas também tenham me influenciado."

Não há nada incomum na técnica de Federer: sua empunhadura de direita é próxima à empunhadura clássica do aperto de mão, conhecida como empunhadura *eastern*. Muitos de seus rivais usam a *semi-western*, com a palma da mão bem mais próxima da ponta do punho da raquete, que facilita o topspin, mas com o qual fica mais difícil lidar com bolas mais baixas e trocar de empunhadura a fim de realizar bons voleios.

Quanto à esquerda, o golpe com as duas mãos já era a escolha mais popular entre os jogadores juvenis nos anos 1980 e 1990, ajudando na potência da linha de base e oferecendo maior estabilidade e autoridade nas devoluções. Mas não foi coincidência Federer ter escolhido a empunhadura de uma mão.

Seus primeiros ídolos profissionais — Becker, Edberg e Sampras — faziam esquerdas de uma mão com e podiam bater ou bloquear de maneira eficiente. Tanto Kacovsky como Carter eram defensores do golpe, e muitos dos garotos mais velhos que treinavam no clube também o usavam. Lynette Federer fazia o mesmo.

Entre as muitas vantagens de usar apenas uma mão está o fato de que facilita a transição à rede e conseguir um voleio de esquerda de uma mão. Como Carter preferia jogar no clássico tênis ofensivo, não é surpreendente que direcionasse seu aluno estrela a adotar igual estratégia, ainda que Federer tenha precisado de tempo para se sentir confortável à rede.

"Aprendi aquela bela esquerda de uma mão com Peter", disse Federer, conseguindo parecer convencido e deferente na mesma frase.

Mas a jogada era mais irresistível ao olho do que aos rivais naqueles anos formativos. Cahill visitou Carter na Basileia em 1995, quando Federer tinha treze anos, e foi ao Old Boys Club para observá-los treinando juntos. Foi a primeira chance de Cahill examinar Federer ao vivo.

"Naquela época, Roger tinha um pouco daquele gingado de John Travolta em *Os Embalos de Sábado à Noite*, na maneira como andava pela quadra", disse Cahill. "Ele perdeu um pouco disso agora, mas era um olhar que dizia: 'Cara, eu sou o dono desta quadra e é onde quero estar.' Você sorria ao vê-lo. Não sei se ele sabia quem eu era, mas sabia que eu era amigo de Peter, então Roger também estava se exibindo um pouco para mim. Movia a direita por todos os lados e deslizava como um cara que obviamente cresceu jogando no saibro e parecia bastante confortável ali."

Cahill disse que Carter o olhava com expectativa depois de ralis de alta velocidade.

"Com certeza fiquei impressionado, mas não tanto com a esquerda de Roger", disse Cahill. "Porque ele dava um passo grande. Como técnicos, ensinamos mais a dar passinhos, passinhos pequenos, para entrar na posição e poder bater a bola no lugar exato. Tudo começa no pé que fica atrás. Você transfere o peso para o pé que está adiantado e se impulsiona com o máximo de força possível. É como dar um soco. Quanto maior o passo que se dá com um soco, menos potente ele vai ser. E Roger dava um passo grande para usar a esquerda. Ele tinha um belo slice na época, mas cada vez que tentava dar sequência, errava metade das esquerdas."

Depois do treino, Carter pediu feedback ao amigo.

"Eu disse: 'Bom, em primeiro lugar, tenho um garoto em Adelaide, Lleyton Hewitt, que acho que é um pouco melhor do que esse cara'", lembrou Cahill.

Ele falou para Carter que a direita e a movimentação de Federer eram impressionantes. "Mas eu disse: 'Cara, você vai ter que trabalhar bastante essa esquerda'", declarou Cahill. "Porque parece que pode ser algo que pode prejudicá-lo."

Cahill me contou que mais tarde, em sua carreira de técnico, se lembraria daquele treino de forma diferente.

"É onde muitos técnicos erram, porque passamos tempo demais procurando as áreas ruins ou medianas", disse ele. "E então nos concentramos nessas áreas, em vez de trabalhar os pontos fortes. Era como eu trabalhava como técnico, no começo. Procurava as fraquezas e deixava um pouco de lado as coisas que o tornariam excelente."

A excelência estava na direita, no trabalho de pés, no saque, no timing, na visão de quadra, no planejamento e na vontade de fazer mais. Mas havia outra fraqueza inegável em Federer naqueles primeiros anos: a mentalidade.

"Eu era um péssimo perdedor, de verdade", admitiu Federer.

Barlocher se lembra de uma vez em que Federer perdeu uma partida no Old Boys, sentou-se embaixo da cadeira do árbitro e ficou chorando até depois que todos já tinham deixado a quadra.

"Em geral, quando temos partidas em equipe, também saímos para comer juntos, e já estávamos com os sanduíches e ele não aparecia", disse Barlocher. "Então meia hora depois fui até lá tirá-lo de baixo da cadeira do árbitro, e ele ainda estava chorando."

As lágrimas eram a resposta instintiva de Federer à derrota. Ele derrubava tabuleiros de xadrez depois de perder para o pai. Sua competitividade era extrema, e a sensibilidade o deixava vulnerável às expectativas dele próprio e às dos outros.

Mas, embora lhe faltasse autocontrole, ele de forma alguma estava sozinho nessa situação.

"Isso não era incomum naquela idade", alegou Barlocher. "Uma criança chorava, outra gritava. Mas Roger tinha dificuldade em perceber que as outras pessoas também podiam jogar bem. Tínhamos que lembrá-lo disso."

Mas ele também se divertia muito. Antes de uma partida interclubes, Barlocher lembra-se de procurá-lo quando era a sua vez de jogar e não conseguir encontrá-lo. No fim, ele estava se escondendo numa árvore que havia escalado.

"Ele adorava esse tipo de pegadinha", contou ela.

Lynette e Robert não eram superprotetores, e o pai viajava com frequência devido ao trabalho com a Ciba.

"É claro que eles vinham quando ele tinha uma partida, mas durante os treinos estavam sempre trabalhando, então nunca apareciam nem ficavam me dizendo o que ele precisava fazer ou como deveria jogar ou treinar", contou Barlocher. "Alguns pais achavam que os filhos eram muito melhores do que realmente eram. Sempre é preciso lidar com esse tipo de gente, mas nunca tive problemas com os Federer."

Embora não fossem do tipo que deixavam o filho sem jantar quando perdia uma partida, os Federer se sentiam impelidos a agir quando ele perdia a calma.

Federer conta a história da vez que seu pai não gostou do que viu e ouviu durante um dos treinamentos. Robert expressou sua desaprovação, deixou uma moeda de cinco francos suíços no banco e disse a Roger que voltasse para casa sozinho.

Uma das melhores explicações de Federer para o que estava sentindo naquele momento de sua vida veio de uma entrevista para o *Times*.

"Eu sabia do que era capaz e me enfurecia com o fracasso", disse ele sobre a sua época de juventude. "Tinha duas vozes dentro de mim, o diabo e o anjo, e uma delas não conseguia acreditar como a outra podia ser tão idiota. 'Como você pôde errar essa?', dizia uma voz. Daí eu simplesmente explodia. Meu pai ficava tão envergonhado nos torneios que gritava comigo da lateral da quadra, dizendo que eu calasse a boca, e daí na volta para casa, no carro, às vezes ele dirigia por uma hora e meia sem falar absolutamente nada."

Pelo menos ele ganhava uma carona para casa. Mas, para aqueles que o viram implodir, a irritação fácil de Federer era o principal motivo para ele não ser uma aposta certa. Era evidente que ele tinha o talento e parecia ter também a ambição, mas o psicológico é frequentemente o que determina a diferença entre o medíocre e o bom; entre o bom e o excelente.

"Não acho que Roger fosse um autômato", disse Peter Smith, que às vezes discutia o comportamento de Federer com Carter. "Ele era temperamental e precisava de alguém com pulso firme. E a maioria das pessoas não imaginaria que essa pessoa poderia ser Peter Carter, mas acho que era o Peter Carter que passei a conhecer. Acho que ele aprendeu a treinar com muita disciplina."

Mudar a atitude de Federer na quadra acabou sendo um projeto de longo prazo e não uma solução rápida, mas fazê-lo seria crucial para o seu desenvolvimento e a sua persona na quadra, que se revelaria tão fascinante.

Carter era um técnico e amigo com um bom senso de humor. Também estabelecia uma conexão com a história do tênis com seu sotaque australiano. Ele falava com Federer sobre os grandes jogadores australianos do passado: homens como Rod Laver, Ken Rosewall e John Newcombe. No meio-tempo, Federer tinha a chance, ano a ano, de examinar de perto os melhores jogadores da atualidade.

Um torneio masculino, o Swiss Indoors, ocorria todo outono na Basileia. Roger Brennwald, fundador e diretor do torneio, oferecia altos honorários por aparição e uma data favorável no calendário para atrair grandes nomes a um evento que então fazia parte da categoria mais baixa dos torneios da ATP.

De 1987 a 1997, a lista dos vencedores incluiu campeões de Grand Slam como Yannick Noah, Edberg, Courier, John McEnroe, Becker, Michael Stich e Sampras.

Lynette, profundamente envolvida na comunidade de tênis da Basileia, era voluntária no departamento de credenciamento do torneio. O filho a acompanhou, trabalhando como apanhador de bolas pela primeira vez em 1992, mesmo ano em que recebeu um prêmio durante o torneio por ser um esportista promissor da região. Jimmy Connors e o jogador iraniano Mansou Bahrami fizeram algumas jogadas com o jovem Federer de cabelos espetados, posando com ele para uma foto junto à rede.

Em 1993, Federer foi o sexto na fila de apanhador de bolas a apertar a mão de Stich e receber uma medalha depois que o alemão derrotou Edberg na final. Em 1994, Federer estava na fila novamente para cumprimentar o campeão Wayne Ferreira, que, por ser sul-africano, teve a sua torcida.

Federer estava observando a vida que por fim levaria, e os campeões que encontrou brevemente quando garoto na Basileia mais tarde voltariam à sua órbita de um modo muito mais profundo: Edberg como seu técnico; Ferreira como seu amigo e eventual parceiro de jogo de duplas.

Para Federer, crescer na cidade que era o palco do principal torneio suíço foi mais um ingrediente de seu sucesso. A geografia pode não determinar exatamente o destino, mas ajuda com alguns começos, e, ao longo dos anos, Federer recompensaria o torneio no qual teve contato pela primeira vez com o jogo profissional.

Apenas quatro anos depois de sua última participação como apanhador de bolas, Federer jogou no Swiss Indoors, perdendo por 6-3, 6-2 para Andre Agassi na primeira rodada, tendo entrado com um *wild card*. Dois anos depois, chegou à final, perdendo em cinco sets para Thomas Enqvist.

Impulsionado pela popularidade de Federer, o Swiss Indoors subiu de categoria de torneio em 2009, dobrando o valor da premiação.

"Organizávamos o torneio fazia 35 ou 36 anos, portanto já sabíamos mais ou menos o que esperar", disse Brennwald em uma entrevista com os jornalistas suíços Simon Graf e Marco Keller. "Daí de repente alguma coisa aconteceu e isso mudou tudo o que pensávamos saber, considerando a nossa experiência. O interesse por Federer era simplesmente esmagador."

Brennwald, que já foi a personalidade mais influente do tênis suíço, precisou se adaptar em ter seu posto usurpado por Federer. Não foi sempre fácil. Em 2012, uma disputa sobre os honorários de uma futura aparição de Federer se tornou pública. Brennwald insinuou que Federer e seu agente, Tony Godsick, estavam sendo gananciosos, embora por vários anos Federer tivesse jogado por um valor de 500 mil dólares, que estava abaixo de seus honorários normais. Federer ficou abalado com as críticas, mas decidiu não se defender nem faltar ao torneio. Ele jogou o Swiss Indoors em 2013 sem receber nada: um gesto inteligente no que se resumia a uma batalha de relações públicas.

"É a minha cidade natal, então fiquei um pouco chateado", contou-me ele logo depois do torneio de 2012. "Foi estranho como aquilo se desdobrou porque o objetivo era assinar um contrato de longo prazo antes do torneio exatamente por este motivo: para não precisarmos discutir sobre bobagens assim. E daí, de repente, a imprensa não fala sobre outra coisa durante o torneio inteiro, que todo mundo se esforçou tanto para fazer com que fosse um sucesso e divertido para todos."

Federer, que não é fã de controvérsias, se sentiu muito desconfortável ao se ver envolvido em uma, mas escolheu deixar a polêmica passar.

"O importante é que, em algum momento, você coloque tudo em pratos limpos", disse ele. "Acho que as pessoas confiam que vou fazer o que é certo e que, quando tomo decisões, penso com cuidado nelas e faço tudo para impedir esse tipo de situação. Houve alguns momentos complicados pelo caminho, mas eles fazem parte de quem você é. Eles fazem com que você cresça e o tornam mais forte. Sinceramente, não tem como lutar contra todas as batalhas."

Federer assinou um novo contrato com Brennwald em 2014 e seguiu comprometido com suas raízes e o torneio. De 2006 a 2019, venceu o título dez vezes e perdeu na final em três ocasiões. Embora pequeno em escala, é um evento que o deixa muito feliz e é importante para ele. Federer permanece tão leal ao Swiss Indoors quanto tem sido a Wimbledon.

Sua aparição na Basileia tem sido sua conexão anual mais evidente com a Suíça, ainda mais depois que deixou de jogar a Copa Davis em 2015. Mas seu país continua sendo um lugar onde a discrição é valorizada e a febre por Federer tem sido uma enfermidade decididamente leve quando se comparada com o que poderia ter sido se ele fosse, digamos, brasileiro ou americano.

Uma petição recente para renomear o estádio St. Jakobshalle em homenagem a Federer não reuniu assinaturas suficientes para ser considerada formalmente pelas autoridades municipais. É bem possível que isso mude, mas por enquanto sinais de seus feitos e sua importância são raramente encontrados na Basileia. A única quadra que traz seu nome em sua cidade natal fica no Old Boys Club.

É fácil de visitar. Você pode entrar livremente pelo portão do clube — não há seguranças. À esquerda fica um grande quadro-negro em que as reservas do dia para cada uma das nove quadras estão escritas a mão. Apenas duas quadras têm o nome de jogadores: a Quadra Central Roger Federer e a adjacente, Quadra Marco Chiudinelli.

Para alguém de fora, parece algo bastante suíço o fato de Chiudinelli, que nunca chegou ao top 50 e tem retrospecto de 52-98 [vitórias-derrotas] em toda a carreira, esteja basicamente em pé de igualdade ali com Federer, um dos maiores tenistas de todos os tempos.

Mas essa também era a cidade natal de Chiudinelli, assim como seu clube: o local onde ele começou sua ascensão, mesmo que tenha parado muito abaixo dos cumes nevados que Federer atingiu.

"Além de Roger, Marco era o único membro do nosso clube que participou de torneios internacionais da ATP, então por que não batizar uma quadra em sua homenagem também?", questionou Barlocher.

Chiudinelli é apenas um mês mais jovem que Federer. Ambos cresceram em Münchenstein e, embora Chiudinelli originalmente jogasse em outro clube da Basileia, treinavam no Old Boys.

"Aqueles dois estavam sempre juntos; jogavam juntos e faziam tudo juntos", contou Barlocher. "Marco era o melhor amigo de Roger entre os juvenis."

Ambos amavam futebol e tênis e começaram jogando um contra o outro no campo de futebol. Mas por fim se enfrentaram em um torneio de tênis quando tinham oito anos. Era apropriadamente chamado de "Copa Bambino", e Federer descreveu a partida em uma entrevista sobre sua trajetória para o documentário *Strokes of Genius* [Jogadas de gênio].

"Era até nove games", contou ele. "E eu fazia 3-0 e ele começava a chorar, tipo, 'Estou jogando tão mal'. Então eu dizia: 'Tudo bem, Marco, você vai se recuperar, fica tranquilo. Você joga bem.' Daí ele passava na frente, 5-3, e eu começava a chorar, e ele falava: 'Não se preocupe, vai ficar tudo bem. É só que eu joguei muito bem os últimos games, sabe.' E daí eu passava a liderança com 7-5 e ele começava a chorar de novo. Ficávamos nos consolando mutuamente enquanto a partida estava rolando."

Chiudinelli acabou vencendo, o que não se revelou um presságio. Mas ele e Federer jogaram muito tênis, jogos de cartas e outras brincadeiras de criança, e, apesar da ascensão de Federer e da fama e fortuna enormes, eles permaneceram bons amigos.

"Quando ambos chegamos ao circuito, foi como um conto de fadas", disse Federer.

Eles voltaram ao Old Boys, quando se enfrentaram em uma exibição para a caridade em 2005. Federer continua como membro, embora não tenha jogado no clube desde então, e contribuiu com um fundo para construir instalações cobertas permanentes no clube.

No dia da minha visita, dois jovens da Basileia — Jonas Stein e Silvio Esposito — estavam treinando sob o sol na quadra central: a mesma onde Federer chorou embaixo da cadeira do árbitro.

"Você meio que espera algo a mais, né?", disse Stein depois que ele e Esposito terminaram. "Este é o lugar mais conectado a Federer na Basileia, mas nem todo mundo sabe que aqui foi o clube dele. Todo mundo sabe que ele é da cidade, mas o clube não é tão famoso. Acho que a diretoria, uns dez anos atrás, perdeu a chance de promover o lugar. Podiam ter transformado isto aqui numa atração turística, e todo estrangeiro que viesse à cidade viria aqui tirar uma foto na frente do clube. Mas acho que esse não é o estilo aqui na Suíça."

A única foto de Federer na propriedade fica em um mural dentro do modesto restaurante do clube e o mostra pulando alto para sacar em Wimbledon, com as palavras "Lar de uma lenda" escritas sob o logo do Old Boys Basel. Para a Suíça, esse é o auge da ostentação.

Esposito tem seus próprios objetos de colecionador de Federer. Disse que os pais de Federer deram uma das primeiras raquetes do filho ao seu avô, que Silvio mais tarde ganhou de presente.

"Comecei a jogar com ela, mas não absorvi a mesma vibração", disse ele com uma risada.

É preciso um pouco mais do que isso para ser capaz de canalizar Federer. É preciso talento e força de vontade excepcionais, uma estrutura de apoio sólida, bastante sorte e decisões sensatas — e uma das mais inteligentes de Federer foi deixar a Basileia, pelo menos por um tempo.

CAPÍTULO TRÊS

ECUBLENS, Suíça

"*Arrête*, Roger. *Arrête!*"

A voz era de Christophe Freyss, técnico francês do centro nacional de treinamento suíço, que estava mandando Roger Federer parar de bater uma bola de tênis contra um contêiner de equipamentos.

"Fazia tanto barulho que ninguém conseguia se concentrar", disse Freyss.

Federer, um adolescente impulsivo com energia de sobra, acataria o pedido — mas não por muito tempo.

"Ele parou por uns cinco minutos, depois pegou a raquete e voltou a bater", contou Freyss. "E eu disse: 'Roger, pare imediatamente!'"

Roger, então com catorze anos, estava no seu primeiro ano de moradia e estudo em Ecublens, um subúrbio de Lausanne, no lago Genebra. Ainda estava em seu país natal, mas como um jovem da Basileia de língua alemã era, definitivamente, um forasteiro. A língua mais falada em Lausanne é o francês, e Federer chegou em agosto de 1995 com um problema.

"Ele sabia talvez dizer *bonjour*, *merci* e *au revoir*, mas tirando isso seu francês era nulo", contou Yves Allegro, outro estudante e futuro colega de equipe na Copa Davis.

Federer morava com uma família local francófona, os Christinet, e estudava em uma escola chamada Collège de la Planta, onde se lecionava em francês. Foi uma curva de aprendizado acelerada em meio a uma montanha-russa emocional.

Como um dos estudantes mais jovens no centro nacional, ele treinava de tarde enquanto os mais velhos tinham sessões das dez da manhã ao meio-dia. Mas nessa época as aulas de Federer terminavam por volta das onze, o que significava que ele chegava ao centro de tênis enquanto o grupo mais velho ainda estava jogando.

"Roger era um poço de energia nervosa e, sabendo disso, eu o mandei ir fazer o dever de casa", contou Freyss. "Mas era uma causa perdida e, *voilà*, foi aí que ele começou a bater a bola."

Depois de dois avisos, Freyss bolou um plano com seus jogadores. Se Federer voltasse uma terceira vez, eles lhe ensinariam uma lição.

"Eu tinha quase certeza de que ele voltaria", disse Freyss. "Ele realmente não aguentava ficar sentado."

E ele voltou, e dessa vez Freyss e os jogadores foram até ele e o carregaram até o vestiário, dando todos os sinais de que iriam colocá-lo embaixo do chuveiro ainda vestido.

"Queríamos que ele acreditasse, mesmo que não fôssemos fazer isso", disse Freyss. "Eu até liguei o chuveiro. Paramos por aí porque foi onde sempre pretendíamos parar, mas tenho certeza de que foi um momento memorável para ele."

Federer certamente se lembra da ocasião. Foi parte de uma época turbulenta e atribulada.

"Eu era o garoto suíço-alemão sacaneado por todo mundo", disse ele. "Não via a hora de chegar o fim de semana para poder pegar o trem e voltar para a Basileia."

Mas a mudança para Ecublens também foi uma escolha dele, deixando para trás não só os pais e a irmã, mas também o técnico Peter Carter, o clube Old Boys e sua zona de conforto em uma tentativa de levar seu jogo a outro nível.

"Queríamos que a decisão fosse de Roger", contou-me Lynette Federer. "Não o pressionamos, e acho que isso foi um dos motivos pelos quais ele perseverou e escolheu ficar: porque a decisão foi dele."

Quando fala sobre isso agora, Federer não demonstra qualquer sinal de arrependimento. Muito pelo contrário: considera os dois anos que passou em Ecublens vitais para seu amadurecimento e essenciais para o seu sucesso posterior.

"Hoje eu diria que aqueles foram provavelmente os dois anos mais cruciais da minha vida", revelou.

Quando dá conselhos a jovens atletas, com frequência recomenda que eles aproveitem a chance de sair de casa por um tempo para desenvolver a autoconfiança, uma qualidade fundamental em um esporte individual brutalmente competitivo, no qual confiar em si mesmo pode ser tão importante quanto confiar em sua direita.

Federer não enfrentou os mesmos obstáculos com os quais muitos grandes jogadores de tênis da atualidade se defrontaram. Não teve que atravessar o oceano aos seis anos, como Maria Sharapova, em busca do difícil objetivo do pai de fazê-la ser aceita em uma academia da Flórida. Não teve que encontrar um modo de treinar e se aperfeiçoar em meio a uma guerra, como Novak Djokovic.

Mas, vista pelo prisma da sua existência confortável de classe média, Ecublens representava uma série de adversidades: autoimpostas e menores, mas ainda adversidades. Representou uma grande parte do seu crescimento, tanto como pessoa quanto como jogador.

"Em casa eu era o favorito, o campeão, mas em Ecublens estava cercado por outros campeões, e tive dificuldade em lidar com isso", disse ele. "A família que me hospedou era muito gentil, mas não era a minha família. Depois de três meses, tive muitas dúvidas sobre se queria continuar lá. Mas fiz a coisa certa ao insistir."

Mais de vinte anos depois, o centro de treinamento em Ecublens e o pequeno clube que fazia parte dele já não existem há muito tempo. As oito quadras, a pequena academia e a pista de atletismo adjacente foram reestruturadas e substituídas por prédios residenciais.

Não é o único local importante da carreira de Federer a desaparecer. O clube da Ciba, o lugar onde começou a jogar na Basileia, foi demolido e substituído por residências para idosos e um parque público. Federer muitas vezes manda mensagens de vídeo, chegando a enviar uma aos membros do clube da Ciba em 2012 para a festa de despedida pouco antes da demolição, compartilhando suas lembranças de partidas e churrascos ocorridos lá.

Ecublens evoca emoções mais conflitantes, mas ainda há uma sensação de perda quando ele se lembra do que deixou de existir lá.

"Dá um certo aperto no coração", disse ele. "Foi um lugar tão importante na minha vida."

Outros que treinaram lá sentem uma nostalgia parecida.

"Não sobrou nada; isso acaba comigo", disse Manuela Maleeva, a estrela do tênis feminino que atingiu o terceiro lugar no ranking mundial.

"É sempre difícil", disse Allegro. "Vou para lá talvez uma vez por ano e tento passar por ali porque fez parte da nossa juventude. É triste ver que a quadra de tênis não está mais lá."

Mas, mesmo sem resquícios físicos, um legado rico de seus anos em Ecublens permanece para Federer.

Há o seu francês fluente e quase natural. Dominar a língua ampliou seus horizontes e seu círculo social, aumentando seu apelo tanto internacionalmente como em sua terra natal poliglota, onde ele consegue superar as diferenças culturais.

"Acho que, para os suíços falantes de francês, isso é muito importante e apreciado, porque muitos dos suíços-alemães não têm um bom francês", contou-me a autora suíça Margaret Oertig-Davidson. "As pessoas na parte germânica do país geralmente aprendem inglês muito melhor que o francês, então o fato de Federer falar um francês que não machuca os ouvidos é muito valorizado."

O legado de Ecublens também se encontra nas amizades que Federer fez com jogadores como Allegro, Lorenzo Manta, Ivo Heuberger, Alexandre Strambini e Severin Lüthi, uma figura há muito subestimada que se tornaria parte do círculo íntimo do jogador e de sua equipe de treino.

Em Ecublens, Federer também desenvolveu uma afinidade por quadras cobertas e condições velozes de jogo. As quatro quadras cobertas de lá, que eram as principais durante os meses de frio, faziam a bola quicar baixo e rápido. "Rápido como um raio", disse Federer.

O legado de Ecublens também existe em uma conexão profunda com um homem bem mais velho que nunca jogou tênis competitivamente, mas teve papel importante no sucesso a longo prazo de Federer — talvez o papel mais decisivo.

Pierre Paganini é o preparador físico de Federer. Ele conheceu o tenista em Ecublens em 1995 e se juntou a sua equipe em 2000, o que o torna, de longe, o membro mais antigo da equipe.

Ele ajudou Federer a manter-se livre de lesões mais sérias até bem mais tarde na carreira e o ajudou a sustentar a rapidez e a agilidade com um programa inovador. Mas Paganini, um ex-decatleta que gosta de treinar junto com seus jogadores e correr com eles, tem sido muito mais do que um sargento inteligente e em ótima forma. É o homem de confiança e por vezes guia espiritual de Federer, dando a palavra final quanto a sua agenda: um defensor sutil, mas persuasivo, dos benefícios da dedicação e da moderação.

Desde o começo, Paganini teve uma visão de longo prazo em relação à saúde e à trajetória de Federer, e também a confiança e a credibilidade para ajudá-lo a implementá-la.

O ponto principal foi que o trabalho consistente era necessário, mas descanso e folgas também, se ele quisesse durar em um esporte cujos ritmos e padrões repetitivos poderiam exaurir em pouco tempo a *joie de vivre* de um jogador. Pernas saudáveis eram fundamentais, mas não mais do que uma mente saudável.

"O cara mais importante na carreira de Federer é Paganini", disse Günter Bresnik, um técnico austríaco veterano.

É uma declaração ousada, mas Bresnik não é o único a destacar o papel do preparador.

"Para mim, Mirka vem em primeiro lugar e Pierre em segundo", disse Allegro. "Se há uma decisão importante a ser tomada, Pierre sempre vai estar envolvido porque acho que ele sempre tem uma visão ampla das coisas. Roger confia nele de maneira incontestável."

Stan Wawrinka, a outra estrela suíça que treinou com Paganini por mais de uma década, afirma dever mais ao preparador pela própria carreira do que a qualquer outra pessoa.

Mas Federer ainda não está preparado para fazer essa declaração publicamente. Ele foi influenciado por muitas pessoas e é diplomático demais para colocar uma contribuição-chave acima das outras. O que é evidente é que Paganini faz parte de um grupo seleto — muito seleto.

"Se estou onde estou hoje, um dos motivos, sem dúvida, é Pierre", contou-me Federer, já com a carreira consolidada.

Tem sido um relacionamento profissional íntimo que enriqueceu em vez de estagnar com o tempo.

"Ele tornou as sessões de treino muito agradáveis, se é que isso é possível", disse Federer. "Eu apenas sigo o que ele diz. Não importa o que ele me diga, eu faço porque confio nele. As pessoas me perguntam se eu ainda faço testes físicos e coisas do tipo. Não preciso fazer testes porque trabalho com Pierre e ele vê se eu estou me movimentando bem ou não, se estou devagar ou rápido e todas essas coisas. Ele é responsável por uma parte enorme do meu sucesso e estou feliz por tê-lo convidado bem no início."

Bresnik, um dos maiores pensadores do tênis, é técnico há mais de trinta anos. Conhece Federer desde meados dos anos 1990 e conheceu Paganini muitos anos antes, quando treinava o atleta suíço Jakob Hlasek.

Bresnik confia tanto em Paganini que, quando seu aluno estrela Dominic Thiem ainda era adolescente, convidou o preparador para ir a Viena opinar se Thiem possuía a velocidade e a habilidade física necessárias para ser bem-sucedido no circuito.

A resposta foi sim, e Thiem cresceu e se tornou campeão de Grand Slam com diversas vitórias sobre Federer, assim como sobre os outros dois membros do *Big Three*: Nadal e Novak Djokovic.

Bresnik admira o comprometimento e a intuição de Paganini e, em um mundo darwinista em que jogadores — incluindo Federer — muitas vezes se incomodam por compartilhar seus métodos, também valoriza a sua discrição.

"Paganini é um cara esperto que não tem desejo algum de se exibir, de ficar sob os holofotes", disse Bresnik. "Ele sempre estará nos bastidores. Federer é o cara na frente das câmeras, mas o cérebro por trás dos panos nos últimos vinte anos provavelmente tem sido Paganini."

Federer aprecia a discrição — ele é suíço, afinal — e Lüthi age de forma parecida.

"Ele também é muito modesto, fica na dele, nunca quer chamar atenção", disse Bresnik.

Paganini, com uma careca reluzente e óculos de aro, tem um ar acadêmico e não vem de uma família de atletas. É filho de pai e mãe músicos e educadores e, apesar do sobrenome, não tem nenhuma ligação com o virtuoso italiano Niccolò Paganini, conhecido como o "violinista do diabo" no século XIX porque as pessoas comentavam que devia ter vendido a alma para conseguir tocar de modo tão sublime.

Pierre, nascido em Zurique em 1957, também tocava violino na adolescência, mas se sentiu atraído pelos esportes desde cedo.

"Nós brincávamos que ele era o membro menos inteligente da família porque se envolveu com esportes", disse Magdalena Maleeva, outra cliente de longa data.

Paganini jogou futebol e competiu em atletismo, gravitando para o decatlo, o teste de resistência de dez provas que é a modalidade esportiva mais intensa de todas.

Mas Paganini sentiu bem cedo que ele queria, acima de tudo, fazer parte dos bastidores.

Assistindo à Copa do Mundo de 1966, ficou menos interessado no que os jogadores faziam no campo do que no que poderiam estar fazendo fora dele.

"Eu tinha oito anos e queria saber o que estava acontecendo no vestiário, o que o técnico dizia para eles quando não podíamos vê-los na TV", disse ele numa entrevista para o jornal suíço *24 Heures* em 2011. "Mesmo naquela idade, eu já era fascinado pelas coisas que ocorriam longe dos olhos. Na minha área, trabalhamos muitas vezes nas sombras, e eu adoro isso."

Por muito tempo ele quis ser preparador físico, mas, inseguro quanto ao mercado de trabalho, procurou ampliar os horizontes: graduou-se em administração e chegou a fazer algumas matérias em uma escola de hotelaria suíça. Por fim, ouviu sua voz interior — que estava mais próxima de um grito — e obteve um diploma em treinamento pelo Instituto Federal Suíço de Esportes Magglingen, a única universidade suíça exclusivamente focada no estudo dos esportes. Teve aulas com Jean-Pierre Egger, ex-atleta de arremesso de peso suíço que treinou Werner Günthör e Valerie Adams, levando-os a campeonatos mundiais e medalhas olímpicas, mas também trabalhou com outros esportes, incluindo luta livre, vela e esqui alpino. Em 2020, Egger foi eleito o melhor técnico suíço dos últimos setenta anos na premiação nacional desportiva. Ele ensinou a Paganini a importância de adequar o preparo físico às necessidades específicas de cada modalidade.

Paganini se formou em 1985 e seu plano era treinar jogadores de futebol, mas, em vez disso, recebeu uma proposta de trabalho no centro de tênis em Ecublens, embora não tivesse experiência alguma com o esporte. Trabalhou por meio período no começo, precisando aceitar um segundo emprego como professor em uma escola das redondezas para se sustentar, mas por fim se tornou parte integral do tênis suíço.

Dois dos primeiros jogadores a se beneficiarem disso foram Marc Rosset e Manuela Maleeva.

Rosset era um jogador magrelo de dois metros, com um senso de humor irônico e uma personalidade difícil e às vezes combativa. Era o melhor jogador masculino da Suíça quando Federer estreou, mas a movimentação não era um de seus pontos fortes.

"A primeira vez que vi Pierre, ele tinha vindo do decatlo e não sabia nada sobre tênis, e daí começou a praticar o esporte para entender os detalhes", contou Rosset.

Bresnik também revela que Paganini se sentia culpado pelo que fez durante aqueles primeiros anos.

"Ele me disse uma vez que deveria ser multado pelo que fez com os caras 25 anos atrás, quando não tinha ideia do que era preciso fazer no tênis", contou Bresnik, rindo. "Ele disse que, levando em conta o que sabe hoje em dia, fica envergonhado. Mas ele nunca para de aprender e se adaptar aos jogadores."

Consideremos o contraste entre Federer e Wawrinka. Federer tem porte mediano, é ágil, rápido no gatilho e inclinado ao ataque. Wawrinka tem o tórax largo e recebeu o apelido de "Diesel" porque leva um tempo para atingir a velocidade máxima. Possui potência e resistência obstinadas.

"Ter trabalhado ao mesmo tempo com Federer e Wawrinka, que são jogadores e atletas de perfis completamente diferentes, além de fisicamente distintos, mostra que Pierre entende as necessidades físicas de um tenista melhor do que ninguém", disse Bresnik. "Eu aceito como verdade qualquer coisa que o cara falar. Outros preparadores ainda estão tateando no escuro."

Apesar de sentir-se culpado, a falta de conhecimento sobre tênis nos primeiros anos foi também uma vantagem para Paganini. Como um viajante que chega a um novo país, ele estava ciente de suas questões de um modo que um residente de longa data não poderia estar. Aplicou sua experiência de atletismo ao trabalho no tênis, mas sem estar preso a ele. Após o trabalho com Egger, focou em criar treinos específicos para o tênis. Isso implicava muito trabalho na quadra e não na academia, e queria dizer também que halteres pesados e corrida de longa distância não seriam muito úteis.

"No tênis você precisa ser forte, rápido e coordenado, além de ter resistência, então tem que treinar para isso", contou Paganini. "Mas também nunca deve esquecer que vai aplicar tudo isso em uma quadra de tênis, não na pista de corrida ou na piscina. Assim, é sempre preciso criar uma conexão entre a velocidade e o modo como ela é aplicada na quadra. De cada dez vezes, em nove a velocidade está nos primeiros três passos, depois você já está na bola. Então tem que treinar para ser particularmente forte nos primeiros três passos."

Com partidas de Grand Slam que muitas vezes ultrapassam três horas, o atleta também deve treinar para ser forte nos primeiros três passos no quinto set, e não apenas no primeiro.

O que se exige é o que Paganini chama de "resistência explosiva". Isso pode, a princípio, parecer um oximoro. Não é, mas sem dúvida representa um desafio para um preparador físico.

"No atletismo, o cara que tem resistência corre a maratona e o cara que é explosivo foca nas corridas de velocidade", disse Paganini. "Mas no tênis você precisa ser resistente *e* explosivo, e essas são duas qualidades antagônicas. É o motivo de o tênis ser fascinante, e também por que acho que é muito mais difícil do que as pessoas tendem a imaginar."

No tênis, corridas mais longas às vezes são necessárias. Há a busca por uma curtinha; o recuo da rede para alcançar um lob; o movimento de um canto a outro pela linha de base para fazer uma passada.

Mas é preciso lembrar que o comprimento da linha de base é de apenas oito metros, e que a distância entre a rede e a linha de base mede apenas doze metros. Mesmo que um jogador comece a correr bem atrás da linha de base, não vai cobrir mais do que dezesseis metros em linha reta.

"No tênis, você não faz uma única corrida de velocidade, como um atleta dos cem metros", disse Paganini. "Você joga por três horas ou mais, parando e retomando. É muito cansativo, mas você tem 25 segundos ou noventa segundos para se recuperar. Em tudo o que você faz, precisa se manter ciente disso. Não pedimos que o jogador bata um recorde de velocidade, pedimos que seja rápido repetidamente por muito tempo. É isso que torna o tênis interessante. Você não corre quarenta quilômetros quando uma partida dura cinco horas. Corre, talvez, seis quilômetros no máximo."

Movimentos curtos e explosivos são a marca do jogo, então Paganini tomou a decisão lógica de focar em treinar esses movimentos, frequentemente pedindo que Federer e outros atletas realizassem uma tarefa complexa que exigisse coordenação olho-mão ao mesmo tempo.

Eles faziam um trabalho de pernas intenso de tênis enquanto jogavam e apanhavam uma bola medicinal, então pegavam uma raquete e repetiam o trabalho de pernas batendo uma bola de tênis.

Paganini colocava bastões numerados nos quatro cantos de um quadrado e deixava o jogador no meio, com uma bola medicinal. Em seguida, cantava um número e o jogador tinha que correr até o bastão correspondente e segurar a bola no alto.

Tratava-se de treinar a agilidade mental assim como a física, além de testar a habilidade dos jogadores de manter a integridade da técnica sob pressão ao colocá-los para fazer sessões de cardio rápidas e intensas na quadra, ou às vezes em uma bicicleta ergométrica, e então passar imediatamente para treinos, batendo bolas dois contra um.

Ele também gostava do treinamento intervalado — um método clássico para corredores —, mas em intervalos mais curtos do que os normais: trinta segundos ou menos de esforço intenso seguidos de trinta segundos ou menos de descanso. A meta era aumentar a velocidade de um jogador e não apenas seu consumo máximo de oxigênio, a medida tradicional de resistência.

"Para mim, Pierre é o melhor preparador físico no mundo para tenistas, porque é o primeiro que de fato criou treinos e exercícios completamente específicos, inclusive quando se trata do trabalho de pés detalhado", disse Rosset. "Mesmo eu, com a minha altura, conseguia me mover relativamente bem e sem lesões sérias. E, se você olhar para Paganini e os jogadores que ele treinou, vai ver que eles também tiveram relativamente poucas lesões."

É um feito e tanto, se considerarmos que treinar atletas para serem explosivos implica maior risco de lesões. Mas Paganini encontrou um ótimo equilíbrio, mesmo que tanto Federer quanto Wawrinka tenham precisado passar por cirurgia no joelho depois dos trinta anos.

Rosset, há muito aposentado, mas ainda na esfera do tênis como comentarista, com frequência vê os preparadores físicos atuais trabalhando com jogadores em torneios ou em vídeos postados nas mídias sociais.

"*Putain*", disse Rosset, empregando um palavrão em francês. "São praticamente as mesmas coisas que eu fazia com Pierre 25 anos atrás. É claro, há aspectos que melhoraram, mas muitos preparadores físicos foram influenciados por ele. É só ver os resultados. Se alguém me pedisse para treiná-lo amanhã, eu diria: tudo bem, faça quatro meses com Paganini e daí a gente conversa."

Manuela Maleeva é a mais velha de três irmãs búlgaras que aprenderam o jogo com a mãe, Yulia Berberian. As três — Manuela, Katerina e Magdalena — alcançaram o top 10 apesar de recursos limitados e de terem enfrentado obstáculos consideráveis enquanto a Bulgária fazia a transição do comunismo.

As Maleeva, quase desconhecidas fora da Bulgária, foram uma das histórias de sucesso mais impressionantes do tênis, antecipando as irmãs Williams.

"Sabe, se fôssemos americanas teríamos sido gigantes", disse Yulia certa vez, com razão, à *New Yorker*.

Uma das filhas de Yulia chegou a se naturalizar suíça. Manuela se casou com o técnico de tênis suíço François Fragnière em 1987, quando tinha apenas vinte anos, e começou a treinar em Ecublens, onde ela e Paganini se conheceram.

"Na verdade, fui a primeira tenista profissional com quem ele procurou trabalhar", contou-me Manuela. "Ele me forçava muito, demais, mas sem fazer com que eu o odiasse por isso. É essa a diferença em relação a muitos outros técnicos."

Manuela e Fragnière, que, além de marido, era seu técnico, decidiram que ela precisava aperfeiçoar seu condicionamento físico para aumentar as chances contra atletas como Steffi Graf, Martina Navratilova e Gabriela Sabatini, no fim dos anos 1980.

Uma das primeiras prioridades de Paganini foi avaliar o nível de preparo da tenista.

"Provavelmente a única vez que tive vontade de bater nele foi quando saímos para a nossa primeira corrida", contou Manuela, rindo. "Ele queria ver como estava a minha forma física e saber por onde começar comigo. Então saímos do clube e começamos a correr."

Maleeva e Paganini logo se dirigiram à floresta próxima para correr nas trilhas. Maleeva estava com dor, quase vomitando após o trabalho de resistência que já tinham feito, mas Paganini estava muito mais bem-humorado: corria de costas, um pouco à frente dela, para que pudessem conversar cara a cara.

"Eu pensei: Não é possível, minha língua está quase arrastando no chão e o cara está correndo de costas e batendo papo", disse ela. "Nunca vou me esquecer disso."

Mas ela não só perdoou Paganini, como viria a trabalhar com ele por mais sete anos, até se aposentar, em 1994, logo depois de vencer seu último torneio WTA em Osaka, Japão. Ainda estava no top 10.

"Eu melhorei demais com ele", disse ela. "A diferença é que eu costumava ter muitas cãibras quando o jogo chegava a três sets, e era algo que sempre me preocupava. Depois que comecei a treinar com Pierre, aos poucos fiquei tão em forma a ponto de sentir que podia continuar na quadra por cinco horas, e parei de ter medo."

Quando Manuela se aposentou, Paganini já trabalhava em Ecublens com Magdalena, apelidada Maggie, que é oito anos mais nova que Manuela.

"A grande questão com Pierre era a qualidade do trabalho de pernas", disse Magdalena. "Você tinha que ter muita precisão no posicionamento dos pés."

Manuela Maleeva, que se tornou profissional aos quinze anos, aposentou-se um pouco antes de completar 27 anos. Magdalena, profissional aos catorze, aposentou-se aos trinta. As duas irmãs sentiram que tiveram longas carreiras e estavam cansadas de viajar, mas ambas se lembram de Paganini dizendo a elas que os tenistas das próximas gerações jogariam por muito mais tempo.

"Naquela época, ninguém falava isso", contou Magdalena. "A maioria das pessoas dizia o contrário: que o tênis exige demais do corpo e, como não tinham uma temporada de folga, os jogadores ficariam cada vez mais lesionados."

Mas Paganini acreditava que um treinamento específico para o tênis, uma agenda mais inteligente, métodos de recuperação melhores e equipes de apoio maiores iriam estender as carreiras. Sua visão se provou correta, se olharmos para o número de jogadores, nos torneios masculinos e femininos, jogando muito além dos trinta anos e até melhorando suas posições no ranking após essa idade.

"Pierre não acreditava na ideia de que, depois dos trinta, sua habilidade atlética entra em declínio", disse Magdalena. "Ele realmente acreditava que, se trabalhasse do jeito certo, era possível jogar por muito mais tempo."

Magdalena, que começou a treinar com Pierre aos dezessete anos, ficaria com ele até sua aposentadoria, em 2005 — o que costuma ser a regra nos relacionamentos profissionais de Paganini. Ele inspira uma lealdade inabalável, mesmo que alguns outros preparadores físicos sintam que ele tem suas limitações.

Paul Dorochenko, um francês que mais tarde viria a trabalhar com Federer e outros jogadores juvenis da Federação Suíça de Tênis, hesita quando lhe pedem que descreva Paganini — por fim, se decide por "incomum".

Em parte, isso se deve ao fato de Paganini nunca ter sentido necessidade de tirar carteira de motorista, dependendo de trens, táxis, motoristas e sua segunda esposa, Isabelle, que sabe dirigir.

"Eu diria que Pierre tem ideias muito fixas; ele não é muito flexível e não é fácil de lidar", disse Dorochenko. "Ele é muito introvertido, mas é alguém que acho que trabalha muito bem em termos de desenvolver força e coordenação. Quando você faz uma sessão com Pierre, ele prende sua atenção e não solta. É ótimo nisso. É alguém que trabalha no campo, não um pensador conceitual."

Mas a habilidade de Paganini de manter a atenção dos seus jogadores e inspirar lealdade está relacionada a sua criatividade e seu talento para desenvolver programas altamente individualizados: longe de ser algo sem flexibilidade.

Federer, que anseia por variedade em muitos aspectos da vida, certamente não teria se contentado com vinte anos de rotina.

Embora Paganini fuja dos holofotes e seja tímido por natureza, Federer e os outros acham fácil se comunicar com ele.

"Você pode imaginar o impacto que ele teve na minha carreira como preparador físico, mas também um pouco como mentor, para ser sincero, porque conversamos muito além do trabalho", disse Federer certa vez.

"Você sempre pode contar com uns 45 minutos extras em que vamos apenas falar sobre a vida."

Entrevistar Paganini, o que é uma rara façanha, significava entrar de cabeça na conversa. Ele é intenso, fala em longos parágrafos e tende às metáforas. Tivemos conversas demoradas em 2012 e em 2017, as duas vezes em francês: a mesma língua que ele usa ao treinar Federer.

Perguntei a Paganini se o senso comum estava correto e a estrutura óssea e a graça natural de Federer tornavam mais fácil para ele permanecer saudável.

"Escuto isso o tempo todo", respondeu. "Ter potencial é uma coisa, mas expressá-lo em setenta partidas por ano é outra. Essa é a meta de Roger: ser consistente em cada partida que joga e cada sessão de treino que faz. Acho que subestimamos todo o trabalho que Roger faz, esse é um belo de um problema que ele tem. Subestimamos o trabalho porque, quando vemos Roger jogar, vemos o artista que expressa a si mesmo. Quase esquecemos que ele teve que se esforçar para chegar lá, porque é como assistir a um bailarino. Você vê a beleza e esquece todo o trabalho que está por trás. É preciso trabalhar muito, muito duro, para ser um dançarino tão belo."

Demanda-se tempo para adquirir músculos e memória muscular, mas também para atingir o refinamento e a postura. Embora Federer tenha passado décadas sob os holofotes internacionais fazendo o tênis parecer fácil, em seus anos iniciais mostrava a uma audiência bem mais restrita como o jogo poderia ser frustrante.

Considere a primeira impressão de Magdalena Maleeva em Ecublens, quando Federer tinha catorze anos.

"Na época ele era um garoto pequeno, e a impressão era que perdia fácil a cabeça", disse ela. "Ele costumava tacar bastante a raquete no chão."

Maleeva, seis anos mais velha e já estabelecida no top 10 da WTA, ganhou um set contra Federer em um treino.

"Ele parecia um garoto meio mimado, porque estava sempre irritado", revelou. "Mas acho que não estava se sentindo muito bem com o que estava acontecendo."

Freyss, diretor do centro de Ecublens e diretor técnico da equipe nacional masculina suíça, conseguia entender a angústia de Federer. Ele próprio tinha saído de casa e treinado numa academia quando era jovem: o centro de treinamento da Federação Francesa de Tênis em Nice, na década de 1970, junto com Yannick Noah, futuro campeão de Roland Garros.

Freyss participaria de torneios e chegaria ao top 100. Não foi longe nos principais torneios, mas derrotou quatro antigos ou futuros grandes campeões: Arthur Ashe, Andres Gomez, Manuel Orantes e Ivan Lendl.

Mais tarde, ele se tornaria um técnico pragmático, com uma consciência profunda de quanto sacrifício e autodisciplina são necessários para ter sucesso. Como muitos, enxergava o potencial de Federer: a direita explosiva, a rapidez, o senso inato de antecipação. Normalmente relutante em elogiar um potencial atleta, Freyss disse a Georges Deniau, seu mentor e predecessor em Ecublens, que Federer era um talento especial. Também recomendou a seu amigo Régis Brunet, hoje agente de tênis da IMG, para ficar de olho na jovem promessa, e seria Brunet quem um dia lhe ofereceria seu primeiro contrato de agenciamento.

Mas o conflito interno de Federer também era visível para qualquer um.

"Emocionalmente, Federer estava na corda bamba", contou Freyss. "Em primeiro lugar, ser um adolescente não é fácil, e deixar a família para ir a Ecublens já havia sido difícil. Ter que aprender francês e estudar em uma escola francesa também era complicado, e aliado a isso tudo ainda havia o tênis.

"Foi uma época muito, muito difícil para ele de diversas maneiras. Eu não passava a mão na cabeça dele. Esse não é o meu jeito. Eu o tratava como os outros; não ficava procurando ver quem era o melhor na faixa etária deles nem nada assim. Não dava tempo para aqueles jovens respirarem. Queria torná-los o mais próximo de um bom tenista, e me dediquei a isso de corpo e alma."

Freyss não trabalhava com Federer todos os dias — Alexis Bernard, um jovem suíço que treinava os mais jovens, tinha esse papel. Ele, no entanto, supervisionava o processo e muitas vezes trabalhava diretamente com Federer em sua técnica, sua tática e seu comportamento.

"Não sei se agi da maneira certa com ele", disse Freyss. "Mas sei que fui claro quanto ao fato de que não aceitaríamos nada menos que um comportamento apropriado. Nós brigávamos, mas ele aceitava e engolia. Tinha que engolir muita coisa, e com certeza não gostava muito disso."

Federer, apesar de toda a sua sociabilidade e empatia naturais, não era uma pessoa fácil de lidar naquela época — e Freyss não tinha a menor intenção de pegar leve.

"Ele não era bom em confrontos", disse Freyss. "Precisava jogar, era assim que se expressava. Eu falava para ele: 'Roger, escute, olhe para mim. Preciso saber se você entende o que estou tentando lhe dizer. Você fica andando por aí. Fica batendo na bola. Fica quicando a bola entre as pernas. Pare.'

"Até essa parte não era fácil para ele. Era como se estivesse transbordando de emoção e energia. Ele tinha que jogar, tinha que estar em movimento. Acima de tudo, ele é um jogador."

Paganini lembra-se de Federer liberando essa energia represada no começo das sessões de treino gritando várias vezes.

"Ele era o mais jovem e me lembro de observá-lo e pensar em como era espontâneo", contou-me Paganini. "Em poucos minutos ele podia passar do riso às lágrimas."

Federer não era o único futuro número 1 que sentia dificuldade em controlar as emoções e expectativas. Em setembro de 1996, ele jogou pela Suíça aos quinze anos na Copa Mundial Juvenil em Zurique. O adversário da Suíça no primeiro dia foi a Austrália, o que significou que Federer enfrentou Lleyton Hewitt.

Darren Cahill era o capitão da Austrália; Peter Lundgren, um ex-tenista sueco que chegou ao top 25, era o capitão da Suíça; e Peter Carter também estava presente.

"Roger e Lleyton nunca tinham se enfrentado, mas ambos conheciam a reputação um do outro, então havia uma boa dose de orgulho em jogo", lembra-se Cahill. "Desde o primeiro game, eles foram com tudo. Tentavam desestabilizar um ao outro com artimanhas, quicadas da bola nas raquetes, xingamentos, discussões com os árbitros, tudo que você possa imaginar. Fiquei pasmo porque era a primeira vez que realmente via Lleyton jogar uma partida, certamente a primeira vez em que estive numa quadra com ele. E era como ver McEnroe e Connors, só que com dois garotos de quinze anos.

"Ambos terminaram a partida quase em lágrimas. Acho que Lleyton jogou a raquete contra a barreira dos fundos no fim."

Federer ganhou em um tiebreak no terceiro set, e se lembra de Hewitt bater nas cordas da própria raquete com tanta força que a mão começou a sangrar. Cahill saiu da quadra um pouco atordoado e chateado: não por causa da derrota de Hewitt, mas devido ao comportamento dos jovens rivais. Cahill foi até Carter, que sorria — não por causa da vitória de Federer, mas pelo seu futuro.

"Cara, esses dois vão ser incríveis", disse Carter.

A resposta de Cahill: "Esses garotos precisam de um bom chute na bunda. Não podem se comportar dessa maneira."

Carter continuou sorrindo. "Bem, certo, vá lá então e dê um chute nos dois", disse ele. "Mas eles serão jogadores especiais."

Foi o primeiro de muitos encontros entre Federer e Hewitt. Nenhum seria tão intenso no futuro, mas a rivalidade fora estabelecida e se provaria crucial para a longa carreira de ambos.

Em Zurique, Cahill ficou mais impressionado com o jogo de Federer do que estivera na Basileia. A esquerda dele havia melhorado, mesmo que ele ainda desse o passo grande.

"Ele tinha parado de atingir a bola na borda da raquete e errar tanto", disse Cahill. "Lembro-me de pensar que ele tinha uma coordenação olho-mão inacreditável. Ele fazia dar certo e a jogada se transformou no que é hoje. Tinha melhorado os passos pequenos, mas de vez em quando dava um passo enorme com a perna direita para o lado da esquerda, que batia abaixo da linha, e você fica pensando: 'De onde veio essa força toda? Como alguém faz isso?'"

De volta a Ecublens, a técnica de Federer era um motivo de debate constante entre a equipe de técnicos.

Ele tinha chegado com fundamentos fortes — cortesia de Kacovsky e Carter —, mas havia pontos de preocupação. A direita não era um deles.

"O jeito como ele preparava a jogada, deixava cair a cabeça da raquete e acelerava com o pulso, era mágico", disse Freyss. "Isso é todo Federer. Ele nasceu assim. Tudo que fizemos foi focar um pouco na finalização. Queríamos que ele mantivesse o contato da bola com as cordas por mais tempo."

Na esquerda, Federer ainda precisava dominar o golpe com topspin.

"Essa foi a nossa principal área de trabalho", disse Freyss.

Freyss às vezes lhe lançava a bola com a mão, parando quando o resultado era satisfatório e pedindo que memorizasse a trajetória que tinha feito no ar com a raquete.

Na opinião de Freyss, Federer não dava o golpe com estabilidade suficiente, trazendo o ombro esquerdo para a frente rápido demais enquanto finalizava a jogada. "Manter os ombros alinhados por mais tempo é muito importante para a consistência, então foi algo em que focamos bastante", disse Freyss. "Houve alguns treinos em que as bolas iam para todo canto."

O outro foco na esquerda de Federer era levá-lo a fazer contato mais na frente. Mas o slice de esquerda com uma mão — outro ponto forte de Federer em sua carreira — também precisava de ajustes.

"A cabeça dele ia um pouco para trás no slice", disse Freyss. "Então precisávamos mudar isso."

No saque, as prioridades eram conseguir mais rotação dos ombros e tornar o lançamento mais consistente, enfatizando a importância de encobrir o movimento ao efetuar diferentes saques a partir do mesmo local de lançamento.

"Sampras conseguia fazer todos os saques diferentes com um mesmo lançamento, então, conforme avança em sua carreira, você também tenta incorporar algumas das coisas que ele fazia e torná-las suas", contou-me Federer. "Eu estava sempre vendo novas maneiras de lançar, vendo se conseguia bater de outro jeito um lançamento de saque kick ou fazer esse tipo de saque com um lançamento chapado. E percebi que, na verdade, conseguia fazer todos eles."

Paganini, que também estava encarregado de coordenar a educação e o alojamento dos jogadores, foi quem colocou Federer na casa de uma família local, os Christinet: os pais, Cornélia e Jean-François, e seus três filhos. Federer passava os dias de semana na casa deles antes de viajar de trem até a Basileia para passar os fins de semana e feriados com os pais e a irmã.

"Se ele ganhou, foi por causa dos cereais", disse Cornélia Christinet em uma entrevista para a revista suíça *L'Illustré* em 1999. "Ele comia tigelas inteiras, o dia todo. Não gostava de carne nem peixe. Só de macarrão."

Federer também não era fã de acordar cedo. "Às vezes ele não escutava o despertador e eu precisava ir chamá-lo", disse Cornélia. "Mas ele ficava pronto em cinco minutos. Nunca vi ninguém tão rápido."

A escola foi um grande desafio, mas ele aprendeu francês depressa, em parte porque estava imerso na língua, em parte por não se preocupar demais com erros gramaticais quando falava. Não estava sozinho nessa questão. Sven Swinnen, outro suíço falante de alemão, era um principiante no francês que frequentava as mesmas aulas e tinha os mesmos professores que Federer. Swinnen, que também era um jogador muito promissor, derrotou várias vezes Federer na adolescência e mais tarde recebeu uma bolsa para jogar tênis na Universidade de Oregon.

"O começo em Ecublens foi difícil para nós dois", contou Swinnen. "Por causa da língua, éramos ambos forasteiros. Era tipo: 'O que vocês estão fazendo aqui?' Mas também foi algo que nos ajudou. Tivemos a oportunidade de aprender uma língua, o que era obviamente uma coisa positiva e com certeza foi bom para Roger a longo prazo, poder ser poliglota. Isso contribuiu para a popularidade dele."

Philippe Vacheron, que foi professor dos dois no Collège de La Planta, lembra-se bem de Federer e até treinou com ele uma vez.

"Ele tinha um lado selvagem que eu chamaria de instintivo", disse Vacheron em uma entrevista para o jornal suíço *Le Temps*. "Do nada, ele gritava na aula: 'Monsieur Vacheron! O que isso significa?', porque não tinha entendido alguma coisa. Alguns professores não teriam gostado, mas eu achava simpático. Sven, o colega suíço-alemão dele, era mais convencional, enquanto Roger sempre dizia o que pensava. Ele tinha reações fortes, mas nunca era desrespeitoso. Também podia ser extremamente sensível quando se deparava com dificuldades reais. Era a frustração de não conseguir entender combinada com a dificuldade de estar longe de casa. Mesmo se ele não tivesse se tornado um campeão, eu me lembraria dele. Mas, de todos os jogadores que passaram pela nossa escola, ele foi o único que eu disse a mim mesmo que não podia desistir. Depois disso, podia dar certo ou não. Mas ele tinha talento."

Não havia dúvida, e, em seu segundo ano em Ecublens, seus resultados em torneios começaram a melhorar conforme ele encontrava equilíbrio e confiança e integrava novos elementos ao seu jogo.

Allegro lembra que todos os jogadores no programa preencheram um formulário no qual deveriam colocar quais eram suas metas no tênis. Ele próprio escreveu que esperava chegar ao top 100 mundial. "Roger foi o único de nós que escreveu que queria se tornar o número 1", disse Allegro. "Não sei se ele realmente acreditava nisso, mas colocou lá."

Muita coisa pode dar errado na trajetória de um jovem atleta até o topo do ranking do tênis. Mas Freyss, que havia enfrentado e treinado muitos talentos, achava que Federer tinha boas chances de sucesso quando deixou Ecublens de vez aos dezesseis anos. Para Freyss, o jogo dele era excepcionalmente promissor, por ser muito sólido e fluido.

"Eu não via barreiras quando ele jogava", disse Freyss. "Ele podia estar dois metros atrás da linha de base; podia estar dentro da quadra. Não havia freios que o impedissem de mudar de marcha. Para mim, o céu era o limite."

Mas, após observar Federer de perto por dois anos, Freyss identificou um obstáculo.

"A única coisa que podia atrapalhá-lo era a cabeça, eram os nervos", disse Freyss. "E no fim eu disse a ele, e me lembro bem disso: 'Roger, escute, você pode levantar os troféus mais importantes do mundo, mas tente não ser seu próprio inimigo, porque aí a coisa fica complicada.'"

CAPÍTULO QUATRO

―――◆―――

BIEL/BIENNE, Suíça

Durante um almoço nos Alpes, Roger Federer se gabou por um instante.

Ele estava sugerindo que eu visitasse os lugares que mais importaram para ele na Suíça: a Basileia, é claro, Ecublens, Zurique e seu lago, Lenzerheide e suas espetaculares montanhas e pistas de esqui, onde ele e a esposa, Mirka, haviam construído uma versão da sua casa dos sonhos em Valbella.

Então mencionou Biel.

"Existe uma rua com o meu nome lá", disse com naturalidade. "A rua Roger Federer."

Ao olhar mais de perto após uma viagem panorâmica de trem para Biel, não era exatamente a rua que a maioria de nós teria imaginado. É um trecho reto de asfalto saindo de uma rodovia em uma zona moderna que se parece muito mais com uma região comercial do fim do século XX do que com a visão que temos do charme helvético repleto de paralelepípedos.

Ainda assim, é difícil fazer parte do mapa na Suíça: as autoridades desencorajam batizar qualquer via ou lugar público com o nome de um suíço vivo. Federer, o suíço vivo mais famoso, foi considerado digno de exceção em 2016, embora não tenha feito lobby para isso. O ambiente nada inspirador é definitivamente apropriado em um sentido: a via passa ao lado do centro de treinamento nacional conhecido como Casa do Tênis, onde Federer passou vários anos de formação após a inauguração.

"Minha vida adulta basicamente começou em Biel", revelou Federer.

A rua com o nome dele na verdade tem dois nomes. Ambos estão nas placas: Roger-Federer Allee e Allée Roger-Federer. Isso porque Biel é bilíngue: uma ponte entre as regiões de língua alemã e língua francesa da Suíça.

Biel é seu nome alemão, Bienne, o nome francês, e Biel/Bienne se tornou o nome oficial em 2005. O site da cidade reflete a dualidade: www.biel-bienne.ch, o que Federer também faz. Ele se refere à cidade como Biel quando fala alemão ou inglês e como Bienne quando fala francês.

O caráter bilíngue é uma das razões pelas quais a Federação Suíça de Tênis escolheu mudar seu centro de treinamento nacional de Ecublens para Biel/Bienne em setembro de 1997.

"Um local politicamente correto", disse Sven Groeneveld, o holandês contratado para supervisionar o programa de treinamento em 1997.

Ao contrário de Ecublens, de língua francesa, a cidade de Biel/Bienne permitia que os candidatos em idade escolar fossem educados, principalmente, no idioma de sua escolha.

Federer, fluente em francês depois de todo o trabalho que teve, estava pronto para o que quer que a nova base de treinamento jogasse em seu colo, mas não precisava mais se preocupar com o dever de casa. Aos dezesseis anos, após completar os anos de ensino obrigatório, ele decidiu interromper a escolaridade formal e se concentrar inteiramente em se tornar um profissional do tênis.

Foi um movimento ousado em uma sociedade conservadora e voltada para a educação como a Suíça: uma sociedade em que os esportes, mesmo no fim da década de 1990, raramente eram vistos como uma carreira séria.

"As mentalidades evoluíram, mas a Suíça não é o que eu chamaria de um verdadeiro país do esporte", declarou Marc Rosset, que era o melhor tenista suíço quando Federer surgiu. "Não é como os Estados Unidos, a Austrália, a Itália. Às vezes, o caminho para atletas na Suíça é muito difícil."

Rosset se lembra de ter vencido o campeonato nacional juvenil aos dezoito anos e descoberto que a Federação Suíça de Tênis não pretendia enviá-lo para o Orange Bowl de 1988, na Flórida, uma das principais competições juvenis do mundo.

"Eu perguntei: 'Por que não? Geralmente, quem se torna campeão suíço aos dezoito anos joga no Orange Bowl'", lembrou Rosset. "Mas eles disseram que eu não era bom o suficiente; que não fazia sentido."

Magoado, mas determinado, Rosset disse para a federação inscrevê-lo de qualquer maneira, porque sua família pagaria pela viagem. Ele aproveitou a jornada ao máximo, tornando-se o primeiro suíço a ganhar o título para garotos de dezoito anos ou menos no Orange Bowl (Federer seria o próximo).

"Isso dá uma ideia de como as coisas costumam funcionar na Suíça", disse Rosset. "Não foi legal o que fizeram comigo, mas, por outro lado, também me ajudou mentalmente. Pensei: Tudo bem, vocês não me querem. Mas vocês vão ver."

Federer enfrentou ceticismo quase imediatamente após sua decisão de deixar a escola. Quando visitou seu dentista na Basileia, a conversa começou, como muitas conversas com dentistas começam, no meio de uma limpeza.

"Ele estava mexendo na minha boca e falando: 'O que você vai fazer agora?' E eu respondi: 'Vou jogar tênis'", lembrou Federer. E ele: 'Certo, e o que mais?' E eu: 'Só isso.' Então ele olhou para mim e disse: 'Só isso!? Só tênis!?'"

Federer mudou de dentista.

"Nunca mais voltei, porque senti que ele não estava entendendo o que eu queria fazer", disse-me Federer. "Eu estava perseguindo um sonho. Estava tentando mirar nas estrelas, e ele ficava me puxando de volta. E sabe de uma coisa? Não quero me cercar de gente assim."

Foi uma abordagem que Federer levou consigo enquanto construía seus círculos profissionais e pessoais. Ele valorizava energia positiva e pessoas que o empoderavam. É claro que essa abordagem apresenta o risco de atrair bajuladores que dirão o que queremos ouvir em vez do que precisamos ouvir, principalmente se estiverem na folha de pagamento. O tênis profissional é cheio de *entourages*, às vezes chamados, por puro eufemismo, de "equipes". Não faltam bajuladores em um microcosmo no qual muitas das melhores pessoas são compreensivelmente resistentes a fornecer o tipo de suporte 24 horas por dia, sete dias por semana e cerca de dez meses de viagem que as estrelas costumam exigir em busca de pontos de classificação e vantagem. Afinal, os treinadores e fisioterapeutas também querem um pouco de vida própria.

Federer, segundo aqueles que trabalharam próximo a ele ao longo dos anos, viria a valorizar o debate interno e a crítica construtiva. Mas, aos dezesseis anos, ele ansiava por tapas nas costas e fé em seu talento.

"Eu queria ouvir: 'Isso é incrível, Roger, excelente plano'", disse ele. "Acho que as pessoas têm o poder de ajudar os jovens quando dizem a eles: 'Tudo bem, vá em frente! Vou apoiar você em qualquer caminho que escolher.' Mas é claro que também é preciso ser realista. Quando não somos bons, precisamos perceber que não há problema em parar, porque algumas pessoas vão longe demais e acabam sendo pegas de surpresa."

As vozes da razão mais influentes nessa fase eram as dos pais dele. Sim, eles reconheceram que o filho tinha um potencial considerável e havia demonstrado comprometimento com o jogo em Ecublens. Mas os Federer também tinham bastante consciência de que muitos jovens promissores nunca chegam ao nível mais alto. Eles queriam um plano B.

Robert Federer disse a Roger que ele e a esposa ajudariam a financiar a carreira do filho. No entanto, ele teria que voltar a estudar para obter um diploma caso não estivesse qualificado entre os cem melhores do ranking até os vinte anos.

"Não tive nenhum problema com isso, em fazer essa promessa", disse-me Roger. "Eu achava que as minhas chances eram boas, mas também era realista."

O cronômetro começou a correr de verdade em Biel/Bienne, que fica pouco mais de uma hora de carro ao sul da Basileia. E como tantas vezes dentro e fora da quadra, o timing de Federer foi excelente.

A nova Casa do Tênis pertencia inteiramente à Federação Suíça de Tênis, ao contrário do centro em Ecublens, onde a federação apenas alugava instalações de um clube privado e pagava pelo tempo de quadra. A mudança também permitiu que a federação centralizasse as atividades, baseando os departamentos administrativo e de treinamento no mesmo local pela primeira vez.

O tênis suíço estava em um novo patamar. Poucos meses antes, Martina Hingis havia consolidado seu status como um dos grandes prodígios do esporte ao chegar ao topo do ranking feminino individual aos dezesseis anos, tornando-se a mais jovem número 1 da história. A temporada de 1997 seria sua melhor, ao vencer o Aberto da Austrália, Wimbledon e o Aberto dos Estados Unidos. Ela ainda poderia ter completado todos os Grand Slams se não tivesse sido derrotada na final de Roland Garros por outra jovem: Iva Majoli, da Croácia.

Hingis reinou suprema brevemente antes que as irmãs Williams levassem o jogo a um novo nível. Ela era uma ameaça superficial, com técnica polida e noção de quadra requintada que tinha mais astúcia e autoconfiança do que poder. Previsivelmente, foi apelidada de "Srta. Suíça" e, nos círculos jornalísticos, de "Chucky", em homenagem ao sorridente boneco infantil de filme de terror que apavora os mais velhos.

O sorriso de Hingis era realmente enigmático: um sinal de realização ou ameaça, dependendo das circunstâncias. Mas seu talento no tênis era inconfundível, e, como Federer, tinha raízes internacionais: seus pais eram da parte eslovaca da extinta Tchecoslováquia. Hingis, habilmente treinada pela mãe, Melanie Molitor, emergiu de uma estrutura independente, como a maioria dos melhores jogadores da Suíça antes de Federer, mas provou que era possível sonhar grande e tornar-se grande ainda jovem.

Federer, um jovem sensível de dezesseis anos cheio de ambição e energia que havia sido boleiro de Hingis na Basileia, a observou e se inspirou mesmo que os circuitos masculino e feminino fossem — e continuem sendo — esferas muito diferentes.

"É como se você fosse um alpinista olhando para uma parede e pensando: Dá para fazer isso?", disse Heinz Gunthardt, ex-campeão juvenil de Wimbledon e o melhor jogador suíço masculino dos anos 1980. "E, de repente, alguém a escala. Você fica mais inclinado a tentar escalar a parede? Sim, é claro que sim. E mesmo que você falhe na segunda vez, na terceira, na quarta, você sabe que há um caminho que leva até lá, porque alguém já o percorreu. Martina sem dúvida abriu um caminho, no mínimo mentalmente. Com certeza teria me ajudado haver alguém na minha época me mostrando que era possível."

Gunthardt, que disputou as quartas de final em Wimbledon e no Aberto dos Estados Unidos, mas é provavelmente mais conhecido por ter treinado Steffi Graf, despontou como jogador quando era considerado um sucesso para um suíço competir em um torneio de Grand Slam, que dirá vencer um.

Federer se inspirou em um padrão mais alto e, na esteira de Hingis, seria também elevado a um patamar diferenciado.

"Senti que era possível almejar as estrelas e, felizmente, havia Martina e outros que se deram muito bem nos esportes neste país", revelou Federer.

"Acho que temos que fazer um trabalho um pouquinho melhor para acreditar, como nos Estados Unidos, onde tudo é possível, e sonhar alto. Às vezes sinto que não acreditamos porque somos mantidos nos estudos, em um trabalho, com toda a segurança. Sinto que isso às vezes nos impede de ir com tudo e dizer: 'Vamos dar uma chance, vamos nessa, vamos seguir nossos sonhos por dois ou três anos e ver no que vai dar.' Mas ir só até a metade não tem como dar certo. Se um cara na China, na Rússia, nos Estados Unidos, na Argentina ou em qualquer lugar treina cinco horas e você treina só duas, como isso vai funcionar? Acaba não sendo viável se tornar o maior de todos, o melhor. Não é sonhando com o 250º lugar no ranking que você vai ganhar em Wimbledon.

Ele teve a sorte de o centro bem equipado de Biel ter sido inaugurado a tempo de desempenhar um papel importante em seu desenvolvimento, proporcionando uma base de treinamento sólida e uma equipe de confiança a um preço muito razoável, pois a federação cobria grande parte dos custos.

Nessa fase, seus pais gastavam cerca de 30 mil francos suíços (21 mil dólares) por ano em sua prática de tênis. Era um valor significativo, mas não exatamente uma fortuna quando comparado com o que outras famílias do mundo do tênis em países que não tinham federação ou apoio governamental gastavam.

Em Biel, Federer estava cercado por influências novas e profundamente familiares. Uma das novas vozes era Groeneveld, um jovem holandês alto e bonito que já havia treinado Mary Pierce para o título do Aberto da Austrália em 1995, e Michael Stich, que chegou à final de 1996 de Roland Garros. Ele também viria a treinar Ana Ivanovic, e Maria Sharapova em empreitadas que terminaram em títulos de Grand Slam.

Groeneveld fora contratado por Stephane Oberer, técnico de Rosset de longa data que também supervisionava o novo centro de treinamento e era o capitão da Suíça na Copa Davis.

Um de seus primeiros recrutas em Biel foi Peter Lundgren, um sueco bem-humorado que já havia alcançado o 25º lugar no ranking e, como treinador, conseguira sobreviver à experiência de guiar o truculento e ultratalentoso Marcelo Ríos até os dez primeiros lugares.

Lundgren disse que assumiu o cargo em parte pelo que tinha ouvido falar a respeito de Federer.

"Meu agente me ligou e disse que havia um emprego na Suíça e um jovem e promissor jogador, Roger Federer, de quem queriam que eu cuidasse", contou Lundgren. "Foi uma decisão difícil. Minha família estava morando na Suécia. Como tínhamos acabado de ter uma filha, eu me mudei sozinho primeiro, e foi difícil quando cheguei."

No início, não havia alojamento organizado para ele. Groeneveld era um amigo, mas a barreira do idioma se mostrou um desafio.

"Quando cheguei à Suíça, tive uma sensação estranha no estômago", disse Lundgren. "Nunca vou me esquecer. Era apenas uma sensação muito esquisita. Do tipo: será que fiz a coisa certa?"

A Swiss Tennis, Federação Suíça de Tênis, logo contratou outro Peter: Peter Carter, atraído da Basileia e do Old Boys Club pela perspectiva de se reencontrar com Federer. Para Carter, que tinha construído uma vida estável na Basileia, a decisão não foi fácil.

"Peter hesitou bastante em vir, mas contei a ele sobre minha ideia e meu plano de colocá-lo para assumir o desenvolvimento de Roger", disse Groeneveld.

Enquanto Lundgren se concentrou inicialmente em jogadores mais velhos como Ivo Heuberger, que já estavam entrando no circuito profissional, Carter se concentrou em jogadores mais jovens em transição. Eles incluíam Federer, Allegro, Michael Lammer e Marco Chiudinelli, companheiro de infância de Federer no tênis e nas travessuras na Basileia, que se juntou novamente a ele em Biel.

Era um grupo promissor, e embora apenas Federer viesse a se tornar um fenômeno global, os outros teriam pelo menos algum sucesso como profissionais, como Michel Kratochvil, que também estava treinando em Biel.

Eles incentivariam uns aos outros durante a fase de formação, que muitas vezes é o segredo para a fortaleza no tênis. Jogadores não podem se tornar excelentes sozinhos. Da Academia Bollettieri, em Bradenton, na Flórida, na década de 1980, às quadras de saibro de Barcelona na década de 1990 e os clubes de Moscou na década de 2000, a capacidade de reunir jovens talentosos para testar seus limites e a psique diariamente se mostrou uma fórmula de sucesso.

Lundgren sabia disso melhor do que ninguém. Ele fez parte da onda sueca que veio depois de Björn Borg, o ídolo adolescente de cabelos compridos que se tornou um campeão em série. Borg era a representação da frieza nórdica, apesar de ter um temperamento intenso na juventude (parece familiar?), e se tornou uma das primeiras superestrelas da era aberta.

Lundgren, nascido em 1965, é da mesma geração sueca de Mats Wilander e Stefan Edberg, que alcançaram o primeiro lugar no ranking mundial, junto com Anders Järryd, Joakim Nyström, Mikael Pernfors, Henrik Sundstrom, Jonas Svensson e Kent Carlsson, que ocuparam posições entre os dez primeiros. (Järryd também foi o número 1, só que em duplas.)

Na edição de 1987 de Roland Garros, com Borg já aposentado, havia dezoito suecos na chave principal de 128 jogadores: algo surpreendente para um país com apenas nove milhões de habitantes, invernos longos e escuros e poucas quadras cobertas.

"Fiquei em 25º lugar no mundo durante o meu auge, mas apenas em sétimo na Suécia", revela Lundgren. "Isso diz muita coisa."

Os suíços que se reuniram em Biel não rivalizariam com as conquistas coletivas dos suecos, mas também encontraram força nos números.

"Esse espírito de coleguismo que tínhamos era muito importante", comentou Michael Lammer. "Tivemos ótimos treinadores. Era um ambiente descontraído, mas, para nós, jogadores mais jovens, era importante que todos os dias víssemos treinando os melhores jogadores da Suíça de diferentes gerações. Acho que isso era uma grande motivação."

Federer não morou em uma casa com outra família dessa vez. Aos dezesseis anos, com a bênção e o apoio financeiro dos pais, ele se mudou para um pequeno apartamento perto da Casa do Tênis, que havia sido alugado por seu amigo Allegro, quase três anos mais velho.

O apartamento ficava na Henri-Dunant-Strasse (ou Rue Henri-Dunant, no mapa bilíngue de Biel/Bienne). Dunant foi o cofundador suíço da Cruz Vermelha Internacional, que compartilhou o primeiro Prêmio Nobel da Paz em 1901.

Ainda faltavam alguns anos para Federer se tornar filantropo, e ele estava longe de imaginar que teria uma rua com seu nome no mesmo bairro.

Naquele momento, ele se esforçava para chegar aos treinos no horário e manter o quarto limpo.

"Não é o ponto forte dele", disse Allegro com uma risada. "A gente jogava muito PlayStation."

Allegro, que mais tarde se tornou treinador de juvenis da federação, conversou comigo em 2019 durante um almoço no centro de treinamento, mais de vinte anos depois de ele e Federer chegarem à cidade.

Ele apontou para uma das seis quadras de saibro ao ar livre que se via da janela panorâmica do restaurante Topspin.

"Roger e eu fomos os primeiros a treinar lá", comentou Allegro. "Era 15 de agosto de 1997, e nós estávamos com Peter Lundgren naquela quadra."

Muita coisa mudou na Casa do Tênis em Biel desde a época de Federer. Agora há um prédio comercial de quatro andares e um dormitório acadêmico no local, com varandas voltadas para o saibro vermelho logo abaixo. Há uma arena, concluída em 2017, com capacidade para 2,5 mil pessoas, que pode ser utilizada para as partidas da Copa Davis e da Copa Billie Jean King, além de outros eventos.

É uma expansão facilitada pelo sucesso e a visibilidade de Federer, e, embora raramente volte para o local, ele ainda se faz presente. Grandes retratos seus adornam as paredes, assim como enormes fotografias de Stan Wawrinka, que viria a seguir o exemplo e se tornaria um importante campeão do país.

Na parte externa da quadra de tênis há uma foto do tamanho de um outdoor de Federer, Wawrinka e seus companheiros que venceram a Copa Davis de 2014. Ela pode ser vista da Roger-Federer Allee.

Há apenas uma outra rua que leva o nome dele. Ela fica em Halle, na Alemanha, cidade cujo torneio de quadra de grama Federer predominou por mais de uma década.

"É uma rua muito pequena, com cerca de cem metros de comprimento apenas", disse Federer na inauguração em Biel, em 2016. "Mas a Alemanha não é a Suíça. Ter uma rua com meu nome aqui é um sentimento muito mais forte.

"Espero que sempre haja muita ação aqui, com jovens jogadores que saibam que não estão de férias e não tenham medo de sonhar grande. Que não queiram apenas se tornar profissionais (basta um ponto na ATP para isso), mas que sonhem em ganhar Wimbledon ou a Copa Davis ou, por que não, ter uma rua com seu nome."

No entanto, é preciso começar do zero em algum momento. Menos de duas semanas depois que Allegro e Federer chegaram a Biel, eles não eram mais apenas companheiros de apartamento e parceiros de treino, mas rivais em uma série de torneios-satélites na Suíça: o degrau mais baixo na escada do tênis profissional.

Naqueles anos, os satélites eram como minicircuitos com três torneios disputados consecutivamente ao longo de três semanas, seguidos por um evento "master" para os melhores jogadores.

A primeira fase desse satélite, de 23 de agosto a 21 de setembro, foi realizada no saibro vermelho de um pequeno clube em Biel. Federer registrou sua primeira vitória profissional na primeira rodada ao vencer por 7-5, 7-5 Igor Tchelychev, um russo já ranqueado entre os quatrocentos primeiros aos vinte anos.

"Tchelychev era um cara alto, atlético e muito russo, sabe", disse Allegro. "Era um cara com uma voz grave, e a gente tirava sarro disso. Ao ganhar a partida, Roger meio que estabeleceu todo o seu satélite, e começou a jogar muito bem."

Federer venceu mais duas rodadas em Biel antes de perder nas semifinais para Agustín Garizzio, um argentino de 27 anos radicado na Suíça que era o terror dos torneios locais, principalmente no saibro, e chegaria a 171º no ranking da ATP em 1998.

Garizzio, o cabeça de chave número 1, venceu Federer na segunda rodada, durante a fase seguinte do satélite, em Nyon. Mas ele ainda estava profundamente impressionado com o jovem. Ambas as partidas duraram três sets, com Garizzio forçado duas vezes a se recuperar após perder o primeiro set.

"Em Nyon, no meio da partida, eu me aproximei de um amigo italiano que estava acompanhando e disse a ele: 'No dia em que esse garoto dominar a esquerda, ele será o número 1'", disse Garizzio ao jornal suíço *Le Matin Dimanche*. "Eu joguei contra um cara que estava dançando do outro lado da rede."

Federer chegou às semifinais na terceira fase do satélite, em Noës. Um de seus oponentes foi Joël Spicher, um jovem suíço que perdeu para Federer em três sets por 6-3, 0-6, 6-4 na segunda rodada.

"Ficou entre um ou dois pontos no terceiro set", disse Spicher ao *Le Matin Dimanche*. "Fiquei impressionado com a capacidade dele de assumir riscos incríveis em pontos importantes. Ele tentou jogadas que eu não considerava razoáveis com uma taxa de sucesso que acabou me deixando louco."

Spicher não seria o último a fazer essa observação ao longo dos anos.

Federer se classificou para o Masters, a fase final da competição em Bossonnens, perto de Lausanne. Allegro também se classificou, e os dois colegas de apartamento fizeram a viagem diária de ida e volta para Biel com Peter Lundgren no seu Peugeot 306 azul.

"Nós chamávamos o carro de Chama Azul, porque ele não tinha potência", contou Allegro. "Ríamos muito disso."

Depois que Allegro e Federer venceram as primeiras rodadas, os dois se enfrentaram nas quartas de final. Eles se aqueceram juntos e então entraram na quadra para jogar de verdade. Não havia boleiros. Allegro e Federer marcavam se as bolas eram dentro ou fora, e a partida se transformou em uma grande disputa, com Allegro vencendo por 7-6, 4-6, 6-3.

Allegro lembra que algo entrou no olho de Federer no início do terceiro set, e que por conta disso ele perdeu o ritmo.

"Roger chorou muito no fim da partida", disse Allegro. "Mas ele chorou por uns vinte minutos, e foi isso. Nós jantamos juntos naquela noite."

Allegro disse que as únicas pessoas presentes na partida eram Lundgren, o pai de Federer, Robert, e Claudio Grether, o árbitro do torneio.

"Claudio era um supervisor de longa data", disse Allegro. "E ele se dirigiu a mim depois da partida e disse: 'Muito bem, sr. Allegro, mas esta foi a última vez que você derrotou Federer.' E sabe de uma coisa? Ele estava certo."

A partir de então, Allegro teve que se contentar com algumas vitórias esparsas em jogos de treino, nos quais Federer raramente era uma força imbatível.

"Na prática, cheguei a ganhar de Roger quando ele era o número 1 do mundo", disse Allegro. "Às vezes não era muito difícil, mas nas partidas oficiais a história era diferente."

A qualificação para o Masters em Bossonnens era uma recompensa em vários aspectos. Acima de tudo, garantia que um jogador ganhasse pontos no ranking da ATP.

Para qualquer jogador, ganhar esses primeiros pontos é um grande momento. "É como ganhar o primeiro carro", disse-me certa vez o astro americano Jim Courier.

Federer, poucas semanas depois de seu aniversário de dezesseis anos, não tinha sequer carteira de motorista, mas, na segunda-feira, 22 de setembro, ganhou seus primeiros pontos: 12, para ser mais exato.

Isso o colocou no 803º lugar no ranking da ATP, com Daniel Fiala, da República Tcheca, Clement N'Goran, da Costa do Marfim, e Talal Ouahabi, do Marrocos.

Federer se lembra de procurar o próprio nome no site da ATP.

"É um marco", revelou Federer, muitos anos depois, sobre aqueles primeiros pontos. "Tipo top 100, top 10, primeiro do mundo. É uma daquelas grandes coisas pelas quais a gente anseia."

Mas pouquíssimos chegam a vivenciar todos esses marcos. Fiala, N'Goran e Ouahabi nunca conseguiram chegar ao top 250 do ranking. Federer, no entanto, estava no início de uma jornada extraordinária no tênis. E quando o ranking da ATP foi divulgado naquela semana, ele não era o único adolescente desconhecido listado na página nove: lá na posição 808 estava Lleyton Hewitt, outro futuro número 1 e campeão do Aberto dos Estados Unidos e de Wimbledon.

Hewitt conquistou seus primeiros pontos aos quinze anos, assim como Rafael Nadal fez vários anos depois, em 2001. Mas Federer ainda está em ótima companhia. Novak Djokovic, Andy Murray e Wawrinka estão entre os que também conquistaram os primeiros pontos aos dezesseis anos.

Mesmo antes desse circuito-satélite, Lundgren estava confiante de que tinha ido a Biel/Bienne pelo motivo certo.

"Quando vi Roger pela primeira vez, pensei que ele certamente se tornaria um superastro", revelou Lundgren. "Não tinha dúvidas, porque eu já havia trabalhado com Ríos, que era um pouco parecido em termos de talento, mas não de personalidade."

Eu ri disso, o que fez Lundgren rir também.

"Estou tentando ser diplomático", disse ele.

Vale notar que Lundgren também expulsou Federer de seu primeiro treino por mau comportamento, mas não antes de perceber sua direita elástica e explosiva.

"Está bem, ele era preguiçoso, mas tinha uma direita incrível", contou Lundgren. "E eu disse que aquela direita seria monstruosa quando ele ficasse mais velho e mais forte."

Lundgren não ficou igualmente impressionado com outros elementos do jogo do Federer de dezesseis anos.

"Fisicamente ele era fraco", disse Lundgren. "E a esquerda era boa, mas sem movimento de pernas, nada."

Antes de aceitar o emprego no tênis suíço, Groeneveld participou de um acampamento de treinamento da federação e também deu uma boa olhada em Federer. Ele logo notou as vantagens e os desafios.

"Vi como ele era teimoso e também brincalhão: muito, muito, muito brincalhão", disse-me Groeneveld.

Essa era uma palavra frequentemente usada para descrever Federer nos seus primeiros anos, e ainda é usada por aqueles que o conhecem bem e tiveram a experiência de vê-lo se escondendo atrás de portas para surpreendê-los.

Mas o que "brincalhão" realmente significava para Groeneveld?

"Competitivamente brincalhão é como eu o descreveria naquela fase", disse ele. "Tudo era um jogo, fosse na quadra, fora da quadra ou em uma conversa. E ainda hoje, em uma conversa casual com ele, apenas uma conversa de colegas, sempre há um elemento de competição, seja uma piada, seja algo mais sério. Mas, por conta do espírito brincalhão, era difícil para ele manter a concentração e se ater a uma coisa só naquela época. Ele precisava de muita variedade, e caso não a conseguisse se tornava um incômodo quase que imediatamente."

A solução? Variedade para todos.

"Não estou dizendo que Roger ditava o ritmo de todo o grupo, mas, como era um grupo baseado em um centro nacional de tênis, Roger podia bagunçar um pouco as coisas", contou Groeneveld. "Assim, precisamos adaptar todo o grupo para ter muita variedade."

Isso significava que Peter Carter e Peter Lundgren optavam por exercícios criativos e rápidos e faziam treinos cruzados com vários esportes. Eles integraram squash, badminton, futebol, tênis de mesa, hóquei e até hóquei de patins à programação de alguma forma para manter as coisas diferentes e, acima de tudo, manter o foco do jovem Federer.

Groeneveld guardou uma foto de Federer com cara de decepcionado durante uma sessão de treino daqueles primeiros dias. Federer assinou a foto com a frase "Não estou no clima".

"Ele ficava entediado", disse Groeneveld. "Preferia jogar PlayStation ou fazer outra coisa. E se ele estava entediado ou não estava no clima, provavelmente seria melhor não o colocar na quadra, porque acabaria com o dia de todos. Mas ele era um garoto tão bom que não dava para ficar com raiva dele."

Era possível disciplina-lo, porém, e durante aquele primeiro ano em Biel os jogadores foram avisados para não danificarem o novo cenário personalizado nas quadras cobertas: uma cortina antirruído pesada e cara impressa com os nomes dos patrocinadores da federação suíça.

Tudo estava bem até Federer atirar a raquete depois de meia hora de treino frustrante e, para sua surpresa e desânimo, vê-la rasgar o cenário e bater na parede de trás, deixando uma fenda no que parecia ser, pelo menos para ele, um objeto muito mais resistente.

"Foi como uma faca quente passando na manteiga", lembrou Federer.

Seu primeiro pensamento foi "que cortina de má qualidade". O segundo foi que ele estava seriamente encrencado.

Federer foi até sua cadeira, pegou o equipamento e saiu, enquanto Lundgren balançava a cabeça e lembrava a ele que trato é trato.

"Achei que seria expulso, porque tínhamos sido avisados sobre aquilo", disse Federer.

Groeneveld relutava em suspender ou banir jovens jogadores, mas acreditava em punição, e Federer, que era conhecido por dormir e acordar tarde, recebeu ordens de se levantar cedo por uma semana naquele inverno para limpar as quadras e instalações, incluindo os banheiros.

Essa história se tornou um elemento central da narrativa de Federer: uma história sobre disciplina que o ajudou a lembrar-se de que as regras, pelo menos na Suíça, também se aplicavam a prodígios do tênis.

"Eu era esse tipo de adolescente, sempre testando os limites", disse Federer quase vinte anos depois em Biel. "É o que meus filhos estão fazendo comigo agora, o que faz sentido."

A essa altura, parece justo analisar o comportamento de Federer. Ele não era um *bad boy* fora das quadras e, francamente, não era pior dentro delas do que a maioria dos jovens com uma veia perfeccionista tentando traçar seu caminho em um jogo que não acomoda a perfeição. A maioria de suas explosões era dirigida a si mesmo, ainda que a indignação por perder um ponto pudesse às vezes ser interpretada como desprezo pelas habilidades do oponente.

Lammer, que conhece e joga com Federer desde a infância, reconhece que havia um problema de autocontrole, mas também tem convicção de que isso foi ampliado pelo que Federer se tornou.

"É claro que ele teve uma grande evolução na carreira, mas muitos dos jovens que são talentosos e apaixonados pelo esporte e querem chegar lá são emocionais", disse ele. "Eles também não são capazes de aceitar como perdem ou por que perdem. Roger podia até estar atirando raquetes, mas outros faziam o mesmo. Não é como se ele fosse o pior de todos, de jeito nenhum. Foi um exagero dizer que ele era completamente maluco."

Mas a preocupação era inegável: por parte de Federer e sua família e também de seus treinadores. Groeneveld contou que ele, Carter, Lundgren e os pais concluíram que Federer se beneficiaria de um psicólogo esportivo.

"Ficou decidido que seria melhor que fosse alguém não muito velho, alguém de sua região e com um interesse que Roger também tinha, que era o futebol", revelou Groeneveld. "A ideia era que houvesse muitas áreas de conexão com as quais ele pudesse se identificar."

Em 1998, a busca levou à Basileia e a Christian Marcolli, um jovem de 25 anos que jogou futebol profissional na Suíça por várias temporadas, incluindo três no FC Basel, time de Federer, antes que uma série de lesões e cirurgias no joelho encerrasse sua carreira pouco depois dos vinte anos. Marcolli foi obrigado a, em suas próprias palavras, "repensar todo o projeto de vida".

Ele fez a transição para a psicologia da performance, um campo relativamente novo na Suíça apesar das profundas raízes da ciência no país (ver Carl Jung e Jean Piaget).

Marcolli estava estudando para o mestrado na Universidade da Basileia quando começou a ajudar Federer. Mais tarde, obteria o doutorado em psicologia aplicada pela Universidade de Zurique.

"Dos jogadores, sou o único ph.D. em todos os 190 anos de história do FC Basel", disse Marcolli com uma risada quando conversamos por Zoom em 2021.

Ele trabalhou com vários atletas de destaque, entre eles o goleiro da seleção suíça de futebol Yann Sommer e os esquiadores alpinos Dominique e Michelle Gisin, ambos medalhistas de ouro olímpicos.

Federer e Carter souberam da nova linha de trabalho de Marcolli depois de lerem uma matéria sobre ele no jornal. Federer se lembrava de Marcolli dos tempos de jogador.

Ele se tornou um dos primeiros clientes de Marcolli, e a ideia, segundo Groeneveld, era fornecer a Federer ferramentas para mudar seus padrões e gerir suas emoções de forma mais sistemática, sobretudo quando as partidas ficassem apertadas.

Federer não era exatamente um pioneiro. *O jogo interior do tênis*, o agora clássico livro de Timothy Gallwey sobre como derrotar seus demônios internos, foi publicado quase 25 anos antes, em 1974.

Ivan Lendl, a caminho do primeiro lugar no ranking na década de 1980, trabalhou com Alexis Castorri, um psicólogo esportivo americano que ele conheceu tarde da noite em um restaurante Denny's em Boca Raton, na Flórida, quando estava desanimado após perder para Edberg. Lendl passou a adotar técnicas que eram de vanguarda na época: usar a visualização e a conversa interna mesmo durante as partidas para aprofundar sua capacidade de concentração e estimulação de fluxo ("Ivan Lendl está pegando a toalha. Ivan Lendl está secando o rosto. Ivan Lendl está segurando a bola e se preparando para sacar...").

Marcolli é um interlocutor carismático e um bom contador de histórias, mesmo em seu segundo (ou terceiro) idioma, o inglês. Perguntei a ele o que separa o tênis de outros esportes do ponto de vista da psicologia do desempenho.

"É provavelmente o esporte mais difícil mentalmente; acho que empata com o golfe", disse ele. "Quando se está confiante, todo esporte é fácil. Quando não se está, o tênis é muito solitário. É brutal, porque não acaba rápido. No esqui, em um minuto sua corrida termina e você pode ir para casa, mas, do ponto de vista do tempo líquido, o tênis é brutal."

O que também o torna desafiador é que o treinador não pode atuar oficialmente durante as partidas do torneio masculino, mesmo que isso aconteça às escondidas.

"Em outros esportes, os treinadores podem pedir um tempo ou gritar instruções", disse Marcolli. "É claro que existe um grande trabalho em equipe no tênis, na preparação, na estratégia e em tudo o mais, mas durante a partida o jogador precisa fazer tudo sozinho."

Também há muito mais tempo de inatividade do que de ação. Um ponto pode durar de cinco a dez segundos, mas há de vinte a 25 segundos entre um ponto e outro. Em uma partida de cinco sets, isso significa muito tempo para se ter pensamentos sombrios.

"O tempo de inatividade é bom se você conseguir usá-lo direito", disse Marcolli. "É uma grande oportunidade. Muito grande. Eu diria até que o tempo de inatividade pode fazer a diferença na partida."

Marcolli se concentra na intencionalidade entre os pontos: nos jogadores administrando os padrões de respiração e controlando para onde olham a fim de maximizar o foco.

"O importante, para mim, é sempre como você usa os olhos", disse ele. "Mas acredito que haja outro componente fundamental, que está além disso: você está em paz consigo mesmo? Seu plano de vida está no lugar que lhe dá a alegria fundamental de estar ali naquele momento? Ou você preferiria estar em outro lugar, resolvendo outro problema?"

Federer, para seu crédito e benefício, optou por lidar com suas fraquezas mentais quando ainda era jovem. Ele não tinha nem dezessete anos quando começou a trabalhar com Marcolli.

Quando adolescente, Marcolli teve dificuldades para controlar suas emoções em competições. "Eu ainda não havia aprendido a lidar com a pressão", escreveu ele em seu livro de 2015, *More Life, Please. The Performance Pathway to a Better You* [Mais vida, por favor: O caminho do desempenho para uma versão melhor de você]. "Aos dezessete anos, quando as coisas estavam difíceis, eu fiquei muito cabeça-dura. Tinha paixão pelo jogo, mas não a usava de forma controlada."

Foi exatamente isso que ele viu em Federer.

"Roger sempre teve a paixão necessária para vencer", explicou Marcolli à publicação esportiva francesa *L'Équipe*. "Em determinado momento da carreira, ele optou por aprender a usar essa energia de forma construtiva para conseguir atingir seu potencial máximo. Esse foi o foco do nosso trabalho juntos."

A colaboração dos dois duraria aproximadamente dois anos, e, embora eles não tenham resolvido todos os problemas de Federer, as ferramentas que o tenista adquiriu com Marcolli lhe permitiram mudar de marcha.

"Aquilo foi essencial para ele", contou Lynette Federer ao *L'Équipe* em 2005. "Acho que ele ainda usa os processos em quadra. Nunca conversamos sobre isso. É o mundo dele, não o meu, mas me parece óbvio que sim."

Groeneveld concorda: "A relação se tornou muito poderosa, como uma amizade forte ou um irmão que ele nunca teve", disse ele sobre o relacionamento de Federer com Marcolli. "Ele realmente abraçou aquilo."

Federer não chegou a ir tão longe publicamente e falou pouco sobre Marcolli ao longo dos anos, mas reconheceu alguns benefícios da relação em uma de nossas primeiras entrevistas. Mas Lundgren certamente notou a diferença.

"É claro que ajudou", declarou Lundgren. "Mas cabe ao jogador aceitar. Ou a pessoa acredita ou não. Quanto a Roger, não acho que ele gostasse muito, para ser sincero, mas ele aceitou, e acho que tirou o melhor proveito que pôde. Ouvir esse tipo de coisa não é muito fácil, especialmente quando se é tão jovem e se tem a personalidade que ele teve ou tem. Foi difícil para ele."

Consultar um psicólogo de desempenho ainda era amplamente visto como um sinal de vulnerabilidade. Também não combinava com o individualismo durão que Federer adotou e gostava de projetar quando atingiu a maturidade, passando por períodos significativos sem treinadores ou agentes formais.

"Era visto como uma fraqueza", disse Groeneveld sobre a psicologia do esporte. "Mas nós percebemos que, como treinadores, não conseguiríamos dar o que Roger necessitava. Seus pais também não conseguiriam. Precisávamos de um conselheiro independente, alguém que estivesse exclusivamente do lado dele."

É impressionante ver a evolução nos esportes e no tênis com uma jogadora como a campeã de Roland Garros de 2020, Iga Swiatek, que emprega uma psicóloga esportiva em tempo integral, Daria Abramowicz, que se senta no camarote da tenista e discute abertamente alguns de seus métodos.

Marcolli escreveu livros com duas de suas outras clientes famosas, as irmãs Gisin. Mas nem Marcolli nem Federer explicaram publicamente o trabalho que tiveram, porque esse é o desejo de Federer.

"Concordamos com isso relativamente cedo e, com o tempo, conversamos e ratificamos", disse Marcolli.

O que está claro é que Federer, um jogador juvenil de sucesso, logo se tornou fenomenal.

Até então, ele não havia conquistado os maiores títulos, nem mesmo na Europa. Não levou o Les Petits As, o prestigioso torneio para menores de catorze anos em Tarbes, na França, onde foi derrotado nas oitavas de final em 1995. Nem o campeonato europeu de juvenis, onde foi derrotado nas semifinais do evento sub-16 em 1997.

Mas o segundo semestre de 1998 foi sua vez de alçar voo. Depois de perder nas semifinais dos campeonatos juvenis do Aberto da Austrália em janeiro e, de forma decepcionante, na primeira rodada do juvenil de Roland Garros em junho, ele chegou a Wimbledon para jogar pela primeira vez nos juniores com confiança renovada e mais equanimidade.

Jogando e sacando de forma irresistível na grama, ele não perdeu um set no caminho para a final, na qual enfrentou Irakli Labadze, um canhoto talentoso, porém irregular, da Geórgia.

A final foi disputada na quadra nº 2, outra quadra da juventude de Federer que não existe mais. Antes de ser demolida e substituída, foi apelidada de "O cemitério" por ter sido palco de muitos transtornos, entre os quais a derrota de John McEnroe para Tim Gullikson em 1979.

Federer, que logo completaria dezessete anos, jogou em um ritmo alucinante sob o sol, perdendo muito pouco tempo entre os pontos e confirmando quase todos os seus serviços bem rápido. Ele venceu o primeiro set por 6-4 em apenas 22 minutos, depois de confirmar seu serviço em menos de um minuto e sem perder pontos.

Seu cabelo castanho era curto nessa fase, e ele não usava bandana. A roupa da Nike, empresa com a qual ele já tinha contrato, era folgada e parecida com a roupa usada naquele ano por um de seus ídolos no tênis: Pete Sampras.

Quando sacava, Federer às vezes colocava a língua para fora, como outro de seus ídolos, o astro da NBA Michael Jordan. Ele tinha outro hábito que mais tarde descartaria: quicar a bola entre as pernas antes de sacar com um movimento da raquete para depois pegá-la atrás do corpo antes de quicá-la de volta por entre as pernas.

Era um truque atraente e rápido, típico da necessidade de Federer de brincar com a bola e não apenas jogar. Teria se tornado uma de suas marcas registradas se ele a tivesse mantido no nível profissional, mas acabou sendo apenas uma indulgência juvenil.

Também foi surpreendente que Federer não tenha feito o saque e voleio na final, embora esse ainda fosse o *status quo* de seus modelos na grama naquela fase. Federer e Labadze poderiam perfeitamente estar jogando em uma quadra dura. Era uma pista de como ele conquistaria Wimbledon no futuro.

A rapidez lateral de Federer já era excepcional, permitindo-lhe surpreender Labadze estendendo os ralis ou encerrando-os com um movimento do pulso na reta. No entanto, ele ficava mais ereto em seu trabalho de pernas do que ficaria em seu auge. Os seus passos de ajuste entre os golpes não eram tão amplos; a flexibilidade, menos aparente; as mudanças de direção, menos precisas.

Seu saque, que já era uma grande arma, também era visivelmente diferente. O movimento era mais rápido, exigindo quase um segundo a menos da iniciação ao contato do que na final de Wimbledon de 2019 contra Djokovic. O peso de Federer não ficava por muito tempo no pé colocado à frente; a devolução não era tão baixa e tão atrás do corpo; o joelho não dobrava tanto; e o salto em direção à bola não era tão explosivo.

Como esperado, ele frequentemente usava o slice de esquerda, mas a surpresa, mais de vinte anos depois, era que mesmo nessa fase inicial ele já estava acertando muitas esquerdas com e sem efeito topspin sob pressão.

A única quebra de saque foi no set de abertura e veio de um padrão clássico de Federer, quando seu slice deslizante de esquerda fez a bola chegar curta do outro lado e forçou Labadze a avançar e devolver de maneira meio hesitante e de uma posição inclinada. Federer aproveitou a oportunidade que havia criado acertando um winner, uma bola vencedora, com a esquerda.

Outros floreios logo se tornaram familiares, incluindo a cena mais impressionante do dia: uma direita com efeito topspin que aterrissou bem perto da linha de fundo.

Uma pena que quase ninguém estivesse lá para apreciar. Estavam presentes não mais do que duzentos fãs e um espectador de meia-idade estendido nas arquibancadas com os pés descalços apoiados no alto de um assento próximo: não exatamente a imagem que a maioria de nós tem do elegante All England Club. Era um contraste bastante negativo em relação à casa lotada na quadra central próxima, onde Sampras estava lutando por uma vitória de cinco sets sobre Goran Ivanisevic e empatando o recorde masculino moderno de Borg com um quinto título individual em Wimbledon.

Apesar de sua volatilidade, o temperamento de Federer estava em grande parte, se não totalmente, sob controle contra Labadze. Ele mexia nas cordas com frequência — um método clássico para se manter no momento —, mas às vezes também saía da bolha, gesticulando e resmungando para si mesmo em uma mistura de suíço com alemão.

A única sugestão de implosão veio no início do segundo set, quando, em 1-1, Federer errou uma esquerda durante o 40 iguais no saque de Labadze e deixou a raquete voar, gritando consigo mesmo. Ele estava ganhando por um set, no saque, no comando. Por que ser negativo e correr o risco de cair em uma armadilha tão familiar?

Mas, em vez de abrir mão de seu limite e ritmo, Federer conseguiu se controlar. Foi Labadze, não Federer, quem acabou recebendo um aviso de código de conduta depois de quebrar sua raquete no quinto game do segundo set.

O título estava ao alcance, e Federer o arrebatou, conseguindo a vitória de 6-4, 6-4 sem enfrentar um break point na reta final.

Embora tenha sido um desempenho impressionante, havia céticos, mas, por outro lado, pouca gente sabia o que estava por vir para o tênis de quadra de grama.

"Então Federer é um futuro campeão de Wimbledon?", perguntou Guy Hodgson no jornal britânico *The Independent*. "Provavelmente não, a menos que aprenda a variar suas táticas. Ele foi criado no saibro, e isso ficou evidente, com suas idas à rede tão frequentes quanto uma lua azul."

Mesmo assim, a partida mais importante da jovem vida de Federer exigira apenas cinquenta minutos de seu tempo. Talvez a maior surpresa, sabendo o que sabemos agora, tenha sido a ausência de lágrimas na quadra. Em vez disso, ele ergueu os braços e sorriu, e mais tarde abriu outro sorriso satisfeito quando recebeu seu troféu da duquesa de Kent no camarote real, na quadra central.

O comentarista da BBC Bill Threlfall observou a cena e disse com confiança aos telespectadores: "Nós o veremos novamente."

Sem dúvida foi um presságio, mas também foi arriscado. Os campeões juvenis do Grand Slam dificilmente têm uma passagem garantida para a grandeza. Em 2020, havia 69 meninos campeões em simples em Wimbledon. Apenas seis deles ganharam um título em simples de Grand Slam e só quatro venceram em Wimbledon: Borg, Pat Cash, Stefan Edberg e Federer, que é o único campeão masculino de Wimbledon a vencer um torneio importante nos últimos 35 anos.

De fato, são poucas probabilidades. É um esporte brutalmente competitivo, no qual a pirâmide fica muito estreita no topo e os talentos mais brilhantes nem sempre priorizam a competição juvenil. Mas, ainda assim, Federer, que também conquistou o título masculino de duplas de Wimbledon com Olivier Rochus em 1998, voltou para a Suíça sem dúvida com mais prestígio e mais fé em suas capacidades.

Ele deixou Londres sem se juntar a Sampras e aos outros vencedores para o jantar oficial dos campeões de Wimbledon — algo de que viria a se arrepender — para se concentrar imediatamente no próximo desafio.

Era em Gstaad, o sofisticado resort alpino suíço, onde ele teve muita sorte no sorteio principal para sua estreia no ATP Tour. Foi uma rápida transição de volta ao saibro e à altitude elevada após as condições de grama no nível do mar de Wimbledon, e Federer enfrentou o veterano argentino Lucas Arnold Ker na primeira rodada em 7 de julho.

Arnold, classificado em 88º, só conseguiu chegar à chave principal como *lucky loser*, depois que o jovem astro alemão Tommy Haas abandonou o torneio devido a uma intoxicação alimentar.

"Me disseram que eu ia jogar contra um juvenil local", disse Arnold ao jornal argentino *La Nación*, vinte anos depois. "Não dava para ter mais sorte do que isso. Naquela época, a Suíça tinha Marc Rosset e não muito mais. Se fosse um *wild card* espanhol, eu teria pensado: Certo, cuidado. Mas um suíço não me preocupou."

Arnold, um forte jogador de duplas com um bom voleio, aproveitou a ala mais fraca de Federer: acertou saques altos para a esquerda dele e chegou à rede com sucesso nas rápidas condições alpinas. Arnold venceu por 6-4, 6-4 em uma hora e vinte minutos.

"A partida foi disputada, mas, quando acabou, nunca passou pela minha cabeça: Esse cara vai ser ótimo", disse Arnold. "Nunca pensei que aquele jovem fosse se tornar uma lenda."

Federer estava ansioso para jogar contra Haas, uma estrela em ascensão que mais tarde se tornaria um de seus amigos mais próximos. Mas a partida contra Arnold Ker foi na segunda maior quadra da disputa, ainda um grande foco para os fãs suíços e a mídia.

O jovem britânico David Law foi designado para trabalhar em Gstaad naquele ano como gerente de comunicações do ATP Tour, ajudando Federer com a imprensa.

Law, agora apresentador do *Tennis Podcast*, era novo naquilo, assim como Federer, mas logo percebeu que a estreia dele era a grande história da semana.

"Eles queriam uma entrevista coletiva basicamente no instante em que ele chegasse", lembrou Law. "Então me encontrei com ele antes do torneio começar e dei conta disso. E me lembro de como ele não fazia a menor ideia de nada. Ele não sabia quem eu era ou por que estava lá, e se divertiu muito com aquilo. Estava muito animado com o fato de receber tanto interesse das pessoas. Gostei imediatamente disso: o jeito brincalhão, o fato de que ele não levava as coisas a sério demais. Ele não se estressava."

Logo ele estava alternando entre suíço-alemão e francês com a imprensa, como faria nas décadas seguintes.

"Tudo parecia muito fácil", comentou Law. "Não havia fingimento, atuação nem constrangimento. Ele não parecia um adolescente, como a maioria dos outros."

Marc Rosset notou a mesma qualidade quando convidou o Federer de dezesseis anos para treinar com ele em Genebra.

Rosset, então com 27 anos, esperava um Federer nervoso, pronto a fazer qualquer coisa para impressioná-lo, assim como Rosset ficara em sua juventude quando o astro francês Henri Leconte pediu que fosse seu parceiro de treino.

"Roger estava muito descontraído, à vontade, praticamente indiferente", disse-me Rosset. "Acho que era um pouco do lado sul-africano que herdou da mãe. Não havia nada de suíço naquilo. O que me fascinou em Roger na época e ainda me fascina é que ele consegue viver no presente. Ele tem uma grande capacidade de aceitar as coisas como elas são. Ele vive um momento, o experimenta plenamente, sente prazer e o dá por encerrado. Então segue para o próximo. É por isso que temos a sensação de que com ele as coisas acontecem de maneira muito natural. Isso é um talento. E, para ser sincero, é um talento que até hoje me fascina mais do que a sua habilidade no tênis."

Marcolli acha que também é uma questão de confiança. "É possível treinar para se estar concentrado no momento, existem técnicas para isso", disse. "Mas o outro componente é confiar que a vida está indo na direção certa, que as pessoas próximas a você fazem um ótimo trabalho e que você não precisa se preocupar ou pensar em outra coisa. E acho que Roger sempre teve a capacidade de se cercar de pessoas em quem pode confiar e em quem de fato confia totalmente. Demoramos um pouco para conseguir essa confiança, mas, depois que conseguimos, ele não duvida de nada. 'Você tem certeza do que faz? Esta é a técnica certa?' Nunca ouvi uma pergunta dessas."

No entanto, ainda havia muito de adolescente em Federer. Pouco depois de jogar em Gstaad, ele se juntou a Rosset e à equipe suíça para a partida contra a Espanha pela Copa Davis em La Coruña, em julho, como parceiro de treino. Foi sua primeira vez com a equipe e em parte uma recompensa pela vitória no juvenil de Wimbledon.

Rosset, ciente de que Federer tinha potencial para ser um elemento fixo na equipe por muitos anos, pediu que ele fosse colocado em um quarto contíguo ao dele no hotel, com uma porta de comunicação.

"Eu queria colocá-lo sob minha proteção, fazê-lo se sentir parte do time", declarou Rosset.

Rosset havia levado seu PlayStation, que era, claro, uma isca para o jovem tenista. Rapidamente ficou difícil dizer qual quarto era de quem.

"Uma vez, saí para treinar", disse Rosset. "Quando voltei, ele estava no meu quarto jogando de novo, e perguntei: 'Você se importa? Pode me deixar em paz um pouco?' Roger saiu do transe, disse 'Ei, desculpe' e foi para o quarto ao lado. Ele podia ser distraído, mas também era legal e divertido. Depois daquela semana, sempre pensei nele como uma espécie de irmão mais novo."

Paul Dorochenko, preparador físico e fisioterapeuta francês, chegou a Biel em agosto de 1998. Como muitos na Casa do Tênis, ele fora atraído para a Suíça em parte pela chance de trabalhar com Federer.

Nascido na Argélia quando o país ainda fazia parte da França, Dorochenko tinha 44 anos e treinara vários jogadores importantes, entre eles Rosset. Mais recentemente, estivera na Espanha e viajara com Sergi Bruguera, duas vezes campeão de Roland Garros, e Luis, pai e treinador de Bruguera.

Dorochenko tem personalidade forte. É egocêntrico, segundo alguns que o conhecem. Também tem uma inclinação científica: recentemente, ele se concentrou em ajudar atletas a mudar técnicas de longa data, como lançamentos de serviço ou a preparação para a direita, por meio do uso de sons de baixa frequência.

Graças a seu trabalho com os Bruguera na década de 1990, ele tinha uma profunda compreensão do profissionalismo.

Federer precisava de trabalho, muito trabalho.

"Temos que falar a verdade", disse Dorochenko. "Roger era emocionalmente frágil. Ele não sabia aceitar a derrota e era medíocre no treinamento. Não era muito esforçado. Brincava durante a maior parte do tempo. Em termos de preparação física exigi muito dele e o mandava correr por uma hora, o que, para ser sincero, não tinha utilidade alguma para o tênis, mas era bom para fortalecê-lo mentalmente."

Como os outros treinadores em Biel, Dorochenko inventava maneiras de manter Federer envolvido e entretido.

"Contratamos um cara que veio de uma escola de circo para fazer malabarismo com os jogadores", disse Dorochenko. "Federer era espontâneo e muito talentoso, mas não tinha continuidade. Para o treinamento físico, às vezes eu precisava ir atrás dele, porque ele se esquecia de comparecer. Era uma chatice, e o apartamento dele era um desastre. Você nem imagina. De manhã, quando eu entrava, não dava nem para saber se ele estava lá ou não. Era esse nível de bagunça."

Enquanto isso, Peter Carter e os outros treinadores em Biel estavam focados em estruturar o jogo de Federer para o longo prazo, em aprimorar a técnica e o estilo de jogo que lhe permitissem maximizar seus dons.

Preocupado com a margem de erro de Federer em seus golpes de base, Groeneveld amarrou uma corda um metro acima da rede e mandou que Federer não tocasse na corda com seus golpes, mantendo a bola em jogo. Era necessário um tremendo efeito topspin, e embora tenha entendido a mensagem, Federer, como de costume, levou o exercício para o próximo nível, encontrando uma maneira de casar rotação massiva e velocidade. A direita que ele aprendeu a acertar em cheio foi apelidado de "o gancho".

"Uma bola com tantas RPMs que parecia estar saindo, mas, no último minuto, caía na linha de fundo", disse Groeneveld. "Sei que sempre falamos da velocidade da cabeça da raquete de Rafael Nadal, mas Roger tem um braço incrivelmente rápido. Rafa desenvolveu essa velocidade principalmente devido à raquete que usa e à técnica que desenvolveu em torno dela. Roger ficou por muito tempo com uma cabeça da raquete tradicional e nunca poderia ter sustentado fisicamente as RPMs que precisavam ser geradas para atingir o gancho, ou sofreria lesões graves."

Nesta fase, Federer usava uma Wilson ProStaff Original com uma cabeça de 85 polegadas quadradas, igual à raquete usada por dois de seus ídolos: Sampras e Stefan Edberg. Comparativamente pesada, com 340 gramas, aro fino e cabeça pequena, o que o tornava implacável em batidas fora do centro.

Mas Federer adorava a sensação da raquete quando encontrava o tempo certo. O ponto ideal era realmente ótimo, e ele não planejava travar longas batalhas desgastantes na linha de fundo, afinal. Ele queria atacar de toda a quadra e manter os pontos relativamente curtos.

Dorochenko contou que conversava frequentemente com Peter Carter sobre o jogo de Federer. Uma das áreas de interesse de Dorochenko é a lateralidade, o domínio de um lado do cérebro no controle das funções do corpo. Ele foca particularmente no domínio dos olhos e em como isso pode impactar o jogador.

Dorochenko determinou que Federer, que é destro, tem o olho esquerdo dominante, o que significa que o olho esquerdo transmite informações para o cérebro com mais rapidez e precisão do que o direito.

Normalmente, o olho dominante de uma pessoa corresponde à mão dominante. Federer tinha uma predominância cruzada, o que só ocorre com cerca de 30% da população.

Para Dorochenko, isso significava que o golpe mais natural de Federer era a direita, porque, com os ombros virados, seu olho esquerdo dominante conseguia rastrear a bola de uma posição avançada.

"Quando você tem o olho direito dominante e é destro, a esquerda é o golpe natural, como ocorre com Richard Gasquet ou Stan Wawrinka", disse Dorochenko.

Dorochenko, um grande jogador de clubes na França, lembra-se de ter jogado tênis com Federer no centro de treinamento durante os fins de semana em Biel e de manter o jogo interessante para os dois ao colocar Federer para jogar com a mão esquerda.

"Trabalhei muito a mão esquerda dele, o que melhora a coordenação geral e torna o cérebro mais simétrico", revelou Dorochenko. "Federer era um cara criativo, sem muita concentração e com muitos altos e baixos. Ele quebrava raquetes e jogava partidas fora. De fato, não era bom psicologicamente, então pensamos: Tudo bem, vamos construir para Federer um tênis que combine com ele — e Peter Carter foi o construtor-chefe desse tênis. Acho que Federer não compreendia o que estava sendo feito por ele, mas isso levou ao desenvolvimento de uma técnica que foi fomentada totalmente para o seu jogo. Ninguém fez Federer se ajustar a um molde. Um molde foi feito para se ajustar a Federer."

O tênis ofensivo centrado na direita exigia excelente mobilidade e pernas poderosas para evitar a esquerda sempre que possível e acertar a bola com velocidade. Com Federer no fim da adolescência, eles trabalharam em sua dieta e força e, quando Dorochenko deixou a federação suíça, no início de 2000, para se juntar à equipe de Bruguera, Federer era capaz de levantar mais de cem quilos, apesar de sua estrutura pouco imponente.

Ele também tinha um sólido VO2 máximo (ou taxa máxima de consumo de oxigênio) para um jogador jovem, o que era um bom presságio para seu futuro de jogos de cinco sets.

"O erro que as pessoas cometiam ao vê-lo era pensar que ele era frágil", disse Dorochenko. "Mas ele era forte, bem forte, e tinha um VO2 máximo de 62 nessa fase, o que para um jogador ofensivo era um alto nível aeróbico. O nível de Marc Rosset, para fazer uma comparação, era em torno de 50. O de um bom ciclista seria 75 ou 80. Bruguera, um jogador de linha de fundo, tinha um VO2 de 72, mas Federer estava acima do nível do atacante típico. Então a gente sabia que ele não teria problemas para resistir a uma partida longa. E hoje você pode ver quantas partidas de cinco sets ele venceu na carreira. Ele nunca se rendeu."

Mas, para Dorochenko, o aspecto mais marcante de Federer como atleta era quão dinâmico e rápido ele era. Federer era excepcional no treino pliométrico, com foco em exercícios repetitivos e explosivos, como saltos na caixa.

"Ele quebrava recordes", disse Dorochenko. "Enquanto outros faziam talvez 55 saltos em trinta segundos, Federer fazia setenta. Ele realmente era um atleta notável, mas, como o lado mental era frágil e a esquerda tendia a falhar, Peter Carter sentiu que o foco precisava ser encurtar a duração dos pontos. Tudo é uma questão de encontrar o número de golpes que melhor corresponde a você. Para um cara como Bruguera, o ideal eram onze golpes ou mais. Para Federer, eram três, quatro, cinco golpes."

Parece uma fórmula simples, mas não era. Federer, com sua combustibilidade mental e múltiplas opções táticas, precisaria de mais tempo do que alguns de seus colegas para aprender a selecionar a quantidade certa de golpes e experimentar um sucesso contínuo.

Peter Carter entendia isso perfeitamente, e nas reuniões da federação suíça muitas vezes defendeu Federer daqueles que achavam seu progresso muito lento ou apontavam que os maiores campeões do tênis masculino costumavam ganhar títulos importantes antes dos vinte anos (como Sampras, Borg, McEnroe e muitos outros). Mas Carter era inflexível no argumento de que o cronograma de Federer era diferente, que ele não estava se concentrando em dois ou três grandes golpes, mas em todos os golpes.

Andre Agassi, um dos melhores e mais intuitivos jogadores da era moderna, também percebeu isso. De volta ao top 10 em outubro de 1998 após um ano de ressurgimento, Agassi enfrentou Federer na primeira rodada do ATP da Basileia. Isso foi na semana após Federer se qualificar para o sorteio principal no evento ATP em Toulouse e vencer duas rodadas contra dois jogadores consagrados, Guillaume Raoux, da França, e Richard Fromberg, da Austrália, antes de perder para o holandês Jan Siemerink.

Agassi, o primeiro adversário do top 10 da carreira de Federer, derrotou-o por 6-3, 6-2. Após a partida, o técnico de Agassi, Brad Gilbert, foi para o vestiário depois do que parecia, em muitos aspectos, uma vitória rotineira.

"Andre me disse: 'Merda, esse Federer tem muita habilidade e vai ficar bom muito rápido'", contou Gilbert.

Na rodada seguinte, Agassi derrotou o compatriota suíço de 22 anos de Federer, Ivo Heuberger, por 6-2, 6-2. David Law, trabalhando no evento para a ATP, acompanhou Agassi à sua coletiva de imprensa e no caminho perguntou ao americano quem venceria se os dois suíços em ascensão, Federer e Heuberger, jogassem.

"Agassi disse: 'Bem, se eles jogassem agora, Heuberger venceria'", disse-me Law. "Mas quem vai ter uma carreira estabelecida é o Federer."

Seria uma carreira como nenhuma outra, certamente maior do que Agassi imaginou, mas haveria primeiro muitos momentos de aprendizado, como o de Kublis, um pitoresco vilarejo nas montanhas suíças perto da fronteira austríaca.

Foi na semana seguinte ao evento da Basileia, e, embora ainda estivesse em seu país, Federer estava em outro mundo, lutando para se reajustar. Em vez de enfrentar Agassi, um dos luminares do esporte global, ele enfrentou Armando Brunold, um suíço pouco conhecido de 21 anos classificado em 768º na primeira rodada de um torneio-satélite em uma cidade com menos de mil habitantes. A pressão estava toda sobre Federer.

Peter Lundgren, um dos poucos presentes, fervia de raiva ao ver Federer basicamente jogar a partida fora depois de perder o tiebreak do primeiro set, errando descontroladamente os golpes de base.

"Ele estava afundando, e eu estava enlouquecendo por dentro", disse Lundgren.

O árbitro do torneio se manifestou: Claudio Grether, o mesmo que no início do ano havia informado a Allegro que ele não derrotaria Federer novamente. Dessa vez, Grether disse a Lundgren que pretendia advertir Federer por falta de esforço.

"Eu disse: 'Vá em frente! Faça isso!'", disse Lundgren.

Grether entrou em quadra e foi em frente, parando a partida para fazer o anúncio. Enquadrado, mas ainda desequilibrado, Federer acabou perdendo em sets diretos.

Lundgren recebeu uma ligação preocupada dos pais de Federer e avisou que o jovem havia sido multado em 100 dólares: uma ninharia, considerando os mais de 100 milhões em prêmios em dinheiro que ele viria a ganhar. Mas, naquele momento, essa quantia era maior do que a que constava no cheque do perdedor da primeira rodada. Acima de tudo, foi um constrangimento. Um constrangimento que não passou despercebido na Suíça, gerando algumas manchetes críticas e reportagens da mídia que havia acabado de cobrir a partida de Federer em Toulouse e o duelo com Agassi na Basileia.

Lundgren e Carter disseram a Federer que, se ele fizesse qualquer besteira semelhante no próximo torneio, eles não viajariam mais com ele.

Federer absorveu o ultimato e venceu dois dos três torneios seguintes na série de satélites, chegando à final no outro. Ele venceu seu companheiro e parceiro Allegro duas vezes no caminho.

"Isso é típico de Roger", disse Lundgren com uma risada. "Ele foi encurralado, e então ganhou o satélite."

É difícil não ver esses momentos como grandes pontos positivos para o homem e jogador que Federer se tornaria.

Rasgou a cortina do centro de treinamento em um ato de petulância? Limpa as quadras e os banheiros ao amanhecer.

Desrespeita um torneio e o esporte com falta de esforço? Enfrenta uma multa e a reação negativa.

Esses são os pontos principais, como Robert Federer exigindo que o filho temperamental encontrasse uma carona para casa na Basileia ou, em um movimento que certamente levantaria uma sobrancelha em algumas culturas, parar o carro e esfregar a cabeça do jovem Roger na neve para esfriá-la durante um dos ataques pós-torneio do filho.

Apesar da família sólida e da natureza empática, Federer poderia ser bem diferente se tivesse sido menos contido na juventude e fosse mimado à luz de seu potencial.

Sem dúvida deram uma folga para ele. Pense nos artistas de circo em Biel/Bienne e as concessões à sua baixa capacidade de concentração. Ele com certeza não estava com os pés totalmente no chão. Assinar um contrato com a Nike na adolescência e ouvir repetidamente que se tem o talento para chegar ao primeiro lugar pode tornar isso difícil.

"As pessoas me diziam isso o tempo todo", declarou Federer.

Mas Federer também era colocado em seu lugar no estilo suíço e, por conta de seus treinadores, nos estilos australiano e sueco.

Esses três países têm uma tendência igualitária que pode ter diminuído em fervor nos últimos anos, mas continua sendo um elemento de suas identidades nacionais. Os australianos ainda usam o termo "síndrome da papoula alta", o que significa que a papoula mais alta pode ser reduzida em seu tamanho. Os suecos, como outros escandinavos, fazem referências frequentes à "Lei Jante", um ideal social-democrata de igualdade.

Federer, uma antena humana, teve de captar pelo menos alguns dos sinais.

Mas a igualdade tem seus limites no tênis. Apenas um jogador se torna campeão em qualquer torneio de simples e apenas um garoto termina o ano como o juvenil com a melhor classificação do mundo.

Federer chegou lá em 1998, garantindo a vaga após vencer o Orange Bowl, apesar de ter chegado perigosamente perto da eliminação na primeira rodada, contra um letão chamado Raimonds Sproga.

Mas não foi apenas devido ao brilhantismo de Sproga. Antes do torneio, Federer estava pulando corda e acabou torcendo o tornozelo com alguma gravidade.

"Como de costume, ele estava brincando", disse Dorochenko, que estava junto na viagem. "O tornozelo dele inchou que nem uma batata. Eu o tratei por três dias, e na primeira rodada ele jogou basicamente apoiado em uma perna só, mas ainda assim ganhou. Depois disso, ficou melhor a cada dia."

Foi melhor assim, porque Federer precisou vencer Jürgen Melzer, da Áustria, na segunda rodada e então enfrentar David Nalbandian, da Argentina, nas semifinais. Nalbandian havia derrotado Federer na final masculina do Aberto dos Estados Unidos no início do ano, mas Federer venceria o duelo e depois derrotaria outro talentoso argentino, Guillermo Coria, na final.

Foi uma corrida e tanto, e pareceria ainda melhor alguns anos depois, quando Melzer alcançou a oitava posição no ranking individual da ATP e Nalbandian e Coria chegaram à terceira posição e jogaram finais de simples de Grand Slam.

Federer, no entanto, terminaria no topo dessa classe excepcional como juvenil, conquistando a vaga depois que Andy Roddick, outro de seus futuros rivais profissionais, derrotou Julien Jeanpierre, da França, no último torneio da ITF do ano, no México, e o tirou do primeiro lugar.

Federer já estava de volta à Suíça, sua carreira como juvenil encerrada e a profissional prestes a começar para valer. Muitos anos depois, Coria, que se aposentou jovem, aos 27 anos, ainda se surpreendia com esse desenrolar de carreira.

"Posso colocar a mão no coração e dizer que nunca teria imaginado que Federer se tornaria quem é", disse Coria ao programa de rádio argentino *Cambio de Lado* em 2019. "O trabalho que pessoas próximas a ele fizeram, sobretudo quem trabalhou em sua cabeça, merece o Prêmio Nobel.

"Ele era maluco. Ouvia heavy metal no volume máximo nos fones de ouvido e tingia o cabelo de loiro. Era temperamental. Nada a ver com quem se tornou."

Muitos de nós temos vontade de enterrar alguma fase de nossa juventude no fundo da gaveta. Para Federer, a fase era essa. Ele tinha acne, assim como uma noção de moda extremamente prejudicada e, como Coria lembra corretamente, o cabelo loiro oxigenado que adquiriu durante o Orange Bowl. Ele também tem um nariz proeminente, herdado do pai, e Dorochenko se lembra dele dizendo nos primeiros anos que "é grande, mas quando eu for o número 1, as pessoas não vão notar".

Vinte anos depois, Federer postou uma foto sua no Instagram daquele período constrangedor com as hashtags #teen e #premirka e a legenda: "Lembrando a todos que há dias melhores pela frente."

Isso certamente se provou verdadeiro no caso dele, mas porque ele focou na autoaceitação e no autoaperfeiçoamento: com Carter, com Marcolli e, acima de tudo, em seus momentos de tranquilidade, sozinho.

Foi um projeto de longo prazo. Até o momento, não levou nenhum Prêmio Nobel, mas Federer encontrou uma forma de paz.

"Quando vejo Roger hoje em dia, sempre falo que o que ele faz na quadra é extraordinário, mas o que é de fato fora de série é a maneira que ele encontrou para cuidar da própria vida", disse Marcolli. "Você tem à disposição, em todos os lugares, toda sorte de luxos, pessoas lhe dando coisas que você nem pediu, e aí você entra na quadra e o jogo não se importa com isso. O jogo não quer saber onde você dormiu, o que você fez, quantas pessoas conhece. O jogo é puro, e Roger conseguiu nos últimos vinte anos ir lá e jogar com humildade e a mesma conexão para continuar vencendo as partidas. A maneira como ele aborda o trabalho — e, sim, podemos chamar de trabalho —, a dignidade, o nível de concentração... Dessa perspectiva, ele é um modelo para mim."

CAPÍTULO CINCO

SYDNEY

Mesmo com todo o talento, todo o empenho, alcançar e sustentar a grandeza também pode ser uma questão de sorte.

Marc Rosset ainda fica abalado ao pensar em sua viagem de esqui com Federer em janeiro de 2000. Federer tinha acabado de retornar à Suíça depois de perder por três sets a zero para o francês Arnaud Clément no Aberto da Austrália. A seguir vinha a Copa Davis contra a Austrália, em casa, Zurique, mas antes de enfrentar o desafio Federer decidiu aproveitar o inverno suíço. Ele se juntou a Rosset e o irmão no resort nas montanhas de Crans-Montana.

Já estava ficando tarde, e eles esquiavam na mesma descida em que a Copa do Mundo Feminina de Esqui é disputada todos os anos.

"Era aquela coisa de repetir uma corrida várias vezes", lembra Rosset. "No começo, somos cuidadosos, e então começamos a ir cada vez mais rápido, até que chega o momento em que vamos rápido demais."

Federer absorveu bem o primeiro salto, mas calculou mal e foi com velocidade demais para o segundo. Parecia que ele tinha ido parar na estratosfera. Rosset assistiu, horrorizado, ao futuro do tênis desaparecendo de vista.

"Ele perdeu o controle e foi muito alto, e eu não o vi pousar", disse Rosset. "A situação parecia ruim. Ele tinha caído bem longe, os esquis saíram dos pés e tudo o mais. Naquela época, ninguém usava capacete, e eu fiquei com muito, muito medo."

Em momentos assim, uma carreira pode sofrer um desvio ou manter o curso. Federer poderia ter destruído o joelho ou coisa pior; ter perdido meses do circuito ou coisa pior. Em vez disso, ele sacudiu a neve e o susto do corpo e garantiu a um Rosset de olhos arregalados que estava bem.

Em Zurique, Federer venceu duas de suas três partidas, mas não conseguiu evitar que os suíços perdessem por 3-2 para uma equipe australiana com Mark Philippoussis e Lleyton Hewitt (ele de novo), que derrotou Federer por três sets a um no último dia.

A meio mundo de distância, em Adelaide, na véspera de seu casamento, Darren Cahill sentou-se para assistir à partida ao lado de Peter Carter, que havia feito a longa viagem de volta à Austrália para ser um dos padrinhos de Cahill.

"Nós apenas bebemos algumas cervejas e ficamos vendo os meninos jogarem", disse Cahill. "Para nós, não importava quem ganhasse ou perdesse. Era como se fossem nossos filhos brincando, e saboreamos isso."

Carter projetava com Cahill, imaginando seus protegidos adolescentes se encontrando em uma final de Grand Slam. Não demoraria muito para que isso se tornasse realidade, mas, por ora, as apostas ainda eram modestas e as curvas de aprendizado, íngremes.

Federer rumou para o sul, em direção a Marselha, onde alcançou sua primeira final individual na ATP e enfrentou ninguém menos que Rosset, de quem havia recentemente tomado a posição de melhor suíço no ranking.

"Marc é um amigo de verdade", disse Federer na véspera da final. "Ele me dá conselhos preciosos porque conhece todos os jogadores do circuito. Desta vez, porém, vou ter que me virar sozinho."

A primeira final de um torneio de simples da ATP entre suíços foi uma disputa intergeracional, mas também um contraste estilístico: Federer, movimentando-se com facilidade aos dezoito anos, com contas ao redor do pescoço e longos cabelos escuros presos em um coque no estilo samurai, e Rosset, 29 anos, com barba desgrenhada e um jogo rudimentar que mais parecia trabalho duro do que poesia em movimento.

Mas ambos jogavam um tênis forte, ansiosos para usar suas direitas e atacar a rede na rápida superfície. Federer conseguiu três match points, dois deles com esquerdas ousadas, enquanto Rosset sacou para a partida em 5-4 no terceiro set. O jogo chegou a um tiebreak no terceiro set e, em 5-6, Federer contornou a esquerda e deu uma direita que atingiu a fita e caiu no seu lado da quadra.

Rosset conquistara o título: 2-6, 6-3, 7-6 (7-5).

Os amigos se encontraram na rede, e Rosset, com seus dois metros (o homem mais alto do tênis de elite antes da chegada de verdadeiros gigantes como Ivo Karlovic e John Isner), se abaixou e deu um beijo fraterno no topo da cabeça de Federer.

Federer, sendo Federer, logo estava em lágrimas novamente.

"Ele estava pensando que poderia ser sua única chance de ganhar um torneio ATP", disse Rosset. "E eu disse a ele: 'Acalme-se.'"

Rosset, que até então havia conquistado catorze títulos de simples no circuito, estava convencido de que Federer viria a ganhar muitas taças, e disse isso na cerimônia pós-jogo, quando agradeceu a ele por deixá-lo vencer o torneio.

Rosset se absteve de compartilhar sua crença de que Federer ganharia um título do Grand Slam.

"Eu não poderia dizer isso na época, porque todo mundo acharia que eu era louco", comentou Rosset. "Para mim, era certo que ele ganharia um, mas também é verdade que a pessoa pode ter todo o talento do mundo e ainda precisar trabalhar muito para chegar lá."

Há muito tempo que se debate: campeões nascem, são feitos ou, mais logicamente, um pouco dos dois?

Quando se trata de tênis, prefiro a fórmula híbrida de Martina Navratilova: "Os campeões nascem, e então precisam ter o ambiente certo para serem feitos."

Não importa quão sólido seja o plano, quão alta seja a qualidade do trabalho ou quão rico seja o pai, um jogador de altura mediana com velocidade e coordenação abaixo da média não vai erguer nenhum troféu de Grand Slam.

E não importa quanto seja veloz, hábil e motivado, um jogador que não recebe instruções de qualidade e algum nível de oportunidade não cumprirá o que parecia ser o seu destino.

"Sabe, é preciso uma aldeia, e muitas coisas boas também têm que acontecer", disse-me Navratilova. "É uma combinação total, e então eles podem se tornar quem são."

"Olhe para Roger e Björn", disse, referindo-se a Federer e Borg. "Eles eram cabeças-duras quando jovens, então tiveram uma espécie de momento de revelação e se tornaram loucos pelo controle total de suas emoções pelo resto de suas carreiras."

Quantos aspirantes a campeões de tênis, com toda a habilidade e a resiliência necessárias, nem sequer têm a chance de praticar o esporte? Quantos são atraídos por um jogo diferente, uma paixão diferente?

Durante anos, ouvi treinadores profissionais de tênis se perguntarem abertamente como Michael Jordan ou LeBron James teriam transformado o jogo masculino se tivessem escolhido o tênis.

Federer certamente poderia ter optado por um caminho distinto. O futebol foi sua primeira paixão e, por muito tempo, seu plano B. Talvez, se estivesse amadurecendo hoje, tivesse buscado o estrelato nos esportes eletrônicos.

"O cara é um mestre", disse Peter Lundgren. "Nunca me esquecerei de quando ele comprou o jogo do 007 da Nintendo e nós fomos a um torneio, e ele precisava passar por um portão no jogo. Ele me ligou: 'Peter, não consigo passar por este portão idiota!' E eu disse: 'Por que você está me ligando? Eu não faço ideia.' Então ele me ligou uma hora depois para dizer: 'Consegui!' Ele terminou o jogo inteiro em um dia. Uma pessoa normal levaria talvez um mês. O cara é assustador quando se trata de jogos. Isso é algo com o qual a pessoa nasce: a capacidade de resolver problemas. E, muitas vezes, quando estava sob pressão nas partidas, quando ele era o rato e o outro cara era o gato, ele encontrava o buraco para escapar e sobreviver."

Felizmente para o tênis, um jogo do século XIX com um apelo decrescente para o jovem europeu do século XXI, Federer foi capaz de encontrar o que procurava com uma raquete na mão, em vez de em outro lugar. Ele perseguia seus objetivos com paixão e um senso cada vez mais claro de propósito diário, mas ainda havia momentos em que a sorte desempenhava um papel decisivo.

Sua queda em Crans-Montana foi um exemplo, mas o que aconteceu mais tarde naquele ano, em Sydney, durante seus primeiros Jogos Olímpicos, teria talvez o maior impacto em sua capacidade de permanecer no auge.

Foram jogos memoráveis, os melhores que já cobri. Os australianos amam esportes, e Sydney, com seu porto cintilante, proporcionou um cenário grandioso no fim de setembro daquele ano.

O tênis, geralmente um ímã de atenção na Austrália, não estava entre as principais preocupações do público. O foco do país estava na piscina, onde o nadador local Ian Thorpe, de dezessete anos, estabeleceu um recorde mundial em sua estreia. Mas, acima de tudo, os australianos estavam de olho na pista e em Cathy Freeman, uma velocista australiana de origem aborígine. Freeman havia se tornado um verdadeiro ícone do país e era a favorita para a medalha de ouro nos 400 metros.

Eu havia entrevistado Freeman duas vezes para o *The New York Times* nos anos que antecederam os Jogos, uma delas em um café em Melbourne, e ela era tão pé no chão quanto as expectativas a respeito dela eram elevadas: uma alma gentil em uma posição extraordinária. Ela compreendia por que havia se tornado um símbolo e desempenhado um papel importante ao celebrar suas vitórias com as bandeiras australiana e aborígine. Mas, à medida que os Jogos Olímpicos se aproximavam, ela resistia a ter suas conquistas politizadas, mesmo que fosse tarde demais para diminuir a atenção que recebia.

"Estou muito ansiosa para me divertir e aproveitar ao máximo essa época", disse-me ela. "Chegará o momento em que poderei ser mais útil na política e nos assuntos aborígines. Mas agora acho que estou desempenhando um grande papel apenas fazendo o que estou fazendo."

Freeman acendeu a pira olímpica durante a cerimônia de abertura e, na noite da final dos 400 metros, vestiu um macacão com capuz verde e dourado que foi projetado para torná-la mais aerodinâmica, mas também parecia útil como uma barreira protetora de toda a energia e expectativa no enorme estádio olímpico.

Do meu ponto de vista, no alto das arquibancadas, ela parecia minúscula em meio a toda aquela humanidade, mas se manteve firme com a multidão recorde de 112.524 espectadores rugindo por ela. Foram os 49,11 segundos mais barulhentos que vivi, e o barulho poderia tê-la feito flutuar ou a empurrar para baixo. Talvez tenha feito as duas coisas. Quando ela cruzou a linha de chegada e caiu na pista após ganhar a medalha de ouro, parecia mais desorientada do que exultante, como uma mergulhadora que acabara de ressurgir, piscando para o ar fresco depois de sondar as profundezas e seus limites.

Nada do que aconteceu no complexo de tênis próximo, em Homebush Bay, poderia competir com isso, mas o torneio foi uma chance para Federer viver a experiência de disputar os Jogos Olímpicos quando ainda estava fora dos holofotes.

Ele estaria na frente e no centro depois disso: carregando a bandeira da Suíça nas cerimônias de abertura em 2004, em Atenas, e em 2008, em Pequim, e estaria de volta ao escrutínio público em Londres em 2012, na grama conhecida do All England Club. Mas Sydney foi sua chance de ser um aldeão olímpico comum, aquele que observa as estrelas boquiaberto, em vez de ser a estrela sendo observada.

Enquanto Venus e Serena Williams se sentiram compelidas a buscar refúgio em um hotel no centro de Sydney em seus primeiros Jogos Olímpicos para escapar da atenção dos colegas, Federer e o restante dos jogadores de tênis e oficiais suíços, entre eles Lundgren, dividiram uma casa em Homebush Bay com outros atletas olímpicos conterrâneos.

"Por sorte, fiquei no segundo andar e os lutadores, no primeiro, então eu estava seguro", brincou Federer em entrevista ao *L'Équipe*. "Nós nos divertimos muito. É difícil explicar quanto me diverti nos Jogos."

Federer, um grande torcedor da NBA que cresceu assistindo aos Jogos Olímpicos, não conseguiu ver nada do basquete, mas pôde assistir a eventos de natação e badminton. Ele também passou um bom tempo com seus companheiros de equipe de tênis, incluindo outra novata olímpica suíça: Miroslava Vavrinec, então com 22 anos.

Vavrinec, apelidada de Mirka, havia chegado ao top 100 no início do ano. Mas ela só foi às Olimpíadas porque as principais atletas do país, Martina Hingis e Patty Schnyder, decidiram não jogar. Vavrinec, cuja classificação estava fora do nível de corte para qualificação automática, também precisou de um *wild card* da Federação Internacional de Tênis para competir.

Ela perdeu por 6-1, 6-1 na primeira rodada para Elena Dementieva, que viria a ser a medalhista de prata, e também perdeu na primeira rodada de duplas com a parceira, Emmanuele Gagliardi. Mas pelo menos Vavrinec conseguiu jogar em dupla. Federer, que planejava unir forças com Rosset, ficou sem parceiro quando o colega se retirou da equipe no último minuto.

Isso privou Federer de sua chance mais provável de ganhar uma medalha e, devido ao atraso da decisão, também privou outro jogador suíço, como Lorenzo Manta ou Michel Kratochvil, da chance de substituir Rosset.

"Eu não esperava", disse Federer ao chegar a Sydney, parecendo irritado por ter sido deixado em apuros, apesar de sua amizade com Rosset.

Como Federer bem sabia, os Jogos Olímpicos haviam desempenhado papel central na carreira de Rosset: ele havia conquistado o ouro de simples em 1992. Mas sua ausência e a de Hingis foram lembretes de que os Jogos ainda não eram o objetivo principal de muitos tenistas em um esporte com um calendário lotado e sem escassez de grandes eventos e prêmios.

Pete Sampras e Andre Agassi, por muito tempo as figuras dominantes no jogo masculino, também não participaram dos Jogos de Sydney: Agassi por motivos familiares e Sampras porque preferia se concentrar no circuito regular e nunca teve uma medalha olímpica em sua lista de objetivos de carreira.

O tênis integrou as Olimpíadas modernas desde o início, em 1896, em Atenas, mas esteve fora dos Jogos de 1928 até 1984, quando retornou a Los Angeles como esporte de demonstração antes de ser totalmente reintegrado em 1988. O retorno foi o resultado de um lobby bem-sucedido da Federação Internacional de Tênis e de seu então presidente francês, Philippe Chatrier, um jornalista e administrador inteligente que também desempenharia papel importante no renascimento de Roland Garros.

Não havia como negar que o tênis não passara no teste do pódio. Um ouro nas Olimpíadas não é a maior conquista em um esporte em que os quatro torneios do Grand Slam continuam sendo os maiores prêmios. Mas ganhar o ouro olímpico no basquete nunca foi o auge para os melhores jogadores da NBA, e mesmo assim eles voltaram aos Jogos em 1992.

As Olimpíadas estavam mudando, tornando-se mais comerciais e cada vez mais focadas em reunir o maior número possível de estrelas do esporte global. O rúgbi, o golfe e o surfe também acabariam por se juntar ao circo quadrienal de verão.

Federer, nascido em 1981, ao contrário de Sampras e de sua geração, não conhecera as Olimpíadas sem seu esporte.

"Quando eu era menino, os Jogos Olímpicos faziam parte do tênis", disse Federer. "Eles sempre foram um objetivo para mim. É um evento que sempre me fascinou."

Ainda mais por causa de sua afinidade com a Austrália e Sydney, que visitou com a família em 1995, pouco antes de ingressar no centro de treinamento nacional suíço em Ecublens. Seu pai, Robert, chegou a considerar brevemente a possibilidade de conseguir um emprego na Austrália, mas depois desistiu.

A cultura australiana se adequava à personalidade extrovertida de Federer: seu amor pela praia, pelo sol e por espaços abertos, uma combinação que ele também adotara nas visitas de infância à África do Sul.

Mas isso não significava que tivesse ido a Sydney sem ambições.

"Eu adoraria voltar para casa com uma medalha, de preferência de ouro", disse ele antes de partir para a Austrália. Palavras fortes de um jovem de dezenove anos que estava no 43º lugar do ranking e ainda não havia conquistado nenhum torneio da ATP.

Várias fontes dizem que Federer e Vavrinec se conheceram nas Olimpíadas, mas eles já haviam cruzado caminhos em torneios e no Centro Nacional de Tênis em Biel/Bienne, onde Vavrinec às vezes participava de acampamentos ou treinava com técnicos particulares.

De início, Vavrinec, equilibrada e mais de três anos mais velha do que Federer, não pareceu particularmente impressionada com o adolescente.

"Eu era muito calma e disciplinada; Roger fazia muito barulho", disse ela ao jornal suíço *Le Matin* em uma de suas raras entrevistas. "Ele cantava músicas dos Backstreet Boys a plenos pulmões."

Mas ela o achava divertido, apesar das personalidades contrastantes.

"Ele era engraçado, cheio de vida, me fazia rir", revelou ela. "Os treinadores às vezes precisavam expulsá-lo das quadras para conseguir um pouco de paz."

Nessa época, os dois tinham abordagens de treinamento opostas: Vavrinec nunca fazia palhaçadas; nunca ficava de cabeça quente. Mas ambos tinham grandes sonhos e eram descendentes de imigrantes. A mãe de Federer era da África do Sul; os pais de Vavrinec, da hoje extinta Tchecoslováquia.

Filha única, ela nasceu no Dia da Mentira, 1º de abril de 1978, em Bojnice, uma pequena cidade conhecida por seu castelo histórico no que hoje é a Eslováquia. Para uma cidade de apenas cinco mil habitantes, o lugar teve uma influência desproporcional no tênis. Miloslav Mecir, um dos melhores jogadores do fim dos anos 1980, nasceu lá e mais tarde chegou às finais do Aberto dos Estados Unidos e do Aberto da Austrália, além de ter conquistado a medalha de ouro olímpica em 1988, em Seul. Apelidado de "The Big Cat", o grande gato, por sua graça felina, era um jogador encantador com toque hábil, trabalho de pés suave e uma habilidade fantástica de ler o fluxo do jogo e evitar desperdício de esforço. Questionado uma vez sobre seu tempo de 100 metros rasos, Mecir brincou que não sabia, porque nunca havia corrido essa distância. Karina Habsudova, que ficou em décimo no ranking em 1997, também nasceu em Bojnice.

Vavrinec, no entanto, não ficou muito tempo na cidade. Seus pais emigraram para a Suíça quando ela estava com dois anos, estabelecendo-se em Kreuzlingen, uma cidadezinha às margens do lago Constança, onde seu pai continuou a trabalhar como ourives e joalheiro, abrindo uma empresa chamada Mir'Or.

Ela se tornou uma jogadora de tênis de verdade quando o pai pediu conselhos à superestrela tcheca Martina Navratilova e a seu padrasto, Miroslav Navratil, no fim dos anos 1980. Navratilova também era uma expatriada tchecoslovaca e fugiu do regime comunista para os Estados Unidos.

Vários relatos afirmam que uma Vavrinec de nove anos de idade e seu pai apareceram sem avisar no WTA de Filderstadt, na Alemanha, em 1987, e garantiram uma reunião com Navratilova depois que o pai de Vavrinec, que era seu fã, passou pelo segurança e fez com que a filha presenteasse Navratilova com um par de brincos feitos a mão para seu aniversário.

A tenista então teria dito aos Vavrinec que Mirka tinha boa constituição física e poderia vir a ser uma excelente jogadora. Ela os colocou em contato com Jiri Granat, um treinador tcheco radicado na Suíça com quem havia jogado tênis juvenil.

E assim, supostamente, foi como tudo começou.

Mas essa história talvez seja um pouco extraordinária demais. Embora Vavrinec, que não dá uma entrevista formal há mais de uma década, não tenha confirmado, Navratilova me disse que o pai de Vavrinec havia, na verdade, consultado seu padrasto na Tchecoslováquia para obter uma opinião especializada sobre o potencial da filha.

"Meu pai teve uma sessão com ela e disse que sim, ela demonstrava potencial para jogar", revelou Navratilova. "Só sei que meu pai deu luz verde e disse que ela seria boa. Disso eu sei. Disso tenho certeza. Então foi isso que aconteceu, e depois conheci a família quando eles vieram para o torneio. Meus pais estavam lá, porque na época podiam viajar, então todos comemos e saímos juntos. Mas isso foi um ano depois de meu pai conhecê-los."

Os pais de Navratilova se divorciaram quando ela estava com quatro anos, e seu pai biológico, que mais tarde cometeu suicídio, não desempenhou um papel tão importante em sua vida quanto Navratil, o padrasto. Ele conheceu a mãe de Navratilova através do tênis e apresentou a jovem Martina ao esporte, tornando-se seu primeiro treinador e uma forte figura paterna até sua morte, em 2001.

"Não penso nele como alguém que não seja do meu sangue", disse Navratilova. "Acho que o pai de Mirka sabia que meu pai era sincero, mais ou menos como eu sou, embora não tenhamos o mesmo DNA. Mas herdei isso dele. Ele não mentiria. Teria dito que eles estavam perdendo tempo ou que era possível, e foi isso que aconteceu. Meu pai é direto, e talento se reconhece. Se a criança tem algo, dá para saber desde cedo. Só não tem como saber até onde ela vai."

Navratilova afirma que é possível dizer se um jovem é um bom atleta simplesmente observando seu andar. Vavrinec, uma dançarina em seus primeiros anos, tinha o andar, a graça natural e rítmica, e rapidamente se tornou uma jogadora juvenil formidável, ganhando o título feminino suíço sub-18 aos quinze anos.

O nível na Suíça estava então extraordinariamente alto. Hingis, que também emigrou da Eslováquia quando criança, era dois anos mais nova que Vavrinec e já havia alcançado o número 1 do mundo e conquistado vários títulos importantes de simples. Vavrinec tinha a mesma idade de Schnyder, uma futura jogadora do top 10 cujo irmão fora um dos primeiros rivais de Federer na época do juvenil.

Mas Vavrinec era comprometida, e acabou conseguindo um passaporte suíço e um precioso apoio privado de Walter Ruf, um empresário suíço que investiu em sua carreira: um arranjo que não é incomum para jovens talentosos que buscam fundos para pagar por treinos e viagens.

Vavrinec tornou-se uma jogadora profissional sólida, mas seu jogo era limitado.

"Ela não tinha qualidade para ser uma jogadora de ponta, mas certamente poderia ter estado entre as cinquenta melhores", disse Eric van

Harpen, que treinou as campeãs do Grand Slam Arantxa Sánchez Vicario e Conchita Martínez.

"Ela jogava bem no fundo de quadra, era muito atlética, muito poderosa, muito forte, mas meio mecânica", revelou Groeneveld. "Ela não tinha armas importantes, mas compensava com sua habilidade de manter a bola em jogo e correr muito. Ela dava trabalho em uma partida, e sabia lutar."

O contato inicial com Vavrinec não foi a última vez em que Navratilova teve um papel na ascensão de uma jovem jogadora. Em 1993, ela viu o talento de Maria Sharapova, de seis anos, em uma clínica em Moscou e disse ao pai da menina, Yuri, que eles deveriam encontrar uma maneira de treinar no exterior. A família se mudou para a Flórida com menos de mil dólares e apostou em Maria se tornar profissional. Ela acabou conseguindo isso e muito mais: venceu em Wimbledon aos dezessete anos, alcançando o primeiro lugar e se tornando por muitos anos a atleta feminina mais bem paga do mundo.

Esse tipo de coisa acontecia com frequência para Navratilova? Mudar caminhos de vida e a história do tênis por meio de breves encontros?

"Não", respondeu ela com uma risada. "Acho que Maria e Mirka são as únicas."

Vavrinec nunca alcançou o mesmo nível que Sharapova como jogadora. Ela se aposentou, efetivamente, em 2002 por causa de problemas crônicos nos pés. Mas, dois anos antes, em Sydney, enquanto ela e Federer se divertiam em suas primeiras Olimpíadas, parecia provável que ambos tivessem longas carreiras pela frente.

Para Federer, 2000 havia se transformado em uma temporada difícil, cheia de contratempos e derrotas na primeira rodada e algumas decisões importantes a serem tomadas.

Ele havia determinado no início do ano que se separaria da federação suíça e criaria uma equipe própria após as Olimpíadas. O problema era escolher um treinador. Seria Carter, seu mentor de longa data, ou Lundgren, que, ao contrário de Carter, jogara regularmente no circuito e chegara aos trinta primeiros do ranking?

"O problema é que gosto de trabalhar com os dois", explicou Federer.

A escolha poderia ter sido nenhum dos dois Peters.

Groeneveld disse que foi abordado por Federer e sua família para assumir o cargo em 2000. Ele recusou.

"Robbie, o pai de Roger, sempre tira um pouco de sarro de mim, dizendo que sou o único cara a ter recusado trabalhar com Roger", revelou Groeneveld.

Groeneveld deixou o cargo de gerente no centro de treinamento nacional em Biel/Bienne depois de apenas um ano, em 1998, para treinar o astro britânico Greg Rusedski. Ele contou que disse aos Federer que a oportunidade deveria ir para Carter ou Lundgren.

"Os dois Peters investiram muito tempo em Roger, e eu tinha um relacionamento tão bom com eles que senti que não poderia aceitar o emprego, porque os dois mereciam", disse Groeneveld.

Os Federer então foram perguntar a Groeneveld qual dos dois Peter ele escolheria.

"Parecia claro para mim que Roger enfrentaria muitas críticas em seus primeiros anos, e senti que Peter Lundgren tinha mais reputação internacional e que a mídia suíça não conseguiria derrubá-lo", admitiu Groeneveld. "A mídia teria mais facilidade para abalar Peter Carter, porque ele nunca havia ficado entre os cinquenta primeiros ou ganhado um torneio da ATP. Ele vinha de uma pequena cidade na Austrália e não tinha o mesmo status que Lundgren. Por conta desse histórico e da experiência de Lundgren com Marcelo Ríos, sua própria experiência de jogo e todas as conexões que tinha com o grupo de jogadores suecos, escolhi Lundgren em vez de Carter porque sabia que ia ser muito difícil. E aqueles três anos de fato foram muito, muito complicados."

Groeneveld não foi a única pessoa a ser consultada. Houve ainda Paul Dorochenko, o preparador físico e fisioterapeuta francês sem rodeios que trabalhou e viajou com Federer frequentemente antes de deixar a federação suíça no início de 2000.

"Roger veio me ver um dia e disse: 'O que você acha, Paul? Com quem devo viajar?'", lembrou Dorochenko. "E eu respondi: 'Olha, sinceramente, acho que seria muito melhor com Lundgren do que com Carter.' Para mim, Lundgren tinha aquela experiência de alto nível, e é um cara que está sempre de bom humor, um cara jovial, muito agradável. Ele não é um técnico como Peter Carter, mas é um treinador que sabe motivar."

Federer anunciou a escolha em um comunicado que seu pai enviou por fax à imprensa suíça no domingo de Páscoa, 23 de abril. Depois de muito pensarem, o escolhido foi Lundgren.

"Foi meio a meio", explicou Federer mais tarde. "Eu conhecia Peter Carter desde os oito anos. Foi a decisão mais difícil da minha vida, e a coisa acabou se definindo por pura intuição."

Carter, o arquiteto-chefe do jogo de Federer, expressou certa consternação, mas, de modo geral, apoiou a decisão em público. De acordo com quem o conhecia bem, porém, ele ficou arrasado.

Peter Smith, técnico de infância e amigo próximo de Carter, disse que o ex-técnico telefonou para ele na Austrália depois que um emocionado Federer o informou sobre a decisão em março, bem antes do anúncio. "Tivemos uma conversa muito longa, e ele estava arrasado", disse Peter Smith sobre Carter. "Ele passou boa parte da vida trabalhando com Roger. Acho que o amava."

Carter estava convencido de que seria uma influência melhor, mas Federer, que havia passado muito tempo com Lundgren em seus quase três anos em Biel/Bienne, claramente via um lado diferente e mais tranquilizador.

Lundgren disse que a decisão não criou tensão entre ele e Carter, que se tornou seu amigo. Mas Lundgren certamente percebeu a decepção de Carter e gostou da maneira como ele lidou com o ocorrido. Federer também.

"Quando Roger decidiu por mim, Peter disse: 'Se precisar da minha ajuda, estou aqui. Pode contar comigo. Cem por cento'", contou Lundgren.

Mas Smith disse que Carter sentiu, sim, amargura, o que foi confirmado por Dorochenko, que trabalhava próximo a Carter naquela época.

"Ele nunca mais foi o mesmo Peter Carter depois daquilo", disse Dorochenko. "Ele teve bastante dificuldade em processar a decisão."

Não foi a primeira vez que Federer deixou a órbita de Carter. Ele havia se mudado da Basileia para Ecublens aos catorze anos. Mas essa decisão foi muito mais difícil para Carter aceitar, com Federer prestes a se tornar um dos melhores jogadores do mundo.

Carter fez o que podia para seguir em frente: pediu um aumento e uma promoção ao tênis suíço e continuou a treinar jovens jogadores no Centro

Nacional de Tênis. Enquanto isso, Federer montou sua equipe, que incluiria Pierre Paganini, o preparador físico suíço cuja rara mistura de rigor, criatividade e compaixão impressionara Federer em Ecublens.

O plano era começar a trabalhar em grupo após os Jogos Olímpicos. Enquanto isso, as derrotas continuavam se acumulando. Federer admitiu que estava lutando contra a pressão de suas expectativas, ampliadas pela decisão de romper com a federação.

Ele também havia parado de trabalhar com o psicólogo Christian Marcolli no início de 2000.

"Tudo o que faço é focado na ideia de que um dia você não precisará mais de mim", disse-me Marcolli. "Nunca quero criar dependência, nunca quero criar um relacionamento no qual as pessoas dizem que só conseguem ser boas quando estou presente. Meu mantra, e sou muito transparente com eles em relação a isso, é: quero que um dia você me diga: 'Obrigado, entendi. Consigo fazer isso sem você'. Claro que será um dia emocionante, mas vejo isso como minha principal responsabilidade."

Mas Federer não estava exatamente prosperando. No início de abril, ele perdeu na primeira rodada no saibro em cinco torneios consecutivos, incluindo uma derrota por 6-1, 6-1 para Sergi Bruguera em Barcelona. Dorochenko havia acabado de voltar com Bruguera cerca de duas semanas depois de deixar a federação suíça.

"Eu disse a Sergi: 'Use um topspin alto na esquerda de Roger e pronto, não se preocupe com mais nada'", revelou Dorochenko. "Bruguera estava se recuperando de uma cirurgia no ombro e era sua primeira partida, mas, jogando no saibro, se você sabe acertar um topspin alto na esquerda de Federer, você ganha. Só que, honestamente, não há muitos jogadores que saibam fazer isso bem, porque os golpes de Federer são tão rápidos que não há tempo para se organizar."

Rafael Nadal, ainda no início da adolescência nessa fase, atacaria a esquerda de Federer com um efeito devastador nas finais de Roland Garros que viriam a ocorrer nos anos seguintes.

Mas, por enquanto, Federer tinha outras preocupações.

"Simplesmente não estava acontecendo", disse David Law, gerente de comunicações da ATP na época. "Ele perdeu para Jiri Novak em Monte Carlo no terceiro set, por 7-5, e eu me lembro de estar a caminho da coletiva de imprensa quando Roger disse: 'Por que eu perco todas as partidas apertadas?'"

Ele teve um bom desempenho na edição de Roland Garros de 2000, vencendo três rodadas antes de perder para Àlex Corretja, outro excelente jogador de saibro com bastante topspin. Mas logo voltou a afundar com mais seis derrotas na primeira rodada em Nottingham, Wimbledon, Gstaad, Canadá, Cincinnati e Indianápolis.

Law podia sentir que Federer estava em uma encruzilhada, na qual cumprir seu potencial no tênis estava em risco.

"Devo dizer que ele poderia ter seguido outro caminho, porque gostava da vida de ser um profissional do tênis, viajar e se divertir", disse Law. "No vestiário, ele contava piadas e brincava com todos de um jeito muito legal, mas havia muita energia. E na realidade é uma questão de onde você gasta essa energia e como a usa."

John Skelly, um americano que treinou Vince Spadea, Bob e Mike Bryan e outros jogadores, lembra-se de cruzar com Federer e Lundgren nessa fase.

"Federer era bem tranquilo naquela época", disse Skelly. "Era, definitivamente, muito festeiro e gostava de cerveja, assim como seu treinador. Eu me lembro de que, em 2000, Federer ficou completamente bêbado em um bar na vila de Wimbledon. Ele era um bêbado feliz, sem dúvida, adorava as festas de jogadores na juventude."

Federer certa vez desempenhou um papel involuntário na demissão de Skelly. Spadea havia derrotado Federer de forma convincente em Monte Carlo no início de 1999, mas sofreu uma derrota incontestável para ele em Viena no fim da temporada. Skelly disse que o pai de Spadea, Vincent Sr., ficou tão chateado que fez uma das previsões mais infelizes da história do tênis.

"Papa Spadea disse logo após a partida: 'Você está demitido! Esse cara é uma merda! Ele nunca vai ser nada!'", contou Skelly.

Mais tarde, Skelly voltou a trabalhar com Spadea e não culpou Federer pelo ocorrido.

"Ele é realmente um cara de classe", disse ele. "Nunca mudou, mesmo com tudo o que realizou. Sempre me tratou bem e com respeito, e estava sempre com um grande sorriso no rosto quando nos cruzávamos."

Nos Jogos Olímpicos, o sorriso voltou ao rosto de Federer, que venceu quatro partidas seguidas sem perder sets para chegar às semifinais, batendo David Prinosil, Karol Kucera, Mikael Tillstrom e Karim Alami.

Não havia grandes nomes do tênis naquela lista, embora Kucera, um eslovaco com movimentos suaves, já tivesse estado entre os dez primeiros. Mas ainda assim foi um processo de confirmação, e Federer entrou na disputa de medalhas com confiança renovada para enfrentar Tommy Haas, um alemão com uma esquerda de uma mão que tinha um jogo fluido em todos os tipos de quadra. Haas, ao contrário de Federer, deixara a Europa ainda jovem para treinar nos Estados Unidos na Academia Bollettieri, em Bradenton, na Flórida, ficando particularmente próximo do fundador da academia, Nick Bollettieri, uma força da natureza gregária e bronzeada que se casara oito vezes, mas, acima de tudo, era casado com o trabalho. Bollettieri tinha uma necessidade inesgotável de autopromoção, mas também um amor genuíno pelo jogo que treinava muito melhor do que jamais jogara.

Haas, então com 22 anos, já havia chegado à semifinal do Aberto da Austrália de 1999 e alcançara o segundo lugar no ranking mundial em 2002, antes que lesões graves interrompessem sua ascensão. Mas Haas, assim como Federer, tivera uma temporada decepcionante em 2000 até as Olimpíadas.

Ele despachou Federer com relativa facilidade, vencendo por 6-3, 6-2. Federer teve dificuldade de manter a constância e ficou tão frustrado no jogo que chegou a chutar a raquete no ar, quando Haas sacou para chegar à final olímpica e garantir uma medalha.

Foi muito fácil relembrar um comentário de Lundgren do início do torneio: "Às vezes, Roger ainda tem dificuldade de lutar quando está atrás."

Mas Federer ainda tinha uma chance de medalha por conta do formato incomum do tênis nos Jogos Olímpicos. Ele jogou contra outra surpresa — Arnaud Di Pasquale, da França, de 21 anos — na partida pela medalha de bronze.

Di Pasquale, classificado apenas em 62º no ranking, estava em termos amistosos com Federer, mas o duelo inesperado em Sydney foi tenso desde o início. Di Pasquale venceu por 7-6 (7-5), 6-7 (7-9), 6-3. Não conseguiu converter um match point no tiebreak do segundo set, mas se recuperou de uma quebra de saque no início do terceiro set para vencê-lo.

"Eu estava com medo, muito medo, mas disse a mim mesmo que não poderia sair da quadra como perdedor", disse Di Pasquale. "Era o maior momento da minha carreira."

Não havia como prever na ocasião, mas aquele continuaria sendo o maior momento de sua carreira. Di Pasquale se aposentou em 2007 com um retrospecto de derrotas no circuito.

Federer teve que se contentar em subir ao pódio em quarto lugar: a posição mais frustrante em qualquer Olimpíada. Ele lutou para se recuperar emocionalmente da derrota para Haas e também lamentou muito a partida contra Di Pasquale.

"Sinceramente, é muito frustrante", disse ele, com o boné abaixado para proteger os olhos na entrevista pós-jogo. "Joguei muito mal na semifinal contra Tommy Haas. Hoje meu tênis foi melhor. Tudo se resumiu a detalhes, a bobagens. Perder uma medalha como esta, quando estava ao meu alcance, dói muito."

Mas os primeiros Jogos Olímpicos de Federer terminariam de maneira mais alegre. Em sua última noite em Sydney, ele beijou Vavrinec pela primeira vez.

O fato de os dois terem tido a oportunidade de passar tanto tempo juntos ia contra todas as probabilidades: Vavrinec poderia facilmente ter se ausentado das Olimpíadas.

Os dois mantiveram contato por telefone e só se veriam outra vez em dezembro, mas haviam encontrado algo especial um no outro, e ninguém desempenharia um papel mais importante para Federer aproveitar ao máximo suas habilidades transcendentes no tênis por tanto tempo.

"Ela tinha uma missão", disse Groeneveld.

O acaso certamente foi um fator no início, mas seria preciso muito trabalho árduo e escolhas inteligentes para Roger se tornar Federer, como expressou habilmente o jornalista suíço Laurent Favre.

"Mirka acreditava muito que eu não devia desperdiçar nenhum talento", disse Federer muitos anos depois. "Porque ela mesma sabia que era limitada nesse sentido até certo ponto. Ela trabalhava muito, mas sabia que, com meus talentos, eu ainda poderia conseguir muito mais. E essa crença me influenciou muito.

CAPÍTULO SEIS

WIMBLEDON

"Você está familiarizado com as tradições da quadra central?", perguntou um oficial a Roger Federer enquanto ele se preparava para entrar no templo do tênis de Wimbledon.

Federer disse que assistiu a muitas partidas na quadra central pela TV, mas nunca jogara lá, então o oficial revisou as regras tácitas, o que incluía o costume de jogadores entrarem e saírem juntos e se curvarem diante da Royal Box (isso ainda acontecia em 2001).

Federer, aos dezenove anos, não se importava de respeitar o protocolo, mas estava prestes a romper com a tradição de forma dramática. Sua quarta rodada foi contra Pete Sampras, o poderoso e autossuficiente californiano que havia perdido apenas uma vez em Wimbledon em oito anos, em 1996, para Richard Krajicek.

Naquele momento, a quadra central pertencia tanto a Sampras quanto ao All England Club. Mas depois de anos observando a distância, Federer agora estava preparado para invadir: pronto para mostrar a uma desavisada audiência global sua panóplia de habilidades no tênis e sua recém-descoberta tranquilidade sob pressão.

Quem acompanhava o esporte o ano todo compreendia a ameaça. Havíamos visto Sampras ter dificuldades ao longo da temporada de 2001, sem conquistar um título.

"Eu só me pergunto se ele está chegando àquele momento da vida em que ainda nos esforçamos, mas as coisas simplesmente não acontecem", disse Martina Navratilova, que, com seus nove títulos de simples em Wimbledon, era uma das poucas pessoas capazes de se identificar com o sucesso em série de Sampras.

Também vimos Federer se desenvolvendo com mais força e confiança: ganhando seu primeiro título ATP em Milão, destacando-se na Copa Davis, chegando às quartas de final em Roland Garros e às semifinais no ATP de 's-Hertogenbosch, na grama. Em Wimbledon, onde não vencia uma partida desde que conquistara os títulos juvenis de simples e duplas em 1998, ele estava embalado: derrotou Xavier Malisse em cinco sets na segunda rodada e despontou com mais destaque ao vencer em sets diretos Jonas Björkman, um veterano sueco com devoluções formidáveis que adorava jogar na grama.

Os fãs de tênis britânicos já estavam ansiosos para a possível partida de Sampras contra Tim Henman, o eterno lutador inglês, nas quartas de final. Mas os peritos estavam de olho na entrada de Federer no gramado retangular onde os bons são separados dos excelentes.

"Cheguei aonde queria estar: jogando contra Pete pela primeira vez e na quadra central de Wimbledon", disse Federer à imprensa suíça. "Não vou jogar só para ganhar um set. Vou jogar para vencer."

Wimbledon deveria ter perdido seu brilho. É um anacronismo. Quem ainda joga tênis na grama? Já foi a superfície proeminente do jogo, com o Aberto da Austrália e o Aberto dos Estados Unidos também disputados nesse tipo de quadra. Mas, agora, o tênis de grama ocupa apenas cinco semanas no calendário do circuito. As superfícies sintéticas dominam, mas Wimbledon continua essencial, o torneio no qual os jogadores se reconectam com o passado do esporte e as roupas predominantemente brancas, enquanto se tornam estrelas no presente.

É o único dos quatro principais torneios disputado em um clube privado, mas o All England Lawn Tennis & Croquet Club está longe de ser privado durante um Wimbledon normal, assim como o Augusta National está longe de ser privado durante um Masters normal de golfe.

As passagens e os estandes de Wimbledon ficam superlotados durante os campeonatos, mas o torneio raramente decepciona. O clube é mais montanhoso do que a maioria imagina, mais moderno do que a maioria imagina, mas a quadra central combina bem com o imaginário. Parece mais um teatro do que um estádio, com sua acústica e escassez de publicidade.

A quadra perdeu um pouco de sua simetria com a instalação de um imponente teto retrátil em 2009, mas ainda estava no estado tradicional quando Federer pisou em sua grama pela primeira vez.

Ele e Sampras não eram desconhecidos. Federer tinha sido gandula de Sampras durante o ATP da Basileia. Posteriormente, os dois se encontraram e praticaram juntos em uma turnê depois que Sampras notou que Federer destruiu praticamente sozinho a equipe americana da Copa Davis em fevereiro.

Mas Sampras ainda era o número 1, o jogador de grama mais bem-sucedido da era aberta, e ainda ansiava por se tornar o primeiro homem a ganhar o título simples de Wimbledon pela oitava vez.

Porém, uma luz amarela se acendeu na segunda rodada, quando ele foi levado a jogar por cinco sets contra Barry Cowan, um inglês afável classificado na humilde 265ª posição no ranking.

"Quero dizer, um Pete Sampras normal o venceria em três sets", disse Federer.

Normal ou não, Sampras havia se recuperado rapidamente para derrotar Sargis Sargsian na terceira rodada e estava confiante contra Federer.

"Eu estava me sentindo bem", disse-me Sampras vinte anos depois. "Conhecia Roger um pouco e sabia que era um jogador promissor, então não era como se eu estivesse no escuro. Mas realmente sentia que era uma partida que eu deveria ganhar, e fui pego um pouco de surpresa."

Federer se sentia bem em relação ao próprio jogo, mas seu corpo estava enviando sinais de que não se tratava de uma partida normal: ele contou que sentiu as mãos "geladas" durante a sessão de aquecimento de cinco minutos na quadra central. Mas começou a partida em grande estilo, fazendo um ace no ponto de abertura e mais outro no mesmo game, enquanto Sampras ficou sem pontuar por pouco mais de um minuto.

À medida que a partida se desenvolvia, ele mexia nas cordas entre os pontos, como Sampras, em vez de insistir em seus erros, e ofereceu poucas e preciosas pistas para seu diálogo interior.

Isso realmente era um progresso: o resultado de anos de trabalho em si mesmo e de ouvir críticas construtivas de todos, dos pais ao psicólogo esportivo Christian Marcolli, passando pelos treinadores e a namorada, Mirka Vavrinec, sentada no camarote do jogador na quadra central.

Peter Lundgren advertiu Federer certa vez: "Todo mundo sabe que você é o melhor jogador de tênis, mas eles lutam porque se você perder a cabeça eles vencem."

A expressão impassível de Federer também era fruto da compreensão de que, conforme se tornava mais proeminente, ele corria o risco de que suas brincadeiras e a negatividade na quadra definissem sua imagem.

No Aberto de Roma, em maio, ele derrotara Marat Safin, o feroz astro russo, em uma disputa de três sets cheia de gritos, olhares intensos e raquetes arremessadas. Muitas dessas imagens acabaram sendo repetidas em programas esportivos europeus. Federer não gostou do que viu.

Uma semana depois de jogar contra Safin, Federer enfrentou o veterano argentino Franco Squillari na primeira rodada em Hamburgo, no que acabou sendo outra apresentação mal-humorada. Enfrentando um match point em seu saque, ele calculou mal um voleio e depois quebrou a raquete, tamanha a frustração.

"Bati com toda a força possível", disse ele.

Mas, dessa vez, Federer saiu da quadra com raiva do próprio comportamento, não apenas decepcionado com outra derrota precoce. Disse a si mesmo que estava na hora de mudar de verdade, de se conter pelo bem maior, que era principalmente o seu próprio. Apesar de todo o lobby das pessoas mais próximas, a decisão precisava vir de Federer.

"Foi um momento decisivo para a minha carreira", disse-me ele muitos anos depois. "Começa a ficar um pouco desconfortável depois de se ver na TV assim por um tempo. É uma imagem muito feia a de se ver atirando a raquete, olhando ao redor, tão frustrado e decepcionado. E eu simplesmente pensei: Isso é idiota e bobo. Vamos nos organizar um pouco. Levei muito tempo, sabe. Foi interessante. Levei muito tempo."

Federer reverenciava os cenários cada vez mais grandiosos em que jogava, mas também reconhecia que as explosões estavam afetando seu desempenho à medida que avançava cada vez mais nas disputas.

"Eu sabia que estava me esgotando demais com meu comportamento, a ponto de chegar às quartas de final e ficar reclamando do cansaço", disse Federer. "Não era por causa dos jogos, mas pela maneira como eu *me sentia* durante as partidas. Era tudo muito emocional. O engraçado era que quando eu tinha doze ou treze anos, todos se comportavam como eu.

Marco Chiudinelli e Michael Lammer, todos fazíamos isso. Ficávamos o tempo todo grunhindo e tentando irritar o outro cara, e eu honestamente não sei o que estávamos fazendo. Era normal se comportar assim. De repente, uma coisa leva a outra, estamos no grande palco e não podemos mais nos comportar desse jeito porque estamos jogando contra Pat Rafter ou Pete Sampras ou alguém que realmente admiramos. Entende o que quero dizer? Simplesmente não pode continuar assim."

Na verdade, pode. A transição para o grande palco não chegou a impedir que outras estrelas do tênis continuassem a fazer birra, atirar raquetes ou quebrar cadeiras: pense em John McEnroe, Safin e Nick Kyrgios.

Mas isso foi o suficiente para finalmente acalmar Federer, pelo menos por fora.

Por dentro, o sangue ainda fervia.

"Sim, dá para dizer isso", confirmou Federer.

Era tudo uma questão de aprender a controlar as chamas em vez de apagá-las, de convertê-las em combustível de queima lenta em vez de uma fogueira de distração.

Ele mostrou muito poder de resistência contra Sampras, mesmo que às vezes sentisse como se estivesse no meio de uma experiência extracorpórea.

Federer nunca jogaria contra seus outros ídolos de infância, Boris Becker e Stefan Edberg, e ainda não havia enfrentado Marcelo Ríos. Mas ali estava Sampras, o astro americano a quem costumava celebrar de longe, mirando seu temível saque na direção de Federer em meio ao silêncio da quadra central.

"No começo é assim", disse Federer. "Nós jogamos contra nossos heróis da TV. Precisamos trabalhar para superar isso."

Sampras havia superado isso rapidamente aos dezenove anos, derrotando Ivan Lendl e John McEnroe em uma sequência de vitórias no Aberto dos Estados Unidos de 1990, onde também derrotou Peter Lundgren, futuro técnico de Federer, na segunda rodada.

Aquele foi o primeiro Aberto dos Estados Unidos que cobri, e sempre me lembrarei da aparência constrangida que Sampras apresentava nos estágios finais daquela descoberta, como um garoto que havia recebido as questões antes da prova e tinha perfeita consciência de que se sairia bem.

Agora, Sampras era o campeão veterano, quase dez anos mais velho que Federer, cujo jogo era, em muitos aspectos, um tributo ao sucesso do americano, desde a esquerda com uma mão até a direita devastadora e os movimentos acrobáticos de improvisação (considere a esquerda dos dois homens).

Ambos tinham um movimento rítmico de saque "sem passadas", no qual mantinham os pés separados enquanto jogavam a bola e então dobravam os joelhos e saltavam ao acertar o saque. Muitos outros jogadores, entre eles Rafael Nadal e Andy Murray, dão um passo com o pé posicionado atrás após o lançamento.

Sampras e Federer tinham a mesma altura (1,85 metro) e o mesmo peso (oitenta quilos). Eles inclusive usavam raquetes idênticas: a Wilson Pro Staff 85, com sua cabeça comparativamente pequena de 85 polegadas quadradas, que tinha muita sensibilidade em golpes oportunos. Usei-a recreativamente por muitos anos e sempre achei que a melhor descrição para a sensação de rebater voleios com ela era "amanteigada".

Tom Gullikson, irmão gêmeo do falecido ex-técnico de Sampras Tim Gullikson, foi um dos que se impressionaram com as semelhanças enquanto observava Sampras e Federer das arquibancadas.

"Estou esfregando os olhos aqui", disse-me ele na ocasião.

Eles não eram cópias idênticas. A postura ereta de Federer contrastava com a leve inclinação de Sampras. Federer se movimentava de maneira mais fluida, enquanto Sampras tinha a presença mais intimidante, um maior poder de saque, movimentos mais explosivos perto da rede e nenhum escrúpulo em disparar o segundo saque no ritmo do primeiro. Mas os pontos em comum eram inegáveis e, embora o contraste de estilo geralmente produza as partidas de tênis mais interessantes de assistir, aquele duelo de semelhantes em Wimbledon provaria ser uma exceção por conta da qualidade e variedade dos golpes, do puro atletismo, do ritmo acelerado e do placar apertado.

Houve muitas reclamações antes e durante a era Sampras em relação ao tênis estilo bangue-bangue na grama e aos padrões serem previsivelmente breves. Mas assistir a Sampras e Federer muitos anos depois, em meio a uma longa era de dominação da linha de fundo, é um lembrete agridoce de que o tênis de ataque puro, com seus pontos rápidos e ritmo acelerado, ainda tinha seus encantos quando dois praticantes supremos trocavam aces e golpes velozes.

"Era como o tênis de antigamente", disse-me há pouco tempo o técnico de Federer, Peter Lundgren. "A gente não vê mais isso. Agora, a quadra de Wimbledon fica gasta apenas na linha de fundo. Aquela partida foi como costumava ser antigamente: como um T da linha de fundo à rede. Foi muito divertida de assistir à época, e ainda é. Sempre que passa na TV, eu gosto do que vejo."

Só no quarto game, Sampras teve que se defender de três break points em 0-40 antes de confirmar o serviço. Ele era caracteristicamente ousado sob pressão, mas à medida que a partida avançava também ocorriam gafes atípicas: algumas passadas de esquerda que bateram na rede, voleios que ele pareceu demorar para avaliar, e até mesmo um erro em um de seus golpes característicos — o smash com um salto.

Esta, infelizmente, seria a única partida oficial dos dois. Mas pelo menos foi um duelo clássico, decidido por apenas alguns golpes: como o primeiro serviço de Federer em 5-6 no tiebreak do primeiro set, que pareceu ter ido para fora, mas foi considerado válido, para desespero de Sampras, que corretamente expressou seu ceticismo depois de perder a devolução em seu único set point. Como o voleio alto de direita que Federer errou com nervosismo, perdendo o saque e o segundo set. E como o saque violento que Federer, surpreso, magicamente conseguiu devolver, com a cabeça da raquete apontando para a grama, levando Sampras a errar mais um smash e perder o terceiro set.

Mas Sampras forçaria um quinto set ao dominar o tiebreak do quarto antes de sair da quadra para ir ao banheiro. Federer permaneceu sentado em seu lugar com bastante tempo para considerar a situação enquanto dobrava uma bandana nova e a enrolava na cabeça.

Do meu ponto de vista da arquibancada de imprensa da quadra central, eu achava que Sampras tinha Federer na mão. O americano não estava no auge, mas ainda era uma potência e tanto, e tinha o melhor momento na partida e a crença de que poderia ganhar, resultado de já ter visto tantos desafiantes de Wimbledon tombarem sob a sua pressão.

Mas já sabíamos do que Sampras era capaz. Não precisávamos imaginar. Ele vinha provando isso há anos. Federer era o desconhecido.

Sampras nunca havia perdido um quinto set em Wimbledon. Federer, talvez para a sua sorte, desconhecia essa estatística. Apesar de uma contração persistente no músculo adutor da perna esquerda, ele se sentia revigorado e, igualmente importante, tranquilo.

Sacou rapidamente quando o jogo recomeçou, e nenhum dos dois enfrentaria um break point no último set final até que Federer sacasse em 4-4.

Sampras, que não era muito consistente nas devoluções, seguiu por muito tempo o modelo de passar a maioria dos saques de seus oponentes para então elevar o nível depressa na segunda bola, com qualidade suficiente para obter a quebra de serviço que muitas vezes era tudo que ele precisava para vencer um set com seu saque devastador.

O placar 4-4 parecia ser um desses momentos, e Sampras de fato obteria dois break points para colocar a vitória ao alcance. Mas, de forma atípica, ele desperdiçou ambos. Com 30-40, Sampras acertou uma esquerda pouco inspirada de dentro da quadra, que Federer devolveu de voleio. No segundo break point, Sampras errou uma direita que não era exatamente brincadeira de criança, mas provavelmente teria conseguido acertar em seu auge.

"Eu normalmente superava aquelas situações na quadra", disse-me Sampras. "Na minha cabeça, um break point é um match point. Se eu acerto um, considero que a partida está em minhas mãos, mas não era para ser."

Federer confirmou seus serviços, chegando a 5-4 e depois 6-5, e então logo assumiu o comando do próximo saque de Sampras com uma devolução de esquerda no segundo serviço do americano.

No ponto seguinte, Sampras, movendo-se com certa tensão, deu um voleio baixo de direita para fora e o game foi para 0-30. Chegou a 15-30 e então perdeu o ponto seguinte com outro voleio de direita errado, este na rede.

O placar estava 15-40. Match point para o adolescente. Sampras, fiel aos seus hábitos da quadra central, secou o suor da testa com o dedo indicador e sacou. O saque foi aberto, mas não o suficiente para escapar de Federer.

"O que acontece com Pete é que ele consegue acertar todas as pontas com seu saque, e, em grandes momentos, é isso que o torna tão bom", disse

Paul Annacone, então técnico de Sampras. "Assim que Pete sacou, lembro de pensar que ele havia errado por cerca de vinte centímetros, o que não é Pete em um de seus grandes momentos."

Federer deu um passo para a direita e acertou na linha uma direita vencedora que Sampras não tinha como alcançar. A sequência de 31 vitórias consecutivas de Sampras em Wimbledon havia se encerrado. Federer caiu de joelhos e rolou de costas, as mãos cobrindo o rosto, antes de pular para o aperto de mão, com as lágrimas começando a cair.

"Tive a sensação de que realmente seria capaz de vencê-lo", disse Federer. "Tive essa sensação o tempo todo. Foi por isso que ganhei."

Ele havia jogado como um veterano da quadra central.

"Achei que o momento afetaria Roger um pouco e não afetaria Pete", disse Annacone. "De uma forma estranha, meio que senti que não afetou nenhum dos dois. Roger apenas jogou um pouco melhor, o que foi surpreendente. Foi um momento de boas-vindas ao estrelato."

Apenas quando a partida acabou, Federer voltou a parecer um novato: continuou a caminhar em direção à saída enquanto Sampras parava para a tradicional saudação. Com um sorriso envergonhado, Federer logo mudou de direção e se juntou ao heptacampeão para uma reverência apressada.

Ele dedicou a vitória ao sueco Björn Borg, que era um modelo para Lundgren e também seu amigo próximo. Lundgren fazia uma imitação surpreendentemente boa dele e, antes do identificador de chamadas, era capaz de aplicar trotes em seus colegas jogadores suecos. Uma vez, conseguiu convencer Jonas Björkman de que Borg o havia convidado para jantar. Björkman só soube da verdade quando chegou ao restaurante chique de Monte Carlo, onde Lundgren havia reservado uma mesa.

"Ele é um Borg melhor do que o próprio Borg", contou Björkman.

A voz era tão familiar a Federer que ele teve dificuldade em manter a expressão séria quando finalmente conheceu o verdadeiro Borg em Monte Carlo, no início de 2001.

Um dos melhores jogadores de tênis da história, Borg venceu 41 partidas individuais consecutivas e obteve cinco títulos consecutivos em Wimbledon. Sampras vinha tentando superar esses recordes.

Federer o deteve, e agora ele queria falar diretamente com Borg. Um telefonema foi logo providenciado. Bill Ryan, agente de Federer, também agenciou Borg por muito tempo. "Roger parecia uma criancinha em uma loja de doces quando falou com Borg", disse-me Ryan. "Seus olhos brilhavam."

Federer tinha vencido Sampras acertando um número igual de aces (25), fazendo devoluções consistentes, produzindo segundos serviços venenosos, um atrás do outro, e até mesmo batendo na bola com mais autoridade, muitas vezes surpreendendo Sampras com o ritmo de seus lances.

"É verdade", disse-me Sampras. "Não quero dizer que fui dominado, mas, definitivamente, havia um pouco de peso com o qual acho que não estava acostumado. Foi a minha primeira vez jogando com ele. Se jogássemos no dia seguinte, estaria mais preparado, mas eu estava um pouco inquieto. Naquele ponto, ele era muito bom. Uns dois anos depois, ficou ótimo. Eu sabia que ele tinha talento e permaneceria no tênis por um tempo, mas não acho que alguém pudesse prever que ele viria a dominar pelos vinte anos seguintes e faria tudo o que fez. Não é como Tiger Woods ou LeBron James, que desde os doze anos a gente sabia que seriam superastros. Comigo e Roger, simplesmente não tinha como saber. Isso não é tão claro no tênis. Leva tempo para evoluir."

Um lembrete disso veio dois dias depois, quando Federer perdeu para Henman em quatro sets nas quartas de final: 7-5, 7-6 (6), 2-6, 7-6 (6).

Federer não conseguiu emular Sampras completamente, que ganhou seu primeiro título de Grand Slam aos dezenove anos. Ele estava com dor na perna e precisou de analgésicos para chegar ao fim do torneio. Sua margem sobre os oponentes, mesmo na grama, ainda não era muito clara, mas ele havia deixado uma boa impressão. Nada eleva um jovem jogador como derrotar um superastro em um dos maiores palcos do tênis. Isso se mostraria verdadeiro para Naomi Osaka na tumultuada final do Aberto dos Estados Unidos de 2018, quando venceu Serena Williams, e certamente foi verdade para Federer em Wimbledon.

"Acho que a partida de Pete Sampras mudou tudo", disse Lundgren. "Porque ali todo mundo ficou sabendo quem ele era. Depois de derrotar Pete Sampras na quadra central em Wimbledon, você descobre que sabe jogar e, depois daquilo, ele basicamente estava no mapa. Quero dizer, ele havia tido bons resultados antes disso, mas a gente sabe o que os empresários e as pessoas ao redor diziam. 'Qual é o problema? Por que ele não ganha mais?' E eu respondia que ele ainda não estava pronto. Ele tem um grande jogo, um jogo maravilhoso, e leva tempo para escolher a arma certa para o tiro certo. Ele tinha muitas ferramentas na mala, provavelmente umas quinze para cada golpe."

A vitória sobre Sampras justificou a fé de Lundgren, bem como a de Peter Carter, e acalmou os agentes e patrocinadores envolvidos. Embora tenha inquestionavelmente sido um momento de maturidade, ainda não significou uma verdadeira mudança da guarda.

"Não vamos nos empolgar", disse Sampras no dia da derrota. "Quer dizer, eu perdi. Mas pretendo voltar por muitos anos. É por isso que jogo: para esses torneios. Sinto que o motivo para eu parar não será a minha habilidade; será por não querer mais jogar. Não há motivo para entrar em pânico e pensar que não posso voltar e vencer aqui novamente. Sinto que sempre posso vencer aqui."

Sampras nunca mais voltaria a vencer outro torneio de Wimbledon, mas silenciaria os céticos com um 14º título de Grand Slam no Aberto dos Estados Unidos de 2002, naquela que acabou sendo sua última partida. Quanto a Federer, ele não iria direto para o topo. Apesar de seu sangue-frio e seu brilhantismo no All England Club em 2001, ele ainda não estava pronto para dominar nem para viver confortavelmente com as expectativas geradas pela vitória sobre Sampras. Nessa altura, ele também se lesionou e, após uma breve aparição em Gstaad, onde perdeu para seu futuro treinador Ivan Ljubicic na primeira rodada, fez uma pausa forçada de seis semanas para se recuperar em Biel/Bienne.

Durante o hiato, tornou-se motorista. Michael Lammer se tornou o novo companheiro de casa de Federer depois que Yves Allegro e Sven Swinnen se mudaram. Lammer estava tentando se reabilitar de uma lesão no tornozelo, mas ainda precisava ir às aulas do ensino médio.

Federer, que agora tinha carteira de motorista, se ofereceu para ajudar.

"Roger se ofereceu: 'Certo, eu levo você à escola e busco porque também estou lesionado e minha agenda está muito flexível. Vou ser seu taxista'", contou Lammer.

Mirka Vavrinec, que também estava em Biel tentando se recuperar de lesões, passava um tempo considerável com Lammer e Federer.

"Felizmente, Mirka começou a cuidar do apartamento para nós, o que foi muita sorte", disse-me Federer com uma risada. "Michael e eu ainda achamos graça disso. Michael veio me visitar, nós jantamos e falamos sobre isso de novo, sobre como era bom ter Mirka em nossa vida. Finalmente a gente conseguia encontrar as coisas e respirar normalmente sem tanta poeira."

A excelência constante, no entanto, ainda era ilusória, e Federer terminou o ano em 13º no ranking. Era uma melhora significativa em relação a 2000, mas não o suficiente para qualificá-lo para o ATP Finals, com os oito homens da elite, em Sydney, na Austrália, que foi vencido por Lleyton Hewitt.

A temporada de 2002 começou de forma auspiciosa para Federer com um título em Sydney, mais brilhantismo na Copa Davis em Moscou, finais em Milão e Miami e outro título no saibro em Hamburgo, após vitórias sobre o mestre do saibro Gustavo Kuerten e Safin. Mas Federer ainda perdeu na primeira rodada de Roland Garros para Hicham Arazi antes de retornar a Wimbledon como o número 7 e um dos favoritos após sua atuação no ano anterior.

John McEnroe, agressivo durante seus dias de jogador e ousado em suas previsões, escolheu Federer para ganhar o título. O All England Club, claramente adepto do estilo e das perspectivas de Federer, colocou-o de volta na quadra central contra um qualifier da Croácia: Mario Ancic, que era alto, magro e inteligente, nascido na bela cidade costeira de Split, como Goran Ivanisevic. Aos dezoito anos, Ancic era dois anos mais novo que Federer e estava fazendo sua primeira participação em um torneio de Grand Slam. Atacando com convicção, Ancic o derrotou por 6-3, 7-6 (2), 6-3, provando, mais uma vez, que a experiência na quadra central não era pré-requisito para a excelência da quadra central.

Foi a derrota mais desanimadora da carreira de Federer até então. Aconteceu em um momento delicado, com seu contrato com a Nike prestes a ser renovado e o gerenciamento da IMG sendo modificado por conta de disputas em relação a alguns detalhes do contrato.

O tênis é um esporte em que os ganhos fora da quadra se sobrepõem aos prêmios em dinheiro para as maiores estrelas, e, no mundo dos negócios esportivos, que costuma ser um mercado de futuros, havia dúvidas genuínas em relação a Federer ser o próximo número 1 ou apenas um entre tantos talentosos jovens competidores.

Lleyton Hewitt, quase da mesma idade, já era o melhor jogador do mundo e venceria Wimbledon em 2002, ao derrotar outro rival juvenil de Federer — o argentino David Nalbandian — em uma final revolucionária sem saque e voleio (pelo menos tradicionalistas poderiam se consolar com o fato de que houve um atraso causado pela chuva). Havia também Andy Roddick, o adolescente americano rápido e sagaz que vinha de um mercado muito mais relevante do que Federer e estava batendo na porta dos dez primeiros.

Foi um período de ansiedade e incerteza para Federer, e estava prestes a ficar pior, muito pior.

———

No início de agosto, Federer e Lundgren viajaram a Toronto para o Masters Series e o início da temporada de verão da quadra dura.

Tarde da noite de 1º de agosto, o telefone de Lundgren tocou. Era Darren Cahill, que estava treinando Andre Agassi.

"Achei que Darren estava ligando porque Agassi queria jogar com Roger", disse Lundgren. "E então Darren disse: 'Sente-se.'"

Cahill contou a Lundgren que Peter Carter havia morrido em um acidente de carro na África do Sul em sua lua de mel enquanto viajava para o Parque Nacional Kruger. Carter tinha apenas 37 anos.

A mãe de Federer, Lynette, ajudara a organizar a viagem, e Federer sempre insistia com Carter e sua esposa suíça, Silvia, para irem ao país. Mas a África do Sul, com todos os seus encantos e belezas naturais, continua sendo um dos lugares mais perigosos do planeta para se dirigir. E no dia 1º de agosto Carter estava em um Land Rover com um amigo, que precisou desviar para evitar um veículo que vinha na direção deles, em rota de colisão. Uma ponte estava bem à frente, e o motorista não conseguiu recuperar o controle a tempo. O Land Rover saltou pela lateral da ponte e ficou de cabeça para baixo, esmagando o teto e matando Carter e o amigo.

Silvia estava em outro veículo e saiu ilesa. A lua de mel deveria ser uma celebração da sua saúde. Ela havia sido diagnosticada com linfoma de Hodgkins logo após o casamento, em 2001, mas seu tratamento foi considerado um sucesso no verão de 2002 e ela e Carter finalmente puderam fazer a viagem à África do Sul.

Tudo terminou em tragédia, e cabia a Lundgren contar a Federer.

Ele deixou recados para o tenista até finalmente receber uma ligação. Já eliminado na disputa individual, Federer estava passeando pela cidade e logo estaria correndo pelas ruas desconhecidas em lágrimas, tentando processar o que Lundgren acabara de lhe contar.

"Ele fez o que meninos fazem quando se deparam com algo chocante e sombrio: saiu correndo", escreveu o intuitivo jornalista esportivo americano S. L. Price em um artigo para a *Sport Illustrated*.

Federer acabou no quarto de hotel de Lundgren.

"Ele entrou e olhou para mim, e eu estava um desastre, o que era normal naquela situação", disse Lundgren. "Eu me sentia vazio. Foi muito difícil para mim e para Roger. Peter e eu éramos extremamente próximos. Havíamos passado muito tempo juntos. Roger tinha perdido seu ex-técnico, amigo e tudo o mais. Eu sabia quanto Peter significava para Roger. Foi a primeira vez que passamos por algo parecido."

Sven Groeneveld, que estava em Toronto treinando Greg Rusedski, também recebeu um telefonema de Lundgren pedindo-lhe que fosse a seu quarto.

Lundgren, não Federer, contou a ele sobre Carter. "Roger estava arrasado", lembra Groeneveld. "Ele não conseguia falar. Estava totalmente fora de si."

Faltando uma semana para Roger completar 21 anos, as emoções fortes eram agravadas pelo incentivo que ele e sua família tinham dado à viagem de Carter. Havia culpa misturada com a dor.

"Acho que isso foi o que mais o atingiu", disse Groeneveld.

Federer mal dormiu naquela noite, mas de alguma forma ainda jogou as quartas de final de duplas no dia seguinte com o parceiro sul-africano Wayne Ferreira. Os dois perderam no tiebreak do terceiro set para Sandon Stolle e Joshua Eagle, ambos australianos, o que serviu como mais uma lembrança de Carter.

Por uma triste coincidência, o pai de Federer, Robert, estava na África do Sul a negócios na época do acidente.

"Peter tinha um lugar especial em nossa vida", disse ele ao jornal *Basler Zeitung*, da Basileia, na semana da morte de Carter. "Num momento assim, percebemos quanto ele era próximo de todos nós."

Federer e Carter mantiveram boas relações, apesar da surpreendente decisão de Federer de contratar Lundgren como seu treinador. No verão de 2001, depois de liderar uma insurreição que acabou afastando Jakob Hlasek da liderança da equipe suíça na Copa Davis, Federer havia pressionado com sucesso para Carter ocupar o cargo de capitão. Carter, que ainda não era cidadão suíço, não foi autorizado a assumir formalmente o papel pela Federação Internacional de Tênis, mas em fevereiro dirigiu a equipe suíça em Moscou contra a Rússia, na primeira rodada da Copa Davis de 2002.

"Eu amo a Copa Davis, mas jamais teria desempenhado essa função na Austrália", disse ele à imprensa suíça. "Realmente acredito que a Suíça pode ganhar a Davis nos próximos cinco anos se seus principais jogadores permanecerem saudáveis."

Em uma quadra de saibro coberta em Moscou, o inspirado Federer derrotou os ex-jogadores número 1 Marat Safin e Yevgeny Kafelnikov por dois sets a zero, mas Federer e Marc Rosset não conseguiram vencer as duplas contra as duas estrelas russas, e os suíços perderam a partida de desempate, 3-2.

Em sua função na Copa Davis, Carter viajava com mais frequência para torneios do circuito, e viu Federer em Wimbledon e Gstaad antes de ir à África do Sul.

"Sempre me lembrarei do que Peter me deu", disse Federer logo após sua morte. "Ele me ensinou muita coisa que ainda vive em mim."

Federer optou por seguir jogando, mas perdeu na primeira rodada para Ivan Ljiubicic em Cincinnati. "Nunca vou me esquecer", disse Bill Ryan. "Estava fazendo uns mil graus. Lundgren e eu nos sentamos com Roger fora da sala dos jogadores, sob a sombra de uma árvore, porque estava quente demais, e Roger disse: 'Não estou mais com vontade de jogar tênis.'

Ele abandonou o evento de Washington, D.C., e voltou de avião rumo à Suíça para o enterro: o primeiro a que compareceu na vida.

"Eu sabia que precisava voltar", explicou ele mais tarde. "Os Estados Unidos estavam longe demais naquele momento. Eu queria estar com meus amigos, embora certamente não pudesse ajudar muito. Sempre sentirei falta de Peter Carter, mas ele estará comigo na quadra de tênis por toda a vida."

As emoções ainda estavam cruas quando ele se juntou às mais de duzentas pessoas presentes na igreja de Saint Leonhard, no centro da Basileia, junto com muitos dos principais jogadores da Suíça, entre os quais Yves Allegro.

"Roger estava completamente arrasado", disse Allegro. "Dava para ver na sua linguagem corporal, e ele não parava de chorar. Acho que chorou durante todo o funeral, uma hora e meia direto. Foi difícil ver aquele tipo de dor. Mas realmente acho que Roger se tornou um homem no momento da morte de Peter. Aquela foi basicamente a primeira vez que ele de fato precisou enfrentar algo difícil ou horrível. Ele chegou rapidamente aos cem primeiros do ranking e ganhou um bom dinheiro depressa também. A família era saudável, os pais estavam juntos. Claro, ele e a irmã brigavam de vez em quando, porque ele tinha um dinheiro que ela não tinha, ou sei lá o quê, mas não era um grande problema. Ele conheceu Mirka e era feliz com ela também. Tudo estava indo bem, sabe? E então ele perdeu uma das pessoas mais importantes de sua vida."

Cahill, tão próximo de Carter desde a infância, também viajou para a Basileia. Quando a cerimônia terminou e Silvia Carter e outros já tinham feito seus discursos, Cahill foi até um Federer de olhos vermelhos e disse a ele: "Cara, Peter ficaria muito orgulhoso de tudo o que você fez. E seu único trabalho agora é continuar dando orgulho a ele."

"Foi só isso que eu disse, na verdade", contou Cahill muitos anos depois. "E, cara, Roger fez jus a essas palavras. Peter deve estar lá em cima sorrindo todos os dias com o que Roger vem realizando, e aqueles de nós que fomos amigos de Peter também estamos orgulhosos observando Roger e o que ele tem feito, porque significa algo para nós também."

Para Federer, o enterro foi uma epifania. Sua evolução de jogador talentoso com potencial para um dos maiores de todos os tempos envolveu muitos elementos, mas a morte de Carter foi um dos mais importantes; talvez o fator decisivo. A partir daí, Federer passou a compreender que seu sucesso validava os esforços de Carter e honrava sua memória. A vida de Carter fora curta demais, mas se ao menos Federer conseguisse realizar o que ele imaginara na quadra, então ela teria servido parte de seu propósito.

"Encontrei uma nova motivação", disse-me Federer.

Em Carter, ele tinha uma causa maior do que a si próprio: uma causa sem uma linha de chegada clara.

"Aquele foi o momento decisivo", disse Allegro. "O que vou dizer é difícil, mas, sério, não sei se Roger teria tido a mesma carreira se Peter ainda estivesse vivo. Mas também existe a possibilidade de ele ter se tornado um jogador ainda melhor, porque na minha mente estava claro que, em algum momento, ele teria Peter de volta como treinador."

Allegro acredita que, depois de escolher o mais experiente Lundgren para guiá-lo nos primeiros anos de sua carreira profissional, Federer teria voltado a treinar com Carter assim que se estabelecesse.

Federer nunca confirmou isso, mas ele certamente havia criado uma oportunidade de ver muito mais Carter, ajudando a colocá-lo no posto na Copa Davis.

Ninguém conhecia melhor seu jogo, desde a base até a superestrutura. Agora Federer teria de seguir em frente sem aquele vínculo reconfortante com o passado. Muitas das quadras de sua infância não estavam mais lá, e agora seu treinador de infância também não estava.

"Isso continua me atingindo em ondas", disse Federer à imprensa suíça quando voltou à competição após o funeral no ATP de Long Island, em Commack, Nova York. "Foi a primeira vez que um amigo meu morreu, e havia muito mais que eu queria dizer a ele. Não posso mais fazer isso. Sinto, acima de tudo, por sua esposa, Silvia, que também conheço bem, e por sua família e amigos."

Em Commack, Federer perdeu na primeira rodada para Nicolás Massú, mas reverteu a queda livre na semana seguinte, no Aberto dos Estados Unidos, vencendo três rodadas antes de perder para Max Mirnyi por três sets a zero. Depois de derrotar o astro americano Michael Chang, de trinta anos, na segunda rodada, Federer foi questionado se não seria bom retomar o trabalho com um terapeuta para ajudá-lo naquela desafiadora fase emocional. Era um pensamento razoável. Marcolli, o psicólogo de desempenho que ajudou Federer na adolescência, conhecia bem Peter Carter.

"Não preciso mais disso", disse Federer em Nova York. "Eu mesmo preciso lidar com os altos e baixos."

Mais emoções confusas o aguardavam em Casablanca, onde a equipe suíça na Copa Davis enfrentou uma forte seleção marroquina em uma partida de qualificação para o grupo mundial no saibro, que determinaria qual nação participaria da primeira divisão em 2003.

Carter havia ajudado a planejar os detalhes da partida antes de sua morte. Lundgren concordou em substituí-lo como líder da equipe a pedido dos jogadores e dirigentes do tênis suíço. Como sueco, ele também não poderia ser o capitão oficial, e chegou depois de seus jogadores por causa de uma viagem à Suécia, onde tinha ido passar uns dias com a filha Julia, que havia sido diagnosticada com diabetes.

A equipe suíça incluía Federer, Marc Rosset, Michel Kratochvil e George Bastl, que havia derrotado Sampras em Wimbledon no início daquele ano, na segunda rodada daquela que acabou sendo a última partida de Sampras em Wimbledon. Lundgren pediu a Severin Lüthi para ajudar como assistente técnico e nomeou Rosset, o veterano, capitão. Lundgren deixou o objetivo bem claro.

"Nós podemos fazer isso", disse Lundgren. "Por Peter Carter."

Federer não perdeu um set sequer nas três partidas que disputou: derrotou Hicham Arazi numa partida de simples depois de perder para ele naquele mesmo ano em Roland Garros, juntou-se a Bastl para vencer em duplas e derrotou Younes el-Aynaoui no último dia para sacramentar a vitória de 3-1.

Federer dedicou a vitória a Carter. "Eu pensava nele com frequência", disse ele. "Ele simplesmente estava lá, até no match point."

Rosset percebeu uma mudança em Federer, usando a palavra francesa *déclic*, ou um "clique".

"Acho que a morte de Peter o fez crescer muito rápido", disse Rosset. "E fez com que ele sentisse que tinha uma missão."

Menos de um mês depois, Federer, em lágrimas, dedicou mais uma vitória ao ex-treinador: esta no ATP de Viena, onde derrotou Carlos Moyá nas semifinais e Jiri Novak na final.

Tanto Moyá quanto Novak estavam no top 10, e o título provou ser fundamental para a qualificação de Federer em seu primeiro campeonato de fim de ano, reservado para os oito melhores jogadores. A disputa era então conhecida como Tennis Masters Cup e estava sendo realizada pela primeira vez na China, em um salão de exposições em Xangai. Como havia preocupações de que os fãs chineses, novos no esporte, não entendessem as regras, um panfleto foi distribuído aos espectadores com explicações básicas sobre o jogo.

No entanto, não teria sido necessário nenhum guia para que se sentisse a intensidade transcendente de uma semifinal entre Lleyton Hewitt e Federer.

Hewitt era o campeão, depois de ter vencido o torneio em Sydney em 2001. Federer o havia derrotado em Miami no início da temporada, mas aquele era o duelo mais significativo entre os dois até então.

Hewitt já havia conquistado a posição de número 1 no fim do ano pela segunda temporada consecutiva antes de enfrentar Federer, mas usava sua estrutura forte em cada troca. A forma como dois jovens de 21 anos se movimentavam em quadra costumava ser excepcional; os golpes em extensão eram muitas vezes espetaculares. Existe um viés de novidade no tênis. É tentador ver o material mais novo como o melhor, mas alguns dos pontos usando toda a extensão da quadra com os quais Federer e Hewitt colaboraram neste clássico de três sets foram tão bons quanto qualquer um que eles fariam no futuro.

Federer não conseguiu confirmar o serviço para fechar o primeiro set e Hewitt não converteu um match point antes de perder o segundo, e depois não conseguiu sacar para a vitória quando estava 5-4 no terceiro. Mas Federer, ainda instável nessa fase da carreira, teve outra vez o saque quebrado sem fazer pontos, sendo que os dois últimos perdidos ocorreram após duplas faltas.

Hewitt, tenaz e consistente desde a linha de base, fechou a vitória por 7-5, 5-7, 7-5 no game seguinte e conquistou o título em Xangai.

Nessa época, ele tinha um retrospecto de seis vitórias e duas derrotas para Federer no circuito. Cahill, que treinou Hewitt até o fim de 2001, o ajudara a estabelecer esse domínio inicial. O que o jovem Hewitt tinha que faltava ao jovem Federer?

"Olha, os dois tinham muitos recursos", disse Cahill. "Mas Lleyton certamente tinha a habilidade de jogar de acordo com o placar muito melhor do que Federer. Ele sentia uma oportunidade, se fechava e simplesmente não perdia, fosse diante de uma chance de break point, uma chance de obter um break point duplo, fosse marcar um ponto de 15-30 se estivesse sacando em 3-2 no primeiro set. Alguns tenistas jovens jogavam alguns pontos indiferentes e perdiam um game de saque rápido. Lleyton sabia que 15-30 é um ponto importantíssimo no game, então se certificava de acertar o primeiro saque e não perder aquele ponto. Diante disso, voltava para a disputa em 30-30 e, em seguida, descolava um ponto rápido para chegar a 40-30, e problema resolvido."

A insistência de Federer em atacar a rede também funcionou para as mãos hábeis de Hewitt nessa fase: em parte por causa da revolução na tecnologia das cordas, que permitia aos jogadores gerar mais spin e precisão com golpes de força total.

"Lleyton adorava um alvo", disse Cahill. "Mas ele também tinha, especialmente naquela época, um desejo muito forte de competir e ser grande. Ele era implacável, o que era realmente raro, na minha opinião. Acredito que o único jogador que se compare seja Rafa. Lleyton já tinha isso antes de ele entrar em cena, e não havia como desconcentrá-lo. Mesmo com dezessete, dezoito, dezenove anos, a Terceira Guerra Mundial podia estar acontecendo fora da quadra, ele podia estar tendo problemas com a ATP, em casa ou com a namorada, qualquer coisa assim. Mas, quando entrava na quadra, Lleyton estava em um lugar seguro. A quadra era o seu lar. Era o lugar onde ele podia simplesmente esquecer do resto do mundo. Tudo o que ele queria fazer era vencer. E acho que essa é uma qualidade muito rara, porque muitos jogadores de tênis, se não estão felizes na vida ou têm problemas externos, ficam com dificuldade de se concentrar durante a competição. Lleyton nunca teve esse problema."

Com ímpeto, precisão e precocidade, Hewitt foi o primeiro grande rival da carreira profissional de Federer, o primeiro a enfatizar de maneira constante suas deficiências. Ambos previram a ascensão um do outro: por meio dos olhos de seus treinadores, mas também dos próprios olhos, começando com o duelo feroz de juvenis em Zurique.

Hewitt atingiu o topo primeiro, mas podia sentir que Federer estava saindo da névoa rapidamente, e deixou isso claro em Xangai, quando disse acreditar que Federer conquistaria um título de Grand Slam.

Hewitt, apenas alguns meses mais velho, já tinha dois, e Federer estava cada vez mais impaciente. Pelo visto, impaciente demais, de acordo com o desenrolar da temporada de 2003.

Federer estava em sua melhor forma na Copa Davis, com companheiros de equipe para incentivá-lo, e em eventos regulares de melhor de três. Ele conquistou títulos indoor em Marselha, em quadras duras ao ar livre em Dubai e no saibro em Munique antes de chegar à final em Roma, perdendo para Félix Mantilla. Mas quando voltou a Paris e para Roland Garros como cabeça de chave nº 5, e com planos justificadamente grandes, Federer desabou sob a pressão do Grand Slam novamente.

Em vez de tentar se tornar o primeiro jogador ofensivo a vencer Roland Garros desde Yannick Noah, ele perdeu na primeira rodada em sets diretos por 7-6 (6), 6-2, 7-6 (3) para Luis Horna, do Peru, na tradicional quadra principal Philippe-Chatrier.

Foi mais um momento desanimador para Federer em um dos palcos centrais do jogo, e era sua segunda derrota consecutiva na primeira rodada em Roland Garros, depois de perder para Arazi em 2002.

Horna era um jogador sólido de quadra de saibro e ex-campeão juvenil de Roland Garros, mas estava classificado em 88º no ranking e nunca havia vencido uma partida de simples do Grand Slam na chave principal.

Federer, em forma razoável, certamente teria prevalecido. Em vez disso, ele parecia preso: confuso quanto às táticas, errando as esquerdas e lançando olhares sofridos para Lundgren nas arquibancadas.

Acabou vencendo cinco games seguidos depois de perder os três primeiros. Mas não conseguiu fechar o primeiro set, perdendo uma direita em seu único set point em 6-5 no tiebreak. Esse erro resumiu sua tarde, quando ele terminou com 88 erros não forçados em apenas três sets.

A manchete do *L'Équipe*, jornal esportivo francês, fez um resumo poético do que aconteceu: *"Naufrage en eaux calmes"* [Naufrágio em águas calmas].

Federer também parecia estranhamente calmo após o naufrágio.

"Talvez ele devesse apenas gritar ou quebrar uma raquete e colocar tudo para fora", disse Lundgren.

Foi um conselho divertido, considerando quanto esforço havia sido despendido para fazer Federer se acalmar e se concentrar. Mas ele ainda estava lutando para encontrar o equilíbrio.

"Definitivamente fiquei calmo demais na quadra por um tempo", disse-me Federer muitos anos depois. "Percebi que precisava de potência e sangue-frio. Quando eu era jovem, não entendia o que era ter a energia certa, a intensidade certa. Não sabia exatamente o que era aquilo. Tinha a ver com olhares? Com andar pela quadra? O que era? Mas é aquele foco aguçado, a mentalidade do ponto a ponto, porque o que acontece quando somos jovens é que começamos a divagar. Essa é a batalha."

Federer fez o possível para descrever essa batalha durante nossa entrevista.

"Quando somos jovens, estamos o tempo todo pensando em coisas como: O que vamos fazer no almoço? O que vamos fazer depois?", disse ele. "Às vezes estamos a fim. Às vezes, não, e o problema é que, quando não estamos, começamos a perder pontos um atrás do outro. Fica tipo 15-0, 30-0, 40-0, 0-15, 0-30, e então pensamos: Meu Deus, preciso me concentrar. Mas aí já é tarde demais."

Lundgren sentia a mesma dificuldade.

"Roger sabia que estava fazendo algo errado ao gritar e ficar irritado, mostrando aos outros que estava abalado", disse ele. "Os jogadores não são burros. Como eles vão vencer você? Não vai ser jogando tênis. Eles venciam pelo lado mental, e ele aprendeu isso. Mas daí ficou tranquilo demais, o que também não era bom. E de repente ele encontrou um jeito."

Para Federer, não houve nada de repentino nisso. Ele acredita que foi um processo de dois anos, que começou depois de Hamburgo, em 2001, e culminou em 2003, em Wimbledon, enquanto todos abertamente se perguntavam se ele de fato tinha mentalidade de campeão.

Ele havia jogado dezesseis torneios de Grand Slam e ainda não passara das quartas de final, perdendo na primeira rodada em seis ocasiões.

Não havia sido apenas Hewitt que assumira a liderança em sua geração de tênis. Marat Safin e Juan Carlos Ferrero, ambos com 23 anos, também foram campeões do Grand Slam (Ferrero acabara de vencer Roland Garros). Nalbandian, de 21 anos, chegara à final de Wimbledon. Roddick, de vinte, disputara as semifinais do Aberto da Austrália de 2003 depois de salvar um match point e derrotar Younes el-Aynaoui em uma dura partida de quartas de final que chegou a 21-19 no quinto set — o mais longo da história do Grand Slam até então. Roddick também havia acabado de derrotar Andre Agassi em seu caminho para o título na quadra de grama no ATP de Queen's, antes de chegar a Wimbledon.

Federer era claramente um jogador chamativo, um prazer para todos e um colega querido no vestiário, mas sentia que estava perdendo terreno, mesmo que tivesse acabado de ganhar o primeiro de seus muitos títulos em Halle, na Alemanha, na grama.

"As pessoas adoram construir uma narrativa", disse-me Roddick. "Como Roger não passou das quartas de final em um Slam cedo, sinto que começou a se formar uma determinada narrativa, especialmente porque ele estava muito tranquilo e em paz, não aparecia grunhindo ou suando. Simplesmente parecia diferente do restante de nós."

Ele era, definitivamente, um contraste e tanto em relação a Roddick, que era puro músculo, pressa, suor pingando, energia nervosa e força abrupta e intensa.

"Acho que todo mundo é colocado em uma caixa com um rótulo", disse Roddick. "Se Roger tivesse tido exatamente os mesmos resultados, mas tivesse um metro e meio e jogasse um pouco menos bonito, não teria recebido o rótulo de fraco. Mas como ele era muito bom, caminhava de determinada forma e se portava de determinado jeito, esse foi o rótulo mais fácil. Acho que provavelmente foi o rótulo mais preguiçoso que as pessoas aceitaram."

Essa é a perspectiva de um jogador. Uma perspectiva compreensível. A mídia esportiva é adepta da análise rápida: não tão comprometida com a visão de longo prazo e dando aos jogadores uma pista retórica suficiente para avançar confortavelmente no próprio ritmo. Mas os rótulos raramente carecem de fundamento, e a questão nesse estágio era legítima.

Federer tinha a garra necessária?

Sampras sem dúvida acreditava que sim. Já aposentado, embora ainda não de maneira oficial, ele elegeu Federer o favorito para vencer Wimbledon em 2003. Afinal, Sampras era capaz de se identificar com o sucesso no All England Club depois de uma dificuldade em Paris — ele tinha passado por isso várias vezes. Como que para provar quão difícil era conquistar a dupla de troféus, o ano do melhor resultado de Sampras em Roland Garros — uma semifinal em 1996 — foi também o único ano em que ele não conseguiu vencer Wimbledon entre 1993 e 2000.

Mas, nessa fase, Federer estava revigorado e muito mais feliz na grama, apesar de ter começado tarde nessa superfície, depois de aprender a jogar no saibro na Basileia.

Descontente com a cobertura da imprensa sobre sua saída antecipada de Paris, ele limitou as entrevistas ao mínimo no All England Club e decidiu passar mais tempo na casa que alugou na vila de Wimbledon com Vavrinec e Lundgren.

"Eu ainda não estava no radar naquela época", disse ele. "Não ter cobertura de imprensa era muito incomum para mim, mas cheguei a Wimbledon e pensei: Muito bem, preciso me concentrar. Não posso perder na primeira rodada outra vez. Havia muita pressão por causa de tudo o que vinha acontecendo."

Ele passou com facilidade pelas duas primeiras partidas, contra Hyung-taik Lee e Stefan Koubek, e então perdeu um set na vitória sobre o jovem americano Mardy Fish.

Mas problemas surgiram na quarta rodada. Enquanto se aquecia contra Feliciano López, outro rival juvenil que se tornou rival profissional, Federer sentiu a lombar travar como nunca antes. Chamou o preparador no primeiro set e não conseguiu obter uma resposta clara sobre a natureza da lesão, que Lundgren explicou mais tarde ter sido um nervo comprimido, resultado de as costas de Federer terem saído do alinhamento.

"Eu me dei dois games para ver como seriam as coisas", declarou Federer.

Incapaz de disparar com força total ou mover-se normalmente, ele teria ficado feliz com um atraso provocado pela chuva naqueles dias antes do teto da quadra central.

"Eu ficava olhando para o céu, esperando por um milagre, algumas nuvens escuras, algo para me salvar", disse ele. "Mudei de tática. Ficava esperando que ele errasse e tentava pressioná-lo em golpes importantes, porque sei que jogar lesionado não é fácil."

López sacou para fechar o primeiro set em 5-4, mas não conseguiu confirmar o serviço. Federer, com as costas começando a relaxar, venceu por 7-6 (5), 6-4, 6-4, recuperando-se de uma desvantagem de 0-3 no terceiro set.

"Não sei como ganhei hoje", disse Federer, que reconheceu ter pela primeira vez pensado em se aposentar da carreira profissional.

"Considerando meu desempenho, teria sido enfurecedor", disse ele.

Nenhum ex-campeão individual do Grand Slam sobrou depois de todas as reviravoltas, que incluíram a vitória na primeira rodada do pouco conhecido Ivo Karlovic sobre Hewitt na quadra central e a derrota de cinco sets de Agassi para Mark Philippoussis na quarta rodada.

Federer, na quarta posição, era o cabeça de chave restante, mas não um claro favorito. Roddick era uma ameaça inconfundível, o que reafirmou ao dominar Jonas Björkman em sets diretos nas quartas de final, enquanto Federer ultrapassou Sjeng Schalken, sentindo-se muito melhor depois que a chuva de quarta-feira lhe deu um dia a mais para se recuperar.

Seria Federer contra Roddick nas semifinais: um duelo da nova geração que seria o primeiro de muitos em Grand Slams, e o primeiro na grama.

Roddick era cheio de personalidade e competitividade. Era um irmão mais novo brincalhão que havia crescido determinado a acompanhar o ritmo do irmão mais velho, John, que foi considerado uma grande promessa do juvenil na Universidade da Geórgia mas não conseguiu se destacar no circuito.

Andy costumava não ter tanto poder na linha de base quando jovem, mas acabou se tornando uma força da natureza com seu saque e sua direita explosivos e muita arrogância. Depois da derrota na primeira rodada em Roland Garros, ele fez uma jogada surpresa: separou-se do técnico e mentor de longa data, o francês Tarik Benhabiles, da Flórida, e contratou Brad Gilbert, um gênio tático falador que já havia se classificado como número 4 no mundo antes de ser coautor do livro *Jogue para vencer* e treinar Agassi para voos maiores.

Roddick e Gilbert decidiram que, apesar do saque intimidante do americano, ele não jogaria o tênis clássico da quadra de grama. Em vez de saque e voleio, ele tentaria atacar as bolas com a direita e só então subiria para a rede.

Funcionou, até ele topar com Federer, o que não deve ter sido um choque para Roddick. Ele havia perdido as três partidas anteriores entre os dois, incluindo as quartas de final na Basileia em 2002, quando Federer acertou um dos maiores golpes de sua carreira (ou de qualquer carreira): um smash recuado, quase na arquibancada, em devolução a um smash de Roddick, que voltou por cima do atordoado americano parado na rede.

"Tive a impressão de que ele estava jogando videogame enquanto o restante de nós tentava jogar tênis", disse Roddick sobre aquele momento.

Roddick atirou a raquete de brincadeira contra o sorridente Federer, depois deu a volta até a rede para recuperá-la. Mas a cena foi um prenúncio: um esforço sólido de Roddick superado por um golpe de gênio de Federer seguido por Roddick desviando em parte — embora não toda — da frustração com sua esperteza.

Em Wimbledon, Roddick tinha motivos para ter esperança. Aquela era a sua segunda semifinal de Grand Slam e a primeira de Federer. Roddick também teve o benefício de ser aconselhado por Gilbert, que havia treinado Agassi para vitórias sobre o suíço.

"Indo para a partida, eu sinceramente achava que as chances eram 50-50 ou talvez até 55-45 para Roddick", disse-me Gilbert. "Do jeito que Andy estava sacando, eu estava muito confiante com o que vinha fazendo. E ninguém na semifinal daquele ano havia estado em uma semifinal de Wimbledon antes."

Talvez a história fosse outra se Roddick tivesse convertido o set point que tinha quando sacou em 6-5 no tiebreak do primeiro set. Em vez disso, ele correu para contornar a esquerda e acertou uma direita bem no meio da quadra — um de seus golpes básicos — direto na rede.

Federer pegou o jeito depois daquele erro não forçado, conquistando os dois pontos seguintes e o set. Ele se safou de um break point na abertura do segundo set com uma deixadinha de voleio com a esquerda perfeitamente equilibrada, com tanto spin que praticamente parou após o quique.

Estava na hora do show.

"Este é um dos tênis mais bonitos que já vi", disse Mary Carillo, a veterana analista americana que estava comentando a partida para a NBC.

Gilbert referiu-se com melancolia ao final do tiebreak do primeiro set e ao início do segundo set como "aqueles sete minutos".

"Tenho certeza de que Andy diria a mesma coisa: ele gostaria de ter aqueles sete minutos de volta", disse Gilbert.

Mas Gilbert reconheceu quanto Federer havia avançado desde que o vira jogar contra Agassi na Basileia em 1998. "Sua esquerda havia melhorado dramaticamente, e seu saque estava muito preciso em comparação com o que costumava ser", disse Gilbert. "Ele estava saltando muito mais no saque. Havia conseguido grandes melhorias nesses dois fundamentos."

Federer não estava exatamente jogando o tênis clássico em quadra de grama, permanecendo na linha de base depois de muitos de seus segundos saques e se satisfazendo em trocar golpes de fundo de quadra com Roddick e esperar para atacar. Muitos de seus golpes vencedores mais memoráveis foram passadas, rebatidas com igual precisão e brio de ambos os lados.

Roddick fez o melhor que pôde, chegando a mergulhar para um voleio de esquerda no segundo game do segundo set, mas Federer foi atrás e acertou uma direita. Ele estava entrando na zona, parando o poder de Roddick com esgrima avançada, jogando a bola onde queria. Permaneceu imerso em sua bolha, com exceção do sorriso que se permitiu após fechar o segundo set e um rali de alto nível ao acertar um swing volley vencedor e angulado de direita indo para a frente.

"Simplesmente ridículo", disse Roddick. "Não sei se mais alguém é capaz de fazer aquilo. Foi como se estivesse tentando fazer um truque. Mas funcionou, e eu só pude dizer: 'Bom demais.'"

Roddick foi basicamente relegado ao papel de entregar a tinta ao artista. Federer terminaria com 61 bolas vencedoras e apenas doze erros não forçados. Quase vinte anos depois, Roddick não vê razão para ver sua derrota por 7-6 (6), 6-3, 6-3 de maneira negativa.

"Eu me lembro da direita perdida no tiebreak porque isso poderia ter mudado as coisas, mas acho que joguei bem e acabei sendo derrotado", disse Roddick. "Não sei se isso é bom ou ruim, mas para mim era mais fácil dormir se eu sentisse que pelo menos havia feito a minha parte. Era muito evidente que o jogo dele era natural para a grama; não se fala o suficiente sobre como ele era capaz de misturar as coisas nessa superfície. Ele venceu Wimbledon ficando no fundo 95% do tempo e também venceu fazendo saque e voleio 80% do tempo. Então, dependendo das condições, ele era capaz de se ajustar."

Essa variedade tática realmente diferencia Federer de seus modelos. Ao contrário de Becker, Edberg e Sampras, ele não se baseava essencialmente no mesmo plano de jogo em Wimbledon ano após ano. Com sua ampla variedade e zona de conforto, ele se adaptava ao oponente, à tecnologia de raquetes e cordas, à própria grama — que Wimbledon alterou no início dos anos 2000, criando uma superfície mais firme que produzia um salto mais confiável e ligeiramente mais alto que era melhor para jogadores de fundo de quadra.

Mas a primeira das muitas vitórias de Federer em Wimbledon ainda conserva uma forte semelhança com o tênis ao qual ele cresceu assistindo no mesmo lugar. O oponente de Federer na final de 2003 foi Philippoussis, um grande australiano de 1,96 metro que jogava puro saque e voleio na grama, mas quase não precisou do voleio naquele ano por todos os aces que acertou, incluindo 46 em cinco sets contra Agassi.

Como Federer, Philippoussis causou sua primeira grande impressão aos dezenove anos ao derrotar Sampras em um torneio do Grand Slam. Ele o venceu na terceira rodada do Aberto da Austrália de 1996 em uma quadra coberta por três sets a zero. Filho de pai grego e mãe italiana, Philippoussis ganhara o apelido de "Scud" por causa dos mísseis que saíam de sua raquete, mas ele era muito mais do que um simples batedor. Suas habilidades com a raquete, entre as quais uma esquerda com uma mão, eram extraordinárias — na minha opinião, ele é um dos jogadores mais talentosos que não chegaram a ganhar um título de Grand Slam.

Ele se tornou uma estrela na Austrália na noite em que venceu Sampras e acabou aproveitando bastante a vida noturna australiana nos anos seguintes. A constância era um problema. As lesões também. Ele chegou à final do Aberto dos Estados Unidos de 1998, perdendo para o compatriota Patrick Rafter, mas nas quartas de final de Wimbledon em 1999 ouviu um estalo sinistro no joelho esquerdo quando jogava contra Sampras. Abandonou a partida e foi submetido a três cirurgias no joelho, passando mais de dois meses em uma cadeira de rodas em 2001. No torneio de Wimbledon de 2003, estava de volta à boa forma, mesmo que apenas temporariamente, e levando sua carreira e oportunidades mais a sério aos 26 anos.

Ele tinha as ferramentas e o talento para vencer Wimbledon, mas Federer estava entrando em uma nova dimensão, capaz de causar danos muito rapidamente em várias áreas da quadra. A final seguiu um padrão semelhante à semifinal contra Roddick. Não houve quebras de saque no início, mas Federer venceu um tiebreak apertado no primeiro set e no início do segundo set assumiu o comando até o fim da partida, quebrando o saque de Philippoussis pela primeira vez com uma série de passadas brilhantes.

No tiebreak do terceiro set, ele saltou para uma vantagem de 6-1, obtendo um championship point quíntuplo. Seu primeiro título de Grand Slam estava perto o suficiente para deixar sua mente acelerada. Ele parecia tranquilo, mas não passava de fachada. Precisou lutar contra as lágrimas antes de seu primeiro ponto e teve que lidar com o diálogo em sua cabeça, do qual ainda conseguia se lembrar com detalhes anos depois.

"Eu estava pensando: Está prestes a acontecer. Vou ser campeão de Wimbledon. Mas também: Ah, não, se controle", disse ele no documentário *Spirit of a Champion*. "Cometa um erro, apenas erre uma bola, por favor, Mark. Apenas erre, está bem? Para eu não precisar acertar uma bola vencedora."

Federer havia acertado muitas bolas vencedoras naquela quinzena de Wimbledon e não enfrentou um único break point na final, mas teve seu desejo realizado quando Philippoussis, depois de salvar dois match points, fez uma devolução com a esquerda que ficou na rede, com Federer correndo para o meio da quadra. Outra bola vencedora não seria necessária.

Federer deu mais um passo à frente e caiu de joelhos, ambos os braços levantados enquanto olhava para Vavrinec, Lundgren e o fisioterapeuta Pavel Kovac no camarote dos jogadores.

O potencial havia atingido a conquista com o placar de 7-6 (5), 6-2, 7-6 (3), e embora Federer tivesse feito com que parecesse incrivelmente fácil para o público internacional vendo seu jogo fluido pela primeira vez, ele sabia a verdade. "Quando estou ganhando, tudo parece muito fácil, e quando estou perdendo, parece que 'ah, esse cara não está se esforçando'", disse Federer. "Mas estou sempre me esforçando, e dei tudo o que tinha naquelas últimas duas semanas."

Aqueles que o conheciam bem não tinham dúvida sobre o que viria em seguida: lágrimas ao lado da quadra em sua cadeira e mais lágrimas durante a cerimônia de premiação.

"Na nossa família todos choram facilmente", explicou Lynette Federer certa vez.

Os tabloides britânicos, para surpresa de ninguém, não perderam a oportunidade. "Roger Blubberer" [chorão], dizia a manchete do *Daily Mirror*.

Federer, que finalmente compareceu ao jantar dos campeões de Wimbledon que havia deixado de lado em 1998, reconheceu, após ver os recortes de imprensa, que poderia ter passado sem tantas "fotos chorando".

"Talvez fosse melhor mais algumas com o troféu", disse ele.

Haveria muito mais dessas em Wimbledons por vir. A troca da guarda havia levado dois anos, mas agora estava completa, e, como Sampras, Federer venceu seu primeiro Wimbledon aos 21 anos. Um peso havia saído de seus ombros, uma série de pontos fracos resolvidos, e ele estava pronto para alcançar grandes alturas.

Christian Marcolli, o psicólogo suíço que aconselhara Federer na adolescência, estava observando de longe. Marcolli e Peter Carter haviam concordado que quando (não se) Federer ganhasse seu primeiro título de Grand Slam, cada um fumaria um charuto. Infelizmente, emocionado, ele foi para a varanda de seu apartamento em Baar, na Suíça, e fumou sozinho.

"Nós tínhamos uma convicção fundamental", disse-me Marcolli, com a voz embargada ao pensar em Carter.

Em Ecublens, os membros da família Christinet, que acolhera Federer por dois anos, assistiram à transmissão, no sofá de casa, acompanhados por repórteres da TV nacional suíça. Depois que Federer ergueu seu troféu, os Christinet ergueram taças de champanhe. "Fico muito emocionada ao vê-lo em lágrimas", declarou Cornélia Christinet, chorando. "Quando estava aqui, ele era um verdadeiro menino de catorze anos, natural, espontâneo, cheio de alegria. Mas, para mim, isso não muda nada. Ele vai ser sempre aquele Roger que esteve conosco."

Christophe Freyss, o disciplinador técnico francês que se empenhara tanto em controlar o comportamento de Federer em Ecublens, viu Federer jogar pessoalmente no All England Club em 2003. "Fiquei na quadra central, não no box, apenas em um cantinho", disse-me ele recentemente. "E estava sentado naquele lugar magnífico, olhando para ele na grama e dizendo a mim mesmo: *Mon dieu*, olhe só aonde ele chegou."

Freyss parou por um momento, antes de continuar: "E agora estou pensando sobre como ele chegou ainda mais longe depois disso."

CAPÍTULO SETE

MELBOURNE

Logo depois de Federer conquistar o título em Wimbledon em 2003, Peter Smith abriu seu e-mail e ficou surpreso ao ver uma mensagem do novo campeão.

Era sobre Peter Carter, o pupilo e amigo de longa data de Smith.

"Roger disse: 'Toda vez que jogo bem ou faço uma boa jogada, penso em Carts lá no alto. Olho para cima e sei que Carts estaria me olhando de lá, e que estaria orgulhoso de mim'", disse Smith. "Roger queria, imagino, que eu soubesse que ele dava crédito a Peter por estar onde estava, e que se comprometia a ser o melhor jogador que pudesse ser a partir de então."

Quase vinte anos depois, Smith ainda se emociona ao falar daquela mensagem. Ele foi diagnosticado com mal de Parkinson em 2011 e não tem mais condição de trabalhar ou de instruir no mesmo ritmo.

"É de muito longo prazo, e já estou em um estágio muito avançado", declarou Smith.

Smith saboreia suas memórias de Carter, que permanecem vívidas, e sabe quanto o sucesso de Federer teria significado para o amigo deles.

"Roger realmente decidiu que seria o que Carts lhe disse que seria: o melhor jogador do planeta, não apenas o mais talentoso ou com mais recurso, mas o melhor", afirmou Smith.

O paradoxo era que, por causa da nova maturidade e missão de Federer, o protegido mais bem-sucedido de Smith, o jogador que ele ajudara a se desenvolver em um campeão precoce, definitivamente perderia sua vantagem competitiva.

Entretanto, Lleyton Hewitt, um lutador nato, não renunciaria à sua era sem brigar. Quando Federer e a equipe suíça na Copa Davis chegaram a Melbourne para uma semifinal em setembro de 2003, Hewitt estava não somente preparado, mas também inspirado.

Hewitt caíra do primeiro para o sétimo lugar no ranking depois de não conseguir chegar a nenhuma semifinal de Grand Slams em 2003. Ele perdera na primeira rodada de Wimbledon como defensor do título para o discreto Ivo Karlovic, croata que tem 2,10 metros de altura. Ele perdera nas quartas de final do Aberto dos Estados Unidos para Juan Carlos Ferrero, em parte por causa de um problema no quadril.

Hewitt estava determinado a salvar a temporada, e a Copa Davis era tanto sua oportunidade quanto sua paixão.

Na Austrália, a Copa Davis há muito tempo é mais do que uma simples competição esportiva. Certa vez, ela desempenhou um papel na construção do país: demonstrou o espírito determinado da Austrália para um mundo distante nas décadas de 1950 e 1960, com uma oferta crescente e aparentemente inesgotável de talentos que subiam à rede sob seu obsessivo e territorial capitão Harry Hopman, um ex-jornalista esportivo.

Naquele período, o prestígio da Copa Davis ainda era próximo do de torneios do Grand Slam, e, de 1950 a 1967, os australianos venceram a competição quinze vezes, derrotando os Estados Unidos na final em nove ocasiões.

Na época, a dominância era fácil. O detentor do título não precisava começar a temporada do zero; em vez disso, só disputava a final, enquanto as outras nações se enfrentavam durante a temporada para definir o desafiante.

O detentor do título também tinha a vantagem de jogar em casa na final, conhecida como "rodada de desafio". Viajar da Europa ou dos Estados Unidos para a Austrália naquela época era suficientemente desgastante, mas os desafiantes ainda precisavam enfrentar grandes jogadores como Frank Sedgman, Lew Hoad, Ken Rosewall, Rod Laver, Roy Emerson ou John Newcombe sob os berros das multidões que os apoiavam.

Era um jogo de cartas marcadas, e permaneceu assim até 1981, quando a rodada de desafio foi abolida e substituída por um Grupo Mundial de quatro rodadas, com dezesseis equipes.

Embora as vitórias da Austrália tivessem se tornado mais raras, o valor cultural da Copa Davis ainda era profundo. Federer compreendia isso por causa das conversas com Carter, que, quando garoto, sonhara em disputar a competição pela Austrália. Ele precisou se contentar em ser o capitão não oficial da Suíça na Copa Davis, ainda que muito brevemente.

Carter apresentou Federer a muitos dos antigos grandes jogadores e treinadores australianos que cruzaram o caminho deles os anos de formação do suíço. Os australianos em geral eram extrovertidos, gostavam de provocar e mostravam-se particularmente rápidos em estourar egos inflados. Eram amigáveis fora das quadras, mas competidores ferozes dentro delas.

Federer, com sua habilidade de circular entre os dois domínios, se identificava com isso, e também passou a admirar o legado do tênis australiano. Embora tivesse sido um aluno indiferente na escola, ele foi atraído pela história do seu esporte: uma curiosidade que só aumentou conforme ele próprio contribuía tanto para a história do tênis.

"Eu fazia muitas perguntas e tinha um ótimo grupo ao meu redor, que também me educou quando cheguei para o torneio", revelou Federer em entrevista para o documentário *Strokes of Genius*, de 2018. "Eles diziam: 'Este cara aqui jogou nas semifinais em Wimbledon em 1968 e este outro venceu as duplas em 1954.' E eu falava: 'Ah, uau! Por favor, fale mais!'"

Federer estava intrigado por aqueles que ajudaram o tênis a fazer a transição da era amadora para a era aberta em 1968, quando os profissionais tiveram permissão para competir nos grandes torneios, como Wimbledon. Ele sabia que aqueles pioneiros, que com frequência faturaram pouco durante a carreira, tinham possibilitado que ele e outras estrelas contemporâneas ganhassem fortunas.

"Sempre senti que, bem, vou ser respeitoso com pessoas mais velhas, sobretudo com tenistas mais velhos, porque eles são minhas maiores inspirações e motivações quando jogo tênis hoje", disse ele. "Eles fizeram algo muito especial, que aproveito até hoje. Espero que todos os jovens que estão começando sejam super, supercuriosos para descobrir tudo sobre tênis. Sobre os recordes de Arthur Ashe. Por que Jimmy Connors? Por que Martina Navratilova? Por que Gabriela Sabatini? O que quiser. Simplesmente saber o que há de tão interessante acerca dessas pessoas, porque todos têm histórias superinteressantes, todos os jogadores. Eles não precisam ser ex-números 1 do mundo."

Era o estilo clássico de Federer em conversas: entusiasmado e fazendo digressões, com uma queda por recriar diálogos passados, inclusive diálogos interiores.

Apesar do seu desejo, contudo, a maioria dos seus contemporâneos no tênis não era nem de longe tão curiosa em relação aos grandes do passado. Hewitt, como Federer, era uma exceção. Embora ele pudesse ser irritadiço e evasivo com a imprensa australiana, não havia dúvida quanto ao seu entusiasmo por representar sua nação.

Aos cinco anos, ele assistira na TV ao astro australiano Pat Cash virar uma partida na qual estava perdendo por dois sets no estádio Kooyong, em Melbourne, para derrotar Mikael Penfors e a Suécia em cinco sets na final da Copa Davis de 1986.

Hewitt conseguia praticamente se lembrar da partida ponto a ponto, porque tinha uma gravação dela em videocassete.

"Esta é a partida da qual sempre me lembro", disse-me ele certa vez. "Foi uma das maiores partidas da história da Copa Davis."

Tornar-se atleta profissional não era um objetivo difuso e distante na família Hewitt. O pai de Hewitt, Glynn, e seu tio, Darryl, ganhavam a vida jogando futebol australiano (um esporte parecido como o rúgbi). A mãe dele, Cherilyn, era uma das melhores da Austrália em netball, um dos principais esportes femininos do país, e se tornou professora de educação física.

Hewitt jogou futebol australiano e tênis até os treze anos, quando se sentiu impelido a priorizar um esporte, em idade similar à de Federer. De estatura modesta, mas espírito robusto, Hewitt escolheu sabiamente. Aos quinze anos, tornou-se o homem mais jovem a se qualificar para o sorteio do campeonato individual principal do Australian Open e, como Federer no meio da adolescência, foi convidado a ingressar na equipe do seu país na Copa Davis como batedor. Os australianos chamavam batedores de "orange boys" porque, no passado, eles eram responsáveis por trazer laranjas para os jogadores da Copa Davis. Hewitt foi um orange boy na primeira rodada em 1997 contra a França no estádio White City, em Sydney. John Newcombe era o capitão australiano, Tony Roche era o treinador e

Patrick Rafter era o jogador principal, que virou a partida na qual perdia por dois sets — sob os xingamentos de Newcombe e os discursos motivacionais dele nas pausas — contra o astro francês Cédric Pioline em outra vitória emocionante de cinco sets. A Austrália venceu a rodada.

"Passei uma semana incrível simplesmente por estar perto daqueles caras que eu admirava e idolatrava na época; não dava para pedir uma atmosfera melhor", disse Hewitt. "Newk me disse que, com sorte, nos próximos três ou quatro anos eu poderia estar ali na quadra."

Não demoraria tanto assim, nem de longe.

No ano seguinte, aos dezesseis anos, Hewitt surpreendeu a comunidade do tênis ao ganhar inesperadamente de Andre Agassi, vencendo o torneio da ATP na sua cidade natal, Adelaide.

A primeira pessoa a telefonar para Smith depois da vitória foi Peter Carter. No passado, ele ligara para zombar de Smith, dizendo que Hewitt poderia ser uma boa promessa, mas que Federer era melhor.

"Dessa vez, Carts disse: 'Acabei de ver seu garoto jogar um pouco. Parece que ele pode ter progredido'", disse Smiths, rindo.

Hewitt e Federer precisaram abandonar o plano de jogar em dupla no evento juvenil do Aberto da Austrália porque a vitória surpresa de Hewitt no torneio de Adelaide lhe rendera um *wild card* no sorteio principal da competição.

Enquanto Federer se tornou o juvenil número 1 do mundo, Hewitt veio a ser um profissional em tempo integral. Em 1999, alcançou o top 25 no ranking da ATP e foi um dos pilares da equipe da Austrália que conquistou a Copa Davis de 1999 fora de casa, em Nice, contra a França.

No seu auge, Hewitt era um rebatedor incansável e imprevisível, e depois de atingir o número 1 em anos consecutivos e de vencer em Wimbledon e no Aberto dos Estados Unidos, tinha a missão de vencer a Copa Davis em casa. Mas, para sediar a final, os australianos precisavam primeiro passar pelo ascendente Federer e os suíços.

As duas equipes estavam determinadas a homenagear Carter. John Fitzgerald, o capitão australiano, também era de Adelaide, onde Carter treinara e passara a juventude. As federações australiana e suíça concordaram em criar o Troféu Memorial Peter Carter, que seria concedido ao vencedor sempre que a Austrália e a Suíça se enfrentassem na Copa Davis.

As equipes também homenagearam a memória de Carter com um minuto de silêncio antes do dia de abertura das partidas de simples no Melbourne Park, mais conhecido como o local do Aberto da Austrália.

Os australianos poderiam ter enviado uma quadra de grama temporária para a semifinal, mas parecia imprudente sob a luz do desempenho de Federer em Wimbledon. Em vez disso, escolheram a mesma superfície dura usada para o Aberto da Austrália. Conhecida como Rebound Ace, era uma superfície emborrachada na qual as bolas quicavam relativamente altas e poderia ser menos dura no corpo em algumas condições, mas se tornava mais perigosa sob o calor extremo, pois o piso ficava mais grudento.

Entretanto, estava fresco, até mesmo um pouco frio, naquele setembro em Melbourne, e a partida de abertura precisou ser disputada sob o teto fechado da arena Rod Laver por causa da chuva. Hewitt derrotou Michel Kratochvil em sets diretos e, depois, Federer fez o mesmo com Mark Philippoussis em uma revanche da final em Wimbledon.

No dia seguinte, Federer e Rosset, o jogador capitão da Suíça, enfrentaram Wayne Arthurs e Todd Woodbridge, o famoso jogador de duplas australiano que formara uma parceria longeva com Mark Woodforde, até Woodforde se aposentar.

A partida foi tensa, e Arthurs e Woodbridge venceram por 4-6, 7-6 (5), 5-7, 6-4, 6-4, depois que Federer não conseguiu confirmar o saque no quinto set quando o placar estava em 3-3, ao cometer duas duplas faltas.

A Austrália tinha então uma vantagem de 2-1, e Federer e Hewitt estavam programados para jogar a primeira das duas partidas de simples reversas no domingo.

Com todos os ingressos vendidos, o público na arena Rod Laver incluía Kim Clijsters, a conhecida estrela do tênis belga que namorava Hewitt na época e era considerada, de certo modo, uma australiana honorária. Os pais de Peter Carter, Bob e Diana, também tinham vindo do norte de Adelaide, onde moravam.

Os australianos só precisavam de mais uma vitória para alcançar a semifinal, mas, conforme Federer impunha sua determinação e seu jogo mais forte, parecia cada vez mais improvável que Hewitt a conseguisse.

Federer não escondeu a emoção nessa ocasião. Sua fome de sucesso era evidente, e depois de perder uma direita ao tentar fechar o primeiro set, ele gritou "merda" repetidamente. Hewitt fez o mesmo depois de perder o ponto seguinte. Foi um breve retorno ao seu duelo repleto de ofensas quando adolescentes em Zurique, mas nenhum dos jogadores perderia a concentração daquela vez.

Federer venceu o primeiro set por 7-5 e o segundo por 6-2, marcando bolas vencedoras equilibradas e desequilibradas. Ele obteve uma vantagem de 5-3 depois de quebrar o serviço de Hewitt com uma bola vencedora, evitando um golpe de esquerda e colocando a bola na esquerda de Hewitt, e depois cerrando os punhos e berrando para os parceiros de equipe. Em seguida, ele sacou para vencer a partida.

A 30-0, ele estava a apenas dois pontos da vitória.

"Quer dizer, você teria apostado sua casa no Roger naquele ponto", disse Roger Rasheed, treinador de Hewitt, que estava sentado na arquibancada na arena Laver enquanto os fãs suíços sacudiam seus sinos e os fãs australianos estimulavam Hewitt sem muita convicção.

Mas, no ponto seguinte, ao rebater o primeiro serviço de Federer, Hewitt devolveu uma incrível direita que foi cair no fundo da quadra, perto da linha de base. Federer, que pensou erroneamente que a bola cairia fora, reagiu tarde demais e, com uma esquerda, jogou a bola para fora. Era um break point em 30-40, e Hewitt o converteu com outra devolução no fundo da quadra que Federer rebateu com um slice, acertando a bola na rede.

A pontuação estava em 5-4, e na troca de lados, Rosset, o capitão suíço, estava muito agitado. Ele se agachou diante de Federer, que estava sentado, colocou a mão na perna dele e o cobriu de conselhos e estímulos em francês.

Foi em vão. Hewitt confirmou seu serviço, apesar de Federer ter chegado outras duas vezes a dois pontos da vitória, e o enérgico australiano, praticamente iluminado por um fogo interior, venceu o tiebreak para levar a partida ao quarto set.

"Era importante para Lleyton entrar em uma disputa feroz entre os melhores jogadores", disse Rasheed, "porque, depois que sentia que estava em uma luta do tipo Rocky Balboa, aquilo o colocava em um estado mental diferente que somente ele compreenderia. Lleyton simplesmente começava a acreditar que as coisas aconteceriam: 'Vou virar esse jogo.

Vou ficar mais forte de novo'. Era quase como Popeye comendo mais uma lata de espinafre."

As comparações com Rocky eram significativas para Hewitt. Durante as partidas, ele costumava gritar para si mesmo: "Vamos lá, Balboa!"

O quarto set foi disputado: Hewitt quebrou o serviço de Federer para vencê-lo por 7-5 em um voleio de esquerda com as duas mãos, os dois oponentes na rede. O quinto set foi uma derrota, pois Federer declinou fisicamente (e emocionalmente) e Hewitt fechou a vitória de virada na semifinal por 5-7, 2-6, 7-6 (4), 7-5, 6-2 com um lob, uma bola por cima de Federer, colocada com precisão.

"Isso é muito melhor do que vencer Wimbledon ou o Aberto dos Estados Unidos", disse Hewitt.

Federer manteve a compostura na quadra. Em particular, foi diferente. Havia muitos fatores em jogo. Ele se tornara o líder da equipe suíça na Copa Davis, usando sua influência para expulsar o capitão Jakob Hlasek em 2001. Vencer com Rosset e seus amigos era um grande objetivo que acabara de ser frustrado, ainda que os suíços provavelmente também tivessem perdido a semifinal com Philippoussis, um grande favorito na partida final simples, que nunca foi disputada.

Acima de tudo, foi a memória de Carter que tornou a derrota tão dolorosa. Fazia muito tempo que Carter transformara Hewitt em um ponto de referência para Federer: o jogador que ele precisava se tornar bom o bastante para derrotar, o jogador que não tinha seu poder de fogo e seu potencial a longo prazo. Quando Federer se encontrou com os pais de Carter depois da partida, a emoção tomou conta dele.

"Foi um momento muito duro para Roger, parecido com o funeral na Basileia", disse Rosset. "É impossível ficar indiferente ao ver um cara com quem você se importa tanto sofrendo daquela maneira. Também parte o seu coração."

Georges Deniau, o treinador francês veterano que ingressara na equipe suíça a pedido de Rosset, disse que Federer buscou refúgio no quartinho onde o encordoador de raquetes trabalhava.

"Raramente vi um homem chorar daquela maneira", disse Deniau à *Tennis Magazine* francesa. "Ninguém ousou incomodá-lo. Entrei depois de algum tempo. Ele estava com a cabeça entre as mãos."

Muitos anos depois, Federer me disse que ainda considerava a partida uma de suas "derrotas mais duras", mas que aquilo também o ajudou a saber, em seu âmago, que jogava bem o bastante para derrotar os principais jogadores. Ele dominara Hewitt, seu principal rival, por quase três sets fora de casa. Carecera do sangue-frio para concluir a tarefa, sim, mas estava ascendendo para um novo nível. Dava para sentir.

A surpresa foi que a Copa Davis não lançou uma mortalha sobre o restante da temporada de 2003, o que se tornaria um dos marcos de Federer no decorrer dos anos: a capacidade de se recuperar rapidamente da decepção, às vezes de uma decepção brutal.

"Ele se recupera muito rápido", disse-me Paul Annacone, um dos seus treinadores de longa data. "Claro que fica abatido, mas no fim da noite ou na manhã seguinte está recuperado. Nunca conheci ninguém que se saísse melhor em encontrar o equilíbrio entre apreciar as coisas quando vence, mas ainda ser capaz de seguir em frente quando coisas ruins acontecem."

No torneio seguinte à derrota na Copa Davis, Federer defendeu com sucesso o título em quadra fechada em Viena. Embora tenha fraquejado nos outros eventos europeus em quadras fechadas, em parte por causa de uma dor nas costas, ele guardou a cereja do bolo da temporada para a Masters Cup, o campeonato de fim de ano, que havia se mudado de Xangai para Houston por dois anos.

O torneio de elite, com oito jogadores, outrora uma competição no Madison Square Garden, em Nova York, no apogeu de Jimmy Connors e John McEnroe, não era realizado nos Estados Unidos desde 1989. A força motriz do retorno era o proprietário do clube de tênis Westside, em Houston: Jim McIngvale, um magnata dos móveis irreprimível, e às vezes irascível, apelidado de "Mack do Colchão".

McIngvale era — e continua sendo — um daqueles personagens americanos arquetípicos que fizeram fortuna por conta própria, trabalhavam muito, consumiam e doavam conspicuamente e sempre falavam o que pensavam, dane-se a diplomacia. Ele e a esposa, Linda, eram grandes fãs de tênis, e embora seu clube estivesse muito longe de Wimbledon e de Roland Garros no mapa, eles fizeram o máximo para diminuir a distância, instalando os quatro tipos de superfície de Grand Slam em seu complexo de 46 quadras, incluindo grama e saibro, raridades na América do Norte.

McIngvale gastou aproximadamente 7 milhões de dólares pelo direito de sediar o Masters Cup, que foi apelidado, por algumas pessoas no mundo do tênis, de "Copa dos Colchões". Ele gastou mais 20 milhões de dólares no novo estádio ao ar livre e no restante da infraestrutura.

Tudo custara muito mais do que ele esperara, e, compreensivelmente, ele estava se sentindo um pouco irritadiço e dono de tudo. McIngvale ficou ofendido quando Federer, em uma coletiva de imprensa na véspera do evento, disse que achava que o estádio de 7.500 lugares era pequeno para um torneio daquela magnitude e destacou que a superfície da quadra tinha um desnível e era desigual em algumas partes.

McIngvale confrontou Federer no vestiário antes de sua partida de abertura, contra Agassi. Oficiais da ATP intervieram para mediar, ansiosos para preservar o orgulho e o entusiasmo de um dos raros empresários americanos dispostos a investir pesadamente no tênis.

Por fim, Federer desculpou-se. McIngvale aceitou as desculpas e, depois, disse que Federer era "um bom garoto e um ótimo jogador".

A transcrição oficial dos comentários de Federer sobre o estádio foi apagada do site do torneio, no estilo soviético, e ainda hoje é um grande desafio encontrá-la.

"Não entendo por que as pessoas escreveram que eu estava criticando", disse Federer posteriormente. "Aquela foi apenas a minha primeira impressão. Também posso falar de maneira diferente quando chego e digo que tudo está ótimo, sabe. Mas aquela foi simplesmente a sensação que tive. Se não posso mais dizer o que sinto, não participarei mais de coletivas de imprensa."

Não obstante, foi uma primeira lição sobre as consequências de se falar livremente demais e um lembrete de que, com sua proeminência crescente, seus comentários seriam rapidamente analisados e amplificados, sobretudo se criassem ou revelassem conflitos.

Federer aprendeu bem a lição, certamente até bem demais, de uma perspectiva jornalística. Ele já participou mais de mil coletivas de imprensa em diversas línguas desde então, e controvérsias são raras. Ele evita política, pontos de atrito cultural e acertos de contas em público (pelo menos sem uma raquete na mão).

A confusão em Houston certamente não prejudicou seu desempenho no campeonato. Muito pelo contrário. Em vez disso, ele derrubou barreiras.

Ele entrou na quadra depois da conversa com McIngvale e jogou ousadamente sob pressão para derrotar Agassi pela primeira vez, salvando dois match points no set final antes de vencer por 6-7 (3), 6-3, 7-6 (7).

Federer tinha finalmente uma vitória sobre Sampras e Agassi, dois dos principais tenistas da década de 1990, compatriotas com estilos e personalidades contrastantes, mas com uma mentalidade de ataque parecida: Sampras na frente da quadra; Agassi no fundo.

"É muito bom derrotar tais jogadores uma vez na carreira", disse Federer depois.

Na próxima partida da fase de grupos, ele derrotou outra de suas *bête noires*. Nalbandian, o argentino vigoroso com um jogo completo e uma esquerda de duas mãos, derrotara Federer como juvenil e nas cinco primeiras partidas profissionais entre os dois, incluindo as quartas de final do Aberto dos Estados Unidos também em 2003. Entretanto, daquela vez Federer derrotou Nalbandian por 6-3, 6-0, mantendo-se principalmente no fundo de quadra: uma mudança na tática das partidas anteriores entre os dois.

Depois, derrotou o campeão da última edição de Roland Garros, Juan Carlos Ferrero, por 6-3, 6-1. Concluiu a fase de grupos invicto e qualificou-se para as semifinais contra Andy Roddick.

McIngvale não estava apenas balançando a bandeira dos Estados Unidos. Ele usava camisas decoradas com ela e torcia sem constrangimento por Agassi e Roddick, a quem chamava de "meus garotos".

O nacionalismo excessivo do homem no comando não agradou aos outros seis jogadores nas quadras, todos eles europeus ou sul-americanos. Aquela era, afinal de contas, a Masters Cup e não a Copa Davis.

"É falta de respeito", declarou Nalbandian.

Até aquele momento, contudo, McIngvale estava conseguindo o que queria: um estádio cheio nas sessões noturnas, com Roddick e Agassi entre os quatro finalistas.

No entanto, Federer tinha outros planos para o fim de semana e estava engrenado no mesmo ritmo que encontrara em Wimbledon.

A primeira vítima foi Roddick, que também tinha vencido seu primeiro grande campeonato em 2003, conquistando o Aberto dos Estados Unidos depois de salvar um match point contra Nalbandian nas semifinais.

Roddick chegou a Houston logo depois de ter apresentado o *Saturday Night Live* em Nova York e parodiado os jogadores americanos mais velhos: Agassi e John McEnroe.

"Minha vida se tornou um circo", disse ele.

Em agosto, Federer estivera a uma vitória de assegurar o primeiro lugar no ranking quando enfrentou Roddick nas semifinais do evento da Masters Series em Montreal. Embora tenha sacado para vencer a partida, Federer se deixou abalar pelo momento e perdeu para Roddick pela primeira vez (6-4, 3-6, 7-6 [3]).

"Lembro-me de pensar que aquilo era meio o que eu precisava, vencer uma partida difícil contra ele", disse-me Roddick. "Mas, naquele momento, você está pensando de semana em semana, e não na importância histórica daquela pessoa. Para mim, tratava-se menos de uma competição e mais de eu estar jogando muito bem e obtendo uma execução excelente. Quando perdi para ele na Basileia, ou antes disso, senti que, na época, ele provavelmente já era o melhor jogador, mais desenvolvido, talvez dois anos à minha frente. Portanto, senti que Wimbledon e aquela partida no Canadá foram a primeira vez em que nós dois estávamos disputando para ser o melhor jogador do mundo ou que, pelo menos, estávamos envolvidos nesta conversa."

Roddick seria o número 1 primeiro, depois de vencer em Nova York, e asseguraria a posição no fim do ano, terminando à frente de Federer na fase de grupos em Houston.

Entretanto, Federer o derrotou nas semifinais por 7-6 (2), 6-2, e sobrepujou Agassi por 6-3, 6-0, 6-4 na final, um jogo de melhor de cinco sets. Agassi, um dos melhores em devoluções no jogo, nem sequer conseguiu um break point contra Federer.

Agassi não competia desde o Aberto dos Estados Unidos, pois estava comemorando o nascimento de Jaz Elle, sua filha com Steffi Graf. Ele poderia nem ter jogado em Houston se não fosse por sua lealdade a McIngvale. Agassi admirava os empreendimentos filantrópicos de McIngvale, seu espírito empreendedor e apoio ao tênis americano. Considerando a falta de partidas recentes de Agassi, chegar à final era um resultado muito bom. Darren Cahill, seu treinador, certamente ficou satisfeito, mas, quando foi para o vestiário, ficou surpreso ao ver Agassi com a cabeça baixa.

"Ele não disse nada", contou Cahill. "Eu nunca o vira daquela maneira. Normalmente, ele aceita uma derrota sem problema e a supera em dois ou três minutos, mas manteve a cabeça baixa por cerca de vinte ou trinta minutos."

Cahill por fim se aproximou de Agassi, pousou delicadamente a mão nas costas dele e disse quanto estava orgulhoso da maneira como competira em Houston e que ele apenas se deparara com um jogador vivendo um ótimo momento.

"Vamos em frente", disse Cahill.

Agassi levantou os olhos e disse:

"Meu amigo, nosso jogo mudou para sempre. Nunca mais será igual. Esse cara está levando o jogo a um nível completamente novo. Nunca vimos esse tipo de nível."

Cahill ficou perplexo.

"Geralmente, Andre é cheio de confiança, não importa o que aconteça", disse ele. "Esses grandes campeões sempre pensam: Se eu me concentrar e jogar o meu melhor tênis, posso derrotar esses caras. Esta, acredito, foi a primeira vez que uma lenda do jogo com quem eu convivia pensou: Meu Deus, não tenho como derrotar esse cara se ele jogar assim.

Agassi, então com 33 anos, sabia exatamente do que estava falando. Ele jamais derrotaria Federer novamente, e aquela vitória retumbante em Houston prenunciaria algumas das temporadas mais dominantes na história do tênis.

Mas, primeiro, veio uma surpresa em dezembro. No fim de uma temporada de revelação, e se aproximando do topo do ranking, Federer anunciou que ele e Lundgren estavam se separando.

Foi repentino. A imprensa suíça acabara de publicar matérias sobre o relacionamento especial entre Federer e Lundgren, nas quais Lundgren falava sobre o programa fora da temporada para dezembro e seus objetivos ambiciosos. Até Robert Federer comentou: "Peter está lá para Roger 24 horas por dia."

Mas, assim como Federer tomara a difícil decisão de viajar para os torneios com Lundgren em vez de Carter, ele fez outra escolha arriscada ao mudar um time que estava ganhando.

Foi um padrão por toda a sua carreira. Federer, apesar de toda a amizade e lealdade a amigos de infância como Yves Allegro e Marco Chiudinelli, não tinha uma atitude sentimental diante da possibilidade de romper laços quando sua voz interior estava gritando que ele precisava de mudanças.

Apesar do momento, ele disse que não se tratava de uma decisão tomada de maneira abrupta, mas de algo em que estivera pensando desde o começo da temporada de 2003 e mais frequentemente nos últimos meses.

"Foi um processo longo", declarou Federer em uma coletiva de imprensa organizada às pressas em Genebra depois que o *Neue Zürcher Zeitung* deu a notícia da separação. "Estamos parando em um ponto alto inédito para mim, o que também tornou a decisão muito difícil. Mas estou convencido de que este é o passo certo a ser tomado."

Federer disse ter sentido que eles tinham caído em uma rotina.

"No fim da temporada, nós dois sentíamos que não era mais como costumava ser", disse Federer. "Informei-o da minha decisão semana passada. Ele ficou decepcionado, mas entendeu meus argumentos. Sempre assinamos acordos anuais. Chegamos ao fim de um ciclo."

Embora algumas pessoas que conhecem Lundgren e Federer tenham defendido que Vavrinec desempenhou papel decisivo na separação, Federer sempre rejeitou essa teoria.

"É claro que há discussões internas na equipe sobre uma decisão como essa", disse ele. "Mas a decisão é somente minha. Sou eu quem precisa estar satisfeito. Ninguém mais."

Lundgren ainda soa melancólico sobre como terminou, mas me disse que a decisão, embora não tenha sido mútua, foi, em alguns aspectos, um alívio. Na época, ele estava construindo uma casa na Suécia, onde moravam sua namorada e os dois filhos pequenos. O contrato dele com Federer era de quarenta semanas de trabalho por ano, boa parte das quais envolvendo viagens. Ele disse que estava se aproximando do *burnout* sem se dar conta. Ele próprio fora um jogador bem-sucedido e logo fizera a transição para treinador.

"Basicamente, eu sentia que não tinha vida própria, e aquilo não era nada contra Roger", declarou. "Quando Roger telefonou e disse 'vamos parar', senti que estava tudo acabado para mim. É claro que me senti vazio depois do que ele disse. Durante tantos anos, trabalhamos juntos e passamos tanto tempo juntos e, de repente, um dia, acabou. Mas eu sentia que tinha passado tudo o que sei, e chegara a hora de ele ouvir outra voz. Foi realmente assim que me senti. Quando nos separamos, foi quase como se eu estivesse feliz por ele ter tomado aquela decisão."

Lundgren tirou vários meses de férias, afastado do circuito, antes de concordar em treinar um dos rivais de Federer: o ex-número 1 Marat Safin, outro talento fenomenal com problemas de comportamento.

Federer preparou-se para a temporada de 2004 em Biel/Bienne com o preparador físico Pierre Paganini e depois viajou para a Austrália com Vavrinec, o fisioterapeuta Pavel Kovac e Reto Staubli, amigo íntimo de Federer e ex-campeão suíço de tênis que participara da celebração de 2003 de Wimbledon.

Naquela fase, Federer não tinha treinador oficial, o que era altamente incomum para um grande jogador jovem, que poderia pagar o salário de qualquer treinador que escolhesse. Mas Federer não tinha pressa para substituir Lundgren, e Staubli, onze anos mais velho, concordou em dedicar parte do período de férias do seu trabalho em um banco suíço a fornecer aconselhamento informal e servir como seu batedor. Ele também reservou quadras para treinar e estudou alguns dos futuros adversários de Federer.

Staubli poderia não ser oficialmente um treinador, mas, em 2004, ele sem dúvida faria muito do trabalho tipicamente associado a essa função, embora evitasse dar conselhos técnicos a Federer referentes aos seus golpes ou à sua técnica.

O plano de Federer era evitar competir a todo o vapor até o início do Aberto da Austrália. Em 2003, ele disputara mais de noventa partidas de simples — um número alto no nível do circuito internacional — e sabia, por meio de Paganini e pelos próprios instintos, que era melhor se preparar mais devagar para o Grand Slam australiano.

Ele fizera exibições em quadras de piso duro em Hong Kong e no Kooyong Lawn Tennis Club, em Melbourne, perdendo para Agassi na partida não oficial. Mas Federer parecia relaxado, não mais um grande talento carecendo de grandes realizações. Quando o Aberto da Austrália começou, ele estava pronto: passou pelas três primeiras rodadas sem perder mais do que quatro games em um set.

Isso definiu uma revanche com Hewitt na quarta rodada, no mesmo estádio no qual Federer perdera a cabeça dentro e fora da quadra quatro meses antes. Dessa vez, foi Hewitt quem começou liderando, vencendo o primeiro set enquanto Federer lutava para obter profundidade com seus golpes baixos e sua precisão habitual no saque. Sacando com 2-3 no segundo set e uma vantagem de 40-15, Hewitt cometeu dupla falta e, no primeiro serviço seguinte, foi penalizado por pisar depois da linha, o que anulou um ace. Abalado pela decisão do árbitro, Hewitt perdeu o ponto e, por fim, teve seu serviço quebrado.

Uma partida pode virar por muito pouco no tênis. Federer afundou o pé no acelerador e o manteve ali, vencendo oito dos nove games seguintes, apesar da interrupção causada pelos fogos de artifício que começaram a explodir perto da arena Rod Laver na metade do terceiro set irregular.

Era o Dia da Austrália, um feriado nacional, mas o clima não era de comemoração para o tênis australiano à medida que Federer se consolidava na liderança antes de a partida ficar novamente apertada. No quarto set, Federer quebrou o serviço de Hewitt quando o placar estava 2-2: uma quebra que incluiu um dos grandes pontos da carreira de Federer, quando ele correu para as quinas, fez um lob que cobriu a quadra toda e, depois, leu perfeitamente a direção do smash de Hewitt e lançou uma bola vencedora de direita durante a corrida.

Rasheed ficou boquiaberto no box dos jogadores depois do ponto, e não estava sozinho. Mas Hewitt teria mais uma chance com Federer sacando pela vitória, justamente como ele sacara para vencer em setembro.

Depois de uma dupla falta no começo do jogo, Federer perdeu um slice fácil de esquerda quando o game estava em 40 iguais, dando ao australiano um break point.

"Com certeza, naquele momento, as lembranças da Copa Davis vieram à tona", disse Federer. "Ele vence o game e o público começa a torcer por ele. Quem sabe?"

O primeiro serviço de Federer foi em um ângulo agudo que forçou Hewitt a se afastar bastante dos limites da quadra. O australiano gritou ao rebater, quase como se já estivesse ciente de que a bola cairia em uma posição aberta. Com o break point salvo, embora Hewitt tivesse dado o máximo de si — mergulhando no ponto seguinte e rolando como um goleiro depois de cair na quadra de piso duro —, ele não conseguiu impedir Federer de encerrar a partida da mesma maneira que Hewitt encerrara na Copa Davis: com um lob vencedor por cima do australiano.

"Estou muito, muito feliz por ter conseguido minha revanche", disse Federer sobre sua vitória de 4-6, 6-3, 6-0, 6-4. "Eram tantas coisas girando na minha cabeça, mas eu não queria reviver aquele pesadelo de jeito nenhum."

O resultado foi mais um grande indício de que os jogadores que um dia tinham tido Federer no bolso estavam perdendo rapidamente a capacidade de acompanhar o ritmo de seu novo jogo. Nalbandian caiu em quatro sets nas quartas de final. Ferrero caiu sem vencer um único set nas semifinais, assegurando que Federer subiria para o número 1 no ranking pela primeira vez depois do torneio.

"A posição de número 1 do mundo ocorre naturalmente quando se ganha grandes torneios", declarou Federer, que estava mais interessado no grande torneio em questão.

O último obstáculo para um título do Aberto da Austrália era Safin, o primeiro jogador da faixa etária de Federer a se tornar campeão de um torneio do Grand Slam. Apenas dezessete meses mais velho, ele se destacara derrotando Sampras na final do Aberto dos Estados Unidos de 2000 com um desempenho que foi, em comparação, mais extraordinário do que a vitória de Federer contra Sampras em Wimbledon menos de um ano depois.

Federer derrotou Sampras em um quinto set que poderia ter sido vencido por qualquer um dos dois. Safin, então com vinte anos, destruiu Sampras por 6-4, 6-3, 6-3, fazendo com que o veterano americano parecesse um campeão do passado com dificuldades para acompanhar o ritmo dos golpes e devoluções circulares de Safin.

Algumas semanas depois, Safin tornou-se o número 1, embora tal realização não tenha sido reconhecida adequadamente porque o ATP Tour estava experimentando em 2000 uma nova abordagem, chamada "A Corrida". Ela enfatizava a corrida de pontos ao longo de toda a temporada no lugar do sistema de ranking rolante de 52 semanas que estava em vigor desde 1973.

O experimento de marketing não durou, e Safin logo entrou na lista de número 1, merecidamente. Ele é, em muitos aspectos, a comparação mais instrutiva com Federer, ainda que Nadal e Djokovic fossem, por fim, tomar boa parte dos holofotes.

Embora sua esquerda fosse com duas mãos em vez de uma, Safin tinha muitos dos mesmos ingredientes que o colega suíço: condicionamento físico de alto nível, um talento fenomenal para acertar a bola, voleios eficientes e força tranquila e elástica, além de domínio do spin, o efeito que faz a bola girar.

Federer era mais fluido e, com certeza, um pouco mais veloz, mas Safin, sete centímetros mais alto, com seu 1,90 metro de altura, conseguia correr como um cervo quando estava em forma. Vigorosamente belo, também tinha um molejo e *sex appeal* inquestionáveis. Ele caminhava como um lenhador feliz em rumar para a floresta e, embora sua satisfação com o trabalho flutuasse muito, era impossível desviar os olhos quando ele patrulhava a quadra, com os ombros girando e correntes de ouro balançando ao se preparar para destruir com um ace ou destruir algum equipamento (quem poderia saber?).

Federer poderia ser o cara que você gostaria que sua filha namorasse. Safin era mais como o cara que sua filha gostaria de namorar.

Pode-se dizer que Safin tinha mais carisma fora das quadras com sua espontaneidade, perspicácia natural e incapacidade de dar respostas prontas. Ele também falava três línguas: russo, espanhol e um inglês exuberante, ainda que imperfeito. Ele tinha um tipo diferente de carisma nas quadras, com sua expressividade e pavio curto e uma queda por produzir bolas vencedoras (e erros) de lugares inesperados.

Outrora, esta última frase teria se aplicado a Federer, é claro: os dois compartilham a dúbia honra de terem sido multados por falta de empenho em um torneio profissional. Mas, enquanto o suíço aprendeu a conter e canalizar seus demônios do tênis, Safin nunca manteve o equilíbrio ideal por muito tempo.

"Fico entediado muito rápido", confessou certa vez. "Também fico com raiva muito rápido."

Muitas raquetes pagaram o preço, e, diferentemente de Federer, Safin também enfrentou lesões significativas durante sua carreira profissional, em parte porque suportava a dor e continuava a jogar por causa do dinheiro.

É difícil não se perguntar o que poderia ter acontecido se Safin, na adolescência, tivesse conhecido um guru da forma física como Paganini, passado algum tempo valioso com um psicólogo de desempenho como Marcolli, ou encontrado uma parceira de vida como Vavrinec, que compreendia e apoiava Federer em tudo o que era necessário para que ele continuasse sendo um campeão de tênis e não tinha pudores em falar a verdade, doa a quem doer.

Safin era um talento autenticamente de vanguarda, e estou convencido de que ele, Federer e Nadal poderiam ter atropelado a década de 2000 juntos no tipo de rivalidade tripla que, mais tarde, virou sensação.

Não foi o que aconteceu. Enquanto Federer chegou notavelmente perto de maximizar suas habilidades e otimizar suas oportunidades, é evidente que Safin não seguiu semelhante caminho.

Isso não o tornou menos interessante, apenas menos bem-sucedido, ainda que tenha ido parar no Hall da Fama Internacional do Tênis, o primeiro russo a receber a homenagem, três anos antes de seu parceiro de equipe na Copa Davis, Yevgeny Kafelnikov.

"Quanto mais eu subia, mais começava a ficar pesado mentalmente para mim", disse-me ele em uma conversa pelo Zoom em 2021, falando de Moscou durante a pandemia de covid-19. "Às vezes, eu sentia as centelhas de 'uau, isso é muito agradável', mas na maior parte do tempo era uma pressão pesada, pesada, muito pesada. Eu me sentia assim o tempo todo e acabei esgotado."

Safin nasceu em Moscou em 1980. Seus pais são tártaros: muçulmanos e descendentes do povo turcomano que dominava a Ásia séculos atrás.

Ambos eram jogadores de tênis. A mãe, Rauza Islanova, foi, em certa época, a segunda tenista no ranking feminino da União Soviética, e provavelmente teria disputado no circuito internacional em uma era diferente. Em vez disso, ela se tornou treinadora no clube de tênis Spartak, um dos principais clubes esportivos de Moscou. O pai de Safin, Misha, era gerente do Spartak, e, embora o filho quisesse ser um astro do futebol, acabou se tornando automaticamente um astro do tênis e cresceu nas mesmas quadras que duas outras futuras estrelas: Anastasia Myskina e Anna Kournikova, ambas treinadas na juventude pela mãe de Safin.

Ela também treinava os próprios filhos: Marat e sua irmã mais nova, Dinara, que também se tornaria número 1 do mundo. Nenhuma outra dupla de irmão e irmã alcançou o topo do ranking de simples. Claramente, Islanova sabia o que estava fazendo e, quando seu amado e talentoso filho tinha doze anos, ela e Marat concordaram que ele deveria deixar o país para encontrar um melhor ambiente de treinamento ao ar livre, com clima mais amigável.

Ele viajou rumo à Flórida, para a academia de Nick Bollettieri, que se lembra de ter precisado tomar uma decisão difícil quanto a dar uma bolsa de estudos para Safin ou Marcelo Ríos, um pouco mais velho. Ele escolheu Ríos, um chileno que também chegou ao topo do ranking, se bem que com muito menos charme do que Safin. "Esse é o tipo de escolha que você nunca quer fazer de jeito nenhum", disse-me Bollettieri.

Rejeitado, Safin voltou para Moscou e, pouco depois, partiu para a Espanha, outro importante destino para tenistas russos ambiciosos. Ele tinha treze anos e via os pais e a irmã mais nova somente duas vezes por ano, duas semanas de cada vez. Ele nunca voltou a morar com eles na Rússia, embora a mãe e a irmã tenham, por fim, se juntado a ele em Valencia. Embora diga alegremente que "o que não nos mata nos fortalece", Safin também reconheceu que a separação precoce teve um impacto em seu crescimento e estabilidade emocionais.

"Quando você fica sozinho ainda muito novo, muitas coisas acontecem na sua vida e você não tem nenhum lugar para expressá-las e compreendê-las", disse-me Safin. "Você as guarda dentro de si e não sabe o que fazer com elas. Acaba carregando-as consigo."

Depois de quatro anos na Espanha trabalhando com o treinador Rafael Mensua em Valencia, ele se apresentou ao mundo do tênis derrotando Andre Agassi e o campeão Gustavo Kuerten, que defendia o título, no torneio de Roland Garros de 1998.

Em forma e focado, era quase impossível resistir a Safin, e ele não estava propriamente em plena forma no Aberto da Austrália de 2004 quando retornou depois de romper os ligamentos do pulso esquerdo, o que arruinou sua temporada de 2003, fazendo-o despencar para a 86ª posição no ranking.

Ele chegou saudável a Melbourne, ainda que não ranqueado, e lutou em uma série de partidas extremamente longas, incluindo partidas consecutivas de cinco sets contra Roddick nas quartas de final e contra Agassi nas semifinais.

Era um grande contraste com Federer, que não fora levado a disputar cinco sets por nenhum competidor em Melbourne. O cansaço acumulado de Safin era certamente uma preocupação, mas ele teve dois dias de descanso, enquanto Federer só teve um antes da final.

"É bom vê-lo de volta", disse Federer. "Todos estamos felizes, mas estamos com medo ao mesmo tempo."

Federer e Safin mantinham uma relação amigável havia muito tempo. No ATP de Copenhague, em fevereiro de 2000, eles saíram juntos. Safin tinha vinte anos e Federer, dezoito, e o russo disse que os dois foram barrados em uma casa noturna porque ninguém os reconheceu nem acreditou que estavam nas semifinais de simples.

"É muito divertido pensar nisso agora", disse Safin.

Eles até conquistaram, juntos, o título de duplas em Gstaad em 2001.

"Ele é um cara muito sensível; eu diria que é muito perceptivo e emotivo", revelou Safin sobre Federer.

Mas, ali, eles disputariam um título do Grand Slam, e o ritmo na linha de fundo foi tórrido desde o início da final, pois nenhum dos dois estava disposto a ceder, ambos mergulhando nos cantos da quadra para rebater as jogadas. Eles trocaram lances e quebras de serviço antes de Federer vencer no tiebreak do primeiro set. Um dos grandes favoritos do jogo, ele exauriu metodicamente o suspense, mas não o atrativo da final. Os pontos, muitos marcados ou perdidos na rede, eram constantemente atraentes. A direita de Federer foi o golpe dominante, e embora um Safin exausto tenha gritado "Estou bem!" para o público em um ponto no começo do terceiro set, aquilo não era nada além de bravata. Federer fechou a vitória por 7-6 (3), 6-4, 6-2 e, depois de um momento de hesitação, caiu de joelhos e levantou os braços para o céu.

Não haveria nenhuma manchete falando sobre o "Roger Chorão" depois de seu segundo grande título. Compostura foi a regra da vez, e o que ela refletia, em parte, era um jogador que esperava tal conquista. Mesmo assim, Federer certamente teve seus momentos tocantes. Pensou em Peter Carter e o que teria significado para o amigo ser parte de uma vitória no torneio que considerava mais importante. Carter se convencera de que Federer seria "o melhor jogador que o mundo já viu", e dissera isso para o filho de Peter Smith, Brett, muitos anos antes, quando o apresentara a Federer.

O suíço ainda estava longe de chegar lá, mas era o número 1 no ranking e, com dois grandes títulos consecutivos, pôs fim a uma sequência de oito torneios do Grand Slam conquistados por oito homens diferentes. A ascensão de Federer significava o fim da paridade.

"Meu objetivo é permanecer no número 1 pelo máximo de tempo que conseguir", disse ele.

Ele fortaleceu sua posição no decorrer de 2004: chegando a onze finais de simples e vencendo todas. Ele venceu nos três principais tipos de piso: sete vezes em quadras duras, duas no saibro e duas na grama. Venceu em quatro continentes: Oceania, Ásia, América do Norte e Europa. Ele acumulou um retrospecto de 74-6.

Houve algumas decepções, começando com uma derrota surpreendente por 6-3, 6-3 na terceira rodada do Miami Open para um adolescente espanhol promissor, mas até então pouco conhecido, chamado Rafael Nadal.

A Suíça perdeu para os franceses nas quartas de final da Copa Davis em abril, apesar das duas vitórias de Federer nas simples, contra Nicolas Escudé e Arnaud Clément. Federer foi derrotado novamente em Roland Garros, por três sets a zero, na terceira rodada, por Gustavo Kuerten, três vezes campeão do torneio francês, que ainda estava superando seus problemas no quadril. Acima de tudo, pela perspectiva de Federer, houve outra visita sem medalhas aos Jogos Olímpicos, onde ele e Yves Allegro perderam na segunda rodada de duplas, e Federer foi derrotado sem qualquer esforço na terceira rodada de simples por um jovem tcheco cuja força vinha surpreendentemente fácil, Tomas Berdych.

A temporada foi muito mais alegria do que decepção, e a alegria foi maior no Aberto da Austrália, em Wimbledon e no Aberto dos Estados Unidos. Em Wimbledon, Federer atropelou em sua chave, aplicando pneus (vencendo sets por 6-0) em Alex Bogdanovic na primeira rodada, Alejandro Falla na segunda e Hewitt nas quartas de final, em sua vitória por 6-1, 6-7 (1), 6-0, 6-4. Depois de derrotar o francês Sébastien Grosjean sem perder sets em uma partida que precisou de dois dias para ser concluída por causa da chuva, Federer conquistou uma revanche em Wimbledon contra Andy Roddick, dessa vez na final.

Roddick estava tendo outra temporada brilhante nas quadras de grama. Ele decidira não se barbear até perder, e chegou à final com a barba bem desgrenhada depois de defender o título no Queen's Club e perder somente um set em Wimbledon.

Roddick e seu treinador, Brad Gilbert, estavam determinados a não dar a Federer o tempo e o espaço para brandir sua varinha mágica do tênis. A ideia era usar a força bruta de Roddick ao máximo para encurtar os pontos, com frequência do fundo de quadra, plano que funcionou durante boa parte da disputa.

Da lateral, dava para ver a surpresa de Federer e a determinação de Roddick. O americano começou a partida como um touro que acaba de ser solto na arena.

"Acho que você precisa ser duro com Roger, sem dúvida", explicou Roddick. "Eu não queria entrar em ralis, onde ele poderia meio que fazer o que faz, sabe, se sair com coisas espetaculares."

Roddick quebrou o serviço dele no terceiro game para assumir rapidamente a liderança, manteve a vantagem depois de uma curta paralização por causa da chuva e venceu o primeiro set.

"Fui surpreendido", reconheceu Federer. "Ainda que todos conheçam a força dele."

Federer reagiu, conquistando uma vantagem de 4-0 no segundo set, e Roddick se recuperou para 4-4, mas perdeu o set quando Federer quebrou seu serviço pela terceira vez com uma bola vencedora de direita.

Roddick não desmoronou. Ele assumiu uma vantagem de 4-2 no terceiro set, mas os jogadores precisaram deixar a quadra de novo por causa de mais chuva. Dessa vez, depois de consultar Staubli e Vavrinec junto à sede, Federer voltou com novas táticas mais agressivas. Ele começou a sacar e a volear com mais frequência, lançando bolas mais altas e atacando na rede.

Foi a decisão certa, e ele virou o set, vencendo-o no tiebreak.

"A maioria das pessoas diria: 'Ah, que merda, Roddick está me dando um banho hoje!' Mas ele manteve a estratégia e virou o jogo", disse Roddick. "Dava pra se dar conta do QI dele para o tênis naquele momento."

Federer ainda precisou salvar seis break points quando estava com 2-3 no quarto set, mas foi o último set e Federer fechou seu segundo título de Wimbledon por 4-6, 7-5, 7-6 (3), 6-4.

"Joguei a pia da cozinha nele, mas ele foi ao banheiro e pegou a banheira", disse Roddick, em uma declaração memorável na quadra.

Recentemente, perguntei a Roddick se ele de fato achava que tinha jogado tudo o que podia contra Federer naquela tarde intermitentemente molhada ou se havia sido apenas uma frase de efeito.

"As duas coisas, sabe", disse ele. "Mas há um limite para o que posso fazer. Qual é a única vantagem que tenho sobre ele? É ser capaz de bater forte e derrotar alguém. Não vou fazer o ajuste para fazer graça e lançar bolas altas contra ele, porque vai acabar horrivelmente mal. Portanto, eu poderia ter feito ajustes, mas estava jogando do jeito que eu tinha que jogar. Precisei executar muito bem, e por muito tempo, um plano de jogo muito arriscado contra Roger."

Perguntei a Roddick se ele alguma vez jogara tão bem e perdera. Ele pensou bastante antes de responder, o que é atípico para a sua mente rápida e perspicaz. Quando respondeu, foi com suavidade.

"Aconteceu algumas vezes. Só que todas foram contra Roger", riu, com certa melancolia. "Não perdi para nenhuma outra pessoa jogando tão bem."

Roddick, que sofreria tantas decepções por causa da beleza cruel do tênis de Federer, ainda sente que a final de Wimbledon de 2004 foi uma oportunidade que lhe escapou, e não uma partida que Federer estava destinado a vencer.

Gilbert concorda: "Coloco essa partida entre as três ou quatro na minha carreira de treinador nas quais foi mais difícil aceitar a derrota. Quer dizer, pelo amor de Deus, ele teve oportunidades. Andy estava marretando a bola naquela partida, e normalmente ele tinha dificuldades com o serviço de Fed, mas quebrou o serviço dele quatro vezes. Foi de alto nível, muita intensidade, mas sinto que aquela partida estava lá para que Andy a vencesse. Mas acho que, quando Fed ganhou, aquilo o levou instantaneamente para um outro nível. Foi a primeira vez que ele foi campeão de dois Grand Slams consecutivos, e depois estava no caminho para a grandeza. Até aquele ponto, eu sentia que havia uma separação muito pequena."

Sendo assim, como seria essa grande separação nos meses e anos seguintes?

Gilbert, um dos melhores táticos do esporte, observou que o serviço de Federer melhorava, ficava ainda mais preciso e difícil de interpretar. Ele notou que suas devoluções estavam se tornando mais consistentes, ainda que sua posição de devolução fosse muito próxima da linha de base e não mais no fundo da quadra, como a de alguns de seus rivais.

"Ele conseguia colocar muitas devoluções em jogo dali, como um Andre", disse Gilbert, referindo-se a Agassi. "Mas Fed não batia com força. Ele só colocava muitas bolas de volta em jogo."

Fazer devoluções profundas no jogo não teria funcionado na era do saque e voleio, quando os que subiam à rede teriam rebatido tais devoluções para conseguir bolas vencedoras, mas menos homens estavam sacando e voleando naquele ponto, incluindo Federer. Era questão de ler as tendências e fazer ajustes.

A área na qual Federer realmente melhorou, na opinião de Gilbert, foi a capacidade de ser letal nos games em que sacava ao rebater com força as devoluções, a maioria com direitas. Por causa da rapidez, ele era capaz de usar a direita em partes da quadra nas quais outros não teriam conseguido.

"Em 2005, 2006, ele era o melhor que eu já tinha visto em apenas acertar o ponto certo com o saque e depois, na bola seguinte, ele podia prejudicar você em todos os aspectos", disse Gilbert. "Isso, para mim, foi o que melhorou dramaticamente; aquela capacidade de conseguir tantos pontos um-dois sem esforço. Aquilo o elevou a outra estratosfera, e foi o que causou mais problemas a Roddick do que qualquer outra coisa."

Federer me explicou que a direita do meio da quadra era, em certo sentido, uma versão contemporânea do saque e voleio. "Antes, tudo era uma questão de subir até a rede. Mas hoje em dia, quando você pega aquela bola no meio da quadra após o saque, é melhor tirar vantagem disso, senão você vai pagar o preço", disse.

Pedi a Roddick que descrevesse qual era a *sensação* de enfrentar Federer naquele estágio e depois; como era diferente de jogar contra os outros grandes jogadores.

Roddick não mencionou as direitas primeiro. Ele falou sobre as bolas altas da esquerda de Federer.

"A sensação era como se a bola quase estivesse girando para trás quando chegava a você, de modo que, a menos que você fizesse um ótimo contato, ela poderia meio que perder a força na mão", explicou Roddick. "Era um tipo diferente de bola alta. Você simplesmente não podia pegá-la meio de frente. Dava algum trabalho. Tim Henman lançava bolas altas, e elas eram difíceis. O mesmo se dava com Pete. Elas chegavam firmes. As de Roger podiam chegar lentamente, e então só batiam de um jeito esquisito, e não dava para de fato ir atrás delas."

Então, Roddick mencionou o serviço de Federer, que continua sendo o elemento menos valorizado de seu jogo, mesmo em um estágio avançado da carreira.

"Ele sacava a 195 sem parecer que estava indo a 195", disse Roddick, referindo-se a quilômetros por hora. "A bola não era simplesmente projetada pela raquete. A sensação era a de que o saque vinha suave e chegava rapidamente até você, se é que isso faz sentido.

Será que ele tinha alguma compreensão de como a física daquilo funcionava?

"Não sou cientista", respondeu Roddick. "Eu estava ocupado demais tentando solucionar problemas."

Agassi declara que Federer é um dos sacadores que mais "acertam o alvo": com sua capacidade formidável de acertar quinas e linhas, mesmo em pontos importantes.

Muitos jogadores falam sobre o mergulho no final da direita com topspin de Federer quando se aproxima da linha de base: não exatamente "o suspense" da sua juventude, mas no mesmo estilo. O que surpreendeu Roddick foi que Federer conseguia dar aquele topspin extremo, com impacto atrasado, sem medidas extremas aparentes.

"Outros caras ficam no contrapé; Rafa termina com a raquete atrás da orelha", comentou Roddick, referindo-se a Nadal. "Normalmente, a tendência seria a de ser uma ação pronunciada para obter esse tipo de resultado, ao passo que Roger faria isso e não precisaria ser extremo para fazer a bola reagir dessa maneira."

Nas devoluções, o que Roddick admirava, mas com o qual também se ressentia, era o controle corporal de Federer.

"Eu podia sacar a 195, o que exigia muito esforço, e ele conseguia ser neutro movendo a raquete apenas uns quinze centímetros, apenas tocando na bola", disse Roddick.

Mais uma vez, a velocidade de processamento de Federer fazia a diferença.

"Não é pouca coisa sacar a 195 e o cara não se afobar", disse Roddick. "Você não faz isso sem ter controle absoluto das mãos. Quando saco a 195 contra a maioria das pessoas, elas fazem um gesto exagerado. Tiram o corpo do caminho. Ele estava totalmente no controle, ainda que estivesse sendo pressionado. Portanto, isso era provavelmente mais irritante para mim do que muitas outras coisas."

Para Roddick, aquele controle extremo do corpo era grande parte da explicação para a longevidade de Federer no circuito.

"Pare para pensar em todos os movimentos a mais que todos nós fazemos durante nossas carreiras e que ele não precisa fazer", disse Roddick. "Isso economiza muita milhagem e muito desgaste. A raquete é como uma extensão da mão dele, e era meio que essa a sensação que você tinha quando o enfrentava."

O novo e contido Federer também dava a um adversário como Roddick muito pouca margem de manobra. Ele não era fácil de ler e, certamente, não era provocador.

"Ele não estimula a raiva, o ódio no oponente, o que é um pouco irritante", disse Roddick, gargalhando. "Sabe, Lleyton e eu não nos dávamos bem, e tinha meio que aquela atmosfera na qual a gente ficava, tipo: 'Dane-se esse cara!' Eu meio que queria ter aquele rancor. Talvez seja preciso cultivá-lo ao enfrentar certas pessoas, e eu certamente o encontro contra a maioria. Eu tinha dificuldade em fazer isso contra Pete e Andre, pois eles eram meus heróis. Contra Roger, ele não vai olhar atravessado para você, não vai encarar você antes de uma partida ou socar o ar na hora errada. Ele simplesmente não lhe dá nada, o que é estranho de fazer com alguém que está no seu caminho no que diz respeito à sua profissão. Provavelmente, isso o ajudou demais. Em uma década cheia de caras, na qual tudo o que queríamos era um motivo para mergulhar de cabeça, ele não ia com você para a sarjeta. Não dava para transformar a disputa em uma briga de rua."

No fim das contas, isso caiu como uma luva para alguém como Federer, que prefere o consenso ao conflito e que, talvez em um aceno para seu lado suíço, gosta que seu cronograma transcorra tão suavemente quanto os esquis de um esquiador de velocidade deslizam em terreno plano. Ele certamente tem consciência da própria imagem, o que foi um dos incentivos para sua mudança comportamental. Tendo aprendido a administrar as emoções, não haveria mais ruído de fundo, nenhuma estática. O trabalho poderia falar por si só, o que com frequência era magnífico.

Também podia ser devastador. Hewitt sentiu o efeito total na final do Aberto dos Estados Unidos de 2004, quando Federer o humilhou vencendo por 6-0, 7-6 (3), 6-0 em apenas uma hora e 51 minutos.

Era difícil de acreditar em tal pontuação contra um guerreiro inato como Hewitt, um jogador que outrora dominara a rivalidade entre os dois e ressurgira, chegando à final vindo de uma sequência de dezesseis vitórias. Hewitt não perdera um único set no campeonato, mas Federer conquistou o primeiro set em apenas dezoito minutos, acertando uma bola vencedora de direita no ponto de abertura e um ace no saque de abertura. Hewitt, pelo visto bem ciente de para onde o vento estava soprando, não se ajudou ao cometer duas duplas faltas em break points.

Ele pressionou de volta no segundo set, no qual Federer começou a cometer erros e não conseguiu fechá-lo ao sacar em 5-4. Mas o suíço dominou o tiebreak e, no terceiro set, retomou seu flerte com a partida de tênis perfeita com a qual sonhara com frequência quando jovem.

Fundo da quadra. Frente da quadra. Saque. Devolução. Ofensivo. Defensivo. Não importava o setor, ele o controlou. Pode ser doloroso assistir a derrotas no tênis, tão excruciante quanto um recital de piano de uma criança nervosa. Não há lugar para um adversário superado se esconder naquele grande retângulo ao ar livre, nenhum substituto é aceito, mas, pelo menos, Federer superou Hewitt com estilo.

"Bom demais, cara", disse Hewitt ao atravessar a quadra para parabenizar quem uma vez fora seu parceiro de duplas em Wimbledon e agora era o vencedor de três títulos do Grand Slam em uma temporada e um astro global.

"Acho que nunca vi um cara jogar tão bem na minha vida", disse Hewitt posteriormente.

Os números no quadro de estatísticas não eram todos de outro mundo. Federer só acertou 56% dos primeiros serviços. Sua proporção de bolas vencedoras para erros não forçados — quarenta para 26 — era excelente, mas nada inédito. Ainda assim, a impressão deixada pelo primeiro e pelo último sets foi extraordinária. Nenhum homem tinha vencido dois sets sem perder um game em uma final do Aberto dos Estados Unidos desde Richard Sears, em 1884.

Alan Schwartz, o presidente com voz de barítono da Associação de Tênis dos Estados Unidos, assumiu o microfone na cerimônia de premiação e falou ao público.

"Para aqueles que se perguntam o que é estar 'na zona', foi o que viram hoje", disse, antes de se virar para Federer. "Roger, você é a prova viva de que este jogo é fácil. Você fez com que parecesse fácil. Nunca vi ninguém fazer isso de maneira tão suave."

O novo campeão do Aberto dos Estados Unidos sorriu, mas tais comentários, como os que Federer já ouvira com muita frequência aos 23 anos, eram ao mesmo tempo lisonjeiros e depreciativos. O jogo dele era encantador, sem dúvida, mas o brilho também tornava tentador demais ignorar quanto fora exigido de Federer para fazer com que parecesse tão fácil.

Sampras, que tinha movimentos quase tão fluidos quanto os de Federer, deparou-se com uma dinâmica parecida durante a carreira.

"Só porque parece fácil, não significa que não seja difícil", disse-me Sampras. "Pode parecer que Roger e eu não estamos tentando ou que não estamos tão envolvidos. Somos apenas muito eficientes: nosso movimento, nossos jogos e nossos golpes. É tipo um movimento da raquete, uma direita, um serviço e, bum, está feito, enquanto a maioria dos outros jogadores está ralando, ralando, ralando."

Tal engano perturba Federer, ainda que ele compreenda sua origem.

"Acho que o problema de jogar tênis sem esforço era muito grande no começo da minha carreira, porque alguém olhará para você e dirá: 'Certo, muito talentoso'", disse Federer. "Quando eu perdia, todo mundo me dizia: 'Por que não se esforça mais?' E quando você vence, é tipo: 'Aaah, meu Deus. Que jogo lindo!'"

Federer sentia que não havia um "meio-termo" na análise. Ele sabia, por mais despreocupado e fisicamente relaxado que pudesse parecer, que estava forçando seus limites. Atuações virtuosas tornaram-se sua marca registrada, mas, posteriormente na carreira, ele tem sentido mais orgulho das partidas nas quais toca algumas notas erradas e precisa bater com força e repetidamente nas teclas antes de encontrar o caminho para a vitória.

"Talvez essas sejam as vitórias mais satisfatórias para mim hoje em dia, porque nem sempre pude demonstrar minha luta e minha raça, que, acredito, sejam uma grande qualidade minha", declarou. "Do contrário, eu não teria vencido mais de mil partidas na carreira, mas sempre foi uma faca de dois gumes. Sinto que isso foi bastante complicado durante boa parte da minha trajetória."

É claro que muitos tenistas amariam enfrentar um "problema" assim. Federer raramente careceu de retorno positivo, e fazer com que parecesse fácil também era intimidador para todos aqueles que se esforçavam tão visivelmente para acompanhar seu ritmo.

Jogadores como Roddick, com seu jeito de agarrar a camisa, puxar o boné e cheio de movimentos bruscos. Jogadores como Hewitt, que ganhou mais de cinco quilos de músculo treinando com Roger Rasheed na tentativa de somar potência ao jogo.

No começo de 2004, o retrospecto de Hewitt contra Federer era positivo: 7-2. Depois de seis derrotas seguidas, incluindo mais duas no Masters Cup em Houston, no qual Federer defendeu seu título, Hewitt terminou o ano perdendo por 7-8.

Hewitt simplesmente não tinha as armas necessárias para derrotar o suíço. Federer era capaz de derrotar Hewitt no próprio jogo do adversário, na linha de base, e quando Federer decidia subir à rede, era capaz de fazê-lo de uma posição de força e possuía as habilidades com a raquete e a previsão para lidar com uma das grandes forças do jogo de Hewitt: suas passadas.

Federer venceu 31 de 35 pontos na rede na final do Aberto dos Estados Unidos, o que poderia ter sido a única estatística realmente extraordinária do dia.

O que Hewitt poderia fazer?

Peter Smith lembra-se de ter se sentado perto dele certa vez em um campeonato e ter percebido que Hewitt estava falando sozinho.

"Não lembro onde foi", disse Smith. "Estávamos sentados em um paredão em algum lugar, escuto Lleyton murmurando, e aí entendo o que está dizendo: 'Ele é rápido demais.' Então perguntei: 'Quem é rápido demais?' E Lleyton respondeu: 'Roger é rápido demais.' Isso em um estágio no qual todos achavam que Lleyton era a coisa mais rápida que já se movera em uma quadra de tênis. Mas ele olhou para mim e disse: 'Ele é rápido demais. Ninguém sabe, mas ele é rápido demais.'"

Aqueles olhares assustados — Agassi no vestiário em Houston; Hewitt no paredão — eram testemunho do que Federer representava.

Sampras capturou o *Zeitgeist* em um comentário para a *Sports Illustrated* antes do começo da temporada de 2005:

"Não há ninguém que possa jogar com ele", disse Sampras. "Pelos próximos quatro ou cinco anos, a concorrência dele serão os livros de recordes."

Embora Federer tivesse conquistado quatro torneios do Grand Slam, o foco já estava no recorde de catorze, de Sampras. Quando ele voltou para Melbourne para defender seu título do Aberto da Austrália, falava-se seriamente sobre o primeiro "Grand Slam" para um homem desde 1969, quando Rod Laver ganhou os quatro principais campeonatos no mesmo ano.

As probabilidades de se conquistar o chamado "Grand Slam" são sempre muito remotas, mas não parecia tão improvável para Federer. Ele, diferentemente de Sampras, era um vencedor consistente no saibro. Ele tinha as habilidades em todos os tipos de piso e a vantagem sobre os oponentes para sonhar com aquilo. Também tinha um novo treinador: Tony Roche, o australiano reservado e prognata nascido em Wagga Wagga que, em seus tempos de jogador, vencera Roland Garros — o único *major* que Federer ainda não conquistara.

Roche era um consultor ocasional sem contrato formal, não um treinador em tempo integral, mas era amplamente admirado por seu conhecimento técnico e tático e havia treinado os ex-números 1 Ivan Lendl e Patrick Rafter.

A decisão de Federer de incluí-lo em sua equipe pequena e fechada, que contava com Vavrinec e seus pais, era um sinal de que ele não temia mudar, mesmo depois de uma temporada extraordinária em 2004.

Para inaugurar 2005, ele venceu com facilidade cinco partidas no ATP de Doha, e conquistou o título a caminho de Melbourne, onde demoliu mais cinco adversários sem perder um único set.

Andre Agassi, com 34 anos e oitavo no ranking, passara o recesso dos campeonatos fazendo mais um esforço para permanecer relevante entre os melhores jogadores. Ele perdera seis quilos e meio na tentativa de ganhar velocidade e diminuir um pouco a pressão sobre o quadril frágil. Quatro vezes campeão do Aberto da Austrália, ele tinha voltado a Melbourne com otimismo e energia renovados, acompanhado pela esposa, Steffi Graf, e os dois filhos pequenos.

Federer o trucidou por 6-3, 6-4, 6-4 nas quartas de final.

"Recomendo que os próximos adversários dele não me peçam conselhos", disse Agassi.

O adversário seguinte de Federer, Safin, estava em posição de obter aconselhamento de especialistas. Ele contratara um novo técnico em abril de 2004: Peter Lundgren.

Depois de ser tão próximo de Federer, Lundgren estava bem ciente do que Federer achava do jogo de Safin. Ele sabia que o lado sensível do suíço viria à tona contra alguns jogadores de uma maneira que não vinha mais contra a ralé.

"Há alguns jogadores contra quem ele não gosta de jogar, e dá para ver no rosto dele", alegou Lundgren. "É como se eu pudesse ver pela expressão que ele está sob pressão."

Federer e Safin tinham jogado pela primeira vez com Lundgren ao lado do russo nas finais do ATP World Tour em Houston. Federer venceu a semifinal sem perder nenhum set — 6-3, 7-6 (18) —, mas precisou administrar um tiebreak épico de 38 pontos antes de fechar a partida no seu oitavo match point.

"Foi difícil estar lá, uma sensação estranha", disse-me Lundgren em Houston sobre treinar um jogador para enfrentar Federer. "Mas acho que Marat mostrou que pode competir com o melhor jogador do mundo; portanto, para o ano que vem, vamos tentar melhorar algumas coisas e, com sorte, conseguiremos derrotar Roger algumas vezes."

Até o momento, aquele fora o tiebreak mais longo em uma partida masculina importante. O tiebreak muito mais famoso entre John McEnroe e Björn Borg no quarto set da final de Wimbledon de 1980 só chegara a 18-16.

O que tinha sido notável nos dois longuíssimos tiebreaks fora a qualidade do jogo sob pressão: muito mais bolas vencedoras do que erros.

"Estávamos nos levando ao limite", disse Federer.

No fim, a dupla falta de Safin em 18-18 — sua primeira do set — fora crucial.

"Eu provavelmente estava tentando fazer demais, porque sabia que tinha Roger Federer no outro lado, de modo que precisava exagerar", revelou Safin.

Federer obviamente estava ocupando a cabeça de Safin, que já era um lugar turbulento, mas, antes da revanche em Melbourne, Lundgren queria deixar inconfundivelmente claro que Safin também estava ocupando a cabeça de Federer.

Quando se sentaram para discutir a partida, Lundgren perguntou ao russo quais eram as expectativas.

"Espero vencer alguns games", respondeu Safin.

Lundgren repetiu a pergunta, ouviu a mesma resposta e em seguida elevou o tom.

"Deixe-me dizer uma coisa", disse Lundgren. "Como treinei Roger, posso lhe dizer que um dos poucos caras que ele respeita é você."

Então, Lundgren foi embora.

"Foi a única coisa que eu disse. Não falei de tática nem de mais nada", disse-me Lundgren. "Marat olhou para mim por alguns segundos, sem dizer nada, e eu soube que ele tinha interpretado da maneira certa."

O que aconteceu depois foi uma das maiores partidas de tênis de qualquer era: um confronto de titãs que foi do horário nobre até o fim da noite, transbordando de força, inspiração e resiliência, que fez os dois homens, não apenas Safin, uivarem com tamanha tensão.

Safin, para seus padrões, manteve a emoção sob controle.

"Eu sabia que se perdesse a cabeça seria o meu fim", disse ele.

É raro ver Federer suar. Conforme a partida se estendia e adquiria um arco narrativo, ele até começou a ficar levemente desgrenhado: o cabelo comprido grudado e um pouco descabelado, o zíper na frente da camisa azul encharcada ocasionalmente enviesado.

Era como se Federer e Safin tivessem retomado daquele tiebreak em Houston, e para aqueles de nós que ficamos na arena Rod Laver até bem depois da meia-noite, a partida entrará nas listas de partidas selecionadas para serem saboreadas.

"Já assisti a muitas partidas de tênis; essa ficou com certeza entre as dez melhores, até mesmo entre as cinco melhores", disse Lundgren.

Todos os sets foram disputados. Muitos pontos foram curtos e explosivos, mas o melhor foi o embate de forças: a direita pura de Federer contra a esquerda pura de duas mãos de Safin; o toque levíssimo de Federer na rede contra as cruzadas perfeitamente calculadas de Safin.

O melhor seria ter estado lá para realmente compreender, mas assistir à partida de novo depois de tantos anos não é nenhuma decepção. Foi um confronto cheio de pontos altos e com poucos pontos baixos, e Federer, apesar de todo o comprometimento evidente de Safin, foi o primeiro a conseguir um match point.

Ele veio no tiebreak do quarto set, com Federer sacando com 6-5. O suíço tentou um ataque surpresa sacando e voleando no segundo serviço. Safin rebateu forte, fazendo uma devolução de esquerda cruzando a quadra. Federer saltou para o voleio de esquerda e saltou de novo para o alto a fim de rebater a cruzada seguinte, acertando uma curtinha de esquerda absolutamente extraordinária de uma posição que pouquíssimos teriam conseguido. A bola morreu na frente da quadra, mas Safin a caçou e, cheio de audácia, lançou um lob sobre a cabeça de Federer.

O suíço recuou e, em pouco tempo, fez algo atípico. Em vez de fazer um golpe difícil parecer fácil, fez um golpe direto mais complicado. Ele tentou um golpe entre as pernas, conhecido como "tweener", em vez de passar correndo pela bola e dar uma cortada mais em cheio. O golpe de Federer bateu na rede, e ele jogou a cabeça para trás e uivou na direção aproximada da Lua.

"Um cara com mãos de pedra não acertará aquele golpe nem em mil anos, mas Federer provavelmente conseguirá", disse Safin. "Apenas me posicionei junto à rede e fechei os olhos, e ele errou por quase nada."

Safin ganhara mais vida no seu aniversário de 25 anos e a usou bem: vencendo os dois pontos seguintes para forçar um quinto set. Depois de mais de três horas, eles estavam empatados e praticamente ninguém na arena foi embora.

"Algo estalou na minha cabeça depois que ele errou o golpe entre as pernas e me disse que aquela era a minha oportunidade", disse Safin, enrolando um cigarro enquanto lembrava. "Pensei que era a minha chance. Esta é a chaaaaance. A partir daquele ponto, eu sabia que venceria. Acho que foi a primeira vez na vida em que tive fé em mim mesmo."

Federer demonstrava sinais de cansaço. Ele já estava jogando com uma bolha na sola do pé esquerdo. Depois do quarto set, recebeu tratamento no dedo indicador direito porque um nervo foi pinçado.

O quinto set ainda compensou a espera de todos, com os dois combatentes se esforçando para dar o nocaute.

Federer salvou os dois primeiros match points de Safin quando o russo sacava com 5-3. Levaria mais meia hora até que eles conseguissem chegar a uma conclusão.

Lundgren, assistindo do camarote de Safin, comentava o jogo para o agente do russo, Gerard Tsobanian:

"Ele sabia quando Roger acertaria certos lances, quando ele se arriscaria", declarou Tsobanian. "Ele sabia, quando Roger se deparava com um break point, onde ele sacaria."

Federer salvou outro match point em 4-5, 30-40, com um voleio depois de uma troca corrida. Safin salvou um break point em 6-6 quando Federer errou uma direita em movimento.

Depois, Federer salvou mais dois match points, um em 6-7 e outro em 7-8.

Safin, em outra época e com outra mentalidade, não teria mantido a calma, mas em seu sétimo match point, ele se arriscou e deu uma paralela de esquerda de uma posição esticada. Surpreso, Federer saltou para a direita e caiu, mas ainda colocou a bola em jogo antes de soltar a raquete.

Depois de mais de quatro horas, essa magnífica semifinal finalmente estava ganha, e Safin deu uma direita no espaço aberto com Federer o observando de joelhos enquanto a bola quicava duas vezes.

Safin não sacudiu o punho, rasgou a camisa nem rugiu como um lenhador que acaba de derrubar uma sequoia. Em vez disso, ele balançou os braços, como que para dizer "finalmente", e depois se apoiou na rede para esperar Federer se levantar, recolher seus pertences e apertar as mãos.

"Foi duro demais carregar aquela partida", disse Safin. "Eu só queria que terminasse, terminasse, terminasse."

A pontuação foi 5-7, 6-4, 5-7, 7-6 (6), 9-7, mas é melhor registrar outras coisas na memória: os suspiros do público em meio a tantos ralis; a raquete que Federer arremessou no fim do quarto set, seu verniz de nova era rachando sob a pressão de Safin; Federer descalço e mancando com a cabeça baixa ao descer um corredor para a parte interna da arena Rod Laver logo depois da derrota.

Mesmo diminuído, fora necessário um esforço supremo para conter seu ímpeto. Enquanto isso, na quadra, Safin dava uma entrevista pós-partida para Jim Courier, duas vezes campeão do Aberto da Austrália, que já estava aposentado. Apesar da hora avançada, a arena continuava lotada, e, embora não fosse mais oficialmente o aniversário de Safin, mesmo assim o público cantou parabéns para ele.

Safin seguiria para derrotar Hewitt na final e conquistar seu segundo Grand Slam. Em vez de ser a precursora de grandes vitórias no futuro, esta seria sua última.

"Eu me enrolei com meus conflitos internos, fiquei completamente envolvido com eles e totalmente confuso com minha vida e minha carreira", disse-me Safin.

O acúmulo de lesões atrapalhou ainda mais. Ele se aposentou aos 29 anos.

O Aberto da Austrália de 2005 foi, definitivamente, um prenúncio para Federer. Ele era o melhor jogador de tênis do mundo, sem dúvida, mas também estava começando a inspirar grandeza em outros tenistas. Enquanto ele e Safin duelavam em uma noite quente da Austrália, seus rivais e futuros rivais assistiam atentamente de longe.

CAPÍTULO OITO

PALMA DE MALLORCA, Espanha

Sete mil espectadores estavam na arena Palma com ingressos esgotados para assistir à disputa entre Roger Federer e Rafael Nadal em uma das partidas de tênis mais estranhas da história.

"Se tivéssemos quinze mil lugares disponíveis, poderíamos tê-los vendido com a mesma velocidade", disse o diretor do evento, Alberto Tous.

A quadra fechada temporária estava coberta com duas lonas quando os fãs chegaram, em 2 de maio de 2007. Conforme as festividades começavam, as lonas foram lentamente retiradas para revelar o artifício: um lado da rede era de saibro vermelho e o outro, de grama fresca.

O conceito era a criação maluca do executivo publicitário argentino Pablo del Campo. Nadal tinha vencido 72 partidas consecutivas no saibro e dois Roland Garros seguidos; Federer tinha vencido 48 partidas consecutivas na grama e quatro Wimbledons seguidos. A ideia em Palma era fazê-los se enfrentar com cada um no seu melhor piso.

Era inovador, é preciso reconhecer. Chamada de "Batalha dos Pisos", a partida era, acima de tudo, um indicador de justamente quanto interesse havia naquele estágio em assistir a Federer e Nadal jogarem em qualquer circunstância.

A rivalidade entre os dois tomara o mundo do tênis, e a surpresa para mim, na época, foi que Federer e Nadal concordaram em interromper suas temporadas de primavera e correr o risco de lesões para uma exibição sob bases um tanto incertas (por 400 mil euros para cada, eles tinham alguma motivação).

Mallorca, uma ilha espanhola no Mediterrâneo, era o lar de Nadal, e os dois jovens astros estavam com o mesmo patrocinador, a Nike, e a mesma agência, a IMG. Del Campo, que tentava convencer Federer a abraçar a ideia desde 2005, finalmente conseguiu.

Sonho louco ou não, estava acontecendo.

"É meio doido, e as pessoas podem dizer 'Por que agora? Não é um bom momento'", disse Federer antes de chegar. "Mas também gostamos de jogar tênis por diversão, para variar. Nem sempre precisa ser extremamente sério nas quadras."

Não se pode discutir isso. Exibições de tênis podem ser ocasiões nas quais os atletas rebatem e riem, repletas de jogadas perigosas e brincadeiras, mas logo ficou claro que aquela não era uma exibição de tênis habitual. Federer e Nadal, com nítida dificuldade para não levar um ao outro muito a sério, mergulharam para pegar passadas e mantiveram muitos dos mesmos padrões que usavam nas partidas que valiam.

Só que o conceito era uma brincadeira e exigia que eles trocassem de calçados a cada mudança de lados, para se ajustarem à mudança de piso. Tênis para quadras de grama, com suas solas nodosas, não funcionam bem no saibro, e Federer confessou que, mesmo depois de trocar para um calçado adequado a quadras de saibro, às vezes se esquecia de deslizar os pés.

Federer e Nadal tiveram sorte por ao menos ter grama. Uma infestação de minhocas e a ausência de luz natural tornou impossível jogar na primeira leva de grama para quadras fechadas; portanto, na véspera da partida, os organizadores precisaram correr e levar, com carrinhos de mão, blocos de grama do *green* de um campo de golfe próximo.

As quicadas de bola foram, como se poderia esperar, abaixo do ideal, incluindo a quicada no match point no tiebreak do terceiro set, quando Federer quase espirrou uma direita e Nadal fechou sua vitória por 7-5, 4-6, 7-6 (12-10).

Assistindo a uma reprise hoje, a quadra híbrida parece tão estranha quanto na época: um contraste entre dois tons, como se você assistisse a uma tela dividida, em vez de uma única partida. Embora uma revanche estivesse agendada para o mesmo local no ano seguinte, o experimento ainda está para ser repetido.

O nome Batalha dos Pisos era uma referência à Batalha dos Sexos, a famosa partida de 1973 no Astrodome de Houston, na qual Billie Jean King, campeã feminina de Wimbledon, derrotou o pretenso chauvinista Bobby Riggs. Em termos absolutos, a Batalha dos Sexos foi certamente uma ocasião mais estranha, com Riggs, então com 55 anos, entrando na quadra em um riquixá puxado por modelos femininas e King, com 29, entrando no estilo de Cleópatra em uma liteira decorada com flores, carregada por três homens de peito nu.

Pelo menos, King e Riggs jogaram no mesmo piso nos dois lados da quadra.

"Devo admitir que foi estranho", disse Nadal, tremulando os lábios quando falamos sobre a partida em 2020. "Na verdade, foi muito difícil para nós dois, mas me diverti, sinceramente. E ficará na memória pelo resto da vida. Não faremos isso de novo."

Eles partilharam muitas memórias.

Nadal, um prodígio canhoto de uma esquerda forte que gritava *vamos*, foi treinado desde o começo em Mallorca pelo tio, Toni Nadal.

Como Federer, que foi boleiro no ATP da Basileia, Nadal fora exposto à elite desde cedo. Um torneio da ATP em quadras de saibro foi realizado na ilha de 1998 a 2002. Entre os vencedores, estavam os futuros campeões do Grand Slam Juan Carlos Ferrero, Marat Safin e Gastón Gaudio.

Nadal e a família assistiram ao campeonato e, em 2000, quando Nadal tinha catorze anos, seus resultados excelentes como juvenil lhe renderam a honra de carregar a bandeira da Espanha durante a cerimônia de abertura da final da Copa Davis no Palau Sant Jordi de Barcelona. Com o cabelo escuro curto, ele ficou de pé, um pouco timidamente, ao lado dos astros espanhóis Àlex Corretja, Albert Costa e Ferrero na quadra interna de saibro enquanto os hinos eram tocados. Quem, na época, poderia ter imaginado que Nadal acabaria se tornando o maior astro espanhol do tênis?

Naquele estágio, a Espanha era, de longe, a mais forte nação tradicional do tênis a nunca ter ganhado a Copa Davis, fundada em 1900. Foram três dias emocionantes e barulhentos à medida que a espera de um século chegava ao fim, com Ferrero derrotando Lleyton Hewitt em quatro sets na partida decisiva diante de um público de 14.500 pessoas, uma arena lotada.

Juan Carlos, na época rei da Espanha, assistiu na primeira fila. Nadal também absorveu tudo e, dezessete meses depois, venceu sua primeira partida do circuito depois de obter um *wild card* no ATP de Mallorca: derrotando Ramon Delgado, um paraguaio classificado entre os cem primeiros no ranking.

Nadal tinha apenas quinze anos, e não foi a primeira vez que ele emboscou um visitante mais velho na sua ilha natal. Um ano antes, o astro australiano Pat Cash fora a Mallorca para uma partida de exibição com o astro alemão Boris Becker no Santa Ponsa Country Club.

Quando Becker, que já estava ficando velho, precisou cancelar sua participação devido a uma lesão pouco antes da partida, Cash sentiu que o espetáculo deveria continuar e concordou em enfrentar o jovem mais promissor da ilha para que o público pagante pudesse assistir a um pouco de tênis. Naturalmente, Cash, na época com 36 anos, nunca tinha ouvido falar em Nadal e não poderia imaginar o tipo de garoto de catorze anos que enfrentaria.

"Nadal apareceu saltando como se fosse sua grande oportunidade, e o público reagiu imediatamente à exuberância da juventude", escreveu Cash no *Times* de Londres. "Se você acha que Lleyton Hewitt é agitado na quadra, deveria ter visto Nadal. Socos no ar, a postura, comemorações aos berros. Devo ter ouvido Nadal gritar '*vamos*' umas cem vezes."

Cash venceu o primeiro set, Nadal levou o segundo e depois venceu o tiebreak decisivo da partida para confirmar a vitória.

"Ali estava ele na rede, saltando para dar voleios aparentemente impossíveis e pulando para brandir outro punho em comemoração", lembrou Cash. "Parte de mim achou que ele foi desrespeitoso, mas, depois que superei a raiva inicial por ter sido derrotado por uma criança, dei-me conta de que acabara de encontrar um talento que poderia conquistar os maiores prêmios do tênis. No dia seguinte, telefonei para vários dos meus patrocinadores e disse a eles que investissem naquele garoto. Tenho certeza de que, agora, eles se arrependem de terem hesitado."

Alguns patrocinadores não precisaram de telefonemas. A Nike já assinara um contrato com Nadal quando ele tinha doze anos.

"O ponto ideal para nós era onze, doze, treze anos", disse Mike Nakakima, ex-diretor de tênis da Nike. "Assinamos o contrato com Maria Sharapova quando ela estava com onze anos. Ela sabia dizer seis palavras em inglês, e a primeira coisa que me disse foi: "Não gosto das suas meias."

O inglês de Rafael não era muito melhor, mas ele era mais educado.

O primeiro Nadal que cobri como jornalista esportivo na verdade não foi Rafael. Foi seu tio paterno Miguel Ángel, um robusto zagueiro da seleção de futebol da Espanha que participou da Copa do Mundo de 1994, nos Estados Unidos.

Rafael tinha oito anos na época, amava futebol quase tanto quanto o tio e, às vezes, assistia aos jogos do clube em que ele jogava, o Barcelona, ainda que fosse torcedor do Real Madrid, como o pai, Sebastián. Não é difícil ver de onde surgiu o desejo de Rafael de ser atleta profissional. Um olhar para Miguel, uma figura imponente, também ajuda a compreender de onde vem a constituição sólida de Rafael. Miguel Ángel só se aposentou aos 38 anos, o que deveria ter sido uma pista de que seu sobrinho teria poder de permanência, não importando quanta dor precisasse suportar.

Os Nadal datam de gerações em Mallorca. Seu feudo é Manacor: uma cidade aconchegante e bonita no interior da ilha que tinha menos de quarenta mil habitantes durante a infância de Nadal. O espanhol morava com os pais, os avós e parentes mais distantes em um prédio residencial de cinco andares na praça principal da cidade, com vista para uma igreja do século XVIII e acesso fácil ao clube de tênis de Manacor e suas quadras de saibro vermelho. Manacor fica a poucos quilômetros de Porto Cristo, uma aldeia de pescadores e resort onde os Nadal, uma família rica com diversos empreendimentos, possuía outra propriedade bem de frente para o mar, a qual também compartilhavam.

Era um cenário de infância idílico: mais uma prova de que campeões não precisam ter origens em uma vida difícil. Rafael cresceu viajando entre Manacor e Porto Cristo e entre o futebol e o tênis, esporte ao qual Toni, outro de seus tios paternos, lhe apresentou quando ele tinha três anos.

O futebol prevaleceu até Nadal ter doze anos. Ele era um ponta-esquerda rápido capaz de fazer um gol atrás do outro, com frequência de cabeça, mas naquela altura também era o campeão espanhol e europeu de sua faixa etária no tênis. Seu pai, Sebastián, sentiu que estava na hora de fazer uma escolha.

Assim como Federer na mesma idade, Nadal baseou a decisão no seu evidente potencial para o sucesso no tênis, na preferência por ter plena responsabilidade pelos resultados em um esporte individual e, no paralelo mais notável com o suíço, em um novo técnico de futebol que o colocara no banco de reservas por uma partida depois de ele perder o treino por causa de compromissos relacionados ao tênis.

"Se não fosse por aquele técnico, eu poderia ter sido jogador de futebol em vez de tenista", disse Nadal.

Uma grande rivalidade depende de tais momentos decisivos.

Como Federer, Nadal também começou a passar as noites na semana longe de sua família coesa na metade da adolescência. Devido à falta de parceiros de qualidade para praticar em Manacor, ele com frequência precisava treinar em um centro regional em Palma, a maior cidade da ilha, cerca de 55 quilômetros a oeste. Para reduzir o número de viagens, Nadal começou a estudar no mesmo colégio interno em que o pai e o tio Toni tinham estudado, mas ele sentia saudades de casa e acabou voltando a morar em Manacor.

Como ocorrera com Federer, os estudos não eram a paixão de Nadal. Certa vez, perguntei a ele qual era sua matéria favorita na escola.

"Educação física", respondeu, após pensar por um momento.

Muito cientes das perspectivas excepcionais de Nadal, oficiais do tênis espanhol no continente tentaram convencer os Nadal a mandarem o filho atravessar o mar das Baleares para Barcelona, o centro do esporte na Espanha.

Foi o caminho seguido pelo melhor jogador a surgir de Mallorca: Carlos Moyá, que era alto, contido e absurdamente bonito (e que, na verdade, foi o primeiro astro do tênis de Mallorca a usar regata no circuito).

Moya, com o cabelo comprido balançando e a direita disparando, venceu Roland Garros em 1998, recebendo o troféu de Pelé na véspera da Copa do Mundo na França. Moyá atingiu brevemente o número 1 no ano seguinte e era um lembrete nada distante para Nadal de que a grandeza no tênis não era um sonho impossível. Eles trocaram bola pela primeira vez quando Nadal tinha doze anos e começaram a treinar regularmente quando Nadal estava com catorze. Foi um gesto magnânimo de Moyá e um grande incentivo para Nadal. Quantos jovens adolescentes talentosos podem treinar regularmente com um campeão de Grand Slam na ativa?

A família Nadal estava convencida de que era melhor para o bem-estar do filho que seu jogo fosse desenvolvido em Mallorca, ainda que aquilo lhes custasse o apoio financeiro da federação espanhola.

"O pai dele simplesmente sentia que a melhor decisão era Rafael permanecer em casa, cercado pela família, com pessoas para apoiá-lo", disse-me Toni. "Quando se é jovem e sai de casa, o tênis pode dar certo, mas, como pessoa, nem sempre as coisas vão bem. Tivemos problemas ocasionais com o treinamento, com a falta de jogadores do mesmo nível de Rafael, mas conseguimos nos virar, com muito esforço.

Eles já tinham recebido um pouco de aconselhamento de Jofre Porta, um treinador de relevância nacional baseado em Palma. Toni fez grandes mudanças: fazer Rafael mudar de uma esquerda com duas mãos para uma esquerda com uma mão aos nove anos porque tanto ele quanto Porta sabiam que jogadores que batem com as duas mãos nos dois lados eram raridade no tênis masculino. Nenhum chegara ao topo do ranking, embora Monica Seles tenha conseguido no tênis feminino.

No mesmo estágio, Rafael também começou a jogar com a mão esquerda, embora a mão dominante ao comer, escrever, jogar basquete e golfe fosse a direita. Rafael tinha o pé esquerdo mais forte no futebol. Ser canhoto, como qualquer jogador de tênis comum sabe, costuma ser uma vantagem, por causa da novidade, dos efeitos reversos e da capacidade que proporciona para dar saques cortados no lado esquerdo da rede, fazendo o oponente sair mais da quadra e abrindo novas opções ofensivas.

Toni reparou que quando o sobrinho batia golpes do fundo da quadra com as duas mãos, ele tinha mais poder e era mais bem-sucedido pela esquerda.

"Simplesmente parecia o lado mais natural dele", disse-me Toni. "Aquele lado precisava ser seu principal."

No fim das contas, a escolha foi de Rafael, e uma grande rivalidade também depende de um momento de decisão como esse. Nadal, como destro, também teria sido um potencial campeão com seu talento, sua personalidade e mentalidade focada no momento. Mas ele tão teria imposto tamanho enigma tático para Federer, que poderia ter usado suas armas mais confiáveis — a direita de dentro para fora e bolas cruzadas curtas com efeito de esquerda — com muito mais eficiência.

O lado negativo da decisão foi que Nadal passou a sentir dor no ombro esquerdo: um desconforto que ele aliviou desenvolvendo o próprio estilo de esquerda, terminando o movimento acima da cabeça depois de bater na bola com uma velocidade altíssima da cabeça da raquete.

Porta e os outros treinadores apelidaram aquela esquerda característica de "Nadalada", um termo que nunca se popularizou, o que é uma pena.

Conheci os Nadal em 2003 em Wimbledon, quando Rafael estreou no Grand Slam, aos dezessete anos. Eu ainda não o vira jogar pessoalmente, nem mesmo na televisão. Foi antes do streaming, do YouTube, do Twitter e do Instagram. Muitas partidas não eram transmitidas amplamente. O escrutínio de talentos do tênis em ascensão pelo público em geral não começava tão cedo na época. Só que mais escrutínio poderia ter ajudado na minha avaliação: na primeira matéria que escrevi sobre Nadal, em 2002, para o *International Herald Tribune*, depois de sua vitória sobre Delgado, mencionei que Nadal, como a promessa francesa Richard Gasquet, tinha uma ótima direita de uma mão (o jornalismo é uma experiência que perpetuamente nos ensina humildade).

Ainda assim, foi reconfortante estar sentado na arquibancada em uma quadra ao ar livre no All England Club e vê-lo disparar na grama com uma alegria evidente na vitória na segunda rodada contra Lee Childs, um atleta britânico que entrou na chave com um *wild card*. Os relatos na imprensa espanhola sobre o potencial de Nadal claramente não foram exagerados.

A distância, ele parecia um homem adulto. Era somente de perto que se percebia que era tão novo. Seus traços angulosos ainda não pareciam totalmente definidos. As bochechas eram gorduchas. Fazer a barba era claramente opcional.

Na época, o mais perceptível era a mesma coisa que é a mais impressionante agora: sua abordagem incansavelmente concentrada e positiva em relação à competição. Lampejos de decepção poderiam cruzar seu rosto, até penetrar nos seus pensamentos, mas eram repelidos em um instante: ejetados para enfatizar o desafio e o ponto diretamente à frente dele.

Federer passara anos treinando para cuidar da mente e, acima de tudo, das expectativas. Nadal parecia ter o dom para isso desde o começo: nada de psicólogos esportivos, nada de raquetes destruídas.

"Jamais", disse Nadal. "Se eu atirasse uma raquete, meu tio teria me expulsado imediatamente da quadra."

Nadal não apenas abraçava o momento. Ele lhe dava um abraço de urso e o levantava do chão com os calcanhares balançando, e foi fiel ao espírito quando enfrentou Federer em uma partida noturna na terceira rodada do Aberto de Miami em março de 2004.

Embora a partida seja com frequência considerada o primeiro encontro entre os dois, na verdade foi o segundo. Nadal e Tommy Robredo tinham derrotado Federer e o amigo Yves Allegro por 5-7, 6-4, 6-3 nas duplas uma semana antes em Indian Wells, nas oitavas de final.

Mas Federer ainda não experimentara Nadal plenamente, dificultando o jogo e cobrindo a quadra totalmente sozinho.

Todos aqueles que poderiam ter pensado que Nadal ficaria intimidado deveriam ter consultado o placar da sua primeira partida no circuito, contra Moyá, no ano anterior: Nadal o derrotou por 7-5, 6-4 em Hamburgo.

Nem mesmo exemplos amados e benevolentes da infância estavam seguros diante da motivação e do talento do espanhol. Mas, contrariamente à percepção de hoje, Federer não era um ídolo de longa data de Nadal. A diferença de idade entre eles era significativa — quase cinco anos —, mas Federer só havia emergido recentemente do grupo de jogadores talentosos próximos do topo do tênis masculino. Enquanto Nadal crescia, Federer não era claramente o jogador a se derrotar. Não era nada como Federer enfrentando Sampras em Wimbledon ou, mais tarde, com Naomi Osaka enfrentando Serena Williams no Aberto dos Estados Unidos.

Federer estava recém-consolidado, mas firme, como número 1. Ele acabara de conquistar títulos no Aberto da Austrália, em Dubai e em Indian Wells, e tinha vencido 55 de 62 sets quando chegou para a partida em Miami. Ele estava se sentindo mal, mas não o bastante para não jogar, e se esforçara em uma partida de três sets na noite anterior contra Nikolay Davydenko.

"Existe alguma chance realista de Nadal derrotar Federer hoje?", perguntou John Barrett, o venerável comentarista e ex-jogador inglês que estava narrando a partida na TV.

Com Nadal se preparando para sacar com 1-2 no primeiro set, o comentarista parceiro de Barrett, Doug Adler, respondeu negativamente e disse:

"A última coisa que você quer é perder para um novato de dezessete anos."

Barrett concordou e continuou:

"Na minha opinião, se Federer estiver no clima, acho que será..."

Ele parou no meio da frase, quando Nadal lançou a bola para o alto. O que se seguiu foi o primeiro ponto que mostrou a Federer a verdadeira profundidade do desafio. Ele deu um slice no que deveria ser o canto direito de Nadal, mas o espanhol foi rápido o bastante para contornar a bola e acertar uma esquerda. Federer rebateu uma esquerda no outro canto que ele tinha toda a razão de esperar que fosse um uma bola vencedora. Nadal atravessou em disparada o fundo da quadra e rebateu com outra forte esquerda, esticando-se ao máximo, mantendo o rali vivo antes de vencer com uma saraivada de golpes fortes disfarçados de passadas.

Foi uma prévia inimaginável de tantos ralis entre Federer e Nadal nos anos seguintes. Sabiamente, Barrett nunca se deu ao trabalho de concluir seu pensamento sobre as chances pouco realistas de uma zebra.

Mesmo naquele momento, Nadal já era, em alguns aspectos, o Nadal que conhecemos hoje. Ele estava obcecado com o posicionamento preciso das garrafas de água nas trocas de lado nas quadras e, sim, já puxava a parte de trás do short. Mas alguns tiques ainda estavam por aparecer, como o toque compulsivo nos ombros, no nariz e nas orelhas antes de sacar.

O ritmo dele entre os pontos era deliberado, mas não tão relevante. Em geral, ele seguia em frente, e seguia com brilhantismo enquanto Federer lutava para se ajustar ao efeito pesado que Nadal imprimia na bola, na sua força e sua energia.

Federer estava longe de sua melhor forma, errando direitas rotineiras e voleios, mas isso também era por causa da pressão de Nadal.

Golpes que fechavam pontos contra outros jogadores não funcionavam contra Nadal, com sua velocidade e capacidade de reagir mesmo de posições que parecem vulneráveis. Suas passadas eram de um nível superior: Federer não conseguiu marcar nenhum ponto nas seis primeiras subidas à rede.

O garoto não estava inteiramente imune à ocasião: nos primeiros break points, suas devoluções foram hesitantes. Ele logo se ajustou: um sinal de sua clareza diante de dificuldades. À medida que a partida avançava, ele com frequência ditava os termos do fundo de quadra, mesmo quando Federer se aproximava mais dela e aumentava a cadência. Nadal acertou 81% dos primeiros serviços e não enfrentou um único break point, nem mesmo quando sacou friamente para confirmar a vitória, atacando a rede no ponto final depois de quebrar a esquerda de Federer (outra prévia de partidas futuras).

Placar final: 6-3, 6-3 para Nadal em apenas 69 minutos.

"É de perguntar o que exatamente o futuro reserva para este impressionante talento canhoto de Mallorca", comentou Barrett.

Assistindo a Nadal arrasar Federer com gosto em Miami, estava claro que ele já era um campeão. Era apenas uma questão de quando estaria suficientemente saudável para tornar aquilo oficial.

Não aconteceria em 2004. Ele perdeu a parte principal da temporada no saibro e Wimbledon devido a uma fratura por estresse no pé esquerdo. No que pareceu quase um acaso, o vencedor de Roland Garros acabou sendo Gastón Gaudio, um prodígio argentino que venceu seu único Slam salvando dois match points contra seu compatriota Guillermo Coria, o favorito, em uma final que foi uma emocionante jornada e pareceu ser o fim de ambas carreiras.

Para mim, quaisquer dúvidas remanescentes quanto ao potencial e à atitude de Nadal sob pressão foram eliminadas de uma vez por todas quando ele enfrentou Andy Roddick na final da Copa Davis de 2004 em Sevilha, na Espanha.

A final foi disputada diante de 27.200 espectadores — na época, um recorde para uma partida de tênis oficial — e estava frio o bastante em dezembro para que se pudesse ver a própria respiração de vez em quando no estádio aberto.

Nadal deveria jogar somente em duplas, mas seus capitães não eram bobos. Eles sabiam o que tinham em mãos e decidiram correr o risco de dissensão interna em prol do bem maior: nomearam Nadal como substituto de Ferrero, que estava em declínio, em uma das partidas de simples do dia de abertura.

Roddick, um patriota do tênis que amava a Copa Davis em detrimento de seus resultados no circuito regular, estava inspirado. Mas Nadal foi transcendental: venceu por 6-7 (6), 6-2, 7-6 (6), 6-2.

Eu morava em Sevilha na época e escrevi os seguintes parágrafos na arquibancada (de casaco e cachecol):

"O mundo do tênis é repleto de jovens que parecem incríveis na linha de base durante o treino, mas o que gera a grandeza é uma capacidade de abraçar a grande oportunidade. Apesar da reputação bem merecida da Espanha de abraçar a vida com exuberância, seus melhores jogadores geralmente têm sido personagens contidos em quadra: Sergi Bruguera, Àlex Corretja, Albert Costa, Moyá e Ferrero. Mas Nadal carrega as emoções na manga, o que seria uma metáfora muito mais apropriada se ele não tivesse jogado hoje de regata. Há socos no ar, chutes de tesoura e uivos de deleite.

"Em suma, ele cativa o público — no estilo Jimmy Connors ou Lleyton Hewitt —, o que pode não ser a melhor maneira de evitar perder o fôlego no decorrer de uma longa temporada ou de se tornar querido entre seus iguais, mas é uma maneira de se tornar querido pelos espanhóis. Ao final da competição de esgrima de hoje, estavam encantados com ele."

Ele ainda estava somente na posição 51 no ranking, mas não poderia continuar assim — e não continuou. Ele irrompeu com onze títulos em 2005, incluindo Roland Garros na sua estreia aos dezenove anos. Em julho, ele havia subido para o segundo lugar no ranking.

Federer o deteve, por muito pouco, em uma final de cinco sets em Miami, em abril, em um rali para a vitória depois de perder os dois primeiros sets e chegar a perder por 1-4 no terceiro.

A intensidade do combate foi suficiente para abalar temporariamente a serenidade de Federer, a exemplo do que havia acontecido com ele ao enfrentar Safin no Aberto da Austrália alguns meses antes. Depois de virar o terceiro set, Federer não conseguiu converter um break point, quando o placar estava 4-4, e, quando Nadal confirmou seu serviço, Federer atirou a raquete na quadra.

"Eu estava perdendo uma oportunidade atrás da outra; eu realmente sentia como se estivesse subindo uma montanha naquele momento", admitiu Federer. "Eu simplesmente não aguentava mais. Portanto, joguei a raquete com força. Talvez tenha me feito bem, e eu talvez meio que tenha acordado. Quem sabe?"

Espertamente, Nadal interpretou a rara demonstração como um elogio, e estaria com frequência sintonizado nas mudanças no microclima de Federer nos anos seguintes.

"É claro que é uma surpresa ver Federer arremessar a raquete", disse ele. "Mas isso faz você pensar que está mais perto da vitória."

Nadal *estava* chegando mais perto: a dois pontos do título quando assumiu a liderança por 5-3 no tiebreak do terceiro set. Federer o superou bem a tempo, vencendo os quatro pontos seguintes para fechar o set e, depois, demonstrando mais firmeza para ganhar: 2-6, 6-7 (4), 7-6 (5), 6-3, 6-1.

"Foi uma partida importante para mim, porque sei que grande jogador ele será um dia", disse Federer.

Ele não precisou esperar muito. Dois meses depois, em uma quadra de saibro em Paris, Federer não conseguiu encontrar o caminho de volta, perdendo para Nadal em quatro sets no 19º aniversário do espanhol, nas semifinais da primeira partida de Grand Slam entre os dois. Dois dias depois, Nadal derrotou Mariano Puerta na final para se juntar a nomes como Björn Borg, Mats Wilander, Boris Becker, Michael Chang e Pete Sampras, todos vencedores de simples de um campeonato do Grand Slam na adolescência.

Com o título nas mãos, Nadal chorou pela primeira vez depois de uma vitória (os paralelos com Federer têm limites).

"Ele vai se tornar uma lenda", disse Puerta.

Todos os jogadores que se tornam bons o bastante para vencer um dos principais campeonatos são notáveis, todos merecedores de atenção. Pense nos milhões que pegam uma raquete. As chances de se chegar ao topo da pirâmide são absurdamente baixas. Mas prodígios, para o bem ou para o mal, exercem uma atração particular. Há um cheiro de destino no sucesso deles: uma fascinação com a capacidade de saltar os degraus habituais da escada e também a altura a que sua vantagem pode permitir-lhes subir.

O tênis espanhol produzira muitos astros desde quando Manolo Santana vencera quatro Grand Slams na década de 1960, mas Nadal era seu primeiro superastro: um prodígio autêntico que era uma combinação irresistível de carisma, valores tradicionais como humildade e família. Certamente a beleza não prejudicava. O tênis ainda tinha ares elitistas na

Espanha, evocando clubes particulares e distinções de classes, mas Nadal entrou com força total na cultura popular.

O interesse não era restrito à Espanha: minha reportagem sobre sua vitória em Roland Garros e a comemoração que a seguiu foi publicada na primeira página do *The New York Times*.

Naquela época, falar inglês era um desafio para Nadal, mas meu espanhol era funcional, ainda que estivesse longe de ser uma maravilha melódica, depois de anos morando em Sevilha. Ele me concedeu uma entrevista perto da meia-noite enquanto comemorava sua primeira grande vitória no Café de l'Homme, um restaurante na esplanada do Trocadero com vista para a Torre Eiffel. Foi uma celebração surpreendentemente tranquila, mas, como viríamos a aprender no decorrer dos anos, os Nadal estavam determinados a manter grandes vitórias em perspectiva, chegando até a desvalorizá-las.

O novo campeão estava cercado pela família e por amigos. Ele vestia um terno escuro e uma gravata conservadora: um grande contraste com as calças capri brancas e a regata verde fluorescente que usara durante o campeonato.

"Espero que tudo isso não me faça mudar", disse ele. "Eu gostaria de permanecer igual ao que sempre fui. Espero conseguir isso, e acredito que serei capaz."

Ser sobrinho de Miguel Ángel certamente ajudou. A família Nadal lidava há décadas com a adoração do público e estava muito mais bem preparada do que a maioria das famílias para estabelecer um limite entre as esferas particular e pública.

A primeira vez em que eu discutira brevemente com Federer a respeito de Nadal foi antes da edição de 2005 de Roland Garros, quando ele me concedeu uma entrevista para o *The New York Times* e o *International Herald Tribune* na suíte de cobertura do Hotel Crillon: seu reduto principesco com uma vista arrebatadora da Place de la Concorde e da Assemblée Nationale.

A vida já estava muito boa para Federer, que estava bem avançado no seu segundo ano como número 1, e também muito boa para Vavrinec.

Naquele momento, Federer não tinha agente em tempo integral e rompera com a IMG. Os pais dele estavam ajudando a administrar muitos de seus negócios, e Vavrinec, que abandonara a carreira no tênis por causa de problemas crônicos no pé, era sua assistente pessoal e assessora de imprensa, além de namorada.

Era um papel com limites difusos, que os dois ainda estavam resolvendo. Enquanto conversávamos, ela experimentava roupas de grife para uma sessão de fotos agendada com uma revista. Ela nos interrompia intermitentemente para saber a opinião de Federer quanto à sua mais recente escolha casual-chique. Ele dedicava plena atenção a ela, respondia sim, não ou "não está mal", e depois retomava educadamente a entrevista com:

"O que estava dizendo?"

"Nadal, eu estava falando de Nadal."

"Muito impressionante, não é?", disse Federer. "Ele já é maior do que eu, e tem cinco anos a menos. Imagine como estará daqui a cinco anos! É bom para o tênis que existam esses diferentes tipos de cara e de jogador, mas aos dezoito, dezenove anos, eu não era nem um pouco assim."

"Bem, isso certamente impede você de se distrair", comentei.

"Acho que também é bom que ele seja canhoto", disse Federer. "Não temos mais muitos grandes canhotos."

Ele falou sobre as aposentadorias de Thomas Muster, Goran Ivanisevic, Petr Korda e Marcelo Ríos, todos grandes canhotos. Ele poderia ter mencionado o próprio técnico: Tony Roche, outro canhoto.

"Eles estão em falta", declarou Federer. "Acho bom tê-lo, pois isso também muda as dimensões da quadra, a maneira que você joga. Os efeitos vêm da direção oposta, de modo que isso também será interessante. Isso acrescenta um plano de jogo totalmente diferente."

Foi uma resposta intrigante em vários níveis: não menos pelo fato de que Federer há muito tempo tende a falar sobre Nadal como se ele fosse um fenômeno natural, como um maremoto ou uma tempestade tropical ("Muito impressionante, não é?").

O que me chamou a atenção naquele dia, quando Vavrinec não estava nos distraindo com outra camisa de inspiração camponesa, foi quanto Federer já incorporara o papel de guardião do jogo. Aquele jovem estava emergindo, pronto para massacrar todo mundo (respeitosamente), e Federer considerava bom para o esporte que ele proporcionasse diversidade estilística. Talvez fosse sua maneira de se desconectar do impacto direto que Nadal poderia ter nele e no seu sustento, mas estou convencido de que também era devido a uma curiosidade autêntica. Federer assiste a muito tênis, incluindo muitas reprises das próprias partidas.

"Quer dizer, não temos mais visto Marat, Lleyton, Andy ou Coria enfrentarem canhotos", disse ele. "Só os vemos enfrentando destros."

Naquele momento, pensei que era uma pena os Nadal, para quem ser canhoto era uma escolha, não estarem ouvindo a entrevista, porque certamente teriam achado tudo muito divertido... e uma confirmação de que tinham tomado a decisão certa.

Federer também deixou claro que sabia o que ele — e todo mundo — enfrentaria.

"Percebi já há algum tempo que ele chegaria", disse ele sobre Nadal. "Era apenas uma questão de quando. Depois que a equipe espanhola o selecionou para a Copa Davis ano passado, pensei: Boa sorte, Andy!"

Entretanto, pelo menos até o fim de 2005, Nadal não se aventurou muito nos domínios de Federer. Eles não voltaram a jogar naquele ano. Depois de Roland Garros, Nadal conquistou mais cinco títulos, todos em campeonatos que Federer pulou, mas perdeu no começo de Wimbledon e do Aberto dos Estados Unidos.

Federer venceu esses dois Grand Slams, quando derrotou Roddick sem perder nenhum set no All England Club e Agassi em quatro sets em Nova York.

Agassi, o finalista masculino de simples mais velho de um Grand Slam desde Ken Rosewall em 1974, foi extraordinariamente competitivo na derrota aos 35 anos. Mas foi invencível na sala de entrevistas quando se tratou de colocar em perspectiva as virtudes de Federer como tenista.

Antes da final, Agassi disse:

"O desafio é muito simples. A maioria das pessoas tem fraquezas, e a maioria das pessoas tem somente uma grande jogada. Federer não tem fraquezas e tem algumas grandes jogadas. Portanto, isso é um problema."

Depois da final, Agassi disse:

"Pete era ótimo, sem dúvida. Mas havia um ponto a se chegar com Pete. Você sabia o que precisava fazer. Se conseguisse realizar o necessário, a partida transcorria nos próprios termos. Não existe isso com Roger. Acho que ele é o melhor que já enfrentei."

Naquela altura, os números eram estonteantes. Federer estava com 6-0 em finais individuais do Grand Slam e tinha vencido 23 finais seguidas. Até então, o recorde masculino da era aberta fora doze, batido igualmente por Björn Borg e John McEnroe. As vitórias de Federer tinham sido em todos os principais tipos de piso: dezesseis em pisos duros, quatro na grama e três no saibro.

Nós nos encontramos no dia seguinte em um bar esportivo na Times Square como parte de sua turnê de imprensa pós-vitória. Ele estava mais contido do que de costume, depois de ter ido dormir às três da manhã, e parecia mais satisfeito do que eufórico ao se sentar em uma cadeira muito acolchoada e esticar as pernas. Há uma qualidade felina nos movimentos de Federer dentro e fora da quadra, e escrevi no *Times* que ele me lembrava "um gato bem cuidado e satisfeito".

Mencionei sua sequência de 23 vitórias em finais.

"É disso que realmente tenho mais orgulho", revelou ele. "Eu não era tão famoso pela consistência quando comecei; portanto, mudei isso, o que me deixa satisfeito, porque sei que, quando realmente importa, consigo encontrar uma maneira de estar sempre na minha melhor forma e vencer todas as vezes, embora eu saiba que essa sequência pode acabar muito rapidamente."

O interesse já crescia em torno de quanto tempo poderia levar até que ele superasse o recorde de Sampras de catorze títulos individuais do Grand Slam, que não parecia mais insuperável, apenas dois anos depois de a aposentadoria de Sampras ter sido oficializada.

"Não gosto de olhar para os Slams como as únicas coisas que importam", disse Federer. "Para mim, isso significa que os outros campeonatos, quando estou competindo contra os melhores jogadores ou jogando diante de milhares de pessoas, não importam de verdade. Tenho 32 títulos, e seis deles são Grand Slams; portanto, você vê que a maioria é de outros campeonatos."

Era um argumento que merecia ser destacado. Em uma paisagem midiática lotada, somente os números mais gritantes se destacam. A contagem de Grand Slams era a mais brilhante naquele estágio, mas não era uma referência histórica confiável, considerando que um dos maiores de todos os tempos, como Borg, jogara o Aberto da Austrália somente uma vez e que um talento ainda mais longevo, como Jimmy Connors, cuja carreira durou vinte anos, só o disputou duas vezes.

Comparar ao longo das eras era arriscado, às vezes sem sentido, e até Agassi pulara o Aberto da Austrália pelos primeiros oito anos de sua carreira profissional e deixou de disputá-lo mais duas vezes desde então por causa de lesões. Talvez isso tenha mantido Agassi bem-disposto até bem depois de completar trinta anos.

"Não me surpreende que Andre queira continuar, mesmo aos 35 anos", disse-me Federer. "Desde que não esteja jogando com dor e esteja feliz por disputar alguns campeonatos por ano, por que deveria parar?"

Para qualquer um em busca de indícios dos planos de longo prazo do próprio Federer, aquele foi um muito grande. Ele estivera observando Agassi atentamente, mas logo estaria observando Nadal com muito mais atenção.

———∽∘∽———

O espanhol era de fato autêntico, mas foi obrigado a deixar o circuito outra vez no fim de 2005 e no começo de 2006, quando seu problema no pé esquerdo voltou. Seus médicos de sempre estavam confusos e um especialista na Espanha lhe disse que era um problema congênito em um osso pequeno, o escafoide tarsal, e ele poderia não voltar a jogar tênis competitivamente. Nadal ficou arrasado, mas seu pai manteve um otimismo ferrenho, e eles finalmente conseguiram encontrar uma maneira de reduzir a tensão sobre o osso com palmilhas e sapatos personalizados, projetados em uma visita à Nike, no Oregon.

Ele conseguiu retomar sua marcha rumo ao topo, mas com a nova compreensão de que carreiras no tênis eram efêmeras. Ele já jogava cada ponto como se fosse o último, mas passou a ter a sensação de que aquilo poderia de fato ser verdade.

Depois de não conseguir disputar o Aberto da Austrália de 2006, ele voltou para o circuito com ainda mais voracidade, derrotando Federer em uma quadra de piso duro na final em Dubai, que, naquela altura, era o segundo lar do suíço e sua base de treinamento em clima quente.

Aquele foi o ano em que eles se tornaram arquirrivais. Eles se enfrentaram seis vezes no total, o máximo em qualquer temporada. Nadal venceu quatro partidas: três no saibro. Somente um dos duelos de 2006 não foi em uma final, e um deles foi uma partida de longuíssima duração: um teste de raça de cinco sets no ATP Masters 1000 de Roma, vencido por Nadal em cinco horas e cinco minutos pela pontuação longa de 6-7 (0), 7-6 (5), 6-4, 2-6, 7-6 (5).

Mesmo depois de tantos anos, ainda considero essa partida a segunda melhor entre os dois em termos de puro tênis, e certamente foi a mais tensa, com Federer acusando Toni Nadal de orientar Rafael ilegalmente do camarote do jogador.

Nadal virou o set final, o qual estava perdendo por 1-4, e salvou dois championship points no seu último game sacando, quando Federer cometeu dois erros não forçados com seu golpe típico, a direita. Tais erros e os que se seguiram no tiebreak deixaram claro, sem margem para dúvida, quão profundamente Nadal passara a preocupar Federer.

Contra outros jogadores, Federer ia com o fluxo. Contra Nadal, ele pressionava. Federer ainda era o número 1, ainda um campeão em série em Wimbledon e no Aberto dos Estados Unidos, os dois campeonatos de maior destaque do mundo. Mas Nadal redefinira Federer, tornando-o vulnerável.

Isso poderia soar um exagero, considerando que Federer conquistou três dos quatro Grand Slams de simples em 2006 e 2007 e permaneceu no topo do ranking por 237 semanas consecutivas. Contudo, mesmo em temporadas de grandes conquistas, era difícil tirar da cabeça a imagem de Nadal derrotando-o repetidamente no saibro, do queixo e da autoconfiança de Federer caindo conforme o padrão se repetia.

Se ele tivesse perdido as mesmas partidas para uma combinação de jogadores diferentes, o impacto teria sido menor. Mas perdê-las para o mesmo homem, cinco anos mais novo do que ele, amplificava o efeito e o interesse do público.

O momento em que Federer foi capaz de correr livre e desimpedido à frente do segundo grupo foi mais curto do que muitos se lembram: uma temporada inteira em 2004 (isso se não contar a derrota em Miami) e grande parte da temporada seguinte, em 2005. Por outro lado, a rivalidade que se consolidou rapidamente com Nadal — e não a favor de Federer — também o humanizou de uma forma que, aos meus olhos, contribuiu para sua popularidade duradoura. Seu jogo suave e criativo era hipnótico, mesmo para os leigos, o que sem dúvida ajudava. Seus bons modos e a abordagem notavelmente amigável em relação aos fãs foram fatores importantes. Assim como sua postura espartana de jogar com dor, o que em parte é uma forma de respeito para com os fãs. Mas também é verdade que Federer não foi um verdadeiro monstro do tênis por mais do que uma ou duas temporadas.

Era mais difícil para os fãs se cansarem de ver Federer conquistar títulos, grandes ou pequenos, quando Nadal os lembrava de que as vitórias não estavam garantidas.

"Para o público se relacionar com alguém da mesma forma que o faz com Roger, acho que é preciso enxergar certa vulnerabilidade na pessoa", Andy Roddick me disse. "Leve em consideração a maneira como o público via Andre quando ele era impetuoso, jovem e parecia um pirata e quando ele passou por problemas pessoais terríveis e deu a volta por cima. Acho que as pessoas querem ser capazes de se identificar com alguém. Então, quando Roger não consegue ajeitar alguma coisa no trabalho, elas podem pensar que ele, em alguma medida bem mínima, é gente como a gente. E ele não vai nos dar um motivo. Ele não é inseguro a ponto de ter que se defender."

Martina Navratilova acredita que o lugar de origem dele também ajudou. "Quer dizer, ele é da Suíça. Sabe, ele é neutro. Ele não ameaça ninguém."

Entretanto, a nacionalidade suíça não foi o bastante para transformar Martina Hingis em uma figura adorada universalmente. Navratilova, que venceu o torneio individual em Wimbledon nove vezes, incluindo seis consecutivos na década de 1980, foi uma força irresistível por um período. Ela era raramente a favorita do público: com frequência, no seu auge, destruía o suspense nas suas partidas.

"Eu sempre acabava com as adversárias na rede, e também era mais rápida e mais forte, de modo que sentiam pena da minha oponente", disse Navratilova. "Com Roger, ninguém sente pena do adversário. Só admiram o jogo dele, em vez de se preocupar com o outro sujeito que ele está destruindo e não consegue ganhar um único game."

Destruir Nadal era uma tarefa que Federer raramente conseguia realizar. Até mesmo o santuário mais seguro de Federer, a grama do All England Club, logo se tornou uma zona de perigo.

Nadal não era um mero especialista em quadras de saibro, ainda que o restante de nós tenha levado algum tempo para se dar conta disso. Toni tinha se concentrado muito em estimular o desenvolvimento de habilidades em todos os tipos de quadra na juventude de Nadal: pedindo a ele que subisse à rede contra jogadores inferiores, mesmo que aquilo significasse que poderia perder para eles.

Embora seu longo movimento de preparo para as esquerdas e seu saque pouco intimidador não fossem ferramentas ideais para quadras rápidas, ele possuía a força do golpe, o atletismo e a mentalidade necessários. Nadal não temia se arriscar, como qualquer um que o tenha ouvido testar seu inglês rudimentar diante de grandes públicos poderia confirmar e admirar.

Como jogador profissional, o fato de Toni carecer de uma arma fora sua perdição. Ele queria que o sobrinho estivesse mais bem armado.

"Eu era um jogador defensivo e não fui bem-sucedido; portanto, a ideia era que Rafael fosse agressivo", disse-me Toni Nadal. "No fim das contas, esse estilo de jogo também combina com a personalidade dele.

Na verdade, Nadal é um punhado de contradições. Em sua autobiografia de 2011, *Rafa*, sua mãe, Ana María, fala sobre como ele sofria de ansiedade constante, com medo de que algum mal ocorresse à família. Ele a lembrava de dirigir devagar a caminho de Palma e de apagar o fogo na lareira à noite, chegando até a telefonar de um restaurante para se assegurar de que aquilo tinha sido feito.

Diferentemente de muitos outros jogadores masculinos espanhóis, Nadal crescera mirando atentamente em Wimbledon. Toni enfatizara sua importância desde cedo, ainda que Roland Garros fosse o título que astros espanhóis como Sergi Bruguera, Alberto Costa e Moyá estivessem conquistando. Aos catorze anos, Rafael falava abertamente sobre querer vencer no All England Club. Santana, afinal de contas, provara que aquilo poderia ser feito por um espanhol em 1966. Antes da estreia de Nadal, Feliciano López, um canhoto cinco anos mais velho que Nadal, já tinha chegado à quarta rodada de Wimbledon duas vezes com seu jogo elegante e ofensivo e sua direita com efeito acentuado.

"Os jogadores espanhóis estão começando a obter bons resultados nesses tipos de piso", disse-me Nadal em sua primeira participação em Wimbledon. "Dá para ver que, particularmente, os jogadores mais novos que estão começando têm interesse em jogar nesses pisos e em desenvolver seus jogos, e acho que isso é bom para o tênis."

Nadal foi beneficiado pelo fato de que Wimbledon não recompensava mais somente os que tinham saques poderosos e subiam à rede. As bolas começaram a quicar com mais força e um pouco mais alto, o que permitia que os jogadores do fundo de quadra fizessem mais devoluções e causassem maior estrago com passadas. Os encordoamentos de poliéster e a tecnologia moderna por trás das raquetes também colaboravam com a causa dos jogadores de fundo e para homogeneizar o jogo nos quatro principais campeonatos e além.

Nadal contra Federer na grama tinha poucas semelhanças com Sampras contra Ivanisevic na grama. Nadal contra Federer em Wimbledon, estilisticamente, não era muito diferente de Nadal contra Federer no Aberto da Austrália: muitas trocas na linha de base, subidas à rede ocasionais e primeiros golpes quando uma bola caía curta demais ou subia alto demais.

Em 2006, Nadal chegou a sua primeira final de Wimbledon e fez Federer disputar quatro sets. Para ser sincero, o espanhol estava simplesmente feliz por estar lá, ainda que Federer parecesse tão aliviado quanto satisfeito na sua quarta vitória seguida no campeonato.

Em 2007, quando Nadal retornou à final, suas expectativas tinham mudado.

Foi um ano único em Wimbledon. A superestrutura acima da quadra central fora desmontada para facilitar a futura instalação do teto retrátil. A quadra central, o Globe Theatre do tênis, foi — durante somente um verão — mais como o Rose Bowl: a céu aberto e até permitindo a entrada da luz do sol, abundante na final.

A partida chegou ao quinto set e Nadal esteve à frente de Federer, que estava sacando, por 15-40 no terceiro game e de novo no quinto. Nas duas vezes, Federer escapou das suas presas com a ajuda do próprio Nadal, que errou devoluções viáveis em dois dos quatro break points e, ansioso, perdeu uma esquerda aberta em outro.

Em seguida, Federer quebrou o serviço de Nadal e marcou 4-2 com uma inspirada bola vencedora de direita de fora para dentro, destravando um rali disputado. O embalo tinha mudado de vez e Federer fechou sua final de Grand Slam mais difícil até então com um lob e caiu na grama como se tivesse sido atingido por um projétil, cobrindo o rosto com as mãos.

Ele já estava em lágrimas ao cair na grama. Embora Nadal tenha se contido, pouco depois chorava sentado em um box de chuveiro com a água correndo, lamentando seu jogo inseguro no quinto set.

Federer tinha igualado o recorde de Borg na era moderna com seu quinto título de Wimbledon seguido: algo que impedira Sampras de realizar.

Borg, o sueco equânime, estava sentado na primeira fileira do Camarote Real para o triunfo mais recente de Federer, com sua juba loura já grisalha. Nadal fora comparado a Borg com muito mais frequência, com seu topspin pesado, direita de duas mãos e instinto matador, mas Federer conhecia Borg e encontrou inspiração na sua presença.

"Muito apropriado", disse Federer. "Vê-lo esperando ali foi ótimo."

Achei intrigante que Borg houvesse reprimido as emoções e se exaurido, ao passo que Federer fizera o mesmo e tirara proveito disso com paixão.

Federer certamente estava vestido para fazer história no tênis: participou da cerimônia de premiação usando um paletó branco e calça comprida de moletom que evocava as calças de outrora (não importa que Federer tenha vestido a calça ao contrário, por engano).

De novo com o troféu em mãos, ele conversou na quadra com Sue Barker, da BBC, que lhe perguntou sobre Nadal.

"Ficarei feliz com os que eu conseguir ganhar agora, antes que ele conquiste todos", disse Federer. "Ele está melhorando muito."

Era o 11º título do Grand Slam para Federer, e ele chegaria ao total de doze vencendo outro Aberto dos Estados Unidos dois meses depois, mas Federer estava aceitando cada vez mais ser visto como parte de um par.

"No começo, eu não queria um rival", disse ele.

Federer e Nadal eram um grande contraste estilístico em alguns aspectos: uma discrepância que a Nike cultivou com cuidado, assim como fizera com Sampras e Agassi na década de 1990.

Federer era elegância, tranquilidade adquirida e potência sem esforço; Nadal era exuberância, fogo inato e bíceps flexionados. Federer era suave e clássico; Nadal era robusto e intrépido. Federer era tradição; Nadal era juventude.

As maneiras de cada um abordar as pré-partidas também pareciam ser de mundos diferentes. James Blake, o americano que foi número 4 do mundo em 2006, derrotou Nadal nas semifinais em Indian Wells naquele ano e perdeu para Federer na final.

"Para mim, as diferenças na dinâmica do vestiário foram muito engraçadas", disse-me Blake. "Os dois são gente boa, mas, antes da partida, Rafa estava com seus enormes fones de ouvido e corria para cima e para baixo pelo vestiário, fazendo tiros, batucando com os dedos. Parecia um animal enjaulado. E então, no dia seguinte, eu ia enfrentar Roger, e ficamos conversando sobre sua casa na Suíça, ele acabara de comprar um terreno e falamos sobre o que ele e Mirka iriam fazer. Honestamente, foi tão tranquilo como se estivéssemos sentados em um café."

Ainda assim, os dois, não apenas Nadal, eram notáveis em virar a chave quando chegava a hora do combate: se transformavam em campeões de olhar severo. Simplesmente acontecia que Federer aguardava até mais tarde no processo para fazer a mudança. A transformação de Nadal acontecia no vestiário; a de Federer, na quadra.

"Acho que as pessoas não dão crédito a quanto Federer é letal", disse Blake. "Porque ele é tão relaxado antes da partida, e diz: 'Ah, claro, venha ver o interior da Suíça, é lindo, blá-blá-blá.' Depois ele vai e me dá uma surra. Ele ainda tem totalmente aquela mentalidade de guerreiro, aquela atitude que diz 'eu *vou* vencer'. Mas ele não sai dizendo isso da maneira que as pessoas poderiam associar com, por exemplo, o jeito de Rocky Balboa.

Nadal, com seus rituais pré-batalha e saltos de canguru no túnel do estádio, projetava um guerreiro para seus colegas, o que era intimidador. Federer estava mais para 007, igualmente letal, mas capaz de neutralizar a ameaça sem que você o visse suar e bem a tempo para tomar um drinque.

Mas também havia fortes semelhanças: tanto amplas quanto milimétricas.

Eles eram sensíveis e empáticos e tinham sido criados por suas famílias para acreditar que bons modos são importantes: ter um aperto de mão firme, fazer contato visual, reconhecer o esforço e o favor. O lema de Federer era: "É legal ser importante, mas é mais importante ser legal." Nadal e a família estavam mais para: "Você não é especial por causa de quem é, mas por causa do que faz."

Ambos eram tão aficionados por futebol que poderiam ter sido profissionais, e embora ambos tenham concluído, aliviados, a educação escolar formal aos dezesseis anos, eram curiosos quanto ao mundo mais amplo pelo qual estavam agora viajando em busca da glória no tênis. Os dois eram próximos dos pais, mas, na juventude, tinham contado profundamente com um ex-tenista profissional cujas aspirações para a própria carreira não tinham se concretizado. Até a escolha de preparador físico dos dois era parecida. Tanto Pierre Paganini para Federer quanto Joan Forcades eram profundos pensadores que preferiam trabalhar de maneira não convencional, nas sombras, em vez de viajar pelo circuito.

Paganini e Forcades, um professor escolar em meio período de Mallorca, deram-se conta de que uma preparação tradicional não era o ideal para seus clientes: abstiveram-se das corridas de treinamento e da musculação para, em vez disso, se concentrar em movimentos que estavam diretamente relacionados ao ritmo percussivo intermitente do tênis.

"Acho que Roger não corre há vinte anos", comentou Yves Allegro.

Tanto Federer quanto Nadal também estavam, em um nível mais fundamental, ancorados em culturas com valores igualitários que moderavam a noção deles de quanto eram importantes e também permitiam que vivessem sem que fossem importunados ou perseguidos: Federer na Suíça; Nadal no casulo do clã em Mallorca.

A barreira de linguagem entre os dois foi real por algum tempo, mas à medida que o inglês de Nadal melhorava lentamente (o espanhol de Federer nunca melhorou), eles perceberam — como uma fotografia sendo revelada em uma sala escura — que tinham mais em comum do que imaginavam.

"Nós sabemos o respeito que temos um pelo outro", disse-me Federer há mais de uma década. "Vejo isso nos olhos dele e ele vê nos meus. Sabemos o que sentimos um pelo outro."

Nenhum dos dois definiria a relação como uma amizade íntima, mas é um sentimento especial.

"Amizade é uma palavra forte", disse-me Nadal em nossa entrevista mais recente. "Mas acho que tenho uma relação muito boa com Roger, há muito respeito e muita confiança mútuos. Nós trocamos confidências, e isso é o mais importante. Não posso comparar Federer com algum amigo meu de Mallorca que tem sido meu amigo a vida toda, mas acho que tanto Roger quanto eu valorizamos todas as coisas que vivenciamos juntos."

Federer vira a confiança de Nadal crescer fora da quadra (na quadra, isso nunca foi um problema).

"Gostamos de nos ver, de conversar e de assegurar que o tênis progrida na direção certa", disse ele. "Lembro-me de Rafa bem mais novo; ele era muito tímido, me admirava e dizia: 'Estou feliz com o que quer que Roger queira.' Depois, ele desenvolveu uma personalidade muito mais forte, sabe, e continuamos nos divertindo."

Ambos possuem um traço antiquado, uma percepção de que vale a pena preservar relações individuais e tradições, assim como de que o esporte que praticam não deveria impor muitas mudanças a si mesmos.

"No fim das contas, acho que isso é verdade sobre nós", disse Nadal. "Conversamos bastante e acho que temos muitas opiniões que são muito parecidas em muitos aspectos, nossa maneira de compreender o esporte e nossa vida nele."

Cada vez mais, os dois têm usado análises em algum grau por ordem de seus treinadores, mas ambos preferem libertar a mente e deixar que os instintos imperem sob pressão.

"Roger, por exemplo, não é um grande fã de estatísticas no tênis", revelou Nadal. "Nem eu. Ele gosta da história do esporte e tem respeito por ela e pelas histórias dos campeões, como eu. Acho que, no fim das contas, temos muito em comum. E acredito que passamos a nos entender melhor com o passar dos anos."

Um dos entendimentos compartilhados pelos dois: a rivalidade entre eles era muito boa para os negócios.

Isso teria sido verdade mesmo sem 2008. Eles tiveram diversos duelos memoráveis em outros anos, mas 2008 foi o que os fixou juntos definitivamente no consciente coletivo.

Foi uma sequência de dois passos: anticlímax no saibro, esplendor na grama.

A decepção veio na final de Roland Garros, a terceira final seguida entre os dois na França. O burburinho antes da partida estava mais para um rugido. Ainda posso fechar os olhos e ver Larry Ellison, o bilionário americano magnata do software, tomando seu assento alguns minutos antes da final. Ellison, um ávido tenista recreativo, era um dos homens mais ricos do mundo, capaz de comprar uma ilha havaiana (ele comprou Lanai) ou de investir centenas de milhões de dólares na busca da cada vez mais periférica America's Cup de iatismo. Mas, naquela tarde de domingo em Paris, a expressão de Ellison dizia que ele não desejaria estar em nenhum outro lugar no planeta a não ser aquele assento, pronto para assistir ao mais recente e talvez maior duelo entre Federer e Nadal.

A partida levou somente uma hora e 48 minutos, e só durou tanto porque Nadal joga os games nos quais saca em um ritmo mais comedido.

O placar final de 6-1, 6-3, 6-0 foi o mais desequilibrado em uma final de simples masculina do Grand Slam desde quando John McEnroe só concedeu a Jimmy Connors quatro games na final de Wimbledon de 1984.

Nadal quebrou o serviço de Federer no game de abertura. Logo em seguida, engrenou em uma sequência na qual venceu 22 pontos de 25 possíveis.

Federer, sendo Federer, tentou embaralhar as cartas. Permaneceu no fundo da quadra e disputou ralis, mas Nadal foi rápido demais, oportunista demais e de uma precisão insuperável: cometeu apenas sete erros não forçados na partida. Federer tentou atacar junto à rede, somente para correr o risco de ficar com torcicolo conforme as bolas passavam a toda por ele.

As cartas eram favoráveis e, no fim, aparentemente, Federer estava apenas um pouco mais constrangido do que Nadal. Quando a última direita de Federer caiu fora, Nadal, tantas vezes arrebatado pela emoção de vencer Roland Garros, não fez nada mais além de erguer os braços, sorrir e arrastar os pés até a rede para o aperto de mãos.

"Em primeiro lugar, não preparo minhas comemorações; faço do jeito que estiver me sentindo", revelou Nadal. "Nos outros anos, venci em quatro sets, as partidas foram mais apertadas do que esta. Dessa vez, não houve nenhum momento de tensão máxima. E, considerando minha relação com Roger, pareceu a maneira certa de me comportar."

Foi uma resposta sincera e razoável: uma marca registrada de Nadal. Ele estava tão surpreso quanto todo mundo com aquela derrota.

Eles tinham jogado apenas poucas semanas antes no saibro em Hamburgo, com Nadal enfrentando uma virada de Federer para vencer em três sets apertados. Mas, em Hamburgo, a bola quica mais baixo e as condições são em geral mais pesadas. Em Paris, Nadal engrenara em um ritmo de quadra de saibro que Federer não possuía: tornou-se o primeiro homem desde Borg a vencer Roland Garros sem perder nenhum set.

Borg, de volta à primeira fila para a final, teve uma visão muito diferente da rivalidade entre Federer e Nadal da que experimentara em Wimbledon no ano anterior. Talvez fosse mais preciso chamá-la de rivalidade entre Nadal e Federer: agora, Nadal liderava a série por 11-6 e tinha vencido nove das dez partidas entre os dois no saibro.

"Definitivamente, acho que ele melhorou", disse Federer. "Ele está muito melhor na defesa, muito melhor no ataque. Quando você realmente não consegue jogar o seu jogo e ele consegue fazer exatamente o que quer da linha de base, bem, você às vezes termina com placares como este. É difícil para o adversário, obviamente."

Tão difícil que era necessário se perguntar quais seriam as repercussões para Federer pelo restante de 2008, quando eles deixaram o saibro para trás.

"Escute, já venci Rafa por 6-0 em um set; já o derrotei em finais; já o derrotei muito confortavelmente em ocasiões anteriores", declarou Federer. "Mas, na verdade, isso não me proporcionou nenhuma vantagem sobre ele no saibro, sabe."

Por muitos motivos, foi uma fase difícil. Em março, divulguei a notícia de que Federer estava se recuperando de mononucleose. Só a tornei pública porque Federer, na era anterior às redes sociais, decidiu que falar comigo e com o *Times* era a melhor maneira de divulgar a notícia e ajudar a colocar suas dificuldades recentes em perspectiva.

Ele jogara somente dois campeonatos em 2008, perdendo ambos. Novak Djokovic o derrotara sem perder nenhum set nas semifinais do Aberto da Austrália enquanto prosseguia para, com apenas vinte anos na época, conquistar seu primeiro título do Grand Slam.

"Criei um monstro, portanto sei que sempre preciso vencer todo campeonato", disse Federer, sentindo a consternação em sua coletiva de imprensa após a derrota. "Mas, sabe, chegar às semifinais ainda é muito bom."

Na primeira rodada em Dubai, Federer perdeu para outro jogador de vinte anos, Andy Murray, depois de fazer um intervalo de cinco semanas nas competições.

Durante o intervalo, ele fez exames na Suíça e em Dubai depois de adoecer pela terceira vez em seis semanas. Os médicos lhe disseram que ele contraíra mononucleose, mais provavelmente em dezembro de 2017. Mononucleose pode provocar sintomas parecidos com os da gripe e um cansaço duradouro e debilitante. Em geral, os médicos recomendam que os pacientes evitem atividades físicas intensas devido ao risco de romper o baço.

Mario Ancic, o talentoso croata, fora forçado a abrir mão dos primeiros seis meses da temporada de 2007, passando mais de dois meses de cama devido à mononucleose, o que o levou a abandonar a carreira. Robin Söderling, outro rival de Federer, aposentou-se por causa da doença na década de 2010.

"Havia um jogador de futebol no time da minha cidade na Suíça que ficou sem jogar por dois anos", declarou Federer quando conversamos ao telefone. "Você ouve dois anos e ouve seis meses. Portanto, pensei: Ai, meu Deus."

Federer disse que havia sido liberado pelos médicos para retomar os treinos pouco antes do evento em Dubai.

"Finalmente, recebi o sinal verde, e enfim pude investir 100% no treino de novo, porque não era muito divertido estar lá meio que pela metade", disse ele. "Não gostei nada daquilo. Mas, ao mesmo tempo, foi interessante, e também é preciso passar por esses momentos. Sei disso. No decorrer de uma carreira, talvez uma longa carreira, como número 1, você precisa passar por lesões e doenças."

Ele disse que não desejara mencionar publicamente a doença por medo de diminuir o valor das vitórias de Murray e de Djokovic, e, só de mencioná-la, já parecia encabulado.

Mas ele sentiu que precisava revelar a situação antes de voltar a jogar em Indian Wells. Se os fofoqueiros e seus colegas jogadores iam questionar o nível do seu jogo, eles ao menos deveriam saber de tudo.

Sua predominância, a seu ver, não estava perto de terminar.

"Não acho que seja justo avaliar dessa maneira", disse ele. "Para mim, era apenas uma questão de tempo até que os mais novos começassem a se destacar. Agora estão aqui, são bons e tudo o mais, mas ainda sou o número 1 do mundo. Acho que eles estão se saindo bem. Mas acho que seria muito prematuro, quase um pouco rude em relação a mim por causa de tudo que fiz nos últimos anos. Acho que não é justo simplesmente dizer: 'O cara perdeu duas partidas, disputou dois campeonatos e não ganhou nenhum, portanto terminou para ele.'"

Desde o começo da carreira, Federer era particularmente bom em avaliar o clima na sala de entrevistas. As antenas dele captavam negatividade na galeria quase com a mesma velocidade com que podia dar um voleio no meio da quadra, e ele frequentemente tentava se esquivar de questionamentos desconfortáveis antes que eles se desenvolvessem.

O ano de 2008, entretanto, foi um desafio sem precedentes em minimização de danos. Federer chamou José Higueras, respeitadíssimo técnico espanhol, para ajudá-lo durante a temporada de quadras de saibro, começando em Estoril. Higueras, um ex-astro espanhol que morava em uma fazenda em Palm Springs, Califórnia, fora fundamental na conquista de Roland Garros de Michael Chang e Jim Courier. Aquele continuava sendo o único Grand Slam que Federer não havia conquistado.

"Roger não estava na sua melhor forma, porque acho que o corpo precisa de dezoito meses para se livrar completamente da mononucleose", disse-me Higueras. "Encontrei-o em Estoril, e perdi minha bagagem, então eu não tinha nada. Depois do jantar, ele disse: 'José, vamos para o meu quarto.' Portanto, fui para o quarto dele e acabamos vendo jogos até a uma da manhã. O que realmente me impressionou nele foi quanto ele é interessado em tudo, pergunta sobre tudo. Ele conhecia os jogadores juvenis, conhecia todo mundo, e aquilo foi muito revigorante para mim, honestamente."

Higueras convenceu um cético Federer a começar a usar deixadinhas de direita no saibro como uma mudança de ritmo. Federer, que aprende rápido, venceu em Estoril. Mas nem todo o conhecimento de Higueras sobre saibro foi capaz de ajudar Federer contra o massacre na final de Roland Garros.

"Rafa estava no auge da forma, e, obviamente, para Roger sempre foi difícil jogar no saibro, não apenas em termos técnicos, mas também psicológicos. Quando começava a decair, ele simplesmente não conseguia acertar", explicou.

Higueras, que só estava trabalhando por algumas semanas com Federer, planejara ir à Espanha ver a família, mas, pouco depois da final, recebeu uma mensagem do agente de Federer, Tony Godsick, dizendo que o suíço queria que Higueras se juntasse a ele na semana seguinte para o ATP de Halle, torneio alemão em quadra de grama.

"Eu já tinha comprado as passagens, mas pensei: Meu Deus, depois desse massacre, não posso dizer não", disse Higueras. "Portanto, fomos a Zurique por uns dois dias e depois seguimos para Halle. Fomos à quadra de treinamento, e foi como se ele tivesse acabado de vencer Roland Garros pela quinta vez consecutiva, sabe, o prazer de rebater e jogar. Sinceramente, aquilo me deixou de bom humor, e ou ele aprendeu isso com alguém ou nasceu assim, porque a capacidade de deixar para trás uma derrota como aquela e não a carregar consigo por algum tempo é muito impressionante. Acho que é algo que ele tem feito consistentemente por toda a carreira."

Federer venceu em Halle sem perder um único set e reconquistou algum embalo, mas a realidade era que, quando chegou Wimbledon, os torneios de Estoril e de Halle tinham sido seus únicos dois títulos de 2008. Ambos eram eventos de menor importância. Aquilo era motivo para preocupação, e Nadal só ficava cada vez mais forte depois de derrotar Roddick e Djokovic para vencer no ATP de Queen's, disputando em um campeonato em quadras de grama de nível mais elevado que o de Halle.

"Nadal era simplesmente uma bola de demolição", disse Brad Gilbert.

Federer captou a mensagem quando Wimbledon começou, aumentando seu nível e chegando à final sem perder um único set. Nadal só perdeu um.

A revanche estava marcada.

"Certamente, é a final dos sonhos para todos", disse Federer.

Os elementos de sonho estavam de fato presentes.

Era a disputa mais atraente do tênis na quadra mais mítica e histórica do esporte. Federer estava tentando quebrar o recorde masculino da era moderna de Borg, conquistando o sexto título seguido em Wimbledon. Nadal tentava conquistar seu primeiro e se tornar o primeiro homem desde Borg a completar a difícil dobradinha Roland Garros-Wimbledon.

"Acho que a percepção do público é que talvez seja o destino de Nadal vencer aqui depois de uma final tão apertada no ano passado e de ter realmente dominado Roger em Paris", disse-me Darren Cahill antes da final. "Mas eu amo como Roger elevou o nível do seu jogo desde Paris. Acho que a forma dele em Wimbledon tem sido a melhor desde 2008, e acredito que ele está na melhor forma que já o vi chegar a uma final aqui. Acho que o serviço dele está perfeito de novo. Ele está colocando as bolas lindamente, acertando-as perto da linha, com muitos aces. E o que também gosto, para ser franco, é a rapidez no passo e a leveza nos pés em seus movimentos. Ele está novamente afiado no jogo."

Outra derrota sem vencer nenhum set parecia fora de cogitação, mas Nadal estava com a determinação renovada enquanto se preparava para sua terceira final de Wimbledon consecutiva contra Federer. Sim, ele precisou de uma injeção de analgésico na sola de seu problemático pé esquerdo pouco antes da final, mas, infelizmente, aquilo não era tão incomum. Ele não sentia que era o favorito da vez, mas, para variar, não se sentia como o azarão.

Em sua visão, era uma partida aberta, e, talvez, essa convicção tenha sido um dos muitos fatores que fez dela justamente uma disputa sem um claro favorito.

Ele venceu os dois primeiros sets, virando de 1-4 no segundo, e embora Federer tenha começado a arriscar mais nas devoluções de saque e a atacar na rede com mais frequência, Nadal chegou perto de também assumir o domínio do terceiro set. Em 3-3, Federer ficou em uma desvantagem de 0-40 enquanto sacava, mas conseguiu escapar. Com Federer à frente por 5-4, uma chuva interrompeu a partida por mais de uma hora.

Federer, atuando outra vez sem treinador formal na ausência de Higueras, recebeu palavras de estímulo de Vavrinec assim que deixou a quadra. Segundo Jon Wertein em seu livro *Strokes of Genius*, sobre a final de 2008, Vavrinec lembrou ao namorado que ele, e não Nadal, era cinco vezes campeão. Federer disse, posteriormente, que não tinha lembrança alguma daquilo.

"Não creio que ela diria isso, sinceramente", declarou em entrevista ao *Sunday Times*.

Pouco mais de uma hora depois, Federer retornou à grama com energia renovada: venceu o tiebreak e forçou um quarto set. A final estava prestes a decolar de verdade e, embora Federer estivesse na ascendente, Nadal ascendeu ao nível dele.

Obviamente, o melhor era ter estado lá. Wimbledon deveria estar em todas as nossas listas: mais lotado e menos como um clube do que se imagina, mas absolutamente autêntico à sua reputação. A paleta de cores e a acústica da quadra central, por si só, já valem a visita: o modo como os sons se fundem e ressoam no espaço, destilando a disposição coletiva.

O tênis também é melhor pessoalmente: permitindo que se perceba, de verdade, justamente quanto efeito há na esquerda de Nadal e na direita de Federer; quão rapidamente eles podem fechar com uma deixadinha da linha de base; e, acima de tudo, quanto os golpes podem ser percussivos quando um está tentando quebrar o outro.

A TV ainda precisa encontrar uma forma de comunicar tudo isso, porém, bem mais de uma década depois, nenhum de nós pode estar na final de 2008, viajar de volta no tempo e pressionar play a qualquer momento da partida de duas horas para sentir o drama. Ele está presente na concentração intensa dos dois combatentes; nas reações fortes e imediatas do público.

Era um clima que mudava depressa, o que uma obra-prima mútua no tênis exige, e, a 5-2, o clima no lado de Nadal era esfuziante depois que ele assumiu a liderança por 5-2 no tiebreak do quarto set. Ele estava a dois pontos de conquistar o campeonato, prestes a jogar dois pontos sacando.

Teria ele aprendido como fechar o jogo contra Federer em Wimbledon? Parecia que não: ele cometeu dupla falta quando seu segundo serviço hesitante bateu na fita da rede. Depois, deixou uma bola curta na quadra para Federer atacar e errou uma passada de direita que já tinha realizado milhares de vezes contra adversários inferiores.

Sua vantagem era de apenas 5-4, e logo se foi totalmente depois que Federer marcou dois pontos sacando. Nadal sobreviveu a um set point e a um longo rali, depois chegou ao seu primeiro championship point verdadeiro com 7-6. Federer não hesitou, cravando um primeiro serviço aberto que Nadal retornou com uma bola longa de esquerda. Estava 7-7: hora de Nadal acertar uma bola vencedora com uma passada de esquerda correndo que caiu perto da linha de base. Poderia ter sido o lance da partida se Federer não tivesse rebatido uma bola vencedora com uma passada que caiu perto da linha de base para encerrar a próxima troca de bola e salvar um segundo championship point.

Depois dessa disputa de demonstrações de precisão sob pressão, a pontuação estava em 8-8 e, quando Federer venceu os dois pontos seguintes, felizmente chegara a hora de um quinto set.

É um prazer mais puro escrever a respeito aqui e agora do que foi na época. O atraso devido à chuva significava que já estávamos passando dos limites dos prazos dos jornais europeus. A realidade agridoce de um quinto set significava que a coisa ficara feia.

Passei o restante da partida desviando freneticamente o olhar do tênis para a tela do meu laptop e desejando poder simplesmente saborear a partida.

Em casos de prazo apertado como aquele, preparamos matérias alternativas: duas versões de uma história, uma para cada possível campeão. Uma das minhas manchetes tinha Federer estendendo seu reino sob a luz que morria; a outra tinha Nadal encerrando-o sob a luz que morria. Levaria mais de uma hora para descobrir qual manchete precisaria ser apagada.

A última pausa por causa da chuva ocorreu quando o set estava em 2-2 com Federer sacando em 40-40. Quando a partida recomeçou, depois de quase meia hora, Federer deu dois aces seguidos para confirmar o serviço.

Ele parecia pronto para vencer e, depois, chegou ao break point contra Nadal sacando com 3-4, 30-40. Nadal salvou o ponto acertando uma esquerda seguida por uma bola vencedora com um forte smash ao rebater um curto lob defensivo.

Ele também parecia pronto para vencer.

"Roger! Rafa! Roger! Rafa!" O público na quadra central não conseguia chegar a um consenso.

Federer chegou a dois pontos da vitória com Nadal sacando com 4-5, 30-30, mas Nadal jogou com ousadia mais uma vez para confirmar o serviço.

Os números no placar pareciam continuamente atraídos para um alinhamento: 5-5. 6-5. 6-6. 7-6. 7-7.

O que era difícil de captar para aqueles que assistiam de longe era quanto estava ficando realmente escuro. As câmeras de TV ampliam a luz disponível. As condições se aproximavam da impossibilidade de jogar, com flashes automáticos disparando na arquibancada enquanto alguns dos quinze mil espectadores continuavam a registrar o momento.

Quem poderia culpá-los? O clímax, por mais difícil que fosse vê-lo nas sombras, valeu a espera. Federer salvou três break points no game seguinte, e Vavrinec recostou-se na cadeira e fechou os olhos em um dado momento, esgotada de assistir a seu parceiro na corda bamba. Mas Federer não conseguiu salvar um quarto break point, perdendo um golpe de aproximação de rede que acabou saindo longo demais.

"Eu quase não conseguia ver contra quem estava jogando", disse Federer.

Continuava sendo Nadal, que sacaria pelo título em 8-7 com bolas novas, e sob uma luz totalmente artificial (já passava das nove da noite). Nadal presumivelmente precisava vencer aquele game se não quisesse suportar uma noite maldormida em sua casa alugada em Wimbledon esperando para retomar a final na segunda-feira.

Teria sido uma pena interromper a conclusão daquele épico do tênis. Até Federer compreendia isso, embora não tivesse nenhuma intenção de ajudar Nadal a alcançar a linha de chegada. Foi o último ano com aquele tipo de pressão em Wimbledon. A superestrutura para o teto retrátil já estava instalada sobre a quadra central. Em 2009, o teto e as luzes que o acompanhariam estariam operacionais. Não importaria mais como estivesse o clima, as finais com certeza começariam e terminariam no mesmo dia.

Mas ainda era 2008: o ano de Nadal, em muitos níveis. Federer salvou um terceiro championship point em 40-30 com uma de suas melhores e mais firmes devoluções de esquerda da partida, mas Nadal permaneceu impassível e venceu o ponto seguinte com um primeiro serviço que Federer não conseguiu administrar.

Championship point número quatro. Nadal, cabelo grudado no pescoço, executou seu ritual, colocou mais uma bola em jogo e, depois, deu uma direita francamente sem inspiração e conservadora no golpe seguinte, que saiu curta.

Federer avançou para marretar com o golpe que havia sido o mais crucial para que vencesse cinco Wimbledons seguidos: sua direita.

Dessa vez a bola bateu na rede, e Nadal desmoronou: deslizando de costas na terra que outrora fora grama.

Wimbledon tinha um novo campeão e o tênis masculino tinha uma nova dinâmica: 6-4, 6-4, 6-7 (5), 6-7 (8), 9-7.

A aparência de Federer era a que se imaginaria no perdedor de uma partida como aquela: abatido, retraído, ferido.

"Provavelmente foi minha derrota mais dura até agora", disse ele depois, com os olhos vermelhos. "Quer dizer, não dá para ser muito mais duro do que isso agora."

Nadal parecia apropriadamente realizado: escalando o camarote dos jogadores para abraçar a família e a equipe. Foi um episódio parecido com o de Pat Cash quando ele ganhou em Wimbledon em 1987, mas Nadal acrescentou o próprio toque a 2008, caminhando sobre os tetos das cabines dos comentaristas até o camarote real para saudar o então príncipe herdeiro, atual rei, Felipe, e a então princesa, atual rainha consorte, Letizia da Espanha.

"É a melhor vitória da carreira dele; mentalmente, ele nunca esteve tão forte", disse Toni Nadal. "Nem mesmo em Roland Garros."

Federer acredita que a derrota na final de Roland Garros de 2008 tenha sido um dos fatores que levaram Nadal a ter a confiança e a força para tomar a coroa de Wimbledon de Federer. O suíço também reclamou da visibilidade e da decisão de prosseguir com a partida.

"Teria sido brutal para os fãs, para a mídia, para nós, fazer todos voltarem amanhã, mas o que se pode fazer?", disse Federer. "Obviamente, agora é duro perder o maior campeonato do mundo talvez por causa de um pouco de luz."

Ainda assim, estava igualmente escuro para Nadal, e ele conseguiu sacar para conquistar o campeonato.

"Acho que já provei que não sou somente um jogador de quadras de saibro", disse Nadal. "Mas vencer é muito especial para mim. Dos quatro Grand Slams, este é o mais tradicional. É realmente o campeonato mais importante."

A maior partida de todos os tempos? Precisamos mesmo decidir? A vitória de cinco sets de Borg sobre McEnroe na final de Wimbledon de 1980 realmente não deveria ser descartada. Também foi canhoto contra destro e um contraste maior de personalidades e estilos, com muito mais jogo na rede no que na linha de fundo, o que sempre será característico de Wimbledon para a minha geração e as anteriores.

McEnroe disse que o duelo entre Nadal e Federer foi "a melhor partida que já vi". Mas, claramente, McEnroe estava ocupado demais jogando naquela final de 1980 para ser capaz de julgar seus méritos comparativos. McEnroe salvou sete championship points, quatro a mais do que Federer: cinco deles no tiebreak, que venceu por 18-16 para forçar um quinto set. Embora muitos dos games sacados no quinto set tenham sido desiguais, a partida terminou com uma bola vencedora em uma passada certeira de esquerda de Borg, enquanto o duelo entre Federer e Nadal terminou com um erro fruto de puro nervosismo.

Pela resiliência e força mental titânicas, a vitória de quase seis horas de Djokovic sobre Nadal no Aberto da Austrália de 2012 também merece algum afeto. Pela emoção incessante e pela recompensa sentimental, tenho uma queda pela vitória de cinco sets de Goran Ivanisevic sobre Patrick Rafter na final de Wimbledon de 2001 em uma "segunda-feira do povo", na qual os populares puderam experimentar a quadra central. Mas sei que isso é o coração, e não a mente, falando.

O que parece claro é que a maior partida de todas não pode ser disputada isoladamente. Ela precisa ir se formando e ter uma história de origem incrível, e depois precisa, é claro, ser um espetáculo tenso que faz você dar tapas na testa, que expanda o conceito do que humanos são capazes de fazer com uma raquete na mão.

Escolha, se achar necessário. Contra a parede, eu escolheria Borg-McEnroe, mas tudo isso é papo fora da arena. Uma partida como a final de Wimbledon de 1980 ou a final de Wimbledon de 2008 também é uma questão do que acontece depois.

Ver Borg e McEnroe trocarem uma gargalhada e um olhar de reconhecimento mais de quarenta anos depois do duelo entre os dois é um reflexo do laço que a partida criou entre eles. A rivalidade deles estava apenas começando em 1980, mas não teria muito fôlego com Borg abandonando o esporte no ano seguinte a McEnroe ter decifrado o enigma do sueco nas finais de Wimbledon e do Aberto dos Estados Unidos. No total, eles só disputaram ao longo de quatro temporadas.

A rivalidade entre Federer e Nadal durou tempo suficiente para ficar gravada na paisagem, uma instituição. O duelo deles de 2008 estava muito mais próximo do começo do que do fim na cronologia competitiva deles. Mas, como indivíduos cheios de empatia, Nadal e Federer puderam sentir como aquela partida na escuridão do crepúsculo tocou os outros e também quanto tocou os dois. Suspeito que ela lhes dará motivo para se encontrarem daqui a muito tempo, assim como fizeram no inverno de 2016, quando Federer fez outra viagem a Mallorca para um evento que não foi nem de perto tão surreal quanto a Batalha dos Pisos.

Tanto ele quanto Nadal estavam se recuperando de lesões, e Nadal, depois de um esforço e investimento consideráveis, estava abrindo formalmente sua academia de tênis em Manacor. Ele precisava do poder estelar de Federer, que, por isso, embarcou em um avião na Suíça e passou o dia com ele.

Eles se sentaram lado a lado no palco, profundamente conectados, justamente como estavam naquela noite no All England Club, os flashes iluminando o rosto de ambos enquanto Nadal erguia o troféu de ouro e Federer a bandeja de prata.

CAPÍTULO NOVE

PARIS

Passara menos de uma hora da final de Roland Garros de 2008 na qual o grande Roger Federer fora triturado como o tijolo vermelho usado para fazer o saibro da quadra francesa.

Será que ele ainda acreditava realmente que um dia poderia vencer aquele torneio?

"Sim", respondeu Federer na sóbria entrevista coletiva após a surra.

"Tem certeza?", perguntou o mesmo jornalista, não convencido.

"Você ficará feliz se eu lhe disser que não?", respondeu Federer, ficando irritadiço, o que é raro. "Neste caso, não. Pode escolher a resposta. Estou lhe dizendo que sim."

O ceticismo era justificado. Federer tinha vencido somente quatro games em três sets contra Rafael Nadal: parecia um pouco um homem com um arco e flecha tentando conter um míssil teleguiado. Ele disputara três finais consecutivas de Roland Garros com Nadal, ficando menos competitivo a cada ano.

Mas também era possível ver o futuro nos olhos de Federer. Naquele estágio, ele era, sem dúvida, o segundo melhor jogador no saibro do mundo: capaz de derrotar regularmente todo mundo naquele piso, exceto Nadal.

Novak Djokovic estava ascendendo rápido e já conquistara um Grand Slam, mas ainda não estava no auge no saibro. Stan Wawrinka acabara de ingressar no top 10. Mestres do saibro como Juan Carlos Ferrero e Guillermo Coria tinham perdido o brilho. Gustavo Kuerten anunciara sua aposentadoria.

Pela perspectiva de Federer, havia um único homem obstruindo seu caminho para completar a coleção de títulos individuais do Grand Slam. Por que Federer não deveria acreditar que conseguiria solucionar o enigma em Roland Garros da mesma maneira que solucionara os enigmas de Lleyton Hewitt e do próprio temperamento no começo da carreira?

"Bem, quero dizer, é difícil derrotá-lo, mas não impossível; há uma grande diferença nisso", disse Federer sobre Nadal.

O saibro é o piso original de Federer. Ele aprendeu o esporte no saibro na Basileia: jogando ao ar livre nos meses mais quentes e, depois, em ambientes fechados sob as grandes bolhas aquecidas que eram infladas sobre as quadras em clubes como o Old Boys.

"Na Suíça, é muito comum ter saibro coberto dentro da bolha para que o clube possa seguir funcionando durante o inverno", disse-me Federer. "Também joguei um pouco em carpete ou em pisos parecidos, mas a maior parte do período de juvenil foi no saibro."

Quadras de piso duro no estilo norte-americano são raras na Suíça. O saibro predomina e apresenta vantagens para todas as idades. Por causa da fricção adicional quando a bola bate no chão, o jogo é mais lento, o que estimula a construção de pontos e o desenvolvimento de uma gama completa de golpes, incluindo a deixadinha. Em pisos mais rápidos, menos ásperos, um movimento da raquete pode resolver o conflito. No saibro, em geral, é necessário ter mais paciência, e, ao longo dos anos, passei a preferir assistir a tênis nessa superfície: por causa dos movimentos, da tática e, em um nível puramente estético, pela maneira que as sombras se alongam sobre o saibro vermelho no fim da tarde em Roma ou em Paris.

Patrick McEnroe, ex-diretor de desenvolvimento de jogadores da Associação de Tênis dos Estados Unidos, acreditava que uma explicação para a escassez de tenistas masculinos americanos no primeiro escalão na década de 2010 era que os europeus tinham uma vantagem por terem se desenvolvido no saibro. Ele argumentava que um número grande demais de jovens americanos era bom em bater na bola, mas não propriamente em jogar. Talvez o saibro fosse a melhor sala de aula, embotando a força bruta e estimulando a construção de pontos, além de ter outras vantagens.

Talvez um dos muitos motivos pelos quais Federer foi capaz de prosperar no circuito por mais de vinte anos foi não ter maltratado o corpo quando jovem, como teria feito se jogasse principalmente em pisos duros. De modo geral, o saibro é mais delicado com as articulações, mas nem sempre foi delicado com o ego de Federer.

Em sua primeira partida no circuito, em 1998, ele foi derrotado no saibro por Lucas Arnold em Gstaad, e depois continuou perdendo no saibro.

"Perdi as minhas onze primeiras partidas, o que foi duro", disse-me Federer anos depois, com o número exato ainda gravado na memória. "Muitas foram por pouco, mas onze são onze. Foi muito marcante."

Uma dessas primeiras derrotas no saibro foi na edição de 1999 de Roland Garros, na estreia de Federer no Grand Slam. Ele estava enfrentando Patrick Rafter, o australiano carismático que gostava de subir à rede e vencera duas vezes seguidas o Aberto dos Estados Unidos, em 1997 e 1998. Rafter era um jogador nato em pisos rápidos, mas sabia deslizar e atacar no saibro, porque, com os grandes australianos Rod Laver e Roy Emerson, crescera praticando na ensolarada Queensland em quadras de "piso de formiga": terra triturada de cupinzais.

"É muito escorregadio; você desliza muito", disse Rafter. "É o mais parecido com saibro que temos em Queensland."

Rafter chegara às semifinais de Roland Garros em 1997 e à final do Aberto de Roma no saibro apenas alguns dias antes de desembarcar em Paris. Federer, que jamais conhecera Rafter, tinha dezessete anos e a sorte de contar com um *wild card* para a chave principal, o que era geralmente reservado a jovens tenistas franceses promissores. Mas o agente de Federer na IMG na época, Régis Brunet, era um ex-jogador francês com bons contatos, e Federer terminara 1998 como o número 1 juvenil do mundo, ainda que tivesse perdido na primeira rodada de simples e de duplas no torneio juvenil de Roland Garros.

Como Rafter era um astro e estava em terceiro lugar no ranking, a partida foi disputada no segundo maior local do evento: a quadra Suzanne Lenglen, com capacidade para dez mil pessoas.

A quadra é uma arena moderna e elegante com excelentes linhas de visão e ótimos assentos para a imprensa diretamente atrás da linha de base: continua sendo o melhor lugar para se assistir a uma partida de tênis, compreender o quadro geral e evitar torcer o pescoço para acompanhar a bola. Eu era um dos milhares na arquibancada e, provavelmente, um dos poucos que fora ver Federer em vez de Rafter. Como repórter de tênis, é sempre preciso estar em busca da nova sensação, e dois agentes que eu conhecia bem haviam mencionado Federer como um candidato. O que mais me intrigou foi que os agentes com quem conversei não estavam trabalhando com o suíço, de modo que não tinham incentivo algum para enaltecer a imagem dele. Eles simplesmente sabiam que Federer era especial.

Wild cards podem ser o fator crucial na ascensão de um jovem tenista, permitindo-lhe saltar ou abreviar o percurso habitual pelo circuito periférico ou por rodadas eliminatórias, obtendo rapidamente pontos e exposição significativos, o que é importante para potenciais patrocinadores. Tenistas dos países onde ocorrem os Grand Slams — Austrália, Grã-Bretanha, França e Estados Unidos — têm maior vantagem, pois podem obter acesso antecipado aos principais campeonatos. Contudo, apesar de ser suíço, Federer recebeu vários *wild cards* nos primeiros anos: mais de dez no nível do circuito, incluindo um para Wimbledon em 1999, depois de conquistar o título juvenil. Em Paris, ele esperava capitalizar na oportunidade de subir no ranking. Na época, um forasteiro que derrotava um jogador bem ranqueado recebia pontos bônus além dos pontos regulares obtidos por ganhar uma partida.

"Eu receberia pontos bônus dobrados se derrotasse Rafter em um Slam", disse Federer. "Portanto, em vez de 45 pontos, eu teria ganhado noventa. Obviamente, eu nunca o derrotaria, mas, ainda assim, você começa a sonhar e a pensar: E se? Imagina o que faria com minha posição no ranking? Antes da partida, você fica pensando em tudo isso."

A elegância de Federer não chamava a atenção naquele estágio. Ele ainda não conhecera Anna Wintour, editora-chefe da *Vogue*. Usava roupas de tênis largas e boné, em geral com a aba para trás. E se apressava entre os pontos como se tivesse que pegar um trem suíço (pontual, é claro). Na época, ainda havia uma certa frouxidão no seu jogo, certos padrões nos quais ele ainda parecia hesitante quanto a como organizar a mente e o corpo. Mas seus golpes eram inegavelmente garbosos, seu saque tinha movimentos fluidos e sua força era impressionante para um jogador de dezessete anos. Quando ele apareceu rebatendo e venceu o primeiro set, eu estava me sentindo muito bem por estar no lugar certo e na hora certa: uma eterna busca jornalística. Infelizmente, aquele foi o fim da tentativa de Federer de derrotar Rafter e chocar a todos. Ele só ganhou cinco games depois disso, e Rafter o derrotou por 5-7, 6-3, 6-0, 6-2.

"Acho que sempre fui um jogador de partidas grandes, um jogador de quadras grandes contra os melhores, mas sabia que seria difícil enfrentar Rafter com seu saque kick e minha esquerda de uma mão", disse-me Federer. "Depois do primeiro set, ele entendeu como eu jogava e, tipo, me deu uma surra. Eu ainda carecia de algumas ferramentas das quais precisava para sair daqueles ralis, e Pat era um veterano. Ele sabia o que estava fazendo."

Ainda assim, o sempre afável Rafter afirmou ter ficado impressionado. E não falou aquilo por mera cortesia.

"Ah, ele é muito talentoso", disse Rafter. "Sabe, ele faz de tudo. Tem um bom serviço. Bate com força em algumas devoluções. Ele é perigoso com isso. Tem uma direita muito boa e uma boa esquerda. Ele é muito novo e precisa começar a trabalhar duro. Acho que, se ele conseguir trabalhar pesado e se dedicar de verdade, será um excelente jogador."

A análise inicial de Rafter se confirmou de modo muito impressionante com o passar dos anos, mas Roland Garros permanecia um ambiente desafiador para Federer, apesar do seu francês fluente e de ele ter sido exposto desde novo ao saibro vermelho. Ele chegou à quarta rodada em 2000 e às quartas de final em 2001: ambos resultados excelentes naquele estágio do seu desenvolvimento. Mas em 2002 ele perdeu na primeira rodada para Hicham Arazi, do Marrocos, e em 2003, quando Federer já ingressara no top 5, foi derrotado na primeira rodada pelo peruano Luis Horna.

Tanto na derrota para Arazi quanto na que sofrera para Horna, Federer não ganhou sequer um set. Federer explicou que achava difícil se orientar na quadra principal, a Philippe Chartrier, por causa da extensão, com mais espaço disponível do que o habitual para que os jogadores se movimentassem fora das linhas.

"Eu realmente tinha dificuldade com o tamanho", disse-me Federer. "Eu sentia, pela minha visão, que aquilo me deixava um pouco hesitante às vezes."

Acima de tudo, parecia que ele estava tendo dificuldades com a pressão. Em 2004, ele perdeu na terceira rodada por 6-4, 6-4, 6-4 para Gustavo Kuerten: um resultado enganador, se levarmos em consideração que Guga já ganhara Roland Garros três vezes e tinha muita afinidade com o saibro.

Em 2004, Kuerten, comprometido por uma dor crônica no quadril, já passara muito do auge e ocupava apenas o 28º lugar no ranking.

Federer era o número 1 e detinha os títulos de Wimbledon e do Aberto da Austrália.

"Eu deveria tê-lo derrotado, mas, mais uma vez, algo não funcionou", disse Federer.

Com isso em mente, Federer decidiu ir cedo para Paris em 2005 e passar o máximo de tempo possível praticando na quadra central, na tentativa de ficar genuinamente confortável. Quando o entrevistei pouco antes do início do torneio, ele estava muito confiante e cheio de argumentos assim que mencionei todos os grandes jogadores ofensivos que venceram os outros três torneios principais, mas nunca haviam ganhado em Paris. A lista incluía John McEnroe, Boris Becker, Stefan Edberg e Pete Sampras. Por enquanto, Federer fazia parte do clube deles.

"É realmente difícil sacar e volear para chegar à vitória em Roland Garros", disse Federer.

"Pete com frequência tentava ficar no fundo da quadra", falei.

"Sim, mas ele nasceu para subir à rede com mais frequência por causa do seu saque forte e porque sua técnica na linha de base era muito limitada", argumentou Federer. "E ele também jogava com aquela raquetinha."

Federer estava se referindo à Wilson Pro Staff com cabeça de 85 polegadas quadradas que Sampras nunca abandonou: uma decisão da qual ele hoje se arrepende. Federer derrotou Sampras com uma raquete igual em 2001, mas mudou para uma versão um pouco maior em 2002 para dar a si mesmo uma margem de erro maior.

"Não estou dizendo que com outra raquete Pete teria vencido Roland Garros, mas teria ajudado", disse Federer. "A minha tem noventa polegadas e sinto que fico muito, muito mais no fundo da quadra. Não dá para comparar comigo, especialmente com McEnroe. Mas Edberg, Becker, Sampras, todos eles subiam à rede com muito mais frequência. Eles quase precisavam tentar chegar lá, do contrário perderiam. Se você conseguisse mantê-los na linha de base, teria superioridade, enquanto sinto que, se estou na linha de base, quem tem a vantagem sou eu."

O que sempre gostei nas minhas entrevistas com Federer é que ele se esforça para dar respostas objetivas, mesmo que possa parecer arrogante.

Ele sabe que o risco existe, mas prefere permanecer "natural", para usar a expressão dele, porque isso simplifica o processo e lhe permite evitar contradições e explicações no futuro.

Ele estava genuinamente convencido de que tinha mais chance do que seus modelos de vencer Roland Garros, e, em termos comparativos, ele tinha razão. McEnroe, sem dúvida, jogava melhor junto à rede e usava muito pouco topspin. A direita de Edberg era uma desvantagem em ralis longos. A movimentação de Becker não era do mesmo nível da de Federer em nenhum tipo de piso. A de Sampras não se igualava ao nível da dele no saibro, e Sampras também sofria de uma doença sanguínea congênita, talassemia, que podia afetar sua resistência nas partidas longas e desgastantes que com frequência se desenrolavam no saibro.

"Wimbledon sempre permanecerá em primeiro lugar no meu coração, isso é claro, por causa das emoções que senti lá e por causa dos meus ídolos", disse Federer. "Todos eles venceram lá, mas estou ciente, se eu conseguir vencer Roland Garros, de quanto isso contribuirá para o meu lugar na história. Portanto, por esse motivo, acho que esse torneio sempre será muito especial para mim em termos de como me preparo para ele, porque só terei mais sete ou dez, talvez quinze chances."

"Quinze?!", gaguejei.

Na época, Federer tinha 23 anos. Mais quinze edições de Roland Garros era pensar extremamente a longo prazo.

Federer riu.

"Ei, se levar em consideração a carreira de Andre, você quase precisa chegar lá", disse ele sobre Agassi, que chegou à final do Aberto dos Estados Unidos, mais tarde naquele ano, aos 35 anos. "Escute, gosto do desafio. No saibro, tenho muitos adversários difíceis, mais do que em outros pisos, e acho que, por esse motivo, me esforço ainda mais. Só é uma pena, uma 'pena boa', que eu jogue tão bem em todos os pisos, de modo que isso não me permite ter a melhor preparação para o saibro ou ter horas suficientes no saibro, ou torneios suficientes."

Em retrospecto, Federer perdeu uma grande oportunidade em 2004, o último ano antes de Nadal aterrissar em Roland Garros. A chegada de Nadal em 2005 mudou a equação, frustrando os planos de todo mundo. O que Michael Phelps era para a água de piscina, Nadal era para o saibro vermelho.

"Depois de 2004, comecei a jogar muito melhor", disse-me Federer. "E fiz minhas semifinais e minhas finais, mas o problema foi que Rafa tomou vida, e Rafa era Rafa, e foi muito difícil."

Federer fazia Nadal parecer mais uma divindade nórdica com um martelo mágico do que um mortal de Mallorca com uma raquete Babolat. Mas quem poderia censurá-lo? Não havia nenhuma fragilidade humana no recorde de Nadal em Roland Garros. Em 2009, ele tinha conquistado cinco títulos seguidos e acumulado um retrospecto de 45-0 em todas as partidas de melhor de cinco sets no saibro, incluindo a Copa Davis e as finais do Masters Series.

"É difícil imaginar que isso seja possível", disse o jogador americano Sam Querrey, uma das muitas vítimas de Nadal no saibro. "Porque venci um set contra ele no saibro ano passado na Copa Davis, e não sou um mago nessa superfície. Acho que, a essa altura, a maioria das pessoas já teria imaginado que ele estaria cansado ou que alguém simplesmente teria um dia inacreditável e ele teria um dia ruim. Mas ele simplesmente parece conseguir fazer isso."

Contudo, Nadal tinha motivos para estar preocupado em 2009: dois dos quais só eram conhecidos por pessoas bem próximas.

Até então, o público em geral só sabia que Federer o tinha derrotado no saibro na final em Madri uma semana antes do início de Roland Garros. Mas aquilo parecia compreensível devido às condições rápidas em Madri, que fica a setecentos metros de altitude, e, acima de tudo, porque Nadal precisara lutar por mais de quatro horas na semifinal contra Djokovic na véspera da partida contra Federer.

O que não era do conhecimento público era que Nadal estava com tendinite nos joelhos e seus pais, Sebastián e Ana María, tinham se separado.

Sebastián informara ao filho no avião quando voltavam do Aberto da Austrália, onde Nadal conquistara o título pela primeira vez ao derrotar Federer.

Nadal, no meio da fase mais satisfatória da sua jovem carreira, ficou atordoado com a notícia. Em sua autobiografia de 2011, *Rafa*, Nadal disse que não falou com o pai pelo resto da viagem para casa à medida que absorvia o choque. Ele descreveu o episódio de modo tocante com a

A elástica esquerda de uma mão de Federer em toda a sua extensão em Madri: olhos no ponto de contato. *(Cortesia de Ella Ling)*

Federer conquista o título individual juvenil em 1998 em Wimbledon aos dezesseis anos. *(Fotografia de Mike Hewitt/Getty Images)*

O novo campeão de Wimbledon posa com Mirka Federer, Lynette Federer, o técnico Peter Lundgren e o fisioterapeuta Pavel Kovac em julho de 2003 no All England Club. *(Fotografia de Thomas Coex/AFP via Getty Images)*

Federer e Nadal se encontram na rede ao anoitecer depois da final de 2008 de Wimbledon: uma das maiores partidas de tênis já disputadas. *(Cortesia de Ella Ling)*

Irritado, Federer quebra uma raquete ao enfrentar Novak Djokovic em 2009, em Miami, uma rara recaída para um homem que aprendeu a controlar sua frustração. *(Cortesia de Ella Ling)*

Nadal celebra na primeira página do *The New York Times*: um espaço raro para uma partida de tênis, mas a final masculina de 2008 de Wimbledon transcendeu o esporte. *(Cortesia do autor)*

As lágrimas rolam quando Federer finalmente conquista Roland Garros, em 2009. O antigo rival Andre Agassi entregou a ele o troféu do torneio. *(Fotografia de Ryan Pierse/Getty Images)*

O golpe característico de Federer: a direita de dentro para fora. *(Foto de Julian Finney/Getty Images)*

A Suíça conquista sua primeira Copa Davis. Da esquerda para direita, em 2014 em Lille: Michael Lammer, Marco Chiudinelli, Stan Wawrinka, Federer e o capitão Severin Lüthi. *(Fotografia de Julian Finney/Getty Images)*

"A falta de contorção facial quando ele bate na bola diz muito. Jogar tênis é natural para Federer, ele faz isso sem esforço; é uma extensão de seu corpo e sua mente." *(Cortesia de Ella Ling)*

A entrevista na quadra depois da vitória. Federer deu centenas ao longo dos anos. Aqui, com Jim Courier no Aberto da Austrália de 2017. *(Cortesia de Ella Ling)*

Virada de jogo concluída. O momento da vitória no Aberto da Austrália de 2017: o título de Grand Slam mais surpreendente de Federer. *(Cortesia de Ella Ling)*

Djokovic, o homem mais elástico do tênis. *(Cortesia de Ella Ling)*

Federer e Nadal jogaram duplas juntos pela primeira vez na Laver Cup de 2017, em Praga. *(Fotografia de Clive Brusnkill/Getty Images para a Laver Cup)*

O técnico Ivan Ljubicic se esforça para demonstrar calma enquanto Federer treina em 2019 na Roger-Platz, a quadra batizada em sua homenagem em Felsberg, Suíça. *(Cortesia do autor)*

Federer no saibro entre os técnicos Lüthi e Ljubicic enquanto o parceiro de treino Dan Evans se levanta. *(Cortesia do autor)*

Sócios do clube com uma vista para os picos nevados dos Alpes e uma sessão de treino de Federer no Tennisclub Felsberg. *(Cortesia do autor)*

Uma das derrotas mais dolorosas de Federer: a final de 2019 de Wimbledon. *(Fotografia de Matthias Hangst/Getty Images)*

Federer jogou por tempo suficiente para que seus filhos o vissem em ação. Os gêmeos em Wimbledon na primeira fila com Pierre Paganini, Mirka Federer, Lynette Federer e Severin Lüthi. *(Cortesia de Ella Ling)*

Federer e Nadal entram no espírito da Laver Cup de 2019. *(Fotografia de Julian Finney/Getty Images para a Laver Cup)*

Federer e o comediante Trevor Noah comemoram na exibição na Cidade do Cabo que atraiu um público recorde no tênis de 51.954 pessoas em 2020, logo antes da pandemia fechar as fronteiras e estádios em todo o mundo. *(Fotografia de Ashley Vlotman/Gallo Images/Getty Images)*

Existem saques mais poderosos, mas a marca registrada de Federer é a precisão sob pressão. *(Cortesia de Ella Ling)*

ajuda de John Carlin, o jornalista inglês que trabalhava para o *El País* na Espanha.

Meus pais eram o alicerce da minha vida e percebi que aquele pilar havia desmoronado. A continuidade que eu tanto prezava tinha sido rompida e a ordem emocional da qual dependo sofrera um duro golpe. Outra família com filhos adultos — eu tinha 22 anos e minha irmã, dezoito — talvez tivesse aceitado melhor a separação. Mas isso não era possível em uma família tão próxima e unida como a nossa, na qual não havia conflitos visíveis, na qual se vivia em harmonia e com alegria. Foi desolador assimilar a notícia de que meus pais estavam passando por uma crise após quase trinta anos de casamento. Minha família sempre fora o cerne sagrado e intocável da minha vida, meu centro de estabilidade e um álbum vivo das minhas lembranças de infância. De repente, e totalmente sem aviso, a imagem da família feliz havia rachado. Sofri por meu pai, minha mãe e minha irmã, que passavam por um momento terrível. Mas todos foram afetados: meus tios e minha tia, meus avós, sobrinhos e sobrinhas. Todo o nosso mundo se desestabilizou e o contato entre os integrantes da família se tornou, pela primeira vez para mim, estranho e pouco natural. De início, ninguém sabia como reagir. A volta para casa era sempre uma alegria, porém naquele momento se tornou algo incômodo e estranho.

Nadal ainda morava com os pais, o que não era incomum para alguém da sua idade em Mallorca. Mas estar na estrada não era uma fuga, como ele explicou no ano seguinte após a separação ter se tornado pública:

"Muitas vezes, sofri a distância, pois estava longe de casa e não sabia como as coisas estavam", disse ele, em uma entrevista. "Você não sabe se o que estão lhe dizendo é a realidade, se as coisas estão bem ou mal."

Nadal estava triste, mas, como ele mesmo destaca, a separação dos pais não o impediu de vencer mais quatro torneios entre fevereiro e o começo de Roland Garros.

Em termos práticos, o maior problema era seu corpo, acima de tudo os joelhos, que vinham incomodando-o desde o Aberto de Miami, em março, quando perdeu nas quartas de final para um proeminente talento em ascensão, o argentino Juan Martín del Potro, em um tiebreak no terceiro set.

Em um esporte desgastante e repetitivo no qual é raríssimo ser capaz de jogar com 100% da capacidade, Nadal jogou sentindo muita dor com mais frequência do que a maioria. As lesões significativas ainda no começo da carreira eram uma das razões, além do seu estilo ofensivo intenso e técnica de esquerda não ortodoxa, para muitos de nós, que acompanhamos o esporte de perto, estarmos convencidos de que ele não seria capaz de prosperar no circuito quando se aproximasse dos trinta anos.

"Ele começou a vencer tão cedo que talvez se aposente aos 26 anos, como Borg", disse Sébastien Grosjean, um dos principais jogadores franceses.

Todos estávamos errados. A motivação de Nadal para competir era ainda mais forte do que seu braço esquerdo (ou era o direito?), e, em 2009, ele fez uma breve pausa depois da final em Madri e decidiu que tentaria defender seu(s) título(s) em Roland Garros.

Federer chegou a Madri com ímpeto depois de pôr fim à série de 33 vitórias consecutivas de Nadal no saibro, mas também com cicatrizes adquiridas antes na temporada.

O maior dano fora causado em Melbourne, a cidade que lhe trouxera tanta alegria e dor nos anos anteriores. Federer chegara à final do Aberto da Austrália de 2009, apesar da dor nas costas, e tivera a vantagem de um dia a mais de repouso do que Nadal. O Aberto da Austrália é o único torneio do Grand Slam no qual as semifinais simples masculinas são realizadas em dias diferentes. Federer venceu a sua contra Andy Roddick sem perder nenhum set em uma noite de quinta-feira. Nadal venceu a sua contra o conterrâneo Fernando Verdasco tarde da noite de sexta-feira, e a vitória exigiu um esforço supremo.

Com cinco horas e catorze minutos de duração, foi a partida mais longa registrada na história do torneio, mas também foi um duelo de alta qualidade: cheia de ações por toda a quadra, bolas vencedoras aplicadas em movimento e aces para se confirmar os serviços, ainda que tenha terminado inadequadamente com uma dupla falta. Nadal e Verdasco mereceram totalmente a aclamação de pé recebida do público, que permaneceu até depois da uma da manhã, extasiado.

Ficar de pé não era tão fácil para Nadal, e ele precisou se recuperar em menos de 48 horas para enfrentar Federer pela primeira vez desde a final de 2008 de Wimbledon. Ele tomou banhos de banheira com gelo e recebeu massagens com gelo e suplementos vitamínicos. Nadal e sua equipe fizeram o que podiam, e Toni Nadal fez um dos seus melhores discursos no vestiário, citando Barack Obama, o recém-empossado presidente americano, cujo mantra era *"Yes, we can!"* [Sim, nós podemos].

Nadal me disse que repetiu a frase para si mesmo em todas as trocas de lado, e, por mais desmoralizante que fosse para Federer se dar conta, Nadal, mesmo longe de revigorado, era superior. Ele derrotou Federer de novo em cinco sets em uma partida que teria obtido mais resenhas elogiosas se não tivesse ocorrido imediatamente depois da final transcendente dos dois em Wimbledon.

Essa vitória de 7-5, 3-6, 7-6 (3), 3-6, 6-2 exigiu que Nadal se recuperasse de uma derrota no primeiro set e salvasse todos os seis break points que enfrentou no terceiro set. O quinto set teve pouco suspense, pois Nadal quebrou o serviço de Federer logo no começo para assumir a frente e mantê-la com firmeza.

"Talvez eu simplesmente não devesse ter estado lá no quinto set", disse Federer. "Eu deveria ter vencido o primeiro e o terceiro sets. Todos sabemos como termina a história."

A derrota o impediu de igualar o recorde masculino de Sampras de catorze títulos individuais do Grand Slam, mas não atingir o recorde era menos grave do que perder outra partida importante para Nadal.

Federer se emocionou ao receber o troféu de segundo lugar de Rod Laver, um campeão que simbolizava todos os valores australianos sobre os quais Peter Carter e Tony Roche falavam com Federer. Pouco depois de Federer iniciar seu discurso e agradecer ao público, ele começou a chorar de verdade.

"Meu Deus, isso está acabando comigo", disse, e embora o público gritasse em seu apoio, ele não conseguiu continuar e se afastou do microfone.

O comentário de Federer foi, na opinião dele, mal interpretado. Era fazer o discurso que estava "acabando" com ele, e não perder a final. Mas não havia dúvida de que estava aflito.

Nadal tinha um retrospecto de 13-6 na série dos dois e uma vantagem de 5-2 em finais de Grand Slam (2-2, sem contar Roland Garros). O conceito da Batalha dos Pisos não funcionava mais: Nadal tinha invadido o lado da rede de Federer.

Em um tempo e em um lugar menos civilizados, a crise de Federer após a partida em Melbourne teria sido vista de maneira menos caridosa. É difícil imaginar qualquer um dos grandes tenistas australianos presentes na cerimônia perdendo a compostura em tal grau após uma derrota.

Tal demonstração teria sido considerada "não viril" nos dias de Rod Laver, Ken Rosewall e John Newcombe. Mas Federer, tão frequentemente levado às lágrimas na vitória e na derrota, expandira a gama emocional do campeão masculino. Ele chorara em 2006 na mesma quadra, em um contexto diferente, quando recebera o troféu de campeão de Laver depois de derrotar o finalista surpresa Marcos Baghdatis.

"Aquelas foram lágrimas de alívio", revelou ele.

Mesmo assim, Federer, tão aberto com suas emoções, ainda ficou constrangido por monopolizar a atenção no momento de triunfo de Nadal.

"Eu não queria que as pessoas sentissem pena de mim na Austrália", disse-me ele posteriormente. "Tampouco queria que sentissem pena de mim em Wimbledon. As coisas não devem ser assim. Deve ser uma celebração do tênis, de um momento feliz, de se estar feliz por quem venceu. É claro que você pode ficar decepcionado, mas isso não deveria tomar o lugar de tudo que acaba de acontecer."

Nadal lidou com a situação mostrando classe e empatia notáveis. Com Federer incapaz de prosseguir com o discurso, Nadal foi trazido à frente antes do programado, mas, depois de receber o troféu, ele desviou para o lado de Federer, colocou o braço esquerdo em torno do pescoço dele e aproximou a cabeça da de Federer para consolá-lo.

Federer retornou ao microfone a pedido de Nadal.

"Vou tentar de novo", disse Federer. "Não quero ter a última palavra; este cara a merece. Então, Rafa, parabéns. Você jogou incrivelmente. Você merece, cara. Você jogou mais uma final fantástica, então tudo de bom no fim da temporada."

Depois, Federer agradeceu às "lendas" por terem comparecido e começou a perder de novo a compostura, mas encerrou o discurso depressa e deixou o palco para seu rival.

"Bem, boa noite a todos", disse Nadal antes de se virar para Federer. "Bem, em primeiro lugar, Rog, desculpe-me por hoje."

O público riu.

"Realmente sei como você se sente agora", continuou Nadal. "É muito difícil. Mas lembre-se de que você é um grande campeão. Você é um dos melhores da história. Você baterá os catorze títulos de Sampras, com certeza."

Acompanho tênis desde o começo da década de 1970 e não consigo me lembrar de outra dinâmica psicológica como aquela. Nadal claramente assumira o domínio da rivalidade e do esporte. Ainda que Federer tivesse vencido seu quinto Aberto dos Estados Unidos consecutivo em 2008, Nadal insistia em manter seu rival no pedestal, pelo menos quando a bola não estava em jogo.

Francamente, parecia insincero: uma estranha forma nova de sonhar acordado. Quando um grupo nosso encontrou Nadal no dia seguinte em um hotel em Melbourne, nós o colocamos contra a parede.

"Hoje, Roger tem uns 56 títulos, mais ou menos, e eu tenho 32; é muito diferente", disse ele. "Ele tem treze Grand Slams. Eu tenho seis. Ele tem catorze Masters Series. Eu tenho doze. Este é o único ponto no qual estamos próximos. Sem discussão, sem discussão", repetiu.

Talvez eu seja um pouco lento para entender as coisas, mas o que ficou completamente claro pela primeira vez para mim naquele dia foi que Nadal tinha fixação pelo processo: tratava-se muito mais da emoção da caçada do que da satisfação de matar. Muitos campeões estão em busca de libertação: da pressão, das expectativas, do desafio à frente.

Nadal era diferente. Regozijar-se em superar Federer não era o objetivo. O significado estava em disputar cada ponto.

"Amo competição, não somente no tênis", disse-nos ele. "Amo competição em todos os aspectos da vida. Quando estou competindo, amo estar lá e lutar pela vitória."

Ele pausou por um momento, sua sobrancelha esquerda delatadora se arqueando.

"Talvez", disse ele, "eu goste mais de lutar para vencer do que de vencer".

Nadal ainda é jovem demais para pensar na própria lápide, mas se algum dia encomendar uma, esta frase deveria estar nela.

Não estou muito certo do que deveria constar na de Federer. É mais desafiador discernir seu lema. Como Nadal, Borg e a maioria dos grandes tenistas, ele odiava perder em qualquer coisa quando jovem, chutando tabuleiros de Banco Imobiliário ou seus equivalentes. Mas ele não poderia ter competido no circuito ao longo de décadas sem desfrutar a experiência tanto quanto as conquistas.

"Na verdade, não sou muito de riscar itens em uma lista", disse-me ele certa vez depois que já tinha, pela perspectiva de quem observava de fora, riscado um número considerável de itens.

Federer parece realizado ao máximo como o elemento central da harmonia: o foco da atenção que ele consegue desviar de modo galante enquanto continua sendo o foco da atenção. Ele fica bem à vontade na posição de ser adorado, mas também é adaptável: um sinal de autoconfiança e inteligência emocional. No fim das contas, Roger se ajustou a um mundo do tênis no qual não é o macho alfa, mas sempre percebi que ele sentia saudades dos seus dias como o centro incontestável de tudo.

"Roger Federer é beleza; isso é o que ele traz", disse-me Jim Courier. "Rafa é raça, e já ouvi Rafa dizendo: 'Sei que, se eu conseguir transformar uma partida com Roger em uma briga, se ela se tornar uma briga de verdade, uma luta, uma guerra, sei que vencerei, pois me sinto mais confortável do que ele nesse ambiente.' Acho que há alguma verdade nisso. Roger joga com um estilo incrivelmente belo e fácil de assistir, e que para ele, pelo visto, é incrivelmente fácil de jogar, e ele próprio disse que sente falta daqueles anos quando não tinha um rival, quando era muito simples para ele. Ele sente saudades daquele mundo sem atrito, no qual estava vivendo plenamente na metade da década de 2000, exceto no saibro, e ele se deparou com muito atrito desde então."

Mas Nadal prospera no atrito e, aparentemente, se sente realizado ao máximo quando o objetivo está no horizonte, mas ainda fora do alcance, e o suor está pingando da ponta do seu nariz.

"Acho que, como passamos a observar em Rafa, isso é simplesmente como ele é, ele opera de uma zona de humildade", disse Courier. "E é isso o que o mantém firme e motivado. Ele sente que precisa se provar todos os dias e que, no fim das contas, nada do que já fez importa hoje. Ele não verbaliza a própria confiança do jeito que Roger faz às vezes, o que pode parecer incrivelmente arrogante, ainda que para Roger sejam apenas fatos."

Santiago Segurola, editor esportivo de longa data do jornal *El País*, chamou Nadal de "um homem de uma ilha mediterrânea que, na verdade, é um calvinista de bermuda".

Isso toca o âmago da questão, mesmo que não seja necessário levar tão longe as comparações com os puritanos: afinal, Nadal usa um relógio de 1 milhão de dólares e, recentemente, comprou um iate de oitenta pés por 6 milhões de dólares.

Entrevistar Nadal ou Federer no hotel em que estão hospedados durante os torneios é um lembrete de que você não tem condições de pagar pelas suítes. E, às vezes, eles podem ser alheios a como os outros 99% das pessoas vivem: certa vez, Federer sugeriu atenciosamente a um subalterno de classe média que ele comprasse um Rolex. Mas, em meio aos ornamentos, também há uma qualidade intocada nos dois homens, um tributo aos seus valores fundamentais e ao fato de que o tênis não permite que um campeão leve a vida com indisciplina. Toda partida é um novo risco de tropeçar. Os astros podem pular algumas primeiras rodadas e terem todos os carros de cortesia que um homem poderia desejar, mas não há substituições. A ciência disso aguça a mente, acelera o passo e previne o tédio e o horror existencial se você realmente obtém prazer ao sentir a bola batendo no encordoamento da raquete dia após dia após dia.

Federer e Nadal de fato parecem ter prazer com isso, o que provaram ao perdurar com a ajuda da excelência um do outro.

Federer inspirou Nadal a melhorar sua direita, tanto seu golpe de duas mãos quanto seu slice de uma mão; a fortalecer seu saque e a se aproximar da linha de base para encontrar uma maneira de encurtar os pontos. Nadal inspirou Federer a melhorar seu jogo na rede, a golpear sua esquerda com mais autoridade e até a procurar novas vozes de treinadores.

Severin Lüthi, amigo desde os dias em Ecublens e capitão da equipe suíça na Copa Davis, tornara-se uma instituição na equipe de Federer, mas Higueras tinha voltado a trabalhar para a Associação de Tênis dos Estados Unidos no fim de 2008. Federer andava interessado havia muito tempo em contratar Darren Cahill, o australiano inteligente e articulado que fizera um trabalho muito bom com Hewitt e Agassi e estivera à frente das tendências no tênis de analisar vídeos para decifrar os padrões dos adversários.

"Por melhor que Roger seja, é sempre bom ter mais um par de olhos", disse-me Higueras.

"As pessoas às vezes me perguntam: 'O que você tem para dizer a Roger? Ele já sabe tudo'", revelou Lüthi. "Mas fui percebendo com o passar dos anos que ele quer ouvir de novo, mesmo que seja um detalhe como pedir que preste atenção na bola. Porque ele diz que de vez em quando esquece coisas ou simplesmente não percebe."

Cahill, que pedira demissão como capitão da equipe australiana na Copa Davis, procurou Federer em 2009 e, depois que a dor nas costas do suíço passou, eles decidiram se encontrar em Dubai em março para uma sessão de testes de doze dias. Como muitos, eu esperava que fosse uma combinação excelente, e fiquei surpreso na metade de março quando o agente de Federer, Tony Godsick, telefonou para me informar que Federer e Cahill *não* trabalhariam juntos.

Para mim, aquela parceria parecera predestinada, particularmente devido à estreita conexão de Cahill com Peter Carter. Até a mãe de Federer, Lynette, conversara anos antes com Cahill sobre tornar a parceria realidade quando Agassi se aposentasse.

"Obtive um vislumbre da vida dele, de como ele treina, do seu profissionalismo", disse-me Cahill sobre o período em Dubai. "Tudo a respeito dele é o sonho de um técnico, sem dúvida."

Mas Federer não estava totalmente pronto para assumir o compromisso à medida que o teste se aproximava do fim, e Cahill tinha ligações com a ESPN e o programa de desenvolvimento de jogadores da Adidas, que estava preocupado em preservar. Ele também ficou surpreso com o desconforto subjacente que estava sentindo.

"Roger me lembra Pete todo dia, só de olhar para ele", disse Cahill. "Portanto, estar perto dele traz de volta lembranças maravilhosas, mas também me traz algumas recordações difíceis.

"Não sei realmente como explicar, mas me perguntava: estou fazendo isso pelas razões certas? Peter ficaria irritado comigo por causa disso? Descobri algumas coisas passando pela minha cabeça, questionando se aquela era a coisa certa a se fazer e se eu era a pessoa certa para Roger. Nunca me senti totalmente confortável com aquilo, porque Roger era o garoto de Peter. Para mim, ele sempre foi o garoto de Peter. Não foi essa a razão pela qual eu disse que não deveríamos trabalhar juntos, mas estou apenas tentando lhe explicar o que estava sentindo, no fundo do meu ser."

Como resultado, Federer estava sem um técnico de destaque quando chegou a Roland Garros, mas, naquele estágio, Lüthi com certeza merecia mais crédito pelas suas contribuições. Para mim, Lüthi sempre parecia que tinha acabado de despertar de uma soneca no meio da tarde, com seu olhar sonolento e o cabelo desgrenhado. Ele também nunca tivera sucesso como jogador no circuito. Mas Günter Bresnik, um dos técnicos mais experientes do tênis, defendia que as aparências enganavam.

"Lüthi é o técnico mais subestimado no circuito", disse-me Bresnik. "Ele também é muito modesto, discreto, nunca quer aparecer, mas está presente o tempo todo. Fez um trabalho muito bom em um período difícil. Eu diria que, tecnicamente, ele não é o melhor técnico. Ele não desenvolveria um jogador ensinando golpes, mas estando próximo, compreendendo o que um atleta precisa, quando deve ser pressionado, quando deve ser deixado em paz, e encontrando o momento certo de dizer algo. Ele é um dos melhores do mundo, sem dúvida."

Bresnik tem a percepção de alguém que conversa em alemão com Lüthi e pode compreender como ele se comunica com Federer, com quem Lüthi conversa principalmente em suíço-alemão.

A primavera de 2009 foi agitada dentro e fora das quadras. Nas quadras, Federer perdeu em março para Djokovic na semifinal do Aberto de Miami, quando, com raiva, quebrou uma raquete depois da derrota. Fora das quadras, Federer e Vavrinec se casaram na Basileia em 11 de abril, com Vavrinec grávida de vários meses. Os recém-casados adiaram a lua de mel até mais tarde naquele ano.

A temporada de quadras de saibro chamava, e Federer teve um começo irregular em Roland Garros. Ele quase teve problemas na segunda rodada contra José Acasuso, um argentino de golpes soltos, antes de vencer por 7-6 (8), 5-7, 7-6 (2), 6-2. Federer precisou salvar quatro set points no primeiro set, virando de uma desvantagem de 3-6 no tiebreak. Ele precisou salvar outro set point no terceiro set depois de sofrer duas quebras.

Federer precisou de mais quatro sets para derrotar o francês Paul-Henri Mathieu na terceira rodada no sábado, mas no dia seguinte, dia de repouso para Federer, uma onda de choque reverberou por Roland Garros quando Robin Söderling fez o que nenhum homem jamais tinha feito: derrotar Nadal em uma partida de melhor de cinco sets no saibro.

Söderling era um sueco de golpes poderosos com um olhar lupino e um corte de cabelo digno de um ferreiro medieval. Ele era uma ameaça consolidada. Ocupava o 23º lugar no ranking e, na rodada anterior, acabara de derrotar David Ferrer, outro astro espanhol que nunca entregava um ponto sem brigar.

Ainda assim, a vitória de Söderling sobre Nadal, sob a luz da estatura do espanhol e da sua série de 31 vitórias no saibro francês, foi uma das maiores zebras da história do tênis. Foi ainda mais chocante por causa da partida que Söderling e Nadal tinham disputado pouco antes em Roma, em maio.

Nadal vencera por 6-1, 6-0.

Mas, em Roland Garros, o tenista de Mallorca não conseguiu gerar profundidade consistente com seus golpes de fundo de quadra e devoluções, permitindo a Söderling espaço para dar cortadas potentes e confiantes nas suas direitas e na sua esquerda de duas mãos de dentro da quadra. Em vez de deixar que o topspin de Nadal o empurrasse para trás, Söderling, com 1,90 metro de altura, avançava confiante para dentro da quadra e golpeava livremente, privando Nadal do tempo para se organizar. O sueco, bem treinado pelo ex-número 2 do mundo Magnus Norman, conseguiu vencer 27 de 35 pontos na rede: uma notável taxa de acertos contra um jogador com as habilidades defensivas de Nadal. Entretanto, tais habilidades não estavam tão aguçadas como de costume, em parte por causa daqueles motivos que só os mais próximos a Nadal compreendiam.

"O jogo dele não me surpreendeu", disse Nadal. "Fiquei mais surpreso com o meu."

Certamente, não houve nenhuma simpatia por parte do público francês. Ansioso por uma mudança no regime, o público berrava por Söderling, cantando "Ro-bin" repetidamente até ele confirmar a vitória por 6-2, 6-7 (2), 6-4, 7-6 (2).

Nadal e o tio Toni ficaram magoados com a reação do público.

"Eu sentia todo o estádio contra mim", disse-me Nadal, ainda magoado, anos depois. "Isso é algo difícil de entender quando se trata de um lugar que amo muito, e por eu amar o povo francês. Provavelmente, gosto mais de Paris do que de qualquer outra cidade no mundo."

No entanto, o público de Roland Garros abraçou há muito tempo o azarão, e todos eram azarões contra Nadal.

"Tentei pensar: Não pense!", disse Söderling.

Daria para fazer uma camiseta com esse mantra, e Federer logo estava tentando adotar a mesma filosofia. Ele não precisava mais solucionar o enigma de Nadal no saibro de Paris. Söderling fizera aquilo por ele, e com Djokovic já eliminado depois de uma derrota na terceira rodada para Philip Kohlschreiber, não era possível ignorar o óbvio.

Aquela era *a* oportunidade de Federer vencer Roland Garros.

Nadal, ainda seu principal líder de torcida, deixou claro que o apoiava antes de ir para casa comemorar o aniversário em Mallorca em vez de fazê-lo em Paris, para variar.

"Seria bom para ele completar o Grand Slam", disse Nadal. "Federer teve o azar de perder três finais e uma semifinal aqui, mas acho que, se alguém merece o título, é ele."

Contudo, merecer o título e conquistá-lo são coisas diferentes. Andy Murray com certeza "merecia" ganhar o Aberto da Austrália depois de chegar a cinco finais do torneio, mas nunca conseguiu. Aquele era um novo tipo de pressão para Federer, acostumado a ser um grande favorito, mas não a se tornar um grande favorito do nada.

"O sono de hoje será diferente para Roger, com certeza", disse o veterano francês Fabrice Santoro.

As horas despertas dele também foram diferentes.

"Simplesmente saber e sentir aquela tensão na equipe", disse-me Federer. "De repente, era como se todos estivessem dizendo: 'Ah, meu Deus. Esta poderia ser a sua oportunidade.'"

No dia seguinte à zebra perturbadora de Söderling, Federer jogou contra Tommy Haas, o perigoso alemão que ajudara a estragar a estreia olímpica de Federer em 2000. Daquela vez, Haas estava determinado a estragar o momento de um Federer livre de Nadal.

O suíço começou bem, confirmando com facilidade os seis primeiros games nos quais sacou, sem perder um único ponto, mas, depois de perder o primeiro tiebreak, começou a se atrapalhar, parecendo mais tenso a cada erro não forçado.

Haas também venceu o segundo set, e depois, com Federer sacando em 3-4 no terceiro, Federer errou duas direitas seguidas que normalmente acertaria, dando a Haas um break point com 30-40.

O público parecia contido. O aplauso antes de Federer sacar o ponto seguinte foi longe de estrondoso. Federer errou o primeiro serviço, mas deu um saque kick no segundo serviço na esquerda de Haas. O alemão acertou uma devolução cruzada curva e Federer, que estava se inclinando para aquele canto, fez o que tinha feito milhares de vezes sob condições adversas: correu para contornar a esquerda e se posicionar para acertar uma direita alta logo atrás da ala das duplas.

Aquele golpe característico estivera pouco confiável naquela tarde ensolarada com uma leve brisa, mas Federer saltou, bateu na bola e aplicou uma bola vencedora de dentro para fora em um ângulo agudo.

Break point salvo e, como se revelaria mais tarde, torneio salvo.

"Coragem bruta", disse Frew McMillan, comentarista da Eurosport.

"Honestamente, fiz aquilo e disse *voilà!*", explicou Federer posteriormente.

Algo mudara dentro dele, e, embora não tenha demonstrado muita emoção depois da sua direita fatídica, Federer gritou em triunfo depois de vencer os dois pontos seguintes para confirmar o serviço. O set estava em 4-4 e o público estava muito envolvido, rugindo com as bolas vencedoras de Federer e também com a dupla falta e o erro grosseiro no voleio de Haas que lhe custaram o serviço no game seguinte.

Federer estava rumo a um lugar muito mais feliz, concedendo a Haas somente mais dois games antes de fechar a partida com uma vitória por 6-7 (4), 5-7, 6-4, 6-0, 6-2.

Ele e Haas se tornariam amigos muito próximos nos anos seguintes, o que diz muito sobre a capacidade de perdoar do alemão. Foi uma partida da qual nenhum dos dois jamais se esqueceria.

Federer derrotou outro jogador perigoso, Gaël Monfils, nas quartas de final, recebendo quase tanto apoio do público quanto o francês elástico.

Federer nunca fora de ficar trancado no hotel, não importava quanto o hotel fosse agradável (daquela vez era o Ritz, perto da Place Vendôme). Ele prefere aproveitar a estada nas cidades em que trabalha, e estava recebendo muitos comentários positivos ao circular por Paris com Mirka.

"Quando caminho pelas ruas, ando de carro ou vou jantar, todos dizem: 'Este é o seu ano. Você precisa ganhar!'", disse Federer. "Eles gritam das lambretas e dos carros. Até desembarcam nos sinais vermelhos e querem que eu dê um autógrafo ou tire uma foto."

Mas sinais de alerta estavam piscando de novo na quadra durante a semifinal de Federer contra Juan Martín del Potro, um argentino de vinte anos e 1,95 metro que estava em ascensão e tinha uma direita chapada poderosa o bastante para gerar atividade sísmica. Enquanto ele cravava bolas vencedoras e ditava o jogo no saibro, a regata de Del Potro com certeza disparava lembranças dolorosas de Nadal para o suíço.

Federer chegou a perder por dois sets a um antes de se recuperar para forçar a quinta parcial. Ele e Del Potro trocaram quebras de serviço logo no começo, antes de Federer assumir de novo a frente quando o argentino cometeu dupla falta, acertando a bola na fita da rede, e não confirmou seu serviço em 3-3. Embora Federer não tenha conseguido converter seu primeiro match point em 5-3, converteu o segundo com uma bola vencedora certeira de direita assim que a bola quicou.

"Não acho que, necessariamente, eu tenha sido o melhor jogador", disse Federer. "Foi simplesmente a minha experiência que me fez vencer: ter disputado tantas semifinais no Slam e ele, nenhuma."

Enquanto aguardava Del Potro chegar para o aperto de mãos, Federer apoiou-se pesadamente na rede, de cabeça baixa por um momento. O estresse pela busca do título era palpável, mas se Vavrinec, grávida de sete meses, conseguia aguentar, ele também conseguiria.

"Estou ótima", disse-me ela, bem-humorada, depois da última evasiva do marido no que, com Mirka, acabou se tornando uma entrevista aprofundada naquele momento.

Tudo o que se colocava entre Federer e o Grand Slam da sua carreira era Söderling, que demonstrara que seu ótimo desempenho contra Nadal não fora um golpe de sorte ao derrotar mais dois jogadores de posição superior à sua no ranking.

Nas quartas de final, ele venceu o número 10, Nikolay Davydenko, sem perder nenhum set. Na semifinal, ganhou do número 12, Fernando González, em cinco sets.

"Tem sido difícil, mas não tanto quanto eu achava que seria", disse Söderling. "Enfrentei o que talvez seja atualmente o maior desafio do tênis, que é derrotar Nadal no saibro em Paris. Senti que o torneio ainda não tinha terminado para mim. Eu ainda estava no torneio; portanto, embora tivesse jogado uma ótima partida, queria mais. Ainda me sinto assim."

Em um ano normal, um percurso de revelação como o de Söderling teria sido o principal assunto em Roland Garros, mas não daquela vez. Todo o foco estava em Federer, que estava ao mesmo tempo tentando igualar o recorde de Sampras no Grand Slam e tentando fazer o que o americano nunca conseguira: conquistar "o francês".

O sucesso colocaria Federer na disputa para ser considerado o maior tenista de todos os tempos, mas estava claro que esse era um debate que jamais poderia ter um campeão inquestionável.

"Muita coisa mudou para que se possa realmente comparar [eras diferentes]", disse Brad Gilbert.

O jogo de tênis moderno tem uma longa história, mesmo que não se volte todo o caminho até a versão em quadras fechadas do jogo, agora conhecida como "tênis real", que foi jogada pela primeira vez nas quadras reais da Europa na Idade Média. Wimbledon foi disputado pela primeira vez em 1877, e seus primeiros campeões só precisavam vencer apenas uma partida para defender o título, na chamada Rodada de Desafio.

Até 1968, somente amadores eram elegíveis para os torneios do Grand Slam e a Copa Davis, que era um dos principais torneios. O americano Bill Tilden, o maior tenista masculino da década de 1920, nem sequer foi elegível para disputar os campeonatos franceses até 1925, quando eles se tornaram abertos para tenistas de fora da França. Ele não disputava Wimbledon com frequência e nunca viajava para os torneios australianos, o que teria exigido uma travessia de navio a vapor ainda mais longa do que a necessária para Wimbledon.

Claramente, não era justo comparar os dez títulos individuais do Grand Slam de Tilden com os catorze de Sampras. Depois da Segunda Guerra Mundial, os melhores tenistas amadores masculinos frequentemente se tornavam profissionais no começo da carreira e participavam de circuitos itinerantes, muitos organizados pelo astro americano Jack Kramer. Tenistas como Kramer, Pancho Gonzalez, Lew Hoad, Rosewall e Rod Laver perderam muitos anos de disputas do Grand Slam e, de todo modo, raramente contabilizavam seus números totais de vitórias nos campeonatos principais. Aquilo não era a moeda de troca deles, embora Laver certamente tenha sido aclamado por completar o chamado "Grand Slam" em 1962, vencendo os quatro principais torneios no mesmo ano.

Laver completou um segundo Grand Slam em 1969, um ano depois de o tênis ter sido aberto aos profissionais, e terminou com onze títulos de torneios principais.

"Aquele não era um número que levávamos em consideração", disse-me Laver.

Certamente, é de perguntar quantos títulos Laver poderia ter conquistado a mais caso fosse elegível entre 1963 e 1967. Também é preciso levar em conta que Laver teria enfrentado adversários mais difíceis até 1962 nos torneios principais se todos os melhores tenistas do mundo — homens como Hoad, Rosewall e Gonzalez — fossem elegíveis.

O debate em torno do melhor tenista masculino da história é, como se pode ver, insolúvel, e nem mesmo restringi-lo à era aberta o resolve. Björn Borg, Jimmy Connors, John McEnroe e outros astros das décadas de 1970 e 1980 pulavam com frequência o Aberto da Austrália, que era o mais distante e menos prestigioso dos principais torneios naquela etapa. Connors, Borg e sua geração não consideravam a contagem de Grand Slams a estatística que definia o esporte. Se soubessem o que sabem agora, poderiam ter feito mais algumas viagens à Oceania.

"Agora, os Grand Slams tomaram conta", disse Connors no podcast *Match Point Canada*. "Disputei duas vezes o Aberto da Austrália. Pulei seis ou sete anos Roland Garros no auge da minha carreira, de modo que, basicamente, construí meu nome e minha reputação a partir de dois torneios: o Aberto dos Estados Unidos e Wimbledon. Levei vinte anos para disputar talvez cinquenta torneios do Grand Slam. Esses caras estão disputando quatro por ano, então escute: tudo se trata do que está acontecendo agora. É assim em todos os esportes."

Contudo, era justo comparar pelo menos o total de Federer com o de Sampras. Ambos tinham competido em um período no qual todos os principais campeonatos eram dignos de participação tanto pelos tenistas quanto pelos patrocinadores, que com frequência incluíam cláusulas de bônus ligadas à participação e ao sucesso no Grand Slam.

No fim das contas, Federer disputaria 65 torneios do Grand Slam consecutivos. Embora as chances de Sampras vencer Roland Garros fossem essencialmente nulas na última fase da sua carreira, ele ainda disputou todos os anos até 2002, sua última temporada.

Apesar da amizade com Federer, Sampras não estava na arquibancada para a final de 2009, mas Agassi, o arquirrival de longa data de Sampras, viajara da sua casa em Las Vegas a pedido dos organizadores franceses.

Ele também conquistara seu único título de Roland Garros depois de uma longa espera e contra um adversário inesperado (Andrei Medvedev, em 1999). Medvedev era um ucraniano talentoso e carismático — e ótimo nas entrevistas — que caíra para a centésima posição no ranking naquela etapa. Agassi conquistou o título depois de virar o jogo quando perdia por dois sets.

Federer não necessitaria de nada tão dramático. Ele tinha a confiança de saber que derrotara Söderling em todas as suas nove partidas anteriores, e acabara de derrotá-lo no saibro em Madri. Ele tinha plena aprovação do público, que o aplaudiu de pé quando ele entrou na quadra logo atrás do sueco.

Ainda houve algumas reviravoltas estranhas. Com Federer um set à frente e Söderling sacando com 1-2, um invasor desceu correndo uma escada na parte inferior da arquibancada e saltou a murada para o lado de Federer da quadra. Ele se aproximou de Federer, mostrou um cartaz e tentou colocar à força um chapéu na cabeça do suíço.

"Foi desconfortável quando ele se aproximou de mim, sem dúvida", disse Federer.

Felizmente, o invasor, um homem que procurava compulsivamente obter publicidade, não tinha qualquer intenção de machucar o jogador, mas levou muito tempo para que um segurança o alcançasse, o abordasse e o escoltasse para fora do saibro.

Em seguida, Söderling defendeu seu serviço, e Federer pareceu abalado pela primeira vez na partida.

"Definitivamente, aquilo atrapalhou um pouco meu ritmo", declarou. "Um game depois, pensei que talvez eu devesse ter me sentado e parado um ou dois minutos meio que para refletir sobre o que acabara de acontecer: Isso foi real ou não?"

Mas aquele era o dia no qual Federer baniria de uma vez por todas seus fantasmas de Roland Garros, ainda que não tenha sido um grande dia para uma partida de tênis. Ventava em torvelinhos e, pela maior parte dos dois últimos sets, caiu uma chuva persistente que variou do quase imperceptível para algo mais próximo de um aguaceiro.

O diretor do torneio, Gilbert Ysern, cogitou interromper a final, mas a previsão para o fim da tarde não era promissora, e a previsão para segunda-feira era de chuva forte. Ysern sabia que precisavam concluir a partida o mais prontamente possível. Federer fez sua parte: jogando um tiebreak brilhante no segundo set, marcando aces em todos os seus quatro serviços e, depois, quebrando o serviço de Söderling no primeiro game do terceiro set.

Quando chegou a hora de sacar para fechar a partida, em 5-4, o coração dele batia forte no peito, como acontecera contra Philippoussis em Wimbledon em 2003. Federer demonstrou sinais de desgaste e precisou salvar um break point em 30-40. Mas ele venceu o ponto seguinte com uma rara subida à rede e, depois, enquanto os fãs gritavam durante sua preparação no match point, ele colocou em jogo um primeiro serviço que Söderling devolveu na rede. Federer inclinou-se para a frente, ajoelhado no saibro molhado, o rosto enterrado nas mãos.

Aos 27 anos, sua coleção de Grand Slams estava completa.

"Esta talvez seja a minha maior vitória, a que mais elimina a pressão", disse ele depois da vitória por 6-1, 7-6 (1), 6-4. "Agora, pelo resto da minha carreira, posso jogar relaxado e nunca mais ouvir que jamais venci Roland Garros."

Pelo menos a segunda parte da frase se provou verdadeira. O resto da carreira de Federer duraria tempo demais para que ele permanecesse relaxado diante de todos os desafios. Mas, com certeza, ele era um homem realizado na garoa de Paris, e apenas o sexto homem, na época, a vencer os quatro torneios principais. Os outros: Don Budge, Fred Perry, Roy Emerson, Rod Laver e Andre Agassi, que foi, apropriadamente, o homem que entregou o troféu a Federer.

"Parecia haver algum tipo de predestinação envolvida", disse-nos Agassi. "Muitas pessoas dizem que é melhor ser sortudo do que ser bom. Eu preferiria ser Roger a ser sortudo. Ele mereceu seu lugar no jogo e mereceu este título. Vencer aqui era simplesmente algo que teria sido um crime se nunca acontecesse. Ele tem sido o segundo melhor no saibro por cinco anos consecutivos, e, se não fosse por um garoto de Mallorca, teria conquistado um punhado desses troféus."

Federer certamente pagara suas dívidas. Embora, sem dúvida, fosse mais simbólico se tivesse derrotado Nadal na disputa pelo título, a oportunidade lhe fora apresentada e ele a agarrara.

"Quer dizer, seria ótimo derrotar Rafa em Paris, mas não sinto que minha carreira precise disso necessariamente", disse-me Federer depois. "Algumas pessoas podem achar que deveria ter sido dessa forma, mas, até aí, nunca enfrentei Rafa em nenhuma das minhas finais no Aberto dos Estados Unidos. As coisas acontecem da maneira que acontecem. Você não pode fazer os sorteios. Você precisa vencer quem está do outro lado da quadra. Não me entenda mal, seria incrível, mas realmente não sei se não seria um pouco mais especial."

A vitória em Roland Garros, para ele, está entre suas três favoritas: ao lado de Wimbledon, em 2003, e do Aberto da Austrália que veio de maneira tão inesperada em 2017.

"Passei a amar Roland Garros", disse-me Federer. "Vim a — como se diz — abraçar o torneio.

"Eu não chegava, tipo, ei, Paris, vamos lá!", disse ele, estalando os dedos. "Isso sempre acontecia com Wimbledon. Lembro-me de ver Becker, Edberg e Sampras levantando aquele troféu, e nenhum dos três fez isso na França."

A longa espera por Roland Garros — dez anos depois da estreia contra Rafter — aprofundava o sentido daquela conquista.

"Em 2004, eu já tinha vencido os outros Slams", disse Federer. "Acho que ter esperado tanto foi o que tornou aquilo tão especial. Acho que os fãs sentiam isso. Eu sentia, e é por isso que vejo Paris conquistando aos poucos o homem e conquistando a pessoa. Roland Garros foi realmente um desafio, e precisei me esforçar demais por ele em 2009. Foi uma vitória mental imensa para mim: as partidas inacreditavelmente apertadas contra

Tommy Haas e Del Potro. Até Monfils foi difícil, e depois Söderling na chuva. Para mim, era desafiador em muitos níveis saber que Rafa fora eliminado, pois quando isso acontecerá outra vez? Portanto, quando penso em Roland Garros, o vejo como um desafio que dominei, e o vejo com muitas emoções boas ao mesmo tempo."

Quase um ano depois da vitória, nos encontramos de novo em Paris. Ele tinha voltado para Roland Garros para treinar nas quadras fechadas no fim do outono, com as árvores desfolhadas, os passeios, normalmente repletos de pessoas, tão vazios quanto o estádio Chatrier.

"Você dever parar e aproveitar esses momentos, porque eles são agradáveis", disse ele. "Apenas se sentar em algum lugar na arquibancada, entende? Olhar para baixo e refletir."

Ele me disse que sua memória funciona como uma projeção de slides, com uma imagem dando lugar à seguinte.

"Eu de joelhos, sem conseguir acreditar", disse ele. "A raquete caindo bem a meu lado. O saibro laranja, tão vibrante e vívido. Segurar o troféu e beijá-lo. Chorar durante o hino. Estes são os momentos que mais vejo agora."

Mas o momento que o fez se engasgar enquanto o descrevia um ano depois ocorrera após a cerimônia e a descarga de adrenalina.

O pai dele, Robert, tinha adoecido e não pudera comparecer à final. Federer foi ao quarto dele no hotel enquanto sua mãe e Mirka esperavam ao lado da porta aberta.

"Ele, muito doente, estava na cama, com o cobertor até aqui", disse Federer, apontando para o queixo. "Eu disse: 'Ei, como você está?' E ele respondeu: 'Ahh, muito mal.' Então, mostrei o troféu a ele e disse: 'Veja! Conseguimos!' Foi uma emoção muito forte."

Eles tinham conquistado muito sucesso, pai e filho, desde a vez em que Robert, na Basileia, obrigara o garoto temperamental a voltar sozinho para casa das quadras de saibro.

"Conversávamos sobre tênis às vezes", disse Paul Annacone sobre Robert Federer. "E, de vez em quando, Robbie dizia coisas como: 'Ah, Roger, bata com a maldita esquerda. Não corte a bola.' Ele também dizia aquilo para Roger, e eles riam e se provocavam. Aí Roger ia até o pai e fingia que estava dando um mata-leão nele. Era muito amoroso, muito enternecedor."

Mais tarde naquela noite, Federer voltou para o quarto no hotel em Paris, troféu ainda na mão. Geralmente, os organizadores de Roland Garros não permitem que o troféu saia das instalações do torneio. Os campeões só recebem uma réplica pequena. Mas concederam uma noite de exceção a Federer, após muita insistência.

"Eles disseram que só havia um, então era melhor que eu me assegurasse de que não o perderia e de que ele não fosse roubado", disse Federer.

Depois de todos aqueles anos e todas aquelas derrotas para Nadal, Federer não se arriscaria mais. Ele colocou o troféu na mesa de cabeceira.

"Dormi ao lado da Coupe des Mousquetaires", disse ele, com uma risada.

Quando ele abriu os olhos na manhã seguinte, o troféu continuava lá. Não, ele não tinha sonhado.

CAPÍTULO DEZ

LOS ANGELES

Um Federer realizado e relaxado acabou se revelando um Federer particularmente perigoso; portanto, quase sem nenhum sobreaviso, Pete Sampras embarcou em um avião em Los Angeles com a esposa, Bridgette, e chegou a Londres na manhã da final de Wimbledon de 2009.

Até aquele momento, Sampras e Federer estavam empatados com o recorde masculino de títulos de simples no Grand Slam, cada um com catorze. Mas Sampras suspeitava de que não permaneceriam empatados por muito mais tempo, com Federer seguindo alegremente na onda da sua primeira vitória em Roland Garros e prestes a enfrentar Andy Roddick pelo título de Wimbledon.

Sampras recebera o convite do All English Club na sexta-feira. No sábado, pegou o avião.

"Foi uma daquelas coisas que acho que você faz só pelo bem do esporte", disse-me Sampras. "Era o meu respeito pelo recorde, meu respeito por Roger. Acho que tudo simplesmente se combinou no fato de que peguei um avião e senti que era a coisa certa a se fazer."

Sampras não ia a Wimbledon desde 2002, quando fora eliminado na segunda rodada em cinco sets contra o pouco conhecido George Bastl. Aquela derrota comovente acontecera na antiga quadra nº 2, conhecida como "O cemitério" por causa do efeito que com frequência tinha na sorte de tenistas bem ranqueados.

Sampras, enfrentando dificuldades com seu jogo, lera uma carta de apoio da esposa durante as trocas de lado e, embora o sete vezes campeão do torneio inglês tivesse insistido depois da derrota que não faria seu último jogo em Wimbledon em um tom melancólico, ele de fato acabou fazendo seu último jogo em Wimbledon em um tom melancólico.

Bastl, parceiro de equipe de Federer na Copa Davis, estava na 145ª posição no ranking e só conseguira entrar no torneio como um *lucky loser*: um tenista que perde nas eliminatórias, mas, ainda assim, entra para a chave principal por causa de uma desistência comunicada após o prazo.

"Realmente, não era daquela maneira que eu queria que terminasse para mim em Wimbledon: na quadra nº 2", disse-me Sampras anos depois, ainda infeliz por ter sido programado para jogar no lado B de Wimbledon, mas, acima de tudo, decepcionado com o próprio desempenho.

Em 2009, a quadra Cemitério estava prestes a ser demolida e substituída: parte da longa modernização de Wimbledon que, às vezes, parece muito trabalho desnecessário à custa do charme e da tradição.

Outras grandes mudanças tinham sido concluídas desde os dias do predomínio de Sampras: nenhuma mais significativa ou simbólica do que o novo teto de mil toneladas da quadra central com painéis translúcidos que, mesmo quando retraídos, às vezes projetavam sombra sobre o camarote real.

Sem dúvida, ele alterou a atmosfera da quadra mais mítica do tênis, porém, depois de mais de um século de adiamentos por causa de chuva, Wimbledon passou a ter um plano de contingência confiável — e muito caro. O que, obviamente, significava que não haveria absolutamente nenhuma chuva na primeira semana do torneio.

Os deuses do tênis têm senso de humor.

"Esta é a primeira vez na história de Wimbledon que alguém está torcendo para chover", declarou Ian Ritchie, executivo-chefe do clube.

Sampras e Federer tinham se tornado amigos desde a aposentadoria do americano. Eles jogaram uma série de partidas de exibição na Ásia em novembro de 2007, além de uma partida em Nova York em 2008 que atraiu quase vinte mil fãs para o Madison Square Garden.

A viagem pela Ásia criara um laço entre eles.

"Pete era um dos meus heróis", disse-me Federer. "Eu queria ter aquelas experiências enquanto ainda estivesse ativo, não só fazer algo do tipo quando estivesse aposentado. Acho que há uma grande diferença em fazer isso mais cedo na carreira."

Foi uma turnê lucrativa, mas também adequada ao interesse de Federer em desenvolver relacionamentos significativos com os tenistas que admirava na juventude. Mais tarde, ele contrataria Stefan Edberg como técnico.

Sampras, na época com 36 anos, hesitara antes de concordar com a viagem. Ele estava feliz em Los Angeles, sem pegar a estrada, satisfeito por estar presente no dia a dia da esposa e dos dois filhos pequenos, Christian e Ryan. Estava jogando muito mais golfe do que tênis e sabia que precisaria retomar os treinos regulares para tornar a turnê com Federer divertida e competitiva.

"Na verdade, eu não conhecia Roger tão bem assim, mas viajamos por toda a Ásia, pegamos voos juntos, jantamos juntos e acabamos nos conhecendo muito bem, e jogamos algumas partidas muito boas", disse-me Sampras. "Roger é meio brincalhão. Tem um lado pateta, e eu estava aposentado, de modo que estava muito mais relaxado e descontraído."

Federer viajou com Vavrinec e Sampras foi com o irmão, Gus, que também é seu agente. Durante os anos no circuito, Sampras lutou para separar suas esferas profissional e pessoal, e disse duvidar que teria feito uma turnê de exibição como aquela durante seu auge com um tenista mais velho, como John McEnroe.

"Não tenho certeza se teria feito, mas Roger estava aberto e disposto a fazer", disse Sampras. "Nós passávamos tempo juntos. Jogávamos conversa fora, falando sobre tênis, sobre esporte, conversando como dois caras que estão se conhecendo, e, desde então, mantivemos contato por mensagens."

Eles têm personalidades diferentes: Sampras é um monolíngue introvertido; Federer, um poliglota extrovertido.

Sampras, contudo, é muito mais aberto e animado pessoalmente, e os dois campeões descobriram que tinham mais em comum do que suas esquerdas de uma mão, direitas correndo, serviços indecifráveis e a afinidade por Wimbledon.

Ambos eram filhos de mães imigrantes de gênio forte e ambos tinham perdido tragicamente um técnico de confiança que também era um amigo próximo.

Peter Carter morreu aos 37 anos na África do Sul. Tim Gullikson, que orientou Sampras para chegar ao número 1 e conquistar seis títulos de Grand Slam, morreu aos 44 anos, em 1996, de um câncer inoperável no cérebro. Eu conhecia Tim e seu irmão gêmeo idêntico, Tom. Nascidos no Wisconsin e criados para tratar todo mundo com respeito, eram duas das melhores pessoas no tênis, e lembro-me de ter conversado com Tim na Europa em 1994 depois que ele desmaiara e caíra no seu quarto de hotel quando viajava com Sampras. Tim tinha cortes e hematomas no rosto, mas fez pouco da situação, ainda alheio à gravidade da sua condição, pois recebera um diagnóstico errado inicialmente.

No Aberto da Austrália de 1995, Sampras acabou aos prantos na quadra durante as quartas de final contra Jim Courier, depois que Gullikson sofrera outro colapso e fora obrigado a voltar para casa, para se tratar. Gullikson nunca mais pôde viajar com Sampras no circuito, mas o treinou de longe pelo tempo que conseguiu.

Tanto Sampras quanto Federer precisaram enfrentar o luto enquanto disputavam no circuito ainda jovens, e ambos encontraram inspiração na memória de seus mentores. Por fim, ambos também trabalharam com os técnicos José Higueras e Paul Annacone e apreciavam a discrição dos seus funcionários e amigos.

Durante suas viagens e conversas, Sampras ficou impressionado, acima de tudo, com a abertura de Federer a novas experiências e com seu entusiasmo por alguns aspectos do circuito do tênis que tinham exaurido a vontade de Sampras de continuar (ele disputou sua última partida no circuito aos 31 anos).

"Roger ama viajar", disse Sampras. "Ele ama as novas cidades, as novas pessoas; tem uma personalidade diferente, muito menos ansiedade do que alguém como eu. Quando eu viajava, era sempre trabalho e mais trabalho, estresse e mais estresse. Eu carregava o peso do número 1 e de vencer Grand Slams, o que, com certeza, me atingiu muito mais intensamente em alguns aspectos."

Sampras se lembra de que se sentia mais feliz no fim dos torneios principais: não simplesmente porque estava perto de mais um título de prestígio, mas porque o vestiário se encontrava quase vazio.

Naquele silêncio, ele encontrava sua paz e sua recompensa.

"Os últimos poucos dias de Wimbledon eram meus melhores dias, porque não havia ninguém por perto", disse Sampras. "Era tipo: 'Eu mereço não precisar trocar de roupa na frente de trinta homens.'"

Interação social esvaziava o tanque de combustível de Sampras — o que não era problema para Federer, com sua voz retumbante e sua capacidade de contar piadas, bater papo e depois girar a chave quando chegava a hora de entrar em quadra.

"Roger consegue abaixar a guarda e deixar as pessoas se aproximarem", comentou Sampras. "Eu entrava no vestiário, ia para o meu compartimento e me isolava. Roger entrava e era muito mais afável, cumprimentava todos. Basicamente, ele é mais gentil."

Sampras tinha dificuldade para administrar seus relacionamentos com os rivais, particularmente com aqueles que considerava amigos, como Jim Courier. Federer desenvolveu fortes conexões com os colegas, serviu vários mandatos no conselho de jogadores da ATP e acabou criando a Laver Cup, um evento de tênis em equipe que permitiu a ele passar ainda mais tempo com os rivais e até perder para alguns deles.

"Na geração de tenistas a que eu cresci assistindo — McEnroe, Lendl, Connors —, eles tinham uma antipatia autêntica uns pelos outros", disse Sampras. "Na nossa geração, não se tratava de antipatia, era mais um distanciamento entre mim, Andre, Jim, Michael [Chang] e [Boris] Becker. Eu simplesmente não conseguia separar os dois mundos. Jim e eu éramos bons amigos. Rompemos as barreiras jantando, jogando duplas e viajando juntos. Quando comecei a enfrentar Jim, era desconfortável, como se estivesse duelando contra meu irmão, embora não fosse tão extremo quanto isso. Aquilo simplesmente me fazia pensar duas vezes, eu quase me sentia mal por ele quando o derrotava. Eu não gostava daquela sensação que talvez fosse ficar na minha cabeça na noite anterior à partida ou durante o jogo, tipo: 'Ele é um cara legal.'"

Para Sampras, que em certo ponto acabou tendo uma úlcera, o circuito era mais como um porto pedregoso no qual era necessário navegar com cautela do que como um lar longe de casa.

"Olhando em retrospecto a minha carreira, é por isso que eu era meio alheio e isolado de muitos dos meus adversários", disse Sampras. "Simplesmente porque eu não queria passar por aquilo. Não queria conhecê-los tão bem fora da quadra. Eu apenas queria manter as coisas simples. Era melhor para minha personalidade. Sei que Roger tem um ótimo relacionamento com Rafa e que eles se falam sempre. Para mim, quando estava no calor da batalha, algo sobre aquela outra pessoa entrava na minha cabeça e simplesmente não funcionava."

Ainda assim, em 2009, era difícil argumentar que Nadal não tinha invadido a cabeça de Federer, apesar de toda a capacidade do suíço de separar os dois departamentos. Mas o invasor não podia ser encontrado naquele ano em Wimbledon. Nadal não podia defender seu título por causa da tendinite no joelho, que também contribuíra para que ele não conseguisse defender o título de Roland Garros.

A ausência de Nadal foi um alívio e mais uma brecha para Federer, mas foi uma decepção para todos aqueles que esperavam uma revanche da final de Wimbledon de 2008, um sucesso estrondoso que elevara o nível do esporte em todo o mundo.

Federer, que descansou e comemorou em casa na Suíça depois de vencer Roland Garros, chegou ao All England Club sem ter jogado uma partida na grama desde aquela derrota desmoralizante para Nadal em 2008.

A derrota, claramente, não comprometera seu ânimo. Tampouco a perda do número 1 no ranking ou seu discurso choroso depois de perder para Nadal no Aberto da Austrália em janeiro.

Federer jogou bonito, mas também foi resiliente, capaz de absorver golpes poderosos contra seu ego e se recuperar.

Considere o que acontecera no seu torneio seguinte do Grand Slam depois da derrota em Wimbledon em 2008: ele venceu o quinto título consecutivo no Aberto dos Estados Unidos depois de obter força e consolo com o retorno dos fãs.

A posição coletiva era: "Lamentamos que você tenha perdido em Wimbledon, Roger, mas que partida!"

Aos poucos, ficou claro para Federer que a final de 2008 derrubara parte da barreira entre os torcedores dele e de Nadal, pelo menos por um curto período. A partida tocara muitas pessoas, talvez mais profundamente do que o resultado. Havia o contraste de estilos, o esportismo, o final dramático.

"Você pode escolher", disse Federer em uma entrevista para *Strokes of Genius*. "Foi só mais tarde que me dei conta da magnitude da partida.

Naquele instante, voltei e chorei no vestiário, chorei quando deixei o local da partida. Ainda me lembro vividamente de quando saí do Millenium Building. Pensei: Ai, meu Deus, este é o pior dia da minha vida. E vocês podem me dizer quanto quiserem que foi uma ótima partida. Não me importo. Eu preferiria ter perdido sem ganhar nenhum set. Então, teria sido muito simples, em vez de ter que passar por essa montanha-russa emocional."

Quando chegou a hora do Aberto dos Estados Unidos de 2008, entretanto, ele já via o quadro geral. O desalento dera lugar a uma satisfação tranquila. Sem dúvida, teria sido bom ter vencido uma das maiores partidas jamais disputadas, mas, pelo menos, o esporte dele também era o vencedor.

A conquista de Roland Garros foi mais uma confirmação de que Federer recuperara sua mágica. Annacone a comparou com a conquista de Sampras do Aberto dos Estados Unidos de 2002, que acontecera pouco mais de dois meses depois da inesperada derrota para Bastl em Wimbledon.

"Lembro-me de como foi com Pete", disse-me Annacone. "Houve muitos meses assim: 'O que há de errado? Vá com calma. Você se casou. Você fez isso. Você fez aquilo.' Eu sabia que Pete não estava acabado. Acho que os maiores tenistas tendem a superar desafios, e foi isso o que Roger fez."

Federer também tivera sorte com a vitória de Söderling sobre Nadal, mas ainda precisara administrar as partidas de cinco sets contra Haas e Del Potro e encontrar uma forma de vencer as discussões com os próprios pensamentos.

Estar de volta a Wimbledon era como voltar para casa. Depois de Roland Garros, ele estava transbordando do bem-estar de um campeão que sabia que as maiores perguntas sobre a sua carreira tinham finalmente sido respondidas de modo convincente.

Na ausência de Nadal, ele jogou a partida de abertura na quadra central: uma honra geralmente reservada ao campeão masculino que está defendendo o título. Federer agiu rápido contra Yen-hsun Lu na grama fresca, vencendo por três sets a zero.

Aquilo definiu o tom para o progresso pragmático de Federer até a final, o que incluiu uma vitória na semifinal sobre Haas, que dificultara a vida de Federer em Roland Garros. O momento decisivo em Paris fora a direita de dentro para fora de Federer, que salvara um break point no fim do terceiro set.

"Já foi, está no passado", disse Haas. "Mas, sendo amigo dele e sabendo quanto significava para ele conquistar Roland Garros, estou feliz por ele ter marcado aquele ponto."

Haas ficou menos satisfeito quando não conseguiu confirmar nenhum break point contra Federer em Wimbledon, mas foi um torneio daquele tipo para o suíço, que estava sacando melhor do que nunca. Seus problemas nas costas no início da temporada estavam superados, pelo menos por enquanto.

"Eu estava com dor, é claro", disse-me Federer. "É sempre a mesma coisa. Você salta com a perna direita e cai com a esquerda. Portanto, obviamente, suas costas não gostam disso, e, fazendo isso por dez anos ou mais, elas não ficarão muito bem."

Para Federer, um momento crucial acontecera em Roma em maio, pouco antes de Roland Garros, quando ele deixou claro para Lüthi e sua equipe que precisava forçar seus limites em uma sessão de treino no saibro.

"Algo completamente extremo", disse Federer. "Eu disse a eles: 'Vocês precisam me fazer correr pela quadra, jogar a bola até mesmo fora das linhas de duplas, não importa. Preciso pegar todas as bolas, sabendo que posso deslizar, alongar as costas, me agachar, devolver a bola, simplesmente devolvê-la, sem importar como esteja jogando, apenas devolvê-la. Preciso conseguir acertá-las, do contrário não sei, bem no fundo, se minhas costas estão de fato resistindo.' Porque, às vezes, eu ficava com medo."

O serviço de Federer também tinha sofrido com as dúvidas.

"Foi por isso que meu serviço me deixou na mão no quinto set contra Nadal na Austrália neste ano, porque eu estava com medo de que minhas costas não fossem dar conta", explicou. "Era inconsciente. Eu estava com medo sem querer estar, e só precisava fazer com seriedade um treino específico, muitos saques seguidos, sabendo que as minhas costas podiam aguentar. Depois disso, tudo se ajeitou."

Ainda faltava uma partida em Wimbledon contra um adversário familiar cujo serviço também era o barômetro da sua confiança e do seu jogo poderoso. Roddick estava ressurgindo e com maior mobilidade após perder sete quilos e meio a pedido do novo técnico, Larry Stefanki, um americano incisivo e confiante que era conhecido por exercer impactos rápidos nos principais jogadores.

"Larry chegou no primeiro dia e me disse que eu era grande demais para jogar tênis", disse-me Roddick. "Não havia espaço para que eu ficasse ofendido se estávamos tentando me tornar um tenista melhor."

Tanto Federer quanto Roddick estavam recém-casados, e ambos tinham se casado em abril: Federer com Vavrinec e Roddick com a modelo e atriz Brooklyn Decker.

Ambos estavam em boa forma e com a cabeça no lugar para vencer Wimbledon, e Roddick superara uma chave mais difícil: derrotara Lleyton Hewitt nas quartas de final e Andy Murray na semifinal.

Era a terceira final de Wimbledon para Roddick e um retorno notável à boa forma depois da derrota na segunda rodada no ano anterior. Roddick, com seu talento para metáforas, arranjou uma maneira criativa de descrever sua experiência em Wimbledon em 2008.

"Se você já viu os Rolling Stones da primeira fila e de repente está tipo, sabe, sete ou oito filas atrás e há um cara muito alto na sua frente balançando as mãos e gritando, você não consegue ver muita coisa", disse Roddick. "Não será tão bom quanto os outros shows."

Em qual fila ele estava naquele ano?

"Estou chegando mais perto", disse Roddick. "Agora consigo ver o que Mick Jagger está vestindo."

Aquilo provocou gargalhadas ruidosas. Mas havia muito em jogo naquela final para Roddick, de forma profundamente pessoal. No passado, ele estivera à frente de Federer na curva, chegando ao número 1 antes do suíço, mas desde então fora totalmente eclipsado, apesar de todo o seu esforço.

"Nunca fiquei amargurado com nada", disse Roddick antes da final. "Fiquei decepcionado. Fiquei triste. Meu pior dia é o sonho de muitas pessoas. Eu meio que sempre adotei alguma perspectiva, e acho que isso tem ajudado um pouco."

Com Stefanki, ele reconquistara a confiança aos 26 anos e adotara uma abordagem mais sensata quanto ao uso das suas principais armas.

"Gosto das chances dele", disse-me Stefanki. "Especialmente quando está calmo e relaxado e acredita no próprio estilo, o que significa que nem sempre precisa recorrer à força bruta."

Mas não era possível escapar totalmente da matemática antes da final. Havia motivo para Federer ter um histórico na carreira contra Roddick de 18-2 e de 7-0 em torneios do Grand Slam.

Com Federer de volta em plena forma, parecia claro o que seria necessário para Roddick contê-lo.

"Provavelmente, esta é a partida da vida dele", disse Patrick McEnroe, o capitão da equipe americana na Copa Davis.

Roddick, normalmente muito engraçado, também pode ser impertinente e cáustico. Ele também pode perder tão rápido a paciência com tolos que chega a se enganar ao identificar quem é tolo e quem não é. E, embora Federer fosse poesia em movimento, o jogo de Roddick era prosa pugilística: movimentos abruptos, grandes cortes e transpiração, muita transpiração pingando da camisa, da bermuda, do boné.

"Não sei como ele faz isso, diga-se de passagem", disse Federer, que raramente deixava qualquer um vê-lo suar.

Devo confessar que eu passara a admirar Roddick: por sua capacidade de colocar tão rapidamente seus pensamentos e emoções em palavras inteligentes (Roddick nunca sofria de bloqueio criativo), mas, acima de tudo, por sua capacidade de continuar se esforçando mesmo à medida que as suspeitas de que nascera na era errada do tênis aumentavam.

Fiel a si mesmo, ele deu o máximo na final, vencendo o primeiro set por 7-5 ao surpreender Federer com sua esquerda de duas mãos melhorada e ataques bem calculados.

Roddick esteve em posição de vencer também o segundo set, sacando e disputando ferozmente para assumir uma liderança de 6-2 no tiebreak. Ele só precisava de mais um ponto para se colocar em posição de vantagem na final.

"Uma vantagem de dois sets com o serviço dele não parecia bom", disse-me Federer.

Mas Federer salvou os quatro set points. O que fica na memória é o último, que veio com Roddick sacando com 6-5. Ele acertou o segundo serviço. Federer devolveu com um slice de esquerda baixo e cruzado: um golpe que durante anos fez Roddick e outros se desesperarem. Mas Roddick desenvolvera uma tática mais clara e pés mais velozes; portanto, ele avançou, acertou uma direita poderosa no canto direito de Federer e subiu à rede.

Federer acertou uma passada de direita que manteve a bola alta: tão alta que Roddick pensou em deixá-la passar, mas por fim decidiu o contrário. Isso significou que seu voleio alto de esquerda saiu de sincronia e caiu bem fora da quadra aberta. O tiebreak estava em 6-6 e, dois pontos depois, a partida estava com um set para cada lado.

"Eu vacilei na tomada de decisão", disse Roddick sobre o voleio errante quando conversamos em 2020. "Estava ventando um pouco e parecia que o vento soprava na direção contrária. Sempre dizem para você disputar o ponto se não tiver certeza, mas, infelizmente, fui indeciso nesse momento. Entretanto, de todos, eu fui o que deu menos importância àquilo."

Isso é porque, por acaso, ele tinha assistido de novo ao tiebreak muitos anos depois enquanto pedalava a bicicleta ergométrica na academia. O set point que, para ele, parecia igualmente crucial, era o primeiro, quando a pontuação estava em 6-2.

Roddick tinha acertado uma forte direita correndo que caíra perto dos pés de Federer na linha de base. Federer deu um bate-pronto para rebater o golpe poderoso, marcando casualmente uma bola vencedora de esquerda cruzada. Foi um golpe relaxado que somente um homem se sentindo em paz com a pressão conseguiria ter dado.

"Para mim, é impressionante que se concentrem em eu ter errado o que foi na verdade um voleio difícil — foi alto e distante e ele estava de fato de volta na quadra —, em vez de no golpe que ele deu para salvar o set point", declarou Roddick. "Como o voleio é a única coisa que mencionam, eu tinha realmente me esquecido daquele golpe até vê-lo de novo. Não consigo acreditar que ele tenha feito aquilo."

Federer venceu o tiebreak do terceiro set, apesar de ver sua vantagem de 5-1 encolher para 6-5. No set point, ele colocou um primeiro serviço forte em jogo e depois rebateu com força a devolução com sua direita a fim de avançar para dois sets a um.

Então, Roddick venceu o quarto set e, pelo segundo ano consecutivo, a final masculina seria decidida em um quinto set que se estenderia até a prorrogação.

Sem interrupções devido à chuva dessa vez, Federer e Roddick tinham muita luz do dia para aproveitar, e de fato a aproveitaram. Um depois do outro, eles confirmavam seus serviços: além das expectativas e além da lógica.

Sampras, que chegou ao camarote real depois do terceiro game da partida e foi cumprimentado da quadra por Federer, não dormira no voo noturno de Los Angeles.

"Escute, a coisa toda foi meio que um borrão", disse Sampras. "A simples adrenalina de estar ali de volta despertou muitas emoções em mim. Muitas coisas diferentes passavam pela minha cabeça: ele quebrando o recorde, simplesmente estar de volta naquela quadra. Foi um turbilhão, uma sensação estranha, surreal, durante quase cinco horas."

Mesmo para aqueles que não estavam sofrendo por causa da diferença de fuso horário, os jogos no quinto set se fundiam enquanto os aces e as bolas vencedoras se acumulavam. Em um dado momento, Federer olhou para Mirka, então grávida de oito meses, e sentiu uma pontada de preocupação por ela.

"Fiquei um pouco apreensivo", disse ele. "Pensei: Ai, ai, ai, está sendo uma partida muito longa e difícil, ainda que muitos ralis estejam sendo bem curtos."

Mas parecia não haver como abreviar o espetáculo. Em 8-8, Federer ficou atrás por 15-40 no seu serviço e salvou o primeiro break point com um saque bem colocado e o segundo com um swing volley de direita.

Roddick não poderia saber — nem desejaria —, mas aqueles seriam seus últimos break points da final. Ele estava na precária posição de segundo serviço e, portanto, de precisar confirmar o saque para levar a partida adiante.

Um ano depois em Wimbledon, outro grande sacador americano, John Isner, e o francês Nicolas Mahut deixariam o mundo dos esportes estarrecido quando Isner venceu por 70-68 o quinto set de uma partida de primeira rodada que levou três dias para ser finalizada.

Mas em 2009 eram Roddick e Federer que estavam inovando. O quinto set entre os dois foi, de longe, o mais longo em uma final de simples do Grand Slam em termos de games jogados, e à medida que se estendia cada vez mais, Federer disse a si mesmo que, depois da final de 2008, era a sua vez de ter sorte.

A brecha veio com Roddick sacando em 14-15. Ele confirmara o serviço 37 vezes seguidas, mas o americano parecia um pouco desgastado. Seus movimentos dos pés e seu timing estavam menos precisos; ele começou a errar os golpes do fundo de quadra. Federer pressionou-o a 40-40 duas vezes e, finalmente, conquistou um break point que também era um championship point.

Roddick errou o primeiro serviço, acertou o segundo, mas depois bateu errado em uma esquerda no quinto golpe do rali para encerrar aquela final épica depois de quatro horas e dezoito minutos.

Federer comemorou saltando, em vez de indo ao chão: uma forma de respeito por um adversário que ele conhecia bem e de quem gostava. Ele não queria fazer Roddick esperar pelo aperto de mãos depois de uma derrota tão dura.

"Esportes, ou o tênis, às vezes são cruéis; sabemos disso", disse Federer. "Também enfrentei algumas partidas de cinco sets em finais do Grand Slam que acabei perdendo. É difícil."

Federer soava como se estivesse falando sobre a história antiga do tênis em vez das duas derrotas de cinco sets para Nadal nos doze meses anteriores. Mas a recuperação de Federer fora tão rápida e profunda que era como se estivesse de volta à era pré-rafaelita: riscando torneios principais consecutivos da lista com Nadal fora de cena.

Ele superara Sampras, o jogador que popularizara o recorde do Grand Slam ao tentar, com sucesso, bater o total de doze títulos de Roy Emerson.

"Desculpe-me, Pete, tentei impedi-lo", disse Roddick durante a cerimônia.

A final pode de fato ter sido a partida mais importante da vida de Roddick. Ele jogou e sacou com muita precisão e convicção, mas, ainda assim, não foi bom o bastante.

"Sinto-me mal por Andy, de verdade", disse Sampras. "Aquela era a chance dele. Ele não conseguiu por pouco, mas Roger, um dos maiores no fim das contas, ele tinha apenas um pouco mais."

A sintaxe de Sampras não fazia tanto sentido — fora uma tarde longa —, mas o elogio era claro. A margem naquela final fora tão estreita quanto uma folha de grama, mas o conjunto da obra de Federer era muito mais imponente.

Sampras precisara de doze anos e 52 participações para conquistar catorze títulos de Grand Slam. Federer precisara de apenas seis anos e 41 participações para conquistar quinze.

Na final, Federer batera seu recorde de aces em uma partida, com cinquenta, contra 27 de Roddick, e permanecera notavelmente equilibrado.

Nem sequer houve lágrimas na grama.

"Não, dessa vez, não", disse-me Federer. "Eu talvez tenha ficado um pouco emocionado depois, quando revi toda a minha equipe, Mirka e o pessoal. Mas, na quadra, não foi um dia para lágrimas. Acho que foi mais um daqueles momentos em que eu estava me sentindo tipo 'Consegui!'. Um momento louco, cheio de energia. Porque, quando revi a gravação, pensei: Ai, meu Deus. Estou pulando como um garoto que não consegue acreditar que venceu."

Mesmo anos depois, Federer ainda soava aliviado quando revisitamos a partida.

"É uma daquelas partidas cujo final você nem quer ver de novo", disse ele. "Realmente, foi como cara ou coroa."

Mas Roddick, como ficou claro, nem sequer conseguira vencer um cara ou coroa contra Federer em Wimbledon, e o público sentiu a dor dele, incluindo muitos daqueles que tinham passado o dia torcendo por Federer.

Enquanto Federer dava a última volta pela quadra central com o troféu e Roddick estava sentado desolado na sua cadeira, algumas vozes se transformaram em um coro estrondoso: "Roddick! Roddick! Roddick!"

"Uma sensação incrível", disse-me Roddick. "Provavelmente, um dos momentos mais legais da minha carreira."

O apoio não terminou ali. Caminhando por Nova York com a esposa nos dias seguintes à final, todo mundo, de baristas a operários, manifestou pesar.

"Eu literalmente não andava mais de meio quarteirão sem que alguém viesse e falasse sobre a partida", comentou Roddick. "Aquilo era inédito para mim, e não eram fãs de tênis. Eram pessoas que só tinham se envolvido com a partida de alguma maneira, foi legal. Recebi inúmeros bilhetes e mensagens de muitos dos meus ídolos e de pessoas que admiro. Eu nunca tinha visto aquele tipo de reação na minha carreira."

Para Roddick, houve uma clara diferença entre antes e depois de Wimbledon em 2009. O cara ou coroa da final o tornara uma figura inequivocamente simpática.

"Na verdade, não creio que meu relacionamento com o tênis seria tão bom no que diz respeito ao que as pessoas pensam de mim em retrospecto se eu não tivesse perdido aquela partida", admitiu Roddick. "Sinto que aquele foi meu último dia como um jogador de tênis polêmico. Se eu tivesse vencido, talvez seguisse o caminho oposto."

Roddick fala sobre "o momento Starbucks".

"É quando, sabe, onze anos depois, você está em um Starbucks e aquela partida é do que as pessoas se lembram", disse ele. "Mesmo tendo conquistado o Aberto dos Estados Unidos e tudo o mais, para sempre será ela o que será mais lembrado. E também fui uma espécie de peão no jogo da importância histórica entre Roger e Pete, e acho que tudo isso contribuiu para essa sensação amplificada de que eu era o outro cara entre os dois naquele dia. E Pete? Pete não viaja a lugar nenhum. Ele obviamente viria ver o rei ser coroado, e eu estava apenas tentando ser o cara que matou Bambi."

Roddick errou por pouco e não guarda rancores hoje, mas, na época, se ressentiu. Poucos meses depois da partida, Federer estava disputando um outro quinto set difícil na final do Aberto dos Estados Unidos contra Juan Martín del Potro e cometeu duas duplas faltas, sem conseguir confirmar seu serviço, perdendo, por fim, a partida.

"Acho que eu talvez tenha mesmo dito 'Vá se foder, Roger!' quando assisti àquela partida", disse Roddick rindo. "Amo Juan Martín. Portanto, estava muito feliz por ele, mas, ao mesmo tempo, fiquei irritado, porque Roger realmente se engasgou um pouco. Engasgar é uma palavra forte, pois é utilizada excessivamente, mas foi tenso. Ele meio que entregou o quinto set; portanto, acho que fiquei mais irritado com ele naquele dia do que em qualquer outro momento da minha carreira."

A carreira de Roddick duraria somente mais três anos. Até se aposentar, em 2012, ele nunca mais passou das quartas de final de um torneio do Grand Slam.

Ele recebera cartas difíceis — vindo depois da grande geração americana de Sampras, Agassi, Courier e Chang — e as jogara com o máximo da sua capacidade.

Somados, eles tinham conquistado 27 títulos de simples em Grand Slams. Roddick conquistou somente um, o que ainda é um a mais do que qualquer outro tenista americano desde 2003. A carreira de Roddick parece melhor a cada ano, mesmo que ainda reflita quanto o tênis masculino do país decaiu.

"Eu meio que sempre acredito em Andy", disse-me Federer sobre a carreira de Roddick. "Acho que ele até me agradeceu uma vez por ter ficado ao lado dele, da mesma maneira que fiquei ao lado de Lleyton quando as pessoas o estavam criticando. Acho que é por isso que há muito respeito mútuo na nossa geração, porque todos aparecemos juntos e sabemos quanto somos bons e como é difícil permanecer no topo. Acho legal defendermos uns aos outros, porque não é tão simples quanto parece. Temos um sistema eliminatório a cada dia. Não é como no futebol. Você pode ir embora no domingo, está empatado e você vai dormir bem porque ninguém perdeu. Conosco é tudo ou nada. Não há onde se esconder e, além disso, há o desgaste do que fazemos: onze meses por ano."

Claramente, o desgaste não teve o mesmo efeito em todos. Enquanto Roddick se aposentou aos trinta anos, Federer continuou (e ainda continua), inclusive na década de 2020.

E, embora Federer seja membro vitalício do All England Club, Roddick precisou lidar com o que poderia ter sido quando retornou em 2015 para atuar como comentarista televisivo para a BBC.

Antes disso, ele já enfrentara dificuldades para processar a derrota: às vezes, acordando e sentindo como se tivesse levado um "soco no estômago". Mas voltar ao clube pela primeira vez desde a aposentadoria era um lembrete de outro nível.

"Não tinha me dado conta da dor até então", declarou. "Não era uma coisa de 'coitadinho de mim'. Era simplesmente que eu queria atravessar aquele portão como um campeão de Wimbledon, circular pelo lugar como membro da fraternidade."

Wimbledon, com seu foco na tradição e no protocolo, enfatiza fortemente seus elos com o passado. Roddick, membro ou não da fraternidade, é parte da sua história por ter sido finalista três vezes: no mesmo grupo de membros do Hall da Fama como Ivan Lendl, Ken Rosewall e Patrick Rafter, que nunca conseguiram mudar a sorte na grama britânica.

Sampras e Federer estavam em uma categoria mais elevada, só deles: os dois jogadores masculinos mais bem-sucedidos da era aberta no All

England Club. É mais uma ligação entre os dois, mesmo que tenham exercido seu domínio com estilos de jogo muito diferentes.

Durante anos, Sampras continuou curioso e um tanto perplexo com o contraste. Depois que Annacone se tornou técnico de Federer, ele organizou uma noite em Los Angeles, pouco antes do torneio de Indian Wells, em março de 2011.

Sampras e Federer, que é um grande fã da NBA, assistiram juntos a uma partida do Los Angeles Lakers e conheceram Kobe Bryant, que era um enorme fã de tênis e conselheiro informal de tenistas como Maria Sharapova e Novak Djokovic antes da sua morte trágica em um acidente de helicóptero em 2020.

Sampras, Federer, Annacone e as respectivas esposas se reuniram depois para jantar no reservado de um restaurante em Beverly Hills. Sampras cobrira Annacone de perguntas sobre as condições do jogo no circuito e queria compreender em detalhes como Federer o derrotara na quarta rodada de Wimbledon em 2001 com um jogo clássico de saque e voleio, mas depois conquistara seus títulos em Wimbledon essencialmente da linha de base.

"Naquele ponto, Roger já disputara um milhão de torneios principais, mas continuava como um garotinho, ainda meio que admirando Pete e ainda admirando as lendas, ele é assim", disse Annacone. "Pete não é aberto com muitas pessoas, mas em um contexto íntimo como aquele, ele é ótimo. Portanto, todos nos sentamos e eu literalmente apenas escutei Pete dizer: 'Certo, cara, que diabos está acontecendo com o tênis?' E Roger disse: 'O que quer dizer?' E Pete respondeu: 'Ninguém mais está indo à rede em Wimbledon. Como isso pode acontecer? Como isso está funcionando?'

"Roger pensou sobre isso por um segundo e, depois, basicamente explicou a Pete a evolução de uma era para outra, e isso continuou por umas duas horas. Se eu fosse jornalista naquele momento, teria gravado tudo escondido."

O que Federer explicou foi que, quando quase todo mundo sacava e voleava na grama, ficar no fundo da quadra era a decisão errada porque significaria rebater muitas passadas. Contudo, à medida que os equipamentos e os estilos de jogo foram mudando, Federer se deu conta de que também tinha uma vantagem na quadra jogando da linha de base, assim como nos pisos duros e até mesmo no saibro contra jogadores que não se chamavam Nadal.

O novo modelo em quadras de grama não era sacar e volear, era sacar e acertar uma direita forte o mais rápido possível e depois, se necessário, volear. Isso ainda é tênis ofensivo, mas de uma forma diferente.

Há quem discorde da conclusão de Federer.

"Acho que Roger abandonou o saque e voleio porque comprou a ideia de que todos estavam abandonando esse estilo de jogo", disse Craig O'Shannessy, um pioneiro da estatística no tênis que trabalhou com Djokovic, Kevin Anderson e outros. "Mas quando olhamos as porcentagens de vitória, elas sempre foram positivas. Estejam ou não sacando e voleando em Wimbledon 30% ou 6% do tempo, a porcentagem de vitória permanece entre 65% e 70%. Obviamente, Roger conquistou oito títulos e se saiu extremamente bem, mas, em termos estatísticos, abandonar o saque e voleio em Wimbledon não é uma boa ideia."

O tênis é a busca interminável pelo veneno certo e pelo antídoto para esse veneno. Com frequência, é um processo cíclico, o que significa que sacar e volear pode voltar a predominar em Wimbledon se um número suficiente de promessas começarem a aprimorar tal habilidade sob muita pressão na juventude.

Até lá, os resultados de Federer falam por si sós, assim como os de Sampras. Eles foram os melhores das suas eras na grama, com filosofias diferentes. Um respeita a habilidade e o comprometimento do outro.

Foi um longo voo de volta para Los Angeles no dia seguinte à final de 2009, mas Sampras estava feliz por ter feito a viagem turbulenta, mesmo tendo chegado em casa sem seu recorde.

"Eu nunca poderia imaginar", disse ele, "que só levaria sete anos para que alguém superasse os catorze."

Sampras teria mais surpresas nos anos seguintes.

CAPÍTULO ONZE

FEUSISBERG, *Suíça*

"Bem-vindo à Suíça!", disse Roger Federer, estendendo os braços na direção do lago de Zurique e parecendo orgulhoso, como se fosse o dono do local.

Ele estava de volta ao topo da montanha do tênis e parecia estar também no topo do mundo quando o visitei em 7 de agosto de 2009.

Saí às pressas da França para entrevistá-lo porque ele estava voltando às competições mais cedo do que o esperado. Por sugestão sua, nós nos encontramos perto de seu apartamento para um *brunch* no amplo terraço do Panorama Resort and Spa, cujo nome é uma homenagem à vista incrível que oferece do alto do lago de Zurique.

"Eu moro logo ali", disse ele, apontando para o lago e a abastada cidade de Wollerau. "É um lugar ótimo, muito tranquilo. Em apenas cinco minutos de carro, você vê vacas. Eu gosto disso."

Era um fim de manhã estonteante — ensolarado, com uma luz cristalina e um sopro de brisa — e até hoje não me lembro de ter visto Federer com tanto bom humor, a não ser quando venceu um match point em um torneio de Grand Slam.

Essa entrevista, excepcionalmente, não era sobre tênis. Era sobre se tornar pai. Mirka dera à luz gêmeas idênticas, Charlene e Myla, duas semanas antes em Zurique, em 23 de julho.

"Deve ser uma coisa incrível se olhar sem se olhar no espelho", disse Federer sobre as filhas. "Elas vão nos pregar peças a toda hora."

Com um timing suíço confiável, os Federer se tornaram pais no curto intervalo entre Wimbledon, onde Federer venceu seu 15º título de Grand

Slam, e o Aberto dos Estados Unidos, onde ele logo buscaria seu sexto título consecutivo de simples.

"Não planejamos um intervalo específico, então tivemos sorte de ter acontecido durante esse período", disse Federer. "Eu estava com medo. Você tem noção de como é. Após a 25ª semana, nunca se sabe quando o bebê pode nascer, então, no início de Roland Garros, pensei que teríamos que passar por dois Grand Slams."

Em Wimbledon, houve mais conversas sobre o que fazer se Mirka entrasse em trabalho de parto.

"Mirka disse: 'Bom, você vai, joga e volta. Não pode simplesmente fugir da partida, é impossível'", explicou Federer.

Mas Roger e Mirka não perderam sequer uma rodada, embora tenham chegado perto. Federer venceu Wimbledon em 5 de julho e, pouco mais de uma semana depois, a pedido dos médicos, Mirka deu entrada no Privatklinik Bethanian, um dos melhores hospitais de Zurique, bem antes da data prevista para o parto. Federer se juntou a ela, dormindo no mesmo quarto por nove dias antes de as gêmeas nascerem de cesariana e por mais dez dias após o parto.

"Parecia o terceiro Grand Slam consecutivo: Paris, Wimbledon e o hospital", disse Roger.

Eles descobriram que Mirka estava grávida no início de janeiro, em um torneio em Doha, no Catar.

"Fiquei, tipo, muito chocado, no bom sentido", disse ele. "Estava atordoado e ficava fazendo piadas com Mirka: 'Cuidado! Não levante isso! Você deveria estar deitada!' E ela dizia: 'Pare com isso! Não fale comigo como se eu estivesse grávida demais!'"

Duas semanas depois, eles descobriram que teriam gêmeas durante o primeiro check-up em Melbourne, no Aberto da Austrália. Roger ficou atordoado novamente.

"Eu estava: 'Ai, meu Deus! Essa é a melhor coisa do mundo!'", disse ele.

No dia seguinte, ele derrotou o jovem e perigoso Juan Martín del Potro por 6-3, 6-0, 6-0 nas quartas de final.

"As gêmeas me deram asas, né?", disse Federer. "Foi tipo, ok, parece que não vai me afetar se Mirka fizer um ultrassom ou algo assim. Foi um bom começo. Isso me deu confiança."

Depois da derrota para Nadal na final, os Federer esperaram até março para anunciar a gravidez de Mirka, e o médico disse que era mais sensato não mencionar imediatamente que era uma gestação gemelar. Roger soube mais tarde que sua avó materna também era gêmea, mas que o irmão morrera durante o parto. De fato, era melhor ter cautela.

"Nunca se sabe o que pode acontecer", disse Roger. "Mas, quando você vê, já se passaram sete meses no ano e, no fim, ninguém está realmente me perguntando se são gêmeos ou não. Então eu disse: 'Beleza, vou simplesmente continuar jogando até o finzinho.'"

Nas entrevistas coletivas, isso significava falar sobre "o bebê", e ele adquiriu tanto esse hábito que às vezes mencionava "o bebê" durante nossa entrevista também.

"Realmente tive que lutar contra mim mesmo", comentou ele. "Um dia falei para um casal: 'Estamos muito animados para ter alguns bebês', e pensei: Será que isso já está denunciando algo?"

Federer, sabendo que eu tinha três filhas, perguntou sobre minha família.

"Estou rodeado de mulheres, e agora você também", disse eu.

"Como você se sente? Isso é bom?", perguntou ele.

"Bem, traz à tona seu lado sensível, mas acho que você não precisa disso", respondi.

"Exatamente!", comentou ele, rindo bastante.

Há muito tempo estava claro que a paixão de Federer pelo jogo e pelos torneios era fora do comum, mas esta foi a primeira vez que percebi que era fora do comum até mesmo para um campeão no tênis.

Muitos atletas que haviam acabado de se tornar pais voltaram à quadra logo após o nascimento dos filhos, incluindo Andre Agassi, mas Federer parecia particularmente ansioso para levar toda a família logo para a estrada e depois continuar viajando. Mirka e as gêmeas haviam saído do hospital em Zurique na terça-feira. Na sexta-feira, Myla e Charlene já tinham passaportes suíços e, em algumas horas, embarcariam no primeiro voo da vida delas.

"Obviamente, eu só faria isso se tudo estivesse bem e seguro", disse Roger. "Mirka passou por um check-up ontem. As bebês ficaram no hospital por dez dias e está tudo perfeito. Então vamos fazer isso. Família grande.

Viagem grande. Todos a bordo. Lá vamos nós de novo. Estou muito animado para ver como vamos administrar tudo isso."

Como sou um norte-americano casado com uma parisiense e cubro esportes no mundo todo, eu havia passado por muitas viagens de longa distância com filhas muito pequenas. Por mais que apreciasse a companhia das minhas filhas, "animado" não foi a primeira palavra que me veio à mente ao pensar em carregar o equipamento, lidar com o sono interrompido e controlar o pavor que nossos vizinhos da classe econômica sentiam ao ver bebês no voo corujão.

No entanto, os Federer não viajariam na classe econômica. Embora o casal muitas vezes tenha feito voos comerciais atravessando o Atlântico, a opção para a primeira excursão em família, rumo a Montreal, foi um jatinho particular. Uma enfermeira os acompanhou na viagem.

"É uma grande ajuda, mas Mirka realmente coloca a mão na massa", disse Federer. "Ela não se importa em se levantar no meio da noite, dar de mamar às bebês a qualquer hora, trocar as fraldas. Acha que, se não fizer isso, é como se estivesse perdendo alguma coisa."

O plano original era voltar a jogar no circuito em Cincinnati uma semana depois de chegarem a Montreal, mas Mirka deixou claro que estava disposta a ir antes se não houvesse qualquer intercorrência médica. Eles decidiram por Montreal na quinta-feira: apenas um dia antes da partida; por isso, precisei correr para chegar à Suíça antes da decolagem.

"Todos os dias Mirka ficava tipo: 'Vamos? Vamos?'", contou Federer. "Ela estava pronta."

Se alguém se perguntar como Federer continuou a jogar e ser bem-sucedido por mais de uma década depois de se tornar pai de família, grande parte da explicação está neste pequeno parágrafo:

"Ela é uma rocha", disse Federer, empregando a palavra que costumava usar para descrever a esposa. "Forte demais, e talvez isso venha do tênis também. Ela tem uma mente muito forte, e é assim que está lidando com tudo agora, desde o nascimento das crianças. É o que eu esperava de Mirka, porque ela é uma pessoa maravilhosa, mas é ótimo vê-la provar isso para mim e me mostrar que é — e será — uma excelente mãe."

Como ocorre inúmeras vezes quando Federer fala em inglês, os termos e os tempos verbais não fluem exatamente como seu tênis, mas o que uma transcrição precisa de suas palavras não consegue captar com frequência é seu calor e sua energia positiva. A linguagem corporal é aberta: sem braços cruzados. Os olhos, apesar de encovados, transmitem um riso iminente. Seu tom tem uma alegria conspiratória, e se ele divaga um pouco é — surpreendentemente, depois de tantas vitórias e vivências luxuosas — devido a uma ânsia em agradar, oferecendo a seu interlocutor todo o conteúdo de que precisa para capturar o momento, da maneira como escolher fazê-lo.

Nos anos vindouros, ele enfrentaria muitos obstáculos na quadra, o que inclui a excelência contínua de Nadal e a ascensão, a queda e o renascimento de Djokovic. Mas, nos bastidores, Mirka não era um impedimento para a excelência de Federer. Ela apoiou incondicionalmente a carreira dele, abraçou a vida peripatética com gosto e exibiu perspicácia organizacional e empresarial.

"Acho que Roger deve 50% de sua carreira a Mirka, porque ela administra muita coisa", disse Marc Rosset, que conhece o casal desde antes do começo do namoro. "Se você é um atleta de elite e é casado com uma atriz, e ela diz que é ótimo você praticar ou participar de determinado torneio, mas que talvez vocês devessem fazer isso ou aquilo, é provável que a sua carreira seja mais curta."

Mirka, que não fazia o papel de esposa-troféu, sabia o que era necessário para que o marido continuasse ganhando torneios. Filha de um joalheiro imigrante, ela também gostava das benesses que a grandeza do tênis proporcionava: casas e posses de luxo, viagens de cinco estrelas e o contato fácil com outras pessoas importantes — entre elas Anna Wintour, editora da revista *Vogue* que era uma grande fã de tênis e acabou se tornando uma conselheira informal.

"Acho que Anna teve uma grande influência sobre Mirka e Roger", disse Max Eisenbud, vice-presidente da IMG, que por muito tempo representou Maria Sharapova.

"Uma vez cometi o erro de pedir a ajuda de Mirka para planejar minha lua de mel", disse Justin Gimelstob, ex-jogador e membro do conselho da ATP. "Ela apareceu com os melhores lugares para uma lua de mel: cada concierge, cada hotel, cada passeio, o itinerário, tudo ótimo. O que percebi, quando recebi a conta, foi que tive a lua de mel de quem foi vinte vezes campeão do Grand Slam, enquanto minha classificação mais alta na carreira foi a 63ª posição."

Mas Mirka, ao contrário dos parceiros da maioria das outras lendas do tênis, entendia o jogo profissional em um nível muito detalhado. Ela estivera entre as cem melhores tenistas: uma atleta olímpica e integrante da equipe da Fed Cup. Se não fosse por um problema crônico no pé, que pôs fim à sua carreira, certamente teria ido mais longe.

Embora seja difícil imaginar agora, alguns amigos tentaram convencer Federer, então com dezenove anos, a não namorar Mirka, de 22 anos, depois das Olimpíadas de 2000. Eles percebiam que, com Mirka — mais madura e refinada do que Federer naquela época —, o relacionamento poderia ficar sério rápido.

"Todos nós meio que dissemos 'Roger, não, não, não. Você é muito novo. É melhor ficar solteiro um pouco mais', mas ele não escutou nosso conselho", contou-me Sven Groeneveld. "E, obviamente, fez a escolha certa."

Mirka já era a namorada firme de Federer antes de ele se tornar um astro do tênis: muito antes de conquistar seu primeiro título em Wimbledon. Federer apreciava isso e confiava no relacionamento.

"Ficamos juntos quando eu não tinha nem um título sequer, e meio que passamos por tudo isso juntos, e agora temos uma família", disse-me Federer. "É incrível."

Ele também gostava do fato de ela entender de tênis e ter jogado em alto nível.

"Nunca comecei a namorar uma tenista por causa disso", disse Federer. "Mas, na minha situação, acho que realmente ajuda, porque ela entende o esforço necessário e chegou a um nível muito bom, ainda que não ao meu. Ela mesma já dedicou uma quantidade enorme de horas ao esporte. Então, quando digo a Mirka 'Olha, preciso ir ao treino', ela é a primeira a dizer: 'Eu sei, eu sei que você precisa, e talvez só precise de 20% do que eu precisava.'"

Yves Allegro, amigo de Federer e ex-parceiro de duplas, continua próximo de Roger e Mirka. Ele viu uma rápida mudança no atleta depois que eles começaram a namorar.

"Nessa idade, a mulher normalmente já está um pouco à frente dos rapazes, e ela é três anos mais velha", disse Allegro. "Roger começou a se vestir um pouco diferente, começou a ficar um pouco mais maduro. Acho que Mirka entendia de tênis porque naquela época ainda era jogadora. Para a estabilidade dele, foi perfeito. Com certeza, ela é uma peça-chave na carreira dele e o apoiou muito quando Peter Carter morreu."

Bill Ryan era o agente de Federer quando o suíço e Mirka começaram a namorar. "Ela claramente era a chefe quando os dois ficaram juntos", revelou Ryan. "Dava para ver que ele estava apaixonado por ela."

Por muitos anos, Mirka continuou fazendo parte da equipe de confiança de Federer, mesmo depois que técnicos veteranos como Tony Roche, José Higueras e Paul Annacone se juntaram ao grupo.

"Não me lembro de ela dizer: 'Paul, por que você não põe Roger para fazer isso ou aquilo?'", declarou Annacone. "Nunca foi assim, de maneira alguma. Mas, quanto mais grandiosa era a ocasião, maior era a probabilidade de ela fazer uma ou duas perguntas."

Annacone recordou-se das vésperas da semifinal de Roland Garros de 2011, no confronto contra Djokovic, que vencera 43 partidas consecutivas antes de Federer interromper a sequência com uma de suas melhores atuações.

"Eu me lembro de estar junto com todo mundo na noite anterior, e Mirka perguntando: 'E aí, pessoal, o que vocês acham?'", disse Annacone. "E então depois conversamos apenas sobre tática."

Quando veio a Zurique em 2010 para o que foi essencialmente um período de experiência, Annacone saiu para jantar com Roger e Mirka. Ele já conhecia Mirka socialmente por meio de seu ex-patrão Tim Henman e do agente de Federer, Tony Godsick.

"Mirka foi muito direta", disse Annacone. "Ela fazia perguntas e dizia: 'Foi aqui que Roger teve problemas estrategicamente, qual é a sua filosofia em relação a essas questões?' Foi realmente um levantamento de informações. Nunca me senti pressionado e Roger também não. Nunca me senti oprimido nem achei que ela tinha ultrapassado os limites, e quanto mais tempo eu passava perto deles, mais respeitava e apreciava o relacionamento e os papéis que assumiam. Porque fica claro que Roger a ama incondicionalmente; ela é forte, inteligente, conhece tênis e sabe da vida. Ela também protege de forma incansável aqueles que ama: o marido, a família e, a propósito, as pessoas que trabalham na equipe."

Outros que conhecem os Federer observam que Mirka pode bancar a vilã para se contrapor ao lado mocinho de Roger; que sua abordagem direta e sua capacidade de enfrentar as pessoas permitem que ele mantenha o papel que prefere assumir.

"Roger gosta de manter as coisas em um grau de tranquilidade, sem conflito, mas ela pode ser dura e dificultar as coisas", disse um ex-jogador que falou anonimamente para evitar prejudicar seu relacionamento com o casal. "Ela tem muita influência sobre Roger, no seu jogo e na sua agenda. Eu teria tido dificuldades com isso. Não teria sido bom para o meu casamento."

Mas Roger e Mirka estavam acostumados a misturar negócios com o relacionamento.

Em janeiro de 2002, eles disputaram a Hopman Cup juntos pela Suíça: os dois ostentando longos rabos de cavalo escuros e faixas brancas da Nike na cabeça. Não conseguiram conter o rubor e a risada sem graça quando foram entrevistados na quadra pelo ex-tenista australiano Fred Stolle, que fazia alusões ao relacionamento deles (e se esforçava para pronunciar o nome completo de Mirka).

É ainda mais pungente assistir àquele momento agora, porque a carreira de tenista de Mirka estava quase no fim.

"Na Hopman Cup, eu me lembro de ela ter chorado antes de jogar contra Arantxa Sánchez Vicario, e fiquei tipo: 'Por que você está chorando?'", contou-me Federer. "E ela disse: 'Você não entende. Estou com muita dor no pé. Mal consigo correr e tenho que jogar uma partida.' E eu disse a ela: 'Bem, então não jogue'. Mas ela respondeu: 'É claro que vou jogar, mas dói muito'. Nunca senti algo assim. Quer dizer, estive perto disso e entrei na quadra, mas essa coisa com Mirka era uma luta diferente, acho, porque logo depois ela se aposentou."

Mirka perdeu na rodada de abertura do qualificatório do Aberto da Austrália, em Indian Wells e em Miami. Mas a dor era constante, e ela parou por vários meses até decidir se submeter a uma cirurgia no calcanhar. Durante o período de recuperação no outono de 2002, Roger perguntou se ela poderia ajudar a reservar um hotel para ele. Aos poucos, ela foi assumindo cada vez mais o planejamento de viagens de Roger e Peter Lundgren, que era seu técnico na época.

Os médicos acabaram dizendo a Mirka que a cirurgia havia sido um erro, e ela não conseguia mais se movimentar no nível necessário para competir no circuito. Ela tinha apenas 24 anos.

"Tentei de tudo para voltar e queria muito, mas não havia mais nada que eu pudesse fazer", declarou Mirka em Paris, na primavera de 2005, quando ainda sentia dores no pé após a aposentadoria.

Na época, ela estava viajando com Roger e coordenando os patrocínios e os compromissos com a mídia. Esse foi o período em que Roger rompeu com a IMG e contou com seus pais, Mirka e um consultor jurídico suíço para ajudá-lo a gerenciar seus negócios emergentes.

"Acho que, de certa forma, a carreira dela continuou com a minha, especialmente nos primeiros anos", disse-me Federer em 2016. "Acredito que foi bom para Mirka minha carreira ter decolado apenas quando ela se aposentou, porque pôde ficar completamente focada no passo seguinte. Não conseguia nem pensar: Meu Deus, meu pé dói tanto e meu calcanhar está me matando, e provavelmente nunca mais vou jogar. E o pé ainda não está bom até hoje, então acho que ela tomou a decisão certa, em vez de tentar passar por uma recuperação de três anos consecutivos."

Quando ele venceu Wimbledon em 2003, Mirka ficou com a tarefa de gerenciar a avalanche de pedidos de entrevistas e aparições.

"Houve um grande boom, e todos exigiam muito de nós", contou-me Roger. "Ser pego de surpresa foi interessante."

Ele imitou a voz de Mirka: "Ai, meu telefone não para de tocar! É uma loucura. Não sei o que fazer."

De volta à própria voz: "E eu fiquei: 'É só desligar, quero ter um tempo com vocêêê'", disse ele, arrastando a última vogal de forma suplicante.

Imitou a voz de Mirka novamente: "E ela disse: 'Eu não posso fazer isso.'"

Federer recontou esse diálogo em inglês, mas ele e Mirka se comunicam em suíço-alemão, embora ambos sejam multilíngues (Mirka fala inglês e eslovaco). Seja qual for o idioma, o equilíbrio entre vida pessoal e profissional foi de fato um ponto de atrito naqueles primeiros anos.

"No começo, às vezes tínhamos alguns conflitos, porque eu pensava de um jeito e ela, de outro, então decidimos, ok, não vamos brigar", contou-me Federer em 2005. "Pelo menos, se brigarmos e esquecermos disso depois, podemos ficar agarradinhos. Agora não é mais um problema, mas, depois do primeiro título em Wimbledon, havia momentos em que ela estava exausta e talvez um pouco irritada, como eu. Ainda é impossível conseguirmos dar o dia de trabalho por encerrado. Às vezes, de manhã cedo, ela olha os e-mails ou precisa fazer mais uma ligação, e eu fico, tipo, 'Hummm', mas não tem problema."

Depois de dezembro de 2003, quando Federer surpreendentemente rompeu a parceria com Lundgren, a influência e o papel de Mirka continuaram a crescer.

"Mirka foi quem realmente amarrou todas as pontas soltas para Federer", revelou Paul Dorochenko, o fisioterapeuta e osteopata francês que trabalhou com os dois na juventude. "Sinceramente, acho que, quando eles romperam com Lundgren, a decisão foi mais dela do que dele. Ela, de fato, não é muito simpática; na verdade, é um tanto fria. Mas fez muito bem para Federer, porque cuidou de tudo, e a única coisa que ele teve que fazer foi jogar tênis. Ela fazia tudo dos bastidores, e havia cada vez mais coisa a ser feita."

As opiniões no tênis são mais divididas em relação a Mirka do que a Roger, mas talvez seja porque ela preserve a bolha da família com muito zelo e se comunique propositadamente muito pouco com o mundo exterior, a menos que se considerem todas as levantadas de sobrancelha, os punhos cerrados de encorajamento e os suspiros de exasperação no camarote dos jogadores, onde mascou mais chiclete ao longo dos anos do que um técnico de primeira base.

"Realmente gosto da Mirka e tenho muito respeito por ela", disse Andy Roddick, rival de longa data de Federer.

Maria Sharapova me contou que, quando surpreendeu a todos ao vencer Wimbledon aos dezessete anos, dividiu uma mesa no jantar dos campeões com Mirka e Roger, que acabara de ganhar seu segundo título consecutivo.

"Quando me levantei para pegar o troféu ao lado dele na premiação, eu me lembro de Mirka me dizendo que meu vestido estava torto, e eu fiquei tipo: 'Meu Deus, não quero meu vestido torto quando estiver ao lado do Roger Federer!'", contou-me Sharapova. "Então foi tipo: Muito obrigada, Mirka. Eu não tinha noção.'"

Marc Rosset, a estrela suíça que já foi mentor de Federer, destaca que Mirka teve a tarefa ingrata de ser a intermediária entre o marido e a mídia nos primeiros anos.

"Mirka foi uma pessoa muito criticada no início porque a imprensa suíça estava insatisfeita com o fato de precisar passar por ela para chegar até Roger", disse Rosset. "Mas, antes de criticar alguém, devemos nos colocar no lugar da pessoa. Mirka tinha um papel complicado. Era a gestora de relações públicas e tudo o mais, e claro que fazia o máximo para que Roger pudesse ter a vida o mais normal possível e se concentrar no tênis. Ela protegia o seu homem, o que é natural. No início, houve muitas reclamações, mas, sinceramente, não tenho nada de desagradável a dizer sobre ela. Ela fez o que achou ser melhor para ele e, se Roger aceita e está feliz com isso, não cabe a nós criticar."

Groeneveld acredita que Mirka teve uma visão clara quanto à carreira de Federer.

"Ela sabia o que precisava ser feito", disse ele. "Foi ela um dos fatores determinantes na decisão a respeito de Peter Lundgren. Quando eles romperam, ela teve uma parcela de responsabilidade, é claro. As decisões quanto aos técnicos são difíceis para Roger. Ele é muito leal às pessoas próximas. Para ele é difícil deixar alguém ir embora."

Há muito tempo, Federer afirma que, embora certamente tenha consultado Mirka sobre o fim da parceria com Lundgren, a decisão acabou sendo dele — decisão esta que Lundgren me revelou ter vindo na hora certa para ele também, mesmo que tenha sido dolorosa.

Durante grande parte de 2004, Federer não teve um técnico oficial e só voltou a unir forças com a IMG no fim de 2005. Ron Yu, que se tornou o responsável fixo pelo encordoamento das raquetes de Federer, lembra que, quando foi ao hotel do atleta em Hamburgo, em 2004, para ter a primeira longa conversa, Mirka participou da reunião. Godsick acabou assumindo as obrigações de relações públicas, aliviando Mirka de ter que dizer "não" na maior parte do tempo à imprensa. Mas ela permaneceu profundamente envolvida na carreira de Federer.

"É claro que, quando não tínhamos filhos, e em especial nos períodos em que eu não tinha técnico nem empresário, tomávamos café da manhã, almoçávamos e jantávamos praticamente sozinhos à mesa todos os dias",

Federer me confidenciou não muito tempo depois do nascimento de Myla e Charlene. "Então é de imaginar que tivemos muito tempo para conversar sobre tudo, que foi uma época muito interessante em nossa vida. Hoje são de seis a oito pessoas sentadas à mesa. Agora é quase uma aglomeração, então mudou muito; precisamos ser muito específicos e precisos para termos algum tempo a sós."

Federer admitiu que o tênis continua sendo um assunto abordado com Mirka durante o "tempo a sós".

"Eu sei que ela gosta disso também", disse ele com um sorriso. "Gosto de ter conversas sobre tênis com ela porque sei que ela me viu treinar e jogar mais do que qualquer pessoa por aí, e é nesses momentos que às vezes consigo tirar alguns conselhos dela."

Claro, seria ideal obter a perspectiva de Mirka sobre tudo isso, mas ela e Roger decidiram, em meados dos anos 2000, que ela pararia de dar entrevistas: parte de um esforço cada vez mais vigoroso para preservar a vida privada dos dois.

O casamento para um número pequeno de convidados em 11 de abril de 2009, na Basileia, era um segredo tão bem guardado que até mesmo alguns membros da equipe suíça na Copa Davis não sabiam do evento. Em todas as minhas entrevistas com Federer, ele só ficou irritado de fato uma vez. Foi em 2012, quando mencionei a casa da família perto de Lenzerheide, nos Alpes suíços.

"Não escreva onde eu moro", disparou. "Não gosto disso."

O local mais tarde acabou se tornando público, mas Federer, uma figura global com uma merecida reputação de amabilidade, tinha um desejo crescente de estabelecer limites claros. Isso significava que Mirka, que já tinha sido sua assessora de imprensa, não falaria mais com a mídia. Se houvesse perguntas sobre o casal, Federer daria as respostas.

Isso certamente representou uma perda para a nossa compreensão do quadro geral. Os cônjuges no tênis, em geral, não são tão centrais na história quanto Mirka. Ela teria muito o que esclarecer e talvez desmentir, incluindo relatos de seu romance com um integrante da família real de Dubai antes de conhecer Federer. Mas, acima de tudo, era fascinante ouvir suas opiniões sobre a carreira do marido. Ela desempenhou um papel decisivo ao torná-lo a melhor versão de si mesmo em quadra e em construir sua marca.

"Não sou a técnica dele, basta dar alguns conselhos", disse ela à publicação esportiva francesa *L'Équipe*, em 2005, em uma de suas últimas entrevistas. "Roger adora falar de tênis. Eu conheço o jogo e as táticas. Por ser inteligente, ele atua como um filtro: guarda apenas as melhores informações. Talvez seja o que nos conecta tão fortemente, porque viemos do mesmo ambiente, do mundo do tênis. Nunca vou chamá-lo para fazer compras na noite anterior a uma final de Grand Slam."

A jornada nem sempre foi tranquila. O perfume Roger Federer, no qual ambos investiram, foi um fracasso, mas os deixou com uma versão do monograma "RF", que mais tarde foi modificado e usado com muito mais sucesso pela Nike e agora pela Uniqlo.

"O boné RF foi líder em vendas, mesmo a Nike fabricando muitos bonés e o tênis sendo um negócio muito pequeno para a marca", disse Mike Nakajima, que passou trinta anos na empresa. "Mirka tem muito mais voz em relação ao que Roger veste do que no que ele faz. Ela foi muito mais, eu diria, vocal sobre o que Roger gosta e não gosta, que cor fica bem nele e qual não fica. Mas sabe de uma coisa? Não é por acaso que formam um casal. Às vezes, Roger pode não ter sido capaz de dizer 'Realmente não gostei do que vocês fizeram aqui', e acho que, nesse sentido, Mirka assumiu esse papel."

Ela assumiria muitos outros ao longo dos anos, incluindo dar à luz um segundo par de gêmeos idênticos (por incrível que pareça, a irmã de Federer, Diana, também teve gêmeos. Os filhos de Roger e Mirka, Leo e Lenny, nasceram em 6 de maio de 2014, e Roger teve tempo suficiente para chegar ao Aberto de Roma e a Roland Garros. A logística por trás de tudo isso às vezes é hercúlea, mas o objetivo de Mirka era transformar a estrada em um lar, chegando até mesmo a reservar uma *motor home* em algumas ocasiões.

Sem dúvida, o dinheiro ajuda a amenizar os solavancos. Há muitas viagens em aviões particulares e um elenco rotativo de babás. "Temos várias, para garantir que elas não fiquem sobrecarregadas e possamos ter uma boa vibração", contou-me Federer.

Quando chegou a hora de Charlene e Myla frequentarem a escola, os Federer contrataram uma professora credenciada para viajar com a família e acompanhar as meninas no jardim de infância e na escola primária, improvisando e convertendo quartos de hotel ou outros espaços em salas de aula.

"Parece a coisa certa a se fazer, para que possamos ficar todos juntos", disse-me Federer em 2015. "Eu não tinha certeza se era isso que realmente queria para as crianças no início, mas devo dizer que esse sistema nos mantém unidos. As meninas gostam e eu adoro estar com minha família, assim como Mirka. Ela gosta muito de estar comigo, então podemos nos ver praticamente todos os dias e acho que isso, no momento, é mais importante do que ficar longe e eles estudarem em uma escola normal. Mas as coisas podem mudar muito rapidamente."

Federer ficaria fora da estrada por longos períodos em 2016 e de novo em 2020 por causa de cirurgias no joelho e da pandemia do novo coronavírus (ele também pulou as temporadas de quadra de saibro em 2017 e 2018).

"As crianças se acostumam a tudo, mas as meninas perguntavam: 'Quando vamos embora de novo?'", comentou Federer a respeito da parada de seis meses em 2016. "Porque não viam a hora de voltar para a estrada. Era tipo: 'Quando vamos à Austrália outra vez? Ou quando vamos de novo a Nova York?' E eu dizia: 'Por enquanto, não.'"

Mas a família continuou a viajar unida e, hoje, tanto o casal quanto os filhos têm amigos na maioria dos lugares por onde passam.

"Nesses vinte anos de torneios, conheci muita gente; em cada cidade conhecemos alguém e sempre ficamos contentes em encontrar essas pessoas", disse Federer. "E é por isso que nossa vida no circuito parece uma espécie de casa."

Annacone não consegue se lembrar de uma situação ao longo dos anos como técnico de Roger em que não houvesse "pelo menos três ou quatro casais ou amigos diferentes" onde eles estivessem para passar um tempo com a família Federer.

"Eles jantavam e passavam alguns dias juntos, saíam, conversavam, iam caminhar e faziam programas de casal", disse Annacone. "E essa separação, para Roger, foi o combustível necessário para continuar jogando tênis em alto nível."

Annacone, depois de sua experiência com os Sampras, que eram mais reservados, preocupava-se que Federer pudesse ter sua energia drenada por toda aquela socialização. Ele conversou sobre essas preocupações com Godsick, Lüthi e, enfim, com o próprio Federer.

"Roger disse tipo: 'Não acho que estou tão velho a ponto de sentir que perco parte do meu gás', disse Annacone. "Basta dizer que nunca vi Roger perder uma partida por causa disso, nunca sentei e disse: 'Ah, isso é porque ele recebeu visitas de amigos'. Ele é incrivelmente eficiente em sua evolução, na parte emocional e na prática. Tudo o que ele faz parece ter o efeito de recarregar as baterias. A interação social e coisas assim... é como se o regenerassem mais do que o esgotassem."

As filhas até lhe davam alguns conselhos durante os treinamentos.

"Uma vez me disseram que eu deveria jogar nas linhas", explicou Federer no Aberto da Austrália de 2016. "Elas acham que isso é bom. E eu disse: 'Ok, vou tentar.'"

Elas também sugeriram que ele olhasse furtivamente em uma direção e acertasse a bola na outra.

"Eu disse: 'Ok, vou tentar isso também. Não é tão fácil quanto vocês pensam, mas vou tentar'", disse ele.

Federer costuma afirmar que viajar não é difícil para seus filhos porque eles só conheceram essa vida. "Para nós é que é difícil", disse ele sobre o casal, "porque nos preocupamos. Para as crianças, na verdade, é fácil porque garantimos que seja o mais tranquilo possível para elas."

Ele não foi a primeira estrela masculina de sua geração a viajar com a família. Lleyton Hewitt e sua esposa, Bec, fizeram isso com a filha Mia, nascida em 2005, e o filho Cruz, que nasceu em 2008. A família acabou crescendo quando o quinto integrante, a filha Ava, nasceu em 2010. Hewitt, que se aposentou das partidas de simples em 2016, costumava jogar em torneios com Cruz, que também bateu bola com Federer e Nadal. O exemplo de Hewitt certamente tornou o plano familiar ainda mais possível para Federer.

"Eles vão ter lembranças para a vida toda por me acompanhar no circuito", declarou Hewitt. "Isso provavelmente fez com que eu estendesse a carreira um pouco mais para que eles aproveitassem essa experiência também."

Mas a última grande temporada de Hewitt foi em 2005. Federer continuou a vencer regularmente enquanto fazia malabarismos com uma família numerosa e ambições grandiosas no tênis.

"Eu não seria capaz de fazer isso", Roddick revelou a mim. "Já era muito estressado sem obrigações familiares e tudo o mais. Eu precisava ter o tênis, e agora preciso ter a família e os negócios. Eu não teria sido capaz de conciliar tudo."

Em 2017, Roddick perguntou a Federer sobre os desafios, e o suíço respondeu que era particularmente divertido quando ele e a família dividiam o mesmo quarto por algumas semanas, como ocorreu em um ano no Masters 1000 de Cincinnati.

Roddick ficou pasmo.

"Eu estava tipo: 'O que você quer dizer com todos vocês ficarem no mesmo quarto? Tipo um monte de quartos interligados?' E Roger respondeu: 'Não, todos nós ficamos em um quarto grande.' E eu disse: 'Viu? Essas são as coisas que ninguém mais faz ou consegue fazer sem perder a cabeça. Não é normal ficar em um quarto com quatro filhos e a esposa e ganhar um torneio de Masters Series.'"

Mas Federer é bem-sucedido na compartimentalização. Tirar o foco do tênis enquanto leva os filhos a um museu em Paris ou a um parque em Melbourne o ajuda a se concentrar totalmente quando chega a hora de jogar. "Horas antes da partida, todos os outros estão no quarto tentando descansar, com todo um aparato para garantir que eles estejam prontos, comendo perfeitamente. Enquanto isso, Roger está lá no Central Park com as crianças", disse John Tobias, um proeminente agente do tênis. "Acho que essa abordagem mais relaxada realmente beneficia o jogo dele. Outras pessoas ficam tensas, pensando na partida o dia inteiro, então, quando chega o momento, elas têm dificuldade." Voltar para a família também o auxilia a seguir em frente mais rápido após uma derrota — e isso já era um de seus pontos fortes antes de ter filhos.

"Ele tem como recorrer à felicidade", contou-me Chris Evert. "Simplesmente adoro o fato de a família viajar para todos os lugares com ele, como em um show itinerante. Eles são muito unidos. Realmente admiro isso e acho que Roger é uma excelente pessoa. Ele tem um bom coração, e isso é difícil de encontrar quando você está em um esporte tão difícil. É raro encontrar gentileza."

Annacone se lembra do torneio de Wimbledon em 2011, no qual Federer perdeu para Jo-Wilfried Tsonga nas quartas de final, depois de desperdiçar uma vantagem de dois sets pela primeira vez em uma partida de simples de Grand Slam. Foi, pelo menos superficialmente, um momento devastador.

"Eu estava pensando: O que vou dizer depois, como faço para saber o que vou falar?", revelou Annacone. "Então, depois de atender à imprensa, voltamos para a casa dele, que fica a trinta segundos de carro de Wimbledon, e ele literalmente pôs as bolsas no chão quando passamos pela porta, ficou de quatro e, em um minuto, estava no chão com as gêmeas, Myla e Charlene, sorrindo, gargalhando e rolando."

Depois que Federer se levantou, Annacone sugeriu que eles dessem uma caminhada para a reunião pós-jogo. Annacone perguntou a Federer que tipo de pensamento lhe permitiu deixar de lado uma dura derrota e compartilhar um momento aparentemente despreocupado de forma tão rápida com as filhas.

Esta, de acordo com Annacone, foi a resposta de Federer: "Olha, ganhei muitos títulos e perdi muitos e, realmente, sinto que uma coisa equilibra a outra. Posso citar alguns casos em que ganhei títulos que não deveria e posso mencionar outros em que perdi alguns quando estava em um grande momento. Na maioria das vezes, vou ganhar esses, mas o que me motiva é apenas entender que isso acontece e as coisas se equilibram."

Como que para enfatizar seu ponto de vista, Federer venceu Wimbledon de novo no ano seguinte: seu primeiro grande título de simples desde a edição de 2010 do Aberto da Austrália.

O jogador francês Pierre-Hugues Herbert disse uma vez que viajar com a própria família lhe trazia uma sensação de "leveza" dentro e fora da quadra. Federer concordaria, mas, de certa forma, Mirka e ele simplesmente incorporaram os filhos na logística das viagens longas.

Quando jovem, Federer tinha medo de andar de avião. "Eu ficava muito enjoado nos voos", disse ele. Mas logo superou isso e, no início de sua carreira profissional, Roger e Mirka optaram por não ficar nos hotéis oficiais com a maioria dos outros jogadores e técnicos.

"Eu os vejo o suficiente em quadra; só quero me distanciar e ter mais privacidade, acho", disse-me Federer em 2005. "Também tentamos ficar em hotéis bem centrais, para dar uma boa olhada na cidade e não ver apenas a suíte e as quadras."

Naquele ano, em Paris, ele estava animado para visitar o Louvre pela primeira vez, e o mesmo aconteceu em muitas das principais cidades do mundo.

"Essas são pequenas coisas que você começa a se permitir ao longo dos anos para se afastar do esporte e fazer algo diferente", revelou ele. "Porque o tênis é o grande foco, mas também há outras coisas na vida, a parte privada com minha namorada e minha família. Também quero manter isso intacto, porque só posso jogar tênis bem quando estou feliz."

A prioridade de Federer, mesmo naquela época, era se manter física e mentalmente revigorado: ser esperto com relação à agenda e às cargas de treinamento, mas também ser esperto sobre quanto se colocava no centro das atenções e em eventos sociais. Federer é extrovertido, embora não seja tão sociável quanto Pete Sampras poderia imaginar ao vê-lo jogando conversa fora e cumprimentando pessoas com uma batida de punho no caminho até o vestiário ou no restaurante dos jogadores.

Federer preserva sua energia, ou talvez seja mais preciso dizer que conserva seu entusiasmo, de modo que, quando está em locais públicos, possa receber e cumprimentar os outros em alto-astral.

Há lições aqui para muitos de nós. Federer e eu conversamos sobre isso novamente muito tempo depois.

"Por mais que leve as coisas muito a sério, sou bastante tranquilo, então posso de fato relaxar muito rapidamente", disse ele em 2019. "Acredito, de fato, que o segredo para muitos jogadores e para os jovens é poder sair do local do evento e dizer: 'Ok, isso fica para trás. Sei que ainda sou jogador de tênis profissional, mas estou relaxando. Estou fazendo do meu jeito, o que for necessário para me ajudar a me desligar.'"

Federer parou de falar por um momento e me mostrou o punho esquerdo cerrado.

"Porque se você é constantemente assim," disse ele, olhando para o punho, "você se esgota."

"Então, você nunca ficou um pouco esgotado?", perguntei.

Ele pensou por uns bons trinta segundos antes de responder.

"Se realmente sinto que o cansaço extremo está batendo, o que tento fazer é reduzi-lo ao mínimo absoluto, e isso significa treino, jogos e família", disse ele. "Isso é óbvio, mas talvez também seja necessário atender menos à imprensa, dar menos autógrafos, fazer menos coisas aos olhos do público. Vou treinar fora do local oficial porque preciso me recompor rapidamente e reunir energia para o objetivo principal, que é o jogo. Uma vez, houve um período de três meses no qual pedi que a organização do circuito me ajudasse um pouco, porque eu estava cansado da rotina diária de estar constantemente diante da mídia. Foi aí que mais senti, mas foi por pouco tempo. Começou com Indian Wells e Miami e durou toda a temporada de quadra de saibro."

Ele não tem certeza se o ano era 2012 ou 2013, mas provavelmente era 2012, porque ele não jogou em Miami em 2013.

"Acredito que teve algo a ver com Myla e Charlene também, porque eu estava totalmente envolvido com as crianças", disse ele. "Hoje, quando penso em 2010 e 2011, tudo que me lembro é dos momentos longe do tênis, não das minhas atuações na quadra, porque eu já era pai, sabe, e estava tão feliz, mas 2010 e 2011 foram um borrão. Você poderia me perguntar: 'Como você jogou na França em 2010?' Eu não conseguiria responder. 'Como se saiu em Melbourne em 2011?' Eu não conseguiria responder. Em 2012, as coisas começaram a voltar aos eixos, porque venci Wimbledon e tudo o mais, mas talvez durante esse tempo eu só estivesse cansado de também cuidar das crianças e começando a descobrir com a Mirka como iríamos proceder."

Cobri o Masters de Paris em novembro de 2011 e me lembro de Federer nos dizer que não dormiu muito antes da final contra Jo-Wilfried Tsonga.

Uma das gêmeas o acordou às quatro da manhã.

"Mirka me disse: 'Bem, vamos levá-la para a nossa cama'", contou Federer. "Eu nem discuti. Só a levei para a cama. O que você não quer é ter uma discussão às quatro da manhã."

Federer venceu Tsonga e levou o título. Embora viajar com as crianças pequenas certamente tenha afetado seu sono, ele é alguém que parece ser capaz de ficar bem e competir sem ter que dormir muito.

"Às vezes recebo uma ligação na Califórnia", disse Annacone. "Falo então com ele e pergunto: 'Não faltam quinze para as três da manhã em Dubai agora?' E ele responde que sim. E eu fico: 'Ok, o que você está fazendo?' E ele diz: 'Nada. Estava só lendo e-mails.' Então, acho que a madrugada é de fato o tempo terapêutico dele. É o tempo em que ele passa sozinho, que ele tira para si, e não quero dizer isso de forma maldosa, mas ele não precisa ser o jogador de Paul, ou o marido de Mirka, ou o pai de Myla e Charlene, ou Roger Federer, o ícone."

Annacone disse que, durante seus anos como técnico de Federer, ele inicialmente se preocupou com a rotina de sono do atleta.

"Eu estava muito preocupado no início porque não conseguia entender", disse ele. "Tive que conversar muito com Severin sobre isso. Também conversei bastante a respeito com Tony e Mirka. Não estou dizendo que ele nunca dormia, mas eu simplesmente nunca tinha convivido com alguém que tivesse a flexibilidade que ele tem para lidar com tantas coisas. Em Wimbledon, ele fica em casas diferentes o tempo todo, não tem superstições como precisar treinar no mesmo local ou fazer uma refeição predileta. Isso se encaixa na mesma linha de raciocínio. Mas sempre fiquei surpreso ao ver como ele precisava dormir pouco para estar cheio de energia e otimismo."

Os franceses têm uma bela expressão que se aplica a Federer: "*Joindre l'utile à l'agréable*", que significa "una o útil ao agradável", mas, na verdade, é mais do que isso, pois engloba também as tarefas cotidianas. Se você vai esvaziar a máquina de lavar louça ou empilhar lenha, encontre uma maneira de tornar a tarefa diferente e divertida.

Este tem sido um elemento-chave para a longevidade da carreira de Federer. O excesso de rotina pode matar a alegria; o foco constante o tempo todo pode atropelar a pessoa. Pierre Paganini, seu preparador físico intuitivo, certamente sabia disso, assim como Mirka, que aprendera por meio de experiências dolorosas.

"No início, quando me tornei o número 1, decidimos com Pierre que menos é mais", disse-me Federer em 2011. "Temos que cuidar do corpo, porque o corpo de Mirka se foi primeiro talvez porque ela tenha treinado em excesso. Então acho que ela também poderia me dar alguns conselhos, me ensinar algo. O corpo dela ainda é frágil, o que se nota quanto ela pratica esportes. O meu não é, e é incrível, porque fiz muito mais esforço do que ela. Então, acho que é um pouco de sorte também, e inteligência, por causa das pessoas que me cercam. E é aí que vejo que tem sido muito útil estar com ela, com certeza."

Mirka o ajudou tanto nas questões gerais quanto com os detalhes.

"Por exemplo, não treine seis ou sete horas sem receber tratamento", disse ele. "Ela deu tudo de si o tempo todo, e aí *pou*! Ou então ela me explica como lidar com uma bolha, o que pode parecer uma coisa boba, mas todas essas coisas vão se somando. Ela foi muito cuidadosa comigo porque aprendeu na marra."

A sorte de Federer mudou nos últimos anos. As costas sempre foram uma preocupação, mas foram os joelhos que realmente o traíram. Ele passou pela primeira cirurgia na vida em 2016, depois de torcer o joelho em Melbourne enquanto preparava um banho para os filhos. Passou por mais duas cirurgias no joelho em 2020, mas elas foram realizadas quando ele estava se aproximando dos quarenta anos e também durante o difícil ano pandêmico para o esporte, quando o circuito foi interrompido por cinco meses.

Federer sempre teve um excelente timing, e não apenas em seus golpes de base. Se houve alguma temporada a perder quase na íntegra, foi a de 2020.

Como ocorreu com muitos de nós, a pandemia proporcionou a Roger mais tempo com a família: uma grande parte dele em Valbella, no refúgio de montanha que ele e Mirka construíram para passar as férias, mas que acabou se tornando sua residência principal, em vez da casa à margem do lago em Wollerau.

"Acho que foi uma sorte para meus filhos e para nós encontrarmos essa tranquilidade longe de toda a agitação", disse-me ele em 2019, antes da pandemia.

Mirka e as crianças esquiam regularmente (Roger está agora esperando a aposentadoria). Leo e Lenny têm se interessado mais pelo tênis do que Charlene e Myla, e têm se revelado bastante promissores, mas Roger, criado sem sofrer pressão indevida dos pais, é muito cauteloso em relação a projeções.

Ele sabe que tipos de adversidade teve que vencer para participar do circuito, que dirá se tornar um dos jogadores de maior sucesso de todos os tempos. Não haverá previsões de grandeza para um filho de ouro ou gêmeos de ouro. Mas, como seus pais, ele tem expectativas.

"O que quero para eles no esporte é que realmente gostem, então estou tentando explicar a eles como é divertido, como deveria ser divertido e o que eles podem aprender", disse ele. "Mas você se sente como meus pais na época: 'Ok, investi bastante tempo agora. Trouxe meus filhos para praticar tênis, futebol ou esqui, seja lá o que for, e então, quando eles voltam e ouço que eles foram péssimos, fico um pouco frustrado. Porque separei um tempo para levá-los lá e assistir, e eles realmente não estão se esforçando ao máximo.' Foi isso que sugou muito a energia dos meus pais. Era tipo: 'Não vou mais trazer você, e, por falar nisso, gastamos muito dinheiro para levá-lo lá também. Por isso, prefiro que você fique em casa lendo um livro ou jogue contra a parede, sozinho e de graça. Mas não faça os treinadores perderem tempo.' Essa foi a mensagem dos meus pais, e tenho a impressão de que Mirka e eu somos muito parecidos nesse aspecto. Só pedimos que eles se esforcem bastante."

No mundo ideal, os pais ditam o exemplo. Agir tende a funcionar melhor do que falar quando o assunto é comportamento. Federer, um atleta exagerado na juventude, não espera um comportamento-modelo.

Ele, no entanto, fez o que pôde para mostrar aos gêmeos o que significa esforço, e isso inclui perseverança: competindo e sendo bem-sucedido por tempo suficiente para que todos os filhos tenham uma lembrança dele na quadra central de Wimbledon ou nas quadras de treino no Aberto dos Estados Unidos.

Esse era o sonho declarado por Mirka havia muito tempo, talvez em parte porque ela achasse que poderia ser uma motivação para o marido.

A grandeza no esporte é uma coisa assustadoramente efêmera. Mas Federer, ao longo de vinte anos, fez com que parecesse mais confiável e durável com a ampla ajuda de treinadores, preparadores, terapeutas, amigos, agente e, acima de tudo, da esposa.

"Não acho que ela queira que eu jogue por ela agora", disse Federer. "Não acredito que isso passe mais pela cabeça dela. No começo, acho que a ajudou muito ver dessa forma. E daí nós nos divertimos muito sozinhos nos torneios, tentando lidar com as coisas, e depois, com as crianças, foi tudo tão novo, incrível, inspirador e alegre."

O otimismo de Federer acabou sendo justificado naquela manhã ensolarada de agosto de 2009, com o lago Zurique cintilando a distância. Família grande. Viagem grande. Todos a bordo. Eles fizeram com que funcionasse. Federer jogou com os filhos a reboque por mais tempo do que ele ou Mirka teriam imaginado.

CAPÍTULO DOZE

NOVA YORK

"O melhor golpe que já executei na vida", disse Roger Federer no Aberto dos Estados Unidos de 2009.

É possível argumentar que ele está pagando por isso desde então.

O golpe certeiro foi contra Novak Djokovic, bem perto do fim da semifinal. Estava dois sets a zero para Federer, com o sérvio no serviço para tentar permanecer na partida em 5-6, 0-30. Movendo-se para a frente, Djokovic acertou uma deixadinha. Federer conseguiu devolver. Djokovic respondeu com um lob que forçou Federer a recuar e correr de volta para a linha de base. Com a bola perigosamente perto de quicar pela segunda vez, Federer acertou-a entre as pernas, enquanto estava de costas para a rede, mandando um golpe cruzado vencedor que passou pelo atordoado Djokovic.

Estava 0-40 e, embora Federer tenha devolvido a direita vencedora no ponto seguinte para fechar sua quadragésima vitória seguida no Aberto dos Estados Unidos, todos só queriam falar do "Grand Willy", aquela batida por entre as pernas e de costas para o adversário.

Existem coisas mais difíceis de fazer no tênis: tentar devolver um grande saque com uma deixadinha ou executar uma esquerda angulada no alto em resposta a um lob profundo (ou derrotar Nadal no saibro).

Mas um Grand Willy, que era mais raro em 2009, é puro espetáculo: a versão do tênis de dar um passe sem olhar para acertar uma enterrada. Com um movimento rápido do pulso, uma posição profundamente defensiva é transformada em ataque. Embora muitas vezes falhe e seja a escolha errada de golpe, o de Federer funcionou perfeitamente, ao contrário do Grand Willy que ele havia tentado no match point contra Safin, na Austrália.

"A maneira como fui capaz de fazer a jogada com ritmo e precisão é algo que acontece muito, muito raramente", disse Federer.

O golpe vencedor, primorosamente cronometrado, parecia um reflexo do ritmo constante e competitivo de Federer após as vitórias em Roland Garros e Wimbledon e o nascimento das gêmeas. Foi também a mais recente prova de sua capacidade de se destacar em Nova York, em especial contra Djokovic, que fora derrotado por ele em três Abertos dos Estados Unidos consecutivos, incluindo a final de 2007.

"Tenho a sensação de que ele joga mais relaxado", declarou Djokovic. "Porque agora se tornou pai, se casou e quebrou todos os recordes. Ele simplesmente entra na quadra e quer dar o melhor de si e vencer mais. Isso é o que o torna ainda mais perigoso. Quer dizer, aquela jogada que ele acertou, você viu a reação do público, o que posso dizer?"

Como alguém poderia ter adivinhado, naquele ponto vertiginoso da carreira de Federer, que sua sequência de vitórias no Aberto dos Estados Unidos estava prestes a dar lugar a uma longa série de derrotas confusas? Ou que, ao longo da década seguinte e além, ele não voltaria a derrotar Djokovic em Nova York nem em qualquer partida de melhor de cinco sets em uma quadra de piso duro?

Das muitas reviravoltas na notável carreira de Federer, essa foi uma das mais surpreendentes. Eu certamente não esperava por isso quando escrevi meu artigo para o *The New York Times* naquela noite de domingo, na sala de imprensa do Aberto dos Estados Unidos, cheia de teclados barulhentos e tomada pelo estresse provocado pelos prazos apertados.

A vitória destruidora de Juan Martín del Potro por 6-2, 6-2, 6-2 sobre Nadal na outra semifinal do dia me permitiu fazer uma pausa, mas Nadal estava jogando com um músculo abdominal rompido e lutara contra diversas lesões ao longo do ano. Federer vencera todos os seis confrontos anteriores contra Del Potro, um jogador de vinte anos com a altura intimidadora de 1,98 metro, disposição, golpes de base ferozes e chapados. Ele foi apelidado de Torre de Tandil em homenagem à sua cidade natal na Argentina. Embora fosse verdade que Del Potro acabara de levar Federer para a disputa de cinco sets no saibro em Roland Garros, o suíço havia derrotado Del Potro no Aberto da Austrália, no início do ano. A superfície de Nova York, que proporciona um quique rápido e mais baixo da bola, parecia o local ideal para Federer atrapalhar Del Potro com seu slice derrapante.

"Embora Del Porto tenha jogado muito bem no domingo, Federer é o grande favorito", escrevi.

A final ocorreu no início da noite de uma segunda-feira devido ao impacto da chuva no calendário no começo do torneio, e se transformou em uma partida de cinco sets repletos de direitas vencedoras, além de gritos do público barulhento presente na final, que às vezes atrapalhava os saques dos jogadores.

Federer teve a chance de assumir o comando, mas vacilou de forma surpreendente. No segundo set, ele errou o serviço e, no quarto, não conseguiu dar o melhor de si no tiebreak: cometeu dupla falta no ponto de abertura. Nem conseguiu manter a calma, ficando mal-humorado com o árbitro de cadeira, o americano Jake Garner, no fim do terceiro set, quando Del Potro demorou a solicitar a revisão de um lance para verificar se foi bola dentro ou fora.

Federer, um ferrenho tradicionalista do tênis, opôs-se à introdução da revisão eletrônica em 2006. Ele ainda estava irritado com a imposição três anos depois e sempre parecia usar o sistema como se estivesse arrastando seus tênis personalizados com monograma. Talvez isso explique por que um homem com grande visão de quadra pedia a revisão incorretamente com tanta frequência.

"Qual é!", disse Federer enquanto se sentava. "Não tive permissão para solicitar o desafio depois de dois segundos, e o cara toda vez leva uns dez. Como você permite que essas coisas aconteçam? Tem alguma regra aí ou o quê?"

Federer tinha razão nos últimos desafios, mas Garner tentou acalmá-lo.

"Pare de me mostrar a mão, está bem?", Federer rebateu. "Não me diga para ficar quieto, ok? Quando quero falar, eu falo. Não dou a mínima para o que ele disse. Só digo que ele está demorando demais."

Este não era o Federer *comme il faut* com o qual os espectadores se acostumaram. Foi um flashback de uma época mais difícil e um sinal de que ele sentia o perigo, como quando tinha destruído a raquete na partida contra Djokovic, em Miami, no início da temporada.

Del Potro, cuja carreira seria tristemente prejudicada por lesões graves no punho e no joelho, não perdeu a oportunidade: rebateu o topspin de Federer ainda no alto e encontrou aberturas com facilidade surpreendente enquanto sacava, alcançando o resultado impressionante de 3-6, 7-6 (5) 4-6, 7-6 (4), 6-2. Aqueles que pensam que Federer sempre tem um apoio esmagador do público não compareceram a essa final. O grande local estava dividido, e Del Potro parecia muito mais calmo em sua primeira final de Grand Slam do que Federer em sua 21ª.

Assistir novamente à discussão com Garner me fez pensar em uma observação feita por Paul Dorochenko, que foi preparador físico de Federer muito tempo atrás.

"O Federer que vemos hoje nas quadras é um produto fabricado, fruto do marketing da Nike, que representa os valores que queremos dar ao tênis: o cavalheirismo e tudo o mais", disse ele. "Mas, lá no fundo, Federer nunca foi um cavalheiro. Ele é briguento. Quando estende a mão com um sorriso para Nadal, não estou nem um pouco convencido da atitude dele."

É uma visão minoritária, mas provocativa. Somos, afinal, a soma de nossas ações ou de nossos pensamentos, sejam eles suprimidos, sejam expressos?

A final do Aberto dos Estados Unidos de 2009 foi um momento de descuido de Federer. Mas valeu a pena testemunhá-lo porque o comportamento do suíço dentro e fora da quadra tem sido extremamente exemplar há muitos anos. Essa moderação combinava com dois de seus heróis de infância — Sampras e Stefan Edberg —, mas ainda era impressionante quando se consideram alguns dos campeões que o precederam: Jimmy Connors, John McEnroe e até mesmo o pré-filósofo Agassi em início de carreira, que tinha boca suja, um compromisso vacilante com a verdade e uma vez até cuspiu na direção de um árbitro.

No entanto, de todos os torneios do Grand Slam, o Aberto dos Estados Unidos é, com certeza, o que mais pode mexer com os nervos de um atleta. É o último dos quatro Grand Slams, ocorrendo próximo do fim de uma longa temporada repleta de jet lag e disputas por posição. Os jogadores, assim como os torcedores, precisam atravessar o trânsito de Manhattan e do Queens para chegar ao local. É um evento de fim de verão, cheio de coquetéis, fanáticos por tênis, bronzeados adquiridos nos Hamptons e gritos noturnos. Por mais ampla que a área do estádio tenha se tornado, o incentivo e as cornetadas do público ainda podem tornar o espaço opressor.

Federer, criado em um lugar mais pacífico, havia muito tempo se saía bem em meio ao barulho. Ele aprendera a amar Manhattan, mudando regularmente de hotel, ano após ano, para ter novas impressões da cidade.

Eu o entrevistei em sua suíte no Peninsula, em Midtown Manhattan, na sexta-feira antes do Aberto dos Estados Unidos de 2006. O quarto era uma prova impecável da influência de Mirka, com onze raquetes recém-penduradas alinhadas na lareira, todos os cabos apoiados no tijolo sob o mesmo ângulo.

"Mirka me ajuda, sabe", disse Federer. "Gosto de tudo arrumado, em todo caso. Eu costumava ser muito desorganizado. Houve um tempo em que eu não queria que fosse tudo ajeitado."

"Agora, talvez seja bom ter um pouco de ordem em um mundo desordenado", sugeri.

"Exato", disse Federer. "Especialmente aqui, onde espero ficar por pelo menos três semanas."

Não que ele estivesse acampando no hotel.

"No começo, todo mundo diz que é um transtorno", disse ele. "Só falam sobre o longo trajeto até o torneio, o tamanho enorme do local, e é Nova York, tem o trânsito e tudo o mais. Mas comecei a olhar para esses torneios de um ponto de vista diferente. O que mais eles têm a oferecer fora da quadra? Eu sei como é em torno do local, mas você não pode medir um torneio apenas pelo que está ao redor do estádio. Você também tem que ver o que a cidade pode oferecer, e esta é uma cidade incrível. Nunca fica chato, sempre tem algo para fazer, os melhores restaurantes e ótimos lugares para fazer compras. É um grande burburinho.

"Já passou da época em que eu queria ver TV, ir à quadra e sair com os amigos", disse ele. "Estou meio que no estágio agora em que quero ver mais do lugar onde estou e entender mais da história do país. Antes era muito, muito diferente, porque você tem sua energia sugada para atingir seus objetivos e fazer tudo direito, você está em vias de estourar e quer satisfazer essa expectativa, e está sob pressão, só pensa em tênis o dia inteiro. Obviamente isso mudou. Nos últimos três anos, em especial desde que me tornei o número 1, tenho uma perspectiva diferente em relação ao tênis e, para mim, isso me ajudou. Sou um cara mais equilibrado. Não me sinto mais sob pressão, embora ela seja alta, e isso faz com que jogar seja muito mais agradável."

Ele certamente achou agradáveis suas cinco finais consecutivas no Aberto dos Estados Unidos, nas quais nem mesmo precisou disputar um quinto set ao derrotar, respectivamente, Lleyton Hewitt, Andre Agassi, Andy Roddick, Djokovic e Andy Murray.

Mas Del Potro o impediu de conquistar o sexto título consecutivo em 2009, assim como Nadal o havia impedido de conquistar seis títulos consecutivos em Wimbledon.

"Cinco foi ótimo", disse Federer em Nova York. "Seis também teria sido um sonho. Não posso ter todos eles.

"Este eu acho que é fácil de superar, porque tive um verão incrível," continuou Federer, parecendo estar falando sério.

No entanto, foi sem dúvida uma oportunidade perdida: uma que Federer, na sua melhor fase, não teria desperdiçado. Mas, certamente, com sua afinidade por quadras rápidas, sempre havia o ano seguinte em Flushing Meadows, e, em 2010, Federer de fato se viu de volta de maneira impressionante: em outro quinto set, em outra semifinal contra Djokovic, que salvou dois match points em 4-5, 15-40.

Djokovic não conseguiu acertar o primeiro saque, mas ainda assim obteve os dois pontos ao acertar um voleio de direita destemido para chegar a 30-40 e uma direita vencedora quase tão ousada quanto, para, enfim, chegar a 40 iguais.

Federer certamente poderia ter sido mais ousado no segundo match point, mas Djokovic confirmou seu saque e quebrou o do suíço no game seguinte.

Sacando para o jogo, Djokovic se salvou de um break point com outra grande direita que Federer não conseguiu devolver. Estava empatado de novo e, dois pontos depois, era Djokovic, e não Federer, quem estava na final.

"Foi uma daquelas partidas de que você sempre vai se lembrar", disse Djokovic a Mary Joe Fernández, uma analista perspicaz da CBS que, no conflituoso mundo do tênis, entrevistou o tenista apesar de ser casada com o agente de Federer, Tony Godsick. "Honestamente, só fechei os olhos e bati de direita o mais rápido que pude no match point, então, se entrasse, ia dar certo; se saísse, eu sofreria outra derrota para Federer no Aberto dos Estados Unidos."

Avancemos um ano para a mesma quadra e a semifinal em 2011. A essa altura, Djokovic, o terceiro homem do tênis, havia se tornado o principal: conquistando títulos em todos os pisos e se tornando o número 1 pela primeira vez em julho, após vencer seu primeiro torneio em Wimbledon.

Federer foi o estraga-prazeres em Paris e interrompeu a sequência de 43 vitórias de Djokovic ao derrotá-lo nas semifinais de Roland Garros. Agora estava prestes a derrotar Djokovic em Nova York.

Foi uma partida desgastante e de alto nível. Federer venceu os dois primeiros sets. Djokovic lutou para vencer os dois seguintes, mas, no quinto, Federer assumiu a liderança e a manteve, sacando rumo a uma vaga na final em 5-3.

Com 23 mil torcedores a seu favor dentro do caldeirão íngreme do Arthur Ashe Stadium, aos 40-15, Federer, mais uma vez, teve dois match points. Um competidor menor teria desabado, mas, como em 2010, Djokovic não se abalou. Ele caminhou com altivez e então acenou com a cabeça e fez um bico enquanto se posicionava para voltar. Alguns interpretaram essa expressão como renúncia, um reconhecimento da superioridade de Federer. Não foi isso que me pareceu.

Federer sacou bem aberto. Djokovic avançou e deu uma batida feroz com a direita. Acertou uma bola cruzada tão perfeita que Federer mal se moveu.

Djokovic aproveitou o momento e levantou os dois braços para o público enquanto caminhava lentamente em direção à sua toalha, sendo aclamado e zombado: uma prévia de como os fãs reagiriam a quase tudo que ele faria no tênis na década seguinte. Ele então se acomodou com um sorriso para retornar ao segundo match point, como se dissesse: "Independentemente do que vier, você não vai derrotar meu espírito."

Federer, carrancudo, acertou um bom saque em direção ao corpo de Djokovic, que defendeu com uma esquerda. A devolução aterrissou com certa profundidade, mas não muita. Federer conseguiu alcançar e acertar uma direita de dentro para fora, mas seu golpe costumeiro bateu na rede e não cruzou para o outro lado.

Pelo segundo ano consecutivo, Djokovic salvou dois match points, dessa vez no serviço de Federer, que, visivelmente abalado, logo perderia seu saque por dupla falta.

Ver os três games seguintes, que também foram os últimos três games, foi como estar se intrometendo na dor particular de alguém.

Foram terríveis para Federer, mas uma reafirmação para Djokovic, que comemorou após o cumprimento retesando todo o corpo e dando um grito primal com toda a força para sua equipe no camarote dos jogadores. Mas Djokovic logo estava de volta a um lugar estranhamente familiar: na frente do microfone com Mary Joe Fernández após uma grande fuga.

"Situação muito semelhante", disse Djokovic. "Eu estava acertando a direita o mais forte que podia, e você sabe que é uma aposta. Se a bola vai para fora, você perde. Se estiver dentro, talvez você tenha uma chance, então tive sorte hoje."

Não foi bem uma repetição, no entanto. Dessa vez, Djokovic dançou na quadra, a pedido de Fernández, após fazer a multidão dançar junto com ele.

Foi tudo muito mais festivo do que a coletiva de imprensa pós-jogo de Federer: um dos pontos mais baixos de uma carreira normalmente vivida no topo.

"Não consegui dar o melhor saque", disse ele sobre o primeiro match point. "Mas a questão é a maneira como ele devolve. É um cara que não acredita muito mais em vencer, e perder para alguém nessa condição é muito decepcionante, porque você sente que ele já estava mentalmente fora do jogo. E ele simplesmente dá o golpe certeiro dentro da linha e aí acabou para você."

Perguntaram a Federer se a direita vencedora era fruto da sorte ou da confiança.

"Confiança? Você está brincando comigo? Quer dizer, por favor", disse Federer, esfregando o rosto com as mãos. "Olha, alguns jogadores crescem e jogam assim. Eu me lembro de perder jogos no juvenil. É só estar 5-2 no terceiro e todos eles começam a mandar esses golpes. E sempre acertam, por algum motivo, porque é assim que eles cresceram jogando quando estavam em desvantagem. Nunca joguei assim. Acredito que o trabalho árduo vai compensar esse tipo de coisa, porque, no início, talvez eu nem sempre tenha dado o meu melhor. Então, para mim, é muito difícil entender como você pode dar um golpe desses no match point. Mas, olha, talvez ele esteja fazendo isso há vinte anos, então para ele foi totalmente normal. Você tem que perguntar a ele."

O Aberto dos Estados Unidos de 2011 pareceu *outro* momento de descuido de Federer, mesmo que houvesse alguns que concordassem com ele.

"Novak estava perdendo; ele tinha desistido", disse Jim Courier. "E ele teve o benefício de um vencedor quando ficou com raiva, e essa não é a maneira certa de jogar, Roger fica ofendido com isso. Não estou dizendo que não foi dor de cotovelo. Quer dizer, Novak tem o direito de dar esse golpe. Não existe nenhuma regra que diga que você não tem permissão para fazer isso. É só que, se essa fosse a jogada certa, Novak faria isso todas as vezes, porque ele é um cara da matemática. Ele joga o tênis baseado em porcentagem. Esse golpe era a antítese disso. Roger sabe disso. Novak sabe disso, e esse fato irrita Roger."

O comentário amargo de Federer poderia ter sido aceito de forma diferente se Djokovic não fosse a força dominante no tênis masculino na época. O retrospecto do sérvio em 2011 foi de 63-2, e ele estava prestes a ganhar seu terceiro Grand Slam do ano, ao derrotar Nadal na final em quatro sets.

Sugerir que a profunda reserva de confiança de Djokovic não teve nenhuma influência em colher os frutos enquanto estava sob pressão pareceu, para mim, muito menos generoso do que a entrevista autodepreciativa de Djokovic na quadra.

Federer, geralmente sensato nas derrotas, parecia um mau perdedor, e vale a pena ressaltar que Djokovic não precisou rebater, com os olhos bem abertos ou bem fechados, no segundo match point. Federer errou a direita antes que Djokovic tivesse outra chance de desafiar as adversidades.

Mas esse erro de Federer não foi o golpe que permaneceu na memória, o golpe que preocupou os adversários à medida que Djokovic foi rompendo o duopólio Federer-Nadal com a ajuda de Murray e passou a reivindicar o posto de jogador de maior sucesso da era aberta. Courier simplesmente chama essas jogadas de "The Return" [O retorno].

"Quando você está em desvantagem nos match points no quinto set após quatro horas de partida e bate uma direita vencedora, tem que ficar um pouco surpreso com as circunstâncias em que acertou o golpe", disse Djokovic. "Você, definitivamente, não espera fazer essa jogada. Acho que no fim é tudo jogo mental. O que conta é a parte mental para ser capaz de lidar bem com a pressão, ser capaz de intervir e aproveitar as chances que se apresentam."

Djokovic, na minha opinião, é o mais fascinante dos homens que acumularam fortuna nesta era de ouro do tênis. Com seus cabelos eriçados, é uma mistura de generosidade e belicosidade sob medida, parecendo tão empenhado em varrer seu jardim zen interior quanto em rasgar a própria camisa de tênis após converter o match point.

As dualidades e as complexidades podem torná-lo um enigma difícil para um jornalista resolver e, mesmo que você ache que acertou em cheio, os apoiadores on-line ou em qualquer outro lugar são rápidos em lembrar a você que Djokovic é mal compreendido pela mídia ocidental. Ele também é um alvo em movimento: tentando incansavelmente mudar não apenas o seu jogo, mas a si mesmo.

O que é irrefutável é que ele teve uma infância mais traumática do que Federer e Nadal. Djokovic não veio de uma família com situação confortável de classe média ou de um país europeu estável. Ele cresceu na Sérvia em meio à violenta separação da Iugoslávia, buscando refúgio em abrigos antiaéreos entre os treinos aos onze e doze anos de idade, quando os aviões da Otan atacaram Belgrado entre março e junho de 1999 — uma época que os sérvios costumam chamar de "78 dias de vergonha".

"O que não mata fortalece: esse é o tipo de lema com o qual o povo sérvio vive", disse-me Djokovic certa vez. "Nós nos lembramos de todas essas coisas e nunca iremos esquecer, porque é muito forte e muito profundo dentro de nós. São experiências traumáticas e, com certeza, temos memórias ruins dessa época. Todos os dias, no mínimo três vezes durante dois meses e meio, ouvíamos a sirene do alarme avisando que aviões vinham nos bombardear; era um barulho ensurdecedor na cidade o tempo todo, o tempo todo. Então, no meu caso, mesmo agora, quando ouço um barulho forte, fico um pouco apavorado."

Isso deve ser difícil considerando a profissão que Djokovic escolheu, em que os rugidos do público fazem parte da paisagem sonora (a menos que uma pandemia global obrigue as arquibancadas a permanecerem vazias).

Como Federer e Nadal, Djokovic poderia facilmente ter sido puxado para outro esporte. O pai, Srdjan, e o tio Goran foram competidores de esqui na extinta Iugoslávia. Djokovic começou a esquiar aos três anos em um resort sérvio nas montanhas de Kopaonik, onde sua família administrava vários pequenos negócios sazonais, incluindo uma pizzaria e uma galeria de arte, no andar térreo de um complexo comercial.

"Claro, pensamos que Novak seria esquiador porque éramos esquiadores", contou-me Goran Djokovic.

Se não fosse por Peter Carter na Basileia, Federer poderia ter escolhido o futebol. Se não fosse pelo tio Toni em Manacor, Nadal poderia ter feito o mesmo.

A musa do tênis de Djokovic era uma mulher carismática e racional, que estava na casa dos cinquenta anos: Jelena Gencic, ex-jogadora de handebol da Iugoslávia, com olhos azul-claros e o tipo de voz sedosa e bem impostada que dá arrepios nos alunos (e nos redatores esportivos visitantes). Gencic já havia treinado dois futuros campeões de Grand Slam quando jovens: Monica Seles e Goran Ivanisevic. Mas Djokovic não sabia de nada disso aos seis anos de idade quando atravessou a rua no verão de 1993 em direção a três quadras de piso duro que, em uma daquelas coincidências que mudam muitas vidas, haviam sido construídas ao lado do restaurante de sua família.

Gencic estava dando uma aula de tênis em grupo.

"Era o primeiro dia do meu primeiro ano em Kopaonik", disse-me Gencic quando viajei à Sérvia pelo *The New York Times* e o *International Herald Tribune* em novembro de 2010. "E ele ficou parado do lado de fora das quadras a manhã toda assistindo, e eu perguntei: 'Ei, garotinho, gostou? Sabe o que é isso?'"

A convite de Gencic, Djokovic voltou à tarde para participar com uma bolsa de equipamentos bem organizada. Ele já havia começado a jogar e assistia a muitos torneios profissionais na televisão via satélite, mas foi ali, no sentido mais verdadeiro, que a sua trajetória improvável no tênis começou: ele estava no lugar certo, na hora certa, com a mentora certa.

"Uma raquete, toalha, garrafa de água, uma banana, uma camiseta seca de reserva, munhequeira e boné", revelou Gencic. "Perguntei: 'Ok, quem preparou sua bolsa? Sua mãe?' E, nossa, ele ficou muito zangado e respondeu: 'Não, *eu* jogo tênis.'"

O que impressionou Gencic desde o início foi a sensibilidade e a atenção com que ele ouvia.

"Cada palavra", lembrou ela. "Era um menino muito bom. Muito inteligente. Eu dizia: 'Você me entendeu?' E ele respondia: 'Entendi, mas pode repetir, por favor?' Ele queria ter certeza absoluta."

No terceiro dia, Gencic entrou em contato com os pais de Djokovic, Srdjan e Dijana, e lhes disse que eles tinham um "*zlatno dete*": um menino de ouro.

"Eu disse a mesma coisa sobre Monica Seles quando ela estava com oito anos", revelou ela. "Depois de três ou quatro vezes que estive com Monica, avisei ao pai dela, Karolj, que ela seria a melhor do mundo."

Gencic, que não tinha filhos, trabalhou intensamente com Djokovic durante seis anos em Kopaonik e na capital sérvia, Belgrado, e continuou a aconselhá-lo depois disso.

"Ela me ensinou tudo", disse Djokovic. "Acho que é a parte mais importante da carreira no tênis, entre os seis ou sete e os doze anos. É nesse período que a pessoa aprende a jogar tênis, quando precisa aprender uma boa técnica e quando necessita de um ótimo técnico".

Existem pouquíssimas técnicas do tênis profissional no nível de elite. Isso precisa mudar, mas é importante frisar que Djokovic não é o único homem número 1 a ser formado no esporte por uma mulher. Jimmy Connors, Marat Safin e Andy Murray foram todos treinados cedo — e muito bem — pelas mães.

Gencic trabalhou cada aspecto do jogo de Djokovic e o levou à conclusão de que uma esquerda de duas mãos era mais adequada a seus talentos do que o golpe de uma mão usado pelo ídolo Pete Sampras.

Gencic estava corretamente convencida de que o futuro do tênis envolvia bater na bola logo depois que ela quicasse, e Djokovic tinha que reagir e se mover muito rapidamente quando jogava em Kopaonik, onde as condições são rápidas devido a uma altitude de quase dois mil metros.

Seles já havia mudado o jogo feminino, tornando-se a primeira jogadora capaz de se manter firme na linha de base e a atacar pelas duas alas com seus poderosos golpes de fundo de quadra de duas mãos, muitas vezes bem angulados.

Agassi tinha um estilo de jogo igualmente implacável no torneio masculino, e Gencic insistiu que Djokovic também aprendesse a controlar e produzir ritmo sem recuar. Ela enfatizou o jogo de rede, embora Djokovic tenha ficado conhecido no circuito como um mago defensivo com devoluções fenomenais.

"No início, os voleios dele eram muito bons", disse ela.

Gencic também enfatizava a importância do alongamento, um conselho que claramente foi acatado, como qualquer um que tenha visto Djokovic escorregar e quase abrir um espacate para alcançar o golpe do oponente no canto pode atestar.

"Novak não era um menino muito forte", revelou Gencic. "Sabe como ele ficou elástico e flexível? Sabe por quê? É porque eu não queria trabalhar muito duro com ele."

Ela me mostrou sua raquete, uma Prince maltratada que não tinha mais o tampão no cabo.

"Esta é a coisa mais pesada com a qual ele teve que lidar", disse ela. "Trabalhávamos só as pernas, a agilidade, focávamos só na preparação física na quadra, não na sala de musculação. Fazíamos alongamentos e movimentos especiais voltados para o tênis, para ser flexível, ágil e rápido com as pernas. E agora ele é excelente, excelente, excelente."

Se algo define o jogo de Djokovic para um público mais amplo, é sua elasticidade no movimento. Todo o resto é tão sólido e compacto que é fácil subestimar.

"Novak é tediosamente incrível", disse Brad Stine, o veterano técnico americano que trabalhou com Jim Courier, Kevin Anderson e outros.

Mas nenhum outro jogador na modalidade masculina é capaz de se contorcer com tanta frequência como Djokovic.

"Outros jogadores deslizavam antes de Novak, mas nunca vimos alguém que pudesse se recuperar como ele e ainda por cima dar golpes de ataque", disse Ivanisevic, campeão de Wimbledon de 2001 que mais tarde treinou Djokovic em parceria com Marián Vajda.

A flexibilidade do sérvio é um talento, mas também vem de hábitos de longa data. Observe-o entre as partidas em um torneio e verá que ele está sempre torcendo o corpo em alguma posição extrema ou pendurado pelos dedos no batente de uma porta.

Em uma entrevista para o *The Times* de Londres, a esposa de Djokovic, Jelena, foi questionada uma vez sobre como era a vida deles fora dos torneios de tênis.

"Isso é fácil de responder", disse Jelena. "A vida é um alongamento. Sempre o encontro no chão, com as pernas esparramadas em tudo que é canto."

A resposta rendeu boas gargalhadas a Djokovic, e Gencic, que morreu em 2013 aos 76 anos, certamente teria gostado também.

"Ela me ensinou", disse-me Djokovic certa vez em Wimbledon, "e me convenceu que, se eu permanecesse flexível, não só seria capaz de me movimentar bastante na quadra e de me recuperar bem após as partidas, mas também conseguiria ter uma longa carreira."

Todd Martin, o ex-astro americano que já treinou Djokovic, viu-o trabalhar diariamente com sua equipe de apoio, incluindo o fisioterapeuta Miljan Amanovic.

"Novak acorda e, antes de tomar o suco de laranja pela manhã, coloca a perna em cima do ombro de Miljan e eles basicamente se abraçam", disse Martin. "Ele alonga o posterior da coxa antes de fazer qualquer coisa e, estou lhe dizendo, faz isso sem aquecimento algum."

Ser técnica era o passatempo de Gencic, não seu ganha-pão. Ela era jornalista de profissão e trabalhou como editora em programas de arte para a televisão nacional da Iugoslávia e, depois, da Sérvia. Apresentou Djokovic à alta cultura: poesia russa e música clássica, incluindo a "Abertura 1812", de Tchaikovsky.

"Pude ver que ele achou maravilhoso", disse Gencic. "Expliquei a ele: 'Quando você joga uma partida, Novak, e isso é muito importante, quando você joga uma partida e de repente não se sente muito bem, lembre-se dessa música, lembre-se de quanta adrenalina você tem no corpo. Deixe essa música impulsioná-lo para jogar cada vez mais forte.'"

A família Djokovic não tinha experiência no tênis, mas certamente conhecia Seles, de etnia húngara, nascida na cidade sérvia de Novi Sad, que já havia conquistado oito títulos de simples do Grand Slam e se tornado a número 1 do mundo depois de emigrar para os Estados Unidos com a família.

Seles também ganhara milhões de dólares, e, com a Iugoslávia em crise, o talento da menina de ouro parecia valer um investimento sério de tempo e dinheiro.

O problema era encontrar o dinheiro.

"Devo dizer que Srdjan e a esposa não estavam chorando, mas pensando", contou-me Gencic.

Eles pegaram dinheiro emprestado com amigos e investiram seus recursos escassos no projeto da família. O fato de Gencic não cobrar pelas aulas ajudava, e, como presidente do clube de tênis do Partizan Belgrado, ela também conseguiu arranjar equipamentos gratuitos para Djokovic, que incluíam raquetes Prince. Mas ele precisava competir internacionalmente para progredir, e os fundos eram muito escassos.

"Srdjan trabalhou como um doido", disse Goran Djokovic sobre seu irmão mais velho. "Às vezes, as pessoas não gostam dele, mas ele tem a energia de um touro. Não era uma época boa. Havia sanções, e a guerra estava começando. Não foi uma época fácil para a Sérvia, para a Iugoslávia, mas todo o dinheiro que tínhamos investimos em Novak. Ele tinha que ser a prioridade da família: raquetes novas, comida boa e tudo o mais. Claro, poderíamos viver bem mais tranquilos se ele não jogasse tênis, mas tivemos visão."

"Não queríamos más vibrações, apenas boa energia", acrescentou Goran. "Mas é claro que as pessoas às vezes falavam: 'Essa família é maluca, quem eles pensam que são? Como eles podem pensar que Novak será alguém?'"

Em 2019, quando visitei Djokovic em Monte Carlo, onde agora vive no luxo com Jelena e os dois filhos pequenos, ele me contou sobre um dos momentos da infância que o fizeram ser quem é.

O pai reuniu a família, juntamente com os dois irmãos mais novos de Novak, no apartamento alugado em Belgrado e jogou uma nota de 10 marcos alemães na mesa da cozinha.

Djokovic bateu com a própria mão na mesa ao contar a história.

"Dez marcos alemães equivaliam a dez dólares, e meu pai disse: 'Isso é tudo o que temos'", contou Djokovic. "E também que, mais do que nunca, tínhamos que ficar unidos e passar por isso juntos até descobrir um jeito de sair daquela situação. Foi um momento muito forte e impactante para o meu crescimento, para a minha vida, para a vida de todos nós."

Quando Djokovic tinha doze anos, Gencic percebeu que ele precisava deixar a Sérvia para encontrar concorrência e fazer progresso. Ela contatou um velho amigo, Nikola "Niki" Pilic, um ex-astro croata da antiga Iugoslávia que havia chegado à final de Roland Garros em 1973 e cuja disputa com sua federação nacional levou ao boicote masculino a Wimbledon no fim daquele ano.

Pilic agora comandava uma academia de tênis na Alemanha, perto de Munique. Gencic o convenceu a aceitar Djokovic, apesar da política da academia de não receber jogadores com menos de catorze anos.

Djokovic viajou com o tio Goran para Munique. Com as restrições na Sérvia, eles tiveram que cruzar a fronteira, deixar o carro no aeroporto de Skopje, hoje capital da Macedônia do Norte, e voar até a Alemanha. Mas seu tio logo voltou para a Sérvia, deixando Djokovic por três meses em um lugar cuja língua local ele não falava.

Quando saiu de casa, aos catorze anos, Federer, pelo menos, podia pegar o trem para a Basileia nos fins de semana.

"Tudo afeta sua mentalidade, sua força psicológica", contou-me Djokovic. "Eu já estava sozinho por três meses quando tinha doze anos e meio, então tinha que ser responsável. Tive que ser corajoso o suficiente para ficar sozinho e me esforçar muito, e foi o que fiz. Aprendi a ser independente."

Djokovic passaria vários anos na Academia Pilic, parte de uma onda de jogadores sérvios fenomenais que tiveram que deixar o país para se destacar, incluindo as futuras número 1 do tênis feminino Ana Ivanovic e Jelena Jankovic.

"Novak realmente amadureceu muito cedo", disse Ivan Ljubicic, o astro croata que mais tarde treinou com Djokovic sob o comando do técnico italiano Riccardo Piatti. "Ele sabe o que quer. Sabe como conseguir, e é bom ser assim, mas todos esses caras top — Rafa, Roger — são assim. Ou você tem muita dificuldade e meio que se perde ou é forçado a aprender rápido, e eles conseguiram."

Contudo, Djokovic não tinha uma rede de segurança semelhante às estrelas que viriam a ser seus rivais. Mais do que Federer ou Nadal, ele *precisava* vencer depois do sacrifício de toda a família e, embora Gencic tivesse previsto que Djokovic estaria no top 5 aos dezessete anos, o sérvio demorou um pouco mais para chegar lá.

"Perdemos dois anos, porque não tínhamos dinheiro para conseguir tudo o que eu queria", disse-me ela.

Novak fez sua estreia no Grand Slam aos dezessete, classificando-se para o Aberto da Austrália de 2005 e enfrentando Marat Safin na primeira rodada, na Rod Laver Arena.

Safin venceu por 6-0, 6-2, 6-1 e viria a conquistar o título.

"Eu era o quarto do mundo e o cara tinha acabado de passar na etapa qualificatória, então o que você esperava?", contou-me Safin. "Eu estava jogando bem. Tinha vindo para ganhar o torneio. Ele tinha vindo para ver o que ia acontecer. Mas vendo quem ele se tornou, deveria pagar uns jantares para mim!"

Djokovic, apesar de ter um traço de teimosia, aprende as coisas rápido. Embora Federer receba o crédito merecido por ser multilíngue, o sérvio também é um poliglota de alto nível. Ele fala quatro línguas fluentemente (sérvio, alemão, italiano e inglês) e outras com proficiência (francês, espanhol e até um pouco de russo).

Ele aprendeu tênis profissional rápido também. No fim de 2005, estava no top 100. No fim de 2006, figurava no top 20 e terminou 2007 no terceiro lugar, atrás de Federer e Nadal. Ambos foram derrotados por ele, que foi o vencedor do evento ATP Masters 1000 em Montreal, Canadá.

Djokovic tinha vinte anos e estava prestes a ser campeão de um Grand Slam, vencendo o Aberto da Austrália de 2008 após derrotar Federer novamente, dessa vez por três sets a zero, nas semifinais.

"O rei está morto. Vida longa ao rei", proclamou a mãe de Djokovic.

A declaração foi prematura, como se revelou depois. Federer, prejudicado pela mononucleose nessa fase, voltaria ao topo em 2009. Nadal ressurgiu em 2010.

Djokovic só se tornou o número 1 quando venceu Wimbledon em 2011, derrotando Nadal na final.

"Durante quatro anos foi Roger, Rafa, Rafa, Roger", disse Dijana. "Agora é Novak, Novak, Novak, Novak."

Nessa época, ela tinha razão. Seu filho faria 4-1 contra Federer em 2011 e 6-0 contra Nadal (em três pisos diferentes, incluindo o saibro). Mas era difícil imaginar Lynette Federer pensando, muito menos dizendo, algo semelhante sobre seu filho em seus dias de supremacia. O clã Djokovic era decididamente mais conflituoso: uma abordagem que muitas vezes não ajudava o filho a criar uma imagem positiva.

Dijana era praticamente uma pacificadora da ONU em comparação com o marido. Srdjan disse que Federer "talvez ainda seja o melhor jogador de tênis da história, mas como homem é o oposto", e depois zombou dele por continuar a jogar mesmo com a proximidade de seu aniversário de quarenta anos.

"Nadal e Novak estão fungando no seu cangote e Federer simplesmente não consegue aceitar o fato de que eles serão melhores do que ele", disse Srdjan ao canal sérvio Sportklub. "Vá, cara, vá criar os filhos, faça outra coisa, vá esquiar, faça alguma coisa."

Claramente, Srdjan não esqueceu ou perdoou Federer quando o jogador pediu que ele e outros no camarote de Djokovic ficassem quietos durante o Aberto de Monte Carlo em 2008.

Se tudo isso parece mesquinho, é porque é, e Federer não respondeu na mesma moeda. Mas a combatividade dos Djokovic também vem da proteção dos pais: a crença feroz de que seu filho merece mais respeito, como seu país sitiado.

Para os Djokovic, que são cristãos ortodoxos, há um grande indício do divino na ascensão de Novak.

Embora Robert Federer certamente tenha usado muitos bonés com as iniciais RF, ele nunca vestiu uma camiseta com a imagem de seu amado filho nas arquibancadas, como Srdjan e Dijana fizeram quando Djokovic enfrentou Federer no Aberto dos Estados Unidos de 2010. Mais tarde naquele ano, quando visitei o escritório de Srdjan em Belgrado, vi na parede uma pintura religiosa do falecido patriarca Pavle, chefe da Igreja Ortodoxa sérvia, com o rosto brilhante de Novak pintado abaixo, tornando-o, literalmente, um ícone do esporte.

"No pior momento para o povo sérvio, ele foi enviado por Deus para mostrar que somos um povo normal e não assassinos e selvagens", disse Srdjan sobre Novak em uma entrevista concedida em 2021 na Sérvia.

Novak por muito tempo sentiu a frustração de ser visto como um pária por ser sérvio. Ele mencionava isso com frequência em nossas primeiras entrevistas, mas sua sondagem, em 2006, para representar a Grã-Bretanha em vez da Sérvia foi motivada pela economia e pelo desejo de obter mais apoio. No fim das contas, ele acabou recusando.

"Nunca tive condições para ter sucesso e me desenvolver como jogador profissional no meu país", explicou-me Djokovic, referindo-se à necessidade de treinar em Munique e em outros locais.

"É por isso que considerei ir para outro lugar e só tentar ajudar minha família e a mim mesmo para que pudéssemos viver melhor", disse ele. "Mas acho que tomamos uma ótima decisão quando continuamos como estava. É muito diferente ficar com seu povo, com a sua religião. Para mim, quando você volta para casa, é muito diferente. Parece que você pertence ao lugar."

Ainda que viva no minúsculo paraíso fiscal de Mônaco, ele passou a representar a vilipendiada nação sérvia e é um embaixador muito mais determinado do que Federer, o suíço mais conhecido do mundo.

A Sérvia se tornou um pária internacional durante a implosão da Iugoslávia liderada por Slobodan Milosevic. Seu tamanho e poder diminuíam constantemente.

O país ficou isolado do mar quando Montenegro, uma região onde a família Djokovic tinha raízes, declarou independência. O Kosovo, onde Srdjan e seus irmãos nasceram, também se separou.

"Um sérvio de Montenegro, nascido no Kosovo, tem um tipo especial de temperamento", revelou Gencic a mim. "Os Djokovic são pessoas muito fortes."

Os atentados da Otan em 1999, que tiveram um grande impacto em Djokovic, foram a resposta à repressão sérvia aos separatistas albaneses no Kosovo, onde a vasta maioria da população é de etnia albanesa.

A província separatista declarou independência formal em 2008 com o apoio de potências ocidentais como os Estados Unidos e a Alemanha, mas a Sérvia e dezenas de outras nações continuam sem reconhecê-la como um Estado soberano.

O assunto ainda é profundamente sensível aos Djokovic, e Novak expressou sua oposição à independência do Kosovo.

"Eu li os livros de história e me lembro do que me ensinaram", disse-me Djokovic em uma ocasião. "Faz parte do meu país e da minha família."

Esse envolvimento aberto com a política é outra diferença em relação a Federer, que é, em alguns aspectos, um político nato. Roger tem a capacidade de fazer a leitura do ambiente, conectar-se com ele e fazer seu interlocutor, seja ele um diretor de torneio, seja ele um motorista, sentir-se como se estivesse no centro do seu universo.

Federer não ostenta seus privilégios e evitou com cautela comentários políticos ao longo da carreira. Ele restringiu seu lobby a questões internas ao tênis, como seu recente apoio a uma possível fusão dos torneios masculino e feminino e sua oposição de longa data à atuação de técnicos nas partidas.

Nesse sentido, ele é um campeão cuja discrição era mais adequada ao início do século XXI do que à década de 2020, na qual está rapidamente se tornando regra que os atletas usem suas plataformas para se pronunciar sobre tudo, de racismo e sexismo a mudanças climáticas. Federer enfrentou em pequena escala algumas críticas e protestos de ativistas, que criticaram o Credit Suisse, um de seus patrocinadores, por sua ligação com investimentos em combustíveis fósseis. Os manifestantes usaram a hashtag #RogerWakeUpNow [Roger, acorde agora] nas redes sociais e tiveram uma de suas postagens compartilhada pela proeminente ativista do clima Greta Thunberg.

No início de 2020, Federer divulgou um comunicado em resposta:

> Como pai de quatro filhos pequenos e um fervoroso defensor da educação universal, tenho muito respeito e admiração pelo movimento jovem em defesa do clima e sou grato aos jovens ativistas por nos estimular a analisar nossos comportamentos e buscar soluções inovadoras. Devemos ouvir por eles e por nós mesmos. Agradeço por me lembrarem de minha responsabilidade como indivíduo, atleta e empresário, e estou empenhado em usar esta posição privilegiada para dialogar sobre questões importantes com meus patrocinadores.

Os patrocinadores antes se esquivavam do posicionamento dos atletas, mas agora costumam celebrá-lo, como fizeram com Naomi Osaka em 2020, depois que ela ganhou o Aberto dos Estados Unidos enquanto protestava contra a injustiça racial e a violência policial.

Djokovic, há muito uma figura mais polarizadora e franca do que Federer, talvez estivesse na vanguarda dessa tendência.

Na matéria que escrevi após entrevistar Djokovic em 2019, categorizei Nadal como o lutador, Federer como o conciliador e Djokovic como o pesquisador. Ele é inquieto e está constantemente procurando por melhores métodos e novas influências, e isso sem dúvida o ajudou a quebrar as barreiras formidáveis que bloqueiam o acesso ao alto escalão do tênis masculino.

"Federer e Nadal me inspiraram a tirar o melhor de mim e do meu tênis", disse-me ele uma vez.

Quando Federer surgiu, os melhores jogadores da geração anterior — Agassi e Sampras — estavam envelhecendo ou já em declínio. Mas Djokovic surgiu em meio aos tempos áureos de Federer e Nadal. Ele se tornou o rival deles e muitas vezes melhor do que ambos: tendo uma vantagem na carreira sobre os dois, incluindo uma vantagem ainda maior nas partidas de Grand Slam, que, mais do que nunca, definem a reputação e o legado dos jogadores.

"Quando duelo contra Rafa, sinto que o jogo está mais na minha raquete; se eu quiser encurtar o ponto, posso fazer isso", disse-me Federer. "Contra Novak é diferente. Ele bate tão forte, chapado e no fundo da quadra que você não pode simplesmente dizer 'Tudo bem, vou arriscar', porque, na verdade, ele acaba prendendo você. Então você tem que estar disposto a disputar ralis mais difíceis."

Djokovic certamente arruinou muitas tardes e noites de Federer, vencendo-o nas finais de Wimbledon de 2014, 2015 e, mais dolorosamente, de 2019, depois que o suíço conseguiu — estranho, embora seja verdade — dois match points.

Federer contra Nadal foi a rivalidade contemporânea que atraiu mais atenção dentro e fora do tênis, mas Djokovic contra Nadal foi a mais disputada, com Djokovic contra Federer vindo logo em seguida.

A meu ver, os duelos Djokovic-Federer têm uma vantagem que as outras rivalidades entre os Três Grandes não têm. Afinal, Federer e Nadal tornaram-se amigos e aliados na ATP. Federer e Djokovic continuam sendo colegas de trabalho que desejam a mesma promoção. Nunca houve gritos ou empurrões no vestiário; é simplesmente um sentimento que surge quando você os vê se enfrentando em quadra, e talvez seja essa tensão velada que faça Federer pressionar quando precisa de um ponto, em vez de deixar a inspiração fluir.

Sem dúvida, Nadal foi mais respeitoso com Federer em seus primeiros anos, mesmo quando o derrotava regularmente. Djokovic foi além, fazendo ótimas imitações do estilo de outros jogadores que agradavam ao público, mas nem tanto aos rivais. Logo no início, ele também ganhou a fama entre os colegas por fazer cera, solicitando frequentes paralisações para atendimento médico e intervalos fora da quadra que, corretamente ou não, eram muitas vezes percebidos como tentativas de quebrar o ritmo de seus oponentes.

Para ser justo com Djokovic, seus problemas respiratórios eram reais, e ele passou por várias cirurgias para corrigir um desvio de septo antes de iniciar uma dieta sem glúten em 2011. Ele já resolvera seus problemas de resistência havia muito tempo e também é um dos jogadores que mais aplaudem os golpes brilhantes de seus oponentes. Mas ele e Federer, apesar do contato frequente fora da quadra por meio do conselho de jogadores da ATP, nunca foram de fato próximos.

"Acho que, para Roger, Novak é uma pedra maior no sapato do que Rafa", contou-me Paul Annacone. "Sinceramente, nunca falei com Roger sobre isso. Ele nunca me disse que achava Novak um idiota, mas talvez seja isso, talvez essa pequena tensão extra faça Roger realmente querer ir com tudo contra Novak."

Se Federer opta por atacar, tem-se um bom contraste de estilo: o saque subestimado de Federer contra devoluções inigualáveis de Djokovic; voleios de Federer contra passadas de precisão de Djokovic; as deixadinhas de Federer perto da rede contra a velocidade de Djokovic.

Ao contrário de Nadal, Djokovic é destro sem topspin extremo. Ele não consegue colocar a bola alta com consistência para a esquerda de uma mão de Federer. Se ambos permanecem na linha de base, é força contra força: a direita de dentro para fora de Federer contra a esquerda elástica de Djokovic; a variedade de Federer contra a mobilidade de Djokovic. Nenhum dos dois gosta de ceder terreno e ambos conseguem manter um timing fenomenal no quique curto, o que significa que a quadra deve parecer apertada para os dois.

"Acho que Novak é o único cara que consegue se equiparar a Federer no jogo de fundo de quadra em qualquer piso", disse-me Pete Sampras. "Ele aguenta os golpes de Roger porque se move muito bem e, se Novak conseguir devolver esses golpes, Roger pode entrar um pouco em pânico e dizer: 'Bem, o que eu faço agora?'"

Encarar Djokovic pode ser como jogar contra a parede — ou algo mais contemporâneo. Veja Ivanisevic, por exemplo, que treinou adversários de Djokovic antes de treinar o jogador.

"Quando Novak está no seu melhor nível, é como jogar um videogame que você não consegue ganhar de jeito nenhum", contou-me Ivanisevic. "Ele devolve tudo. Parece *O Exterminador do Futuro*, em que aquele cara de metal líquido continua sendo morto e voltando de novo e de novo. Você não consegue pontuar, então é difícil saber o que dizer para um jogador fazer. Só jogar, eu acho. Apenas jogar e orar."

Federer sobressaiu em alguns momentos contra Djokovic desde aquele Grand Willy em Nova York. A vitória na semifinal de Roland Garros em 2011 foi, para mim, uma das melhores performances de sua carreira: uma demonstração afiada do tênis de ataque na linha de base no saibro que começou a todo o vapor com um set de abertura de setenta minutos vencido por Federer no tiebreak.

Era um tênis de movimentos rápidos — o *L'Équipe* chamou de "tênis de pingue-pongue" — no que deveria ser a superfície mais lenta, mas o torneio não foi tão lento naquele ano por causa da nova bola Babolat e do tempo seco ao longo de todo o evento. Federer e Djokovic continuavam ganhando tempo um em relação ao outro e ainda encontrando maneiras de vencer o relógio. Assisti a grande parte da disputa da lateral da quadra, e foi o esporte no seu melhor: preciso, ousado, engenhoso, acrobático e intenso.

Com o incentivo da torcida de Roland Garros, Federer variou giros com a esquerda, raramente errou o alvo com a direita e acertou muitos serviços, incluindo o ace que encerrou a partida no tiebreak do quarto set às 21h38, já anoitecendo.

"Eu só esperava que acabasse naquela noite, porque, do contrário, teria sido um jogo de merda no dia seguinte", disse-me Federer. "Eu me senti muito bem na quadra e, na verdade, muito calmo."

Se ele tivesse mantido esse nível e o humor, provavelmente teria batido Nadal na final também. Nadal, o rei do saibro, estava quase caindo de seu trono naquele ano. Mas a ascensão de Federer falhou novamente, já que ele perdeu a partida em quatro sets depois de perder o primeiro, apesar da vantagem de 5-2.

"Achei que Roger deveria ter vencido Roland Garros naquele ano", disse Annacone. "Tirando o choque de ter match points nas semifinais do Aberto dos Estados Unidos contra Novak, aquela derrota foi a mais dolorosa para mim como técnico, porque senti que não fiz um trabalho bom o suficiente para fazer Roger acreditar na vitória antes daquela final. Senti que Rafa estava vulnerável naquela época."

No entanto, a brilhante vitória de Federer sobre Djokovic nas semifinais de Wimbledon em 2012 não culminou em decepção. Federer bateu Andy Murray e conquistou seu 17º título de simples do Grand Slam, assistindo com empatia a Murray chorar durante a cerimônia de premiação.

No restante da década, porém, Federer não conseguiu vencer Djokovic em um Grand Slam. As oito vitórias durante esse período foram todas em partidas de melhor de três sets, duas delas em fases de grupo do ATP Finals.

Eles se enfrentariam apenas mais uma vez no Aberto dos Estados Unidos. Isso foi na final de 2015, onde ficou mais claro e evidente do que nunca que Federer era o queridinho do público.

"Praticamente em todo lugar em que jogo contra o Roger, é a mesma coisa", disse Djokovic. "Então é assim mesmo. Tenho que aceitar isso. Tenho que trabalhar e, quem sabe um dia, conquistar a maior parte da torcida."

Esse comentário foi feito após a final de Wimbledon, no início do verão, quando Djokovic venceu em quatro sets: um sinal do que estava por vir em Nova York.

Nadal havia desaparecido naquele ano. Djokovic era o número 1 evidente; Federer, o número 2 evidente. Djokovic era o novo líder do mercado quando se tratava de consistência nos principais torneios, mas naquela fase tinha apenas um título do Aberto dos Estados Unidos contra cinco de Federer.

Federer venceu 28 sets consecutivos até chegar à final, e realmente acreditava que tinha chance. Djokovic se preparou assistindo a *300* na véspera da final, a história violenta de guerreiros espartanos lutando ferozmente e em menor número, ainda que sem sucesso, contra grandes adversidades.

O astro do filme, Gerard Butler, era amigo de Novak e estava no camarote dele para a final. Djokovic se saiu melhor do que os espartanos, mas ele também foi superado em número por um público nova-iorquino já bem altinho, que comemorava com entusiasmo seus primeiros saques perdidos e erros não forçados e gritava "Roger" como se ele fosse um campeão americano em vez de um suíço imparcial.

Federer era notável aos 34 anos, mas Djokovic era, de novo, melhor aos 28.

Certa vez, perguntei a Djokovic como jogar contra Federer era diferente de enfrentar seus outros principais rivais, como Nadal e Murray.

"Roger é o mais imprevisível de todos eles; ele tem muito talento e pode mandar qualquer golpe", disse Djokovic. "Acho que a pior coisa com que qualquer tenista ou atleta pode lidar é a imprevisibilidade, não saber o que vem a seguir. Isso é o que Roger possui, essa variedade em seu jogo, e é isso que confunde. O que vem a seguir?

Djokovic menciona o famoso SABR (*Sneak attack by Roger* [Ataque surpresa de Roger]), no qual ele faz uma aproximação incomum à área de saque para fazer uma devolução com bate-pronto.

"Ele usará aquele SABR? Será que vai se aproximar da rede? Ou vai ficar no fundo? Ele vai devolver o saque e pressionar junto à rede? Vai golpear forte? Você fica tentando adivinhar o tempo todo, e é por essa razão que é tão difícil jogar contra Roger."

Federer embaralhou as cartas, atacando a rede regularmente dessa vez enquanto canalizava o conselho de seu cotécnico Stefan Edberg, que havia entrado para a equipe após o rompimento amigável com Annacone no fim de 2013. Mas Djokovic havia se tornado o supremo devolvedor do tênis e também era excelente em mudar a cara do jogo. As táticas que funcionaram no primeiro set contra ele provavelmente não funcionariam no quarto. Ele também pode ser imprevisível.

A última oportunidade de Federer para forçar um quinto set veio quando ele teve três break points para quebrar o saque de Djokovic e impedir a conquista do título em 5-4. Mas Djokovic salvou os três e, crucialmente, 19 dos 23 break points que enfrentou naquela noite.

"Você tem que encontrar a dose certa de risco", disse Federer. "Às vezes eu ia bem e outras vezes não muito."

A vitória de Djokovic por 6-4, 5-7, 6-4, 6-4 colocou-o na casa dos dois dígitos, com dez títulos de simples em Grand Slams, e deixou Federer, o líder de todos os tempos da modalidade masculina, estagnado em dezessete.

O resultado também empatou a série de confrontos entre Djokovic e Federer em 21-21, antes de Djokovic assumir a liderança — provavelmente definitiva — nos anos seguintes.

Federer ficou com remorso, mas também com a lembrança de todos aqueles gritos e cantos longe de casa.

"Com certeza é uma das razões pelas quais continuo jogando: esses momentos de arrepiar", disse Federer. "Para mim, é um grande consolo receber esse tipo de apoio em um país que está longe da Suíça e é um dos mais poderosos no esporte em geral. Eles adoram vencedores aqui."

Djokovic certamente tinha motivos para discordar, e, na manhã seguinte, quando nos encontramos para uma entrevista pós-vitória, ele explicou um de seus mecanismos para lidar com situações como a que estava vivendo.

"O que eu estava realmente fazendo era tentar um jogo mental comigo mesmo", disse ele enquanto andávamos de van pelas ruas de Midtown. "Eles gritavam 'Roger!', e eu imaginava que estivessem gritando 'Novak!'"

Foi uma confissão e tanto: comovente e, no sentido literal do termo, patética. Mas Djokovic parecia então resignado com sua sorte: ser um grande campeão amado na Sérvia, mas não necessariamente fora dela.

"Vivo muitas emoções na quadra, como qualquer outra pessoa", disse Djokovic. "Só acho que, com o tempo, consegui aprender a usar a experiência e a lidar com essa pressão e aguentá-la em momentos difíceis. Mas também acho que muito vem da minha personalidade e do fato de que cresci em circunstâncias que não eram muito comuns e talvez não fossem aquelas em que a maioria dos caras cresceu. Isso moldou meu caráter e a mim, e essas memórias me dão um pouco da força que utilizo em ocasiões como a de ontem à noite."

A voz de Djokovic estava rouca; o cabelo eriçado, meio bagunçado. Ele tinha arranhões no punho e braço direitos por causa de uma queda que sofreu no início da final. Mas agora estávamos fora da van, caminhando rapidamente pelo Central Park, rumo a uma sessão de fotos. Djokovic, que durante o torneio ficava na propriedade de seu amigo Gordon Uehling, em Nova Jersey, decidira se hospedar em um hotel em Manhattan com a família naquele ano.

"Um dos meus amigos mais próximos disse, e eu concordo, que esta cidade tem tanta energia que você, se ficar aqui por um tempo, acaba se revigorando", comentou Djokovic. "Mas se ficar por tempo demais sua energia pode ser sugada."

Perguntei se a cidade havia lhe dado a energia de que precisava para vencer naquele ano.

"Sim, mas sinto que a partir de hoje está começando a sugar minha energia", disse ele. "Então preciso voltar para casa em breve."

Estávamos nos aproximando de nosso destino e eu tinha tempo para mais uma pergunta. Então quis saber o que seria necessário para que o público dos Grand Slams o apoiasse da mesma forma que apoiara Federer em Nova York.

Djokovic pensou por um momento e então deu uma longa resposta. Ele é mais um homem de parágrafos do que de frases.

"Sinceramente, acho que, em primeiro lugar, é uma questão de perseverança", disse ele. "Os verdadeiros fãs do tênis respeitam quem é comprometido com o esporte — quem não só mostra resultados, mas também demonstra sua paixão pelo tênis e respeita o público, assim como os torneios, os adversários e o esporte em geral. Acho que também tem a ver com o que você representa. Você está respeitando os verdadeiros valores da vida e é um homem de consciência que joga tênis, mas também retribui com algo?

"Acho que o pacote completo é importante. É isso que tento fazer. É assim que fui criado e espero que o público reconheça isso. Mas, dadas as circunstâncias, quando jogo contra Roger atualmente não posso esperar outra coisa."

Djokovic apertou minha mão e se despediu.

"Para o seu palco", falei, apontando para as pedras com vista para o Wollman Rink.

Djokovic acelerou o passo, com o horizonte de Midtown atrás dele e uma multidão de fotógrafos à sua frente. O troféu do Aberto dos Estados Unidos logo estaria de volta em suas mãos e ainda fora do alcance das de Federer.

CAPÍTULO TREZE

LILLE, França

Faltavam 48 horas para a final da Copa Davis de 2014, e Roger Federer, pela primeira vez, parecia muito mais velho do que a idade que tinha enquanto batia cuidadosamente as bolas de tênis na quadra de saibro coberta.

Ele não escorregou na superfície vermelha e arenosa que havia sido instalada no Pierre Mauroy Stadium. Ele não se curvou bem baixinho para fazer voleios e certamente não foi com tudo para os cantos da quadra durante o breve e hesitante treino de quarta-feira.

O tão esperado título inédito da Copa Davis para a Suíça estava próximo, e Federer corria a meia velocidade contra o relógio, tentando se recuperar de uma lesão nas costas antes do início do jogo na sexta-feira contra os franceses.

Seus companheiros contavam com ele e eram muito mais do que companheiros. A equipe suíça de quatro integrantes incluía Marco Chiudinelli, amigo de infância de Federer da Basileia, e Michael Lammer, amigo e ex-colega de quarto em Biel. O capitão da equipe era Severin Lüthi, técnico pessoal de longa data e confidente de Federer, que viajava com ele o ano todo e conhecia seu jogo melhor do que ninguém naquela fase.

Havia também Stan Wawrinka, o poderoso astro suíço que teve Federer como mentor e se tornara um dos melhores jogadores do mundo relativamente tarde, ganhando seu primeiro título de Grand Slam no Aberto da Austrália, no início da temporada, aos 28 anos.

Federer passou a maior parte de sua longa carreira em busca de homenagens individuais, priorizando sua agenda e suas necessidades. Ganhar a Copa Davis, ainda o evento coletivo de maior prestígio nesse esporte, certamente era um dos objetivos pessoais do tenista — a chance de preencher uma das últimas lacunas em seu currículo no tênis. Mas a semana na França tinha a ver, sobretudo, com o interesse coletivo, que era terminar uma tarefa que todos eles começaram havia muito tempo.

"Eu sei que nunca terei uma equipe tão legal como esta", disse-me Federer.

Ele havia jogado na Copa Davis antes de participar de qualquer um dos torneios de Grand Slam, antes de jogar em Monte Carlo, Roma, Indian Wells ou na maioria de outros eventos de grande prestígio.

Federer tinha apenas dezessete anos quando fez sua estreia na Copa Davis em casa, contra a Itália, em abril de 1999, em uma quadra coberta rápida em Neuchâtel. Com o boné virado para trás cobrindo o cabelo louro descolorido, jogou com desenvoltura e confiança precoces, algo incomum para quem está começando. Na primeira partida melhor de cinco sets de sua carreira, derrotou o veterano italiano Davide Sanguinetti por 6-4, 6-7 (3), 6-4, 6-4.

"Achei que teria dificuldades com Roger em quadra", lembrou o ex-capitão suíço Claudio Mezzadri enquanto observávamos Federer treinar para a final na França. "Ele não tinha experiência em melhor de cinco ou na Copa Davis e não estava acostumado com um grande público, então fiquei muito surpreso porque ele ficou totalmente calmo e relaxado e jogou uma bela partida. Como capitão, eu realmente só precisava dizer algumas palavras para ele. E quando saiu da quadra, ele acabou me contando tudo o que sentiu: 'É assim que é ouvir três ou quatro mil pessoas torcendo', coisas assim. Era como se ele estivesse registrando tudo na mente e depois reproduzindo para mim."

A Suíça venceu a Itália e depois perdeu para a Bélgica nas quartas de final, em abril, quando Federer foi derrotado em ambas as partidas de simples. Ele perdeu a primeira, em cinco sets, para Christophe van Garsse — um jogador talentoso que nunca causou grande impacto no circuito, mas costumava estar inspirado na Copa Davis — e a partida decisiva, em quatro sets, para Xavier Malisse.

Essas foram derrotas emocionais, mas Federer agora compreendia, por experiência própria, o poder da Copa Davis: como ela ampliava cada partida e permitia que um jogador mediano como Van Garsse de repente virasse o centro das atenções.

Federer jogou todas as rodadas pela Suíça quando era jovem e até liderou uma revolta aberta contra o ex-capitão Jakob Hlasek em 2001, deixando claro que não se recusaria a alavancar seu novo poder de estrela. Mas, quando se consolidou no topo do tênis, começou a pular a primeira rodada da Copa Davis para administrar sua agenda.

Sem ele, a Suíça não conseguiu prevalecer e progredir.

Federer costumava aparecer em setembro, após o Aberto dos Estados Unidos, para jogar na rodada de repescagem e tentar salvar a Suíça de ser rebaixada para uma espécie de segunda divisão da Copa Davis. Em geral funcionava, embora os suíços tenham sido rebaixados duas vezes.

Ainda assim, era uma situação estranha e insatisfatória. Federer jogou a Copa Davis quase todos os anos, mas não quando era mais importante.

"Para mim tem sido difícil não jogar o torneio", ele me confidenciou em 2010. "Eu gostaria que, pelo menos uma vez nesses últimos seis anos, tivéssemos vencido a primeira rodada sem mim, e eu tivesse a chance de entrar novamente nas quartas de final ou algo assim. Mas isso nunca aconteceu, então foi uma pena. Mas acho que vai chegar o dia em que vou querer jogar com os caras porque eles são todos meus melhores amigos. Para mim é doloroso tomar essa decisão, mas não posso ir em busca de todos os meus sonhos de uma vez, então alguns têm que esperar."

Mesmo quando ele se comprometeu de fato, deu errado. Em 2012, a Suíça recebeu os Estados Unidos com força total no saibro coberto, em Fribourg, na primeira rodada. No dia da abertura, Mardy Fish derrotou Wawrinka por 9-7 no quinto set e John Isner derrotou Federer em quatro sets.

Federer, que geralmente tratava o sensível Wawrinka com muito cuidado, estava com a língua afiada e optou por criticar o desempenho do conterrâneo contra Fish em vez de se concentrar na própria derrota.

"Acima de tudo, é uma pena que Stan não tenha conseguido pressioná-los vencendo Fish no primeiro dia", disse Roger "Ele chegou muito perto, e isso poderia ter mudado tudo. Porque depois desse confronto, contra Isner, sabíamos que tudo poderia acontecer."

Na opinião de Federer, Wawrinka "não jogou muito bem", e usou um tom semelhante depois de perderem, juntos, a partida de duplas. "Eu joguei bem nas duplas, Stan não foi mal, mas muitas vezes teve problemas no saque", disse Federer.

O lado pouco diplomático de Federer veio à tona. Ele até podia estar correto, mas certamente não era o mensageiro ideal. Quando conversamos no fim da temporada, ele deixou claro que se arrependia dessas declarações.

"Em algumas coletivas de imprensa, não dá pra chegar lá e dizer exatamente o que você pensa porque isso não funciona; não é bom para ninguém", disse ele. "Eu disse que Stan, infelizmente, não jogou sua melhor partida, e de repente estão dizendo: 'Federer critica Stan'. Fiquei tipo: 'Ah, não. Vocês estão falando sério?' Perdi duas partidas, e ele, ok, perdeu duas, mas sou o número 1 da equipe. É meu erro, não dele. Então, você meio que aprende e, em vez de dizer 'É, ele não jogou muito bem', só diz, sabe, 'Joguei muito mal.'"

Federer riu disso e balançou a cabeça, mas não houve muitas risadas suíças em Fribourg, pois os americanos venceram por 5-0.

"Tudo estava organizado e, de repente, perdemos na primeira rodada, então foi uma grande decepção", disse-me Lammer. "Isso realmente nos lembrou como o caminho era árduo."

Federer não participou da Copa Davis em 2013, e Wawrinka, Chiudinelli e Lammer mantiveram o país no Grupo Mundial ao vencer o Equador em Neuchâtel.

"A sensação era a de que íamos lá defender a permanência de novo, porque todo mundo ainda sonhava em segurar o troféu", revelou Lammer. "Todo mundo sabia da situação de Roger. Não bastava simplesmente dizer: 'Vamos, você tem que fazer isso!' Ele tinha muitos objetivos. Era difícil para ele fazer essas escolhas. Acho que todos sabiam que ele queria jogar, mas não queríamos pressionar de forma alguma."

Em 2014, Federer estava pronto para tentar novamente, mesmo que não tenha deixado isso claro até o último minuto: decidiu viajar à Sérvia para a partida da primeira rodada da equipe suíça em fevereiro, após indicar que provavelmente não jogaria.

Parecia uma abordagem sábia: prometer menos e depois entregar mais. Ele e Wawrinka chegaram juntos a Novi Sad, onde a ex-número 1 Monica Seles cresceu, e levaram os suíços à vitória.

Mas a maior estrela da Sérvia não estava lá para resistir a eles. Novak Djokovic decidiu pular a rodada, o que ilustrou os desafios enfrentados na Copa Davis. Os melhores jogadores não se comprometiam de forma consistente, e muitas oportunidades e muitos confrontos foram perdidos. Nessa era de ouro do tênis masculino, marcada por grandes rivalidades de longa data, os oponentes quase não disputavam a Copa Davis, o que certamente foi um dos motivos pelos quais o venerável evento continuou a perder força.

Federer e Nadal nunca se enfrentaram na Copa Davis antes da mudança de formato, em 2019. Federer e Djokovic se enfrentaram apenas uma vez, em 2006, antes de Djokovic se tornar uma ameaça considerável.

Todos os jogadores importantes ganhariam o troféu pelo menos uma vez, incluindo Andy Murray pela Grã-Bretanha. Eles simplesmente não precisavam derrotar uns aos outros para conseguir isso.

Todas as estrelas reconheciam a história da Copa Davis e sua importância no despertar do interesse pelo tênis nos respectivos países. Nadal e Djokovic usaram suas vitórias como trampolim para alcançar maior sucesso individual: as vitórias de Djokovic, defendendo a Sérvia na disputa pelo título em 2010, prepararam o terreno para sua festa de 2011. Mas, com as quatro rodadas da Copa Davis espaçadas ao longo do ano, todos os jogadores principais também estavam convencidos de que se comprometer anualmente com a programação completa era muito exaustivo.

"Principalmente se você observar quanto tempo passamos jogando em vários lugares de janeiro a novembro", contou-me Federer. "Eu sempre disse que se você jogar uma eliminatória da Copa Davis isso provavelmente vai lhe custar um Masters 1000."

Eles pressionaram por mudanças, e Federer, o presidente de longa data do conselho de jogadores da ATP, acabou perdendo a paciência com o presidente da Federação Internacional de Tênis, Francesco Ricci Bitti, que comandava a Copa Davis. Com raiva, certa vez o espezinhou em uma reunião em Wimbledon — algo incomum para um campeão que raramente ficava irritado.

"Roger ralhou com ele na frente de todos nós em relação à Copa Davis: o que eles fizeram, a falta de diálogo, o fato de terem fingido escutar, a falta de mudança", disse Justin Gimelstob, membro do conselho da ATP na época. "Roger o questionou sobre tudo isso. Foi uma aula digna de especialista."

Ricci Bitti, um italiano cosmopolita, aprovou pequenas mudanças durante sua gestão, mas como a receita da Copa Davis era vital para a Federação Internacional de Tênis, se recusou a abandonar o modelo anual ou mesmo conceder aos finalistas a isenção de participação na primeira rodada no ano seguinte.

O resultado de toda essa tensão foi ambivalente. Federer se importava com o evento, talvez mais do que gostaria, mas também se sentia sobrecarregado por causa dele.

A temporada de 2014 foi sua chance de finalmente se livrar desse peso. Ganhar a Copa Davis com apenas um grande jogador era uma tarefa hercúlea a qual, em geral, exigia que esse jogador vencesse partidas de simples de melhor de cinco sets e uma partida de duplas em cada rodada durante três dias. Mas com dois jogadores de peso as chances aumentavam de forma significativa, e em 2014 Wawrinka era, inegavelmente, um grande jogador também.

Quando os suíços chegaram à França, Federer ocupava o segundo lugar no ranking mundial e Wawrinka, o quarto. Mas a questão não era simplesmente se Federer poderia se curar a tempo para a final, mas, sim, se ele e Wawrinka poderiam curar a relação.

Na semana anterior, houvera alguns percalços nas finais do World Tour em Londres, quando eles jogaram nas semifinais. Federer salvou quatro match points antes de vencer por 4-6, 7-5, 7-6 (6). Seus problemas crônicos nas costas se agravaram no fim da partida, e ele acabou desistindo da final contra Djokovic no dia seguinte.

"Realmente não entendo como isso aconteceu", disse-me Federer. "Um passo aqui, outro ali. Talvez as costas ou o corpo estivessem cansados, ou foram aqueles momentos de tensão no intervalo. Foi muito azar."

Mas havia outro problema. Mirka Federer estava assistindo e torcendo da lateral da quadra durante a semifinal, e, no fim do terceiro set, Wawrinka expressou desagrado por ela ter feito barulho entre o primeiro e o segundo saques. Mirka respondeu chamando-o de "chorão".

"Vocês ouviram o que ela disse?", perguntou Wawrinka a Federer e ao árbitro de cadeira, Cédric Mourier.

Wawrinka também reclamou com Mourier.

"Ela fez a mesma coisa em Wimbledon", disse ele, referindo-se à vitória de Federer nas quartas de final no início do ano. "Toda vez que está do meu lado da quadra, ela grita antes de eu sacar."

A acusação teria causado turbulências em qualquer palco, dada a proeminência e reputação de Federer, mas aconteceu em Londres, um *hotspot* global da mídia, com Federer e Wawrinka prestes a se unir na busca pelo título da Copa Davis. Cédric Mourier até quebrou o protocolo ao dar uma entrevista sobre o incidente a um veículo de comunicação francês.

"O negócio tomou uma proporção grande", disse-me Federer mais tarde. "E então vi Stan, vi Mirka, e eu estava no meio de tudo e nem tinha visto o que aconteceu. Foi apenas uma coisa do calor do momento que passou muito rápido, e com razão, porque Mirka está lá apenas para me apoiar e não para distraí-lo, e acho que ele sabe disso também."

Federer e Wawrinka tiveram uma longa conversa em uma sala privada na Arena O2 após a partida. Lüthi, que também aconselhou Wawrinka ao longo dos anos, participou da discussão.

Eles conseguiram se acertar.

"A última coisa que Mirka quer é ficar com raiva do meu oponente", disse Federer. "Ela nunca fez isso em quinze anos e não vai começar agora, principalmente contra Stan."

Mas seis anos depois, quando Wawrinka foi questionado sobre o maior arrependimento de sua carreira, ele disse que foi "de longe" a derrota para Federer em Londres. Não fez menção alguma às provocações de Mirka.

"Foi a semifinal do Masters, o torneio de maior prestígio depois dos Grand Slams, que reúne apenas os oito melhores jogadores do mundo", disse ele à revista suíça *L'Illustré*. "Deixei minha chance escapar. Isso foi muito, muito difícil. Na noite seguinte, praticamente não dormi. Refleti bastante sobre o que aconteceu e conversei com pessoas próximas a mim para tentar superar. O que me salvou foi o fato de ter que me juntar à equipe suíça para a final da Copa Davis."

No domingo, ele pegou o trem da Eurostar com Lüthi e o mais recente recruta da seleção suíça, David Macpherson, o técnico de longa data dos astros americanos de duplas Bob e Mike Bryan.

Lüthi e Macpherson eram cordiais um com o outro, e Lüthi buscou alguns conselhos durante as finais do World Tour sobre a partida seguinte de duplas na Copa Davis contra os franceses. Mike Bryan estava presente no momento.

"Estávamos dando ideias a Sevi e Mikey brincou: 'Por que você não leva Mac para Lille?'", contou-me Macpherson. "Não sei se ele estava falando sério, mas Sevi disse tipo: 'Ah, isso é possível?' E eu disse: 'Bom, é claro, se Roger quiser, como eu poderei dizer não?'"

Federer gostou do plano. Ele e Wawrinka tinham conquistado o ouro olímpico de duplas em 2008, em Pequim — um destaque na carreira de ambos —, mas perderam os últimos quatro jogos da Copa Davis juntos. Faltava algo.

Por causa da lesão nas costas, Federer viajou para Lille depois do restante da equipe suíça. Mas, ao chegar, não houve sinal algum de problema entre Wawrinka e ele. "Apenas nos olhamos com um sorriso que dizia tudo", disse Wawrinka. "O capítulo estava encerrado."

"Não havia tensão na sala", disse Macpherson. "Apenas a atmosfera agradável de uma equipe pequena e íntima."

Após o primeiro jantar da equipe, Macpherson aceitou o convite de Federer de ir até o quarto do suíço para falar sobre a partida de duplas.

"Fomos só nós dois, e acho que provavelmente ficamos no quarto dele por uns noventa minutos", revelou Macpherson. "Fiquei impressionado com a meticulosidade de Roger ao querer mergulhar no assunto da partida de duplas e no que ele poderia melhorar como jogador de duplas. Ele é um estudioso do jogo e essa foi uma das poucas vezes em sua carreira que teve uma partida de duplas muito importante. Pode-se dizer que ele queria fazer tudo que estivesse ao alcance."

Mais tarde, Macpherson reuniu anotações e vídeos sobre os potenciais adversários franceses e compilou destaques da corrida pela medalha de ouro de Federer e Wawrinka em Pequim, incluindo a vitória sobre os Bryan nas semifinais. Também incluiu imagens das então recentes batalhas de Federer e Wawrinka.

Todas as noites, Macpherson se reunia com a equipe para ficar vinte minutos conversando sobre duplas. Deu conselhos bem detalhados, mas as principais conclusões foram que Wawrinka precisava acertar suas devoluções de esquerda em vez de devolver o saque e subir à rede, e que o jogador de rede precisava ser muito mais ativo e agressivo durante os games de serviço de Federer e Wawrinka.

Tudo isso teria sido em vão se Federer não pudesse jogar. Alguns o encorajaram a tomar um analgésico injetável. Quando ele teria outra chance de ganhar a Copa Davis?

"Eu não estava tão distante de aceitar", revelou ele. "Só estava rezando para não ter que fazer isso e acabei não precisando, o que me deixou muito aliviado."

Nessa fase, Federer nunca tinha passado por uma cirurgia e nunca havia tomado uma injeção de cortisona.

"Acredito que você precisa deixar seu corpo se curar e descansar," disse-me ele. "Tenho muito medo de medicamentos e injeções."

Mas entrar na quadra não significava que Federer iria vencer. Os jogadores franceses não estavam muito atrás de Federer e Wawrinka no ranking nessa época; Gaël Monfils, Jo-Wilfried Tsonga e Richard Gasquet tinham estado entre os dez melhores recentemente. O engraçado é que os quatro moravam na Suíça por motivos fiscais, o que gerou piadas sobre a final da Copa Davis ser toda suíça.

Ao contrário de Federer e Wawrinka, os franceses treinaram no saibro por semanas, especificamente para a final. Eles também tinham uma grande vantagem por jogarem em casa, com um estádio lotado todos os dias em Lille.

Vou aos jogos da Copa Davis desde os anos 1980. Já cobri tudo, desde finais repletas de estrelas até o degrau mais baixo na escada do tênis: uma partida do Grupo 4 da zona da Europa/África em Gaborone, Botsuana, envolvendo nações tão díspares como Islândia, Sudão e Madagascar, cujos jogadores não tinham sequer um único ponto ATP.

"Para mim, é tarde demais para Wimbledon, mas pelo menos conquistei um dos meus sonhos", disse Harivony Andrianafetra, um tenista de 27 anos de Madagascar, quando conversamos em Gaborone, em 1997.

Algumas das minhas melhores experiências como jornalista esportivo ocorreram na Copa Davis — e algumas das mais barulhentas também.

No nível mais alto, a atmosfera no formato antigo era semelhante a uma partida de futebol de Copa do Mundo, exceto pelo fato de que um dia de simples na Copa Davis podia durar mais de oito horas, deixando jogadores e espectadores exaustos.

Em 1991, em Lyon, os franceses surpreenderam Pete Sampras, Andre Agassi e os americanos e festejaram dançando em uma linha de conga atrás de seu carismático capitão, Yannick Noah. Em 1995, em Moscou, Sampras teve uma das maiores e mais menosprezadas conquistas de sua carreira, derrotando os russos na superfície (saibro) em que era pior, e praticamente sozinho. Em 2008, em Mar del Plata, a equipe espanhola sem Nadal, que estava lesionado, conseguiu uma vitória improvável contra David Nalbandian, Juan Martín del Potro e os argentinos.

E houve 2014, nos subúrbios de Lille, onde o público de 27.432 espectadores presentes no dia da estreia da França contra a Suíça estabeleceu um novo recorde para uma partida de tênis oficial, ultrapassando os 27.200 que testemunharam Nadal e a Espanha ganharem a Copa Davis em 2004, em Sevilha.

Wawrinka não deu aos fãs franceses muito motivo para comemorar no primeiro duelo de simples, derrotando Tsonga por 6-1, 3-6, 6-3, 6-2. Mas, na segunda partida de simples, Monfils elevou seu jogo e o volume do público, derrotando Federer por 6-1, 6-4, 6-3 com uma de suas melhores e mais focadas performances.

Isso deixou o confronto empatado em 1-1, restando três partidas: a de duplas no sábado e as de simples invertidas no domingo. A questão era se Federer poderia ou deveria jogar a partida de duplas depois de sua atuação contra Monfils. Lammer e Chiudinelli estavam prontos e trabalharam com Macpherson durante toda a semana, mas os dois eram inexperientes diante daquele tipo de pressão e estavam bem abaixo de qualquer um dos jogadores franceses no ranking.

Federer respondeu à pergunta logo que saiu da quadra após a derrota para Monfils.

"Estou pronto para jogar", anunciou ele a Lüthi e Macpherson após consultar Wawrinka.

"Foi um tanto inspirador ouvir isso", disse Macpherson. "A confiança de Roger não foi abalada de forma alguma."

Embora Monfils tenha claramente incomodado Federer, as costas deram uma trégua. Ele estava tranquilo e otimista, mesmo depois de uma derrota por três sets a zero. "À medida que a partida avançava, comecei a me soltar", disse Federer. "Acho que precisava acertar trinta saques potentes. Precisava deslizar. Precisava estar na defesa. Eu precisava jogar tênis ofensivo, assimilar rápido as informações."

Ele e Wawrinka apareceram no dia seguinte e jogaram de forma agressiva e brilhante, derrotando Gasquet e Julien Benneteau por 6-3, 7-5, 6-4. Foi um flashback do desempenho olímpico em Pequim e uma indicação de que eles estavam de fato na mesma sintonia, apesar de todo o ruído em Londres.

Certamente foi um desafio para Wawrinka abrir espaço no tênis à sombra de Federer. Era parecido com o caso de Andy Roddick, que veio depois de Sampras, Agassi e Courier nos Estados Unidos, exceto que Federer, sendo suíço, era um peixe grande em um lago muito pequeno.

Mas Wawrinka, que tinha dezesseis anos quando treinou pela primeira vez com Federer, não demorou para admitir que se beneficiou do exemplo, do incentivo e até mesmo dos relatórios de olheiros sobre os adversários do conterrâneo nos primeiros anos.

Federer, apesar de seus comentários em Fribourg, tem apoiado Wawrinka, que é quatro anos mais novo e chegou ao circuito quando Federer já era o número 1. Talvez o mais importante seja o fato de Federer ter concordado em compartilhar com Wawrinka os serviços de Pierre Paganini, seu preparador físico altamente valorizado.

"Roger era como um irmão mais velho para mim nos torneios", disse Wawrinka a *L'Illustré*.

Perguntaram ao tenista qual tinha sido o conselho mais precioso de Federer.

"A importância de viver o presente", respondeu Wawrinka. "Há vinte anos ele tem que lidar com as demandas diárias da imprensa, da torcida, das viagens, dos torneios e dos treinos. Seus dias são extremamente cheios, mas é incrível como ele permanece calmo. Mesmo quando tem que fazer algo de que gosta menos, ele faz pra valer, melhor do que ninguém. Ao longo dos anos, também tentei chegar perto desse ideal."

O que ajuda é o fato de Federer se conhecer bem e se comprometer apenas quando está preparado para dar o seu melhor. Ele disse não à Copa Davis várias vezes. Mas em 2014 assinou um contrato para ter a experiência completa, e, embora suas costas não estivessem cooperando, ele foi com tudo em Lille, como fez tantas vezes ao redor do mundo. De sua estreia no circuito até a temporada de 2020, ele jamais abandonou uma partida, o que deve ser o seu feito mais extraordinário no esporte. "Isso deveria estar em pé de igualdade com o que fez Cal Ripken Jr.", declarou Andy Roddick, referindo-se ao homem de ferro da Major League de beisebol. "No tênis, isso é quase impossível. Ninguém jamais gostaria de abandonar uma partida de um Grand Slam tendo a possibilidade de ganhar o título, mas acho que ninguém com uma carreira desse tamanho vai conseguir fazer isso de novo. E olha que ele já se machucou durante as partidas."

Os suíços precisavam de apenas mais uma vitória no domingo, e Federer a conquistou em grande estilo contra Gasquet, fazendo todas as coisas que não pôde na quarta-feira: deslizar, curvar-se e certamente ir de um canto a outro da quadra.

"É incrível como ele conseguiu acumular força ao longo do fim de semana", disse Arnaud Clément, o capitão francês.

Federer venceu por 6-4, 6-2, 6-2: o último golpe vencedor foi uma bela deixadinha de esquerda. Antes de a bola quicar duas vezes, ele estava de joelhos e caindo para a frente no barro, com os ombros balançando de emoção. Ele se levantou rapidamente e foi recebido por Lüthi e seus companheiros de equipe, e todos se abraçaram.

"Na segunda ou na terça-feira, nunca pensei que poderia jogar três partidas em três dias", disse Federer.

A Copa Davis foi disputada pela primeira vez em 1900. Os suíços levaram mais de um século para entrar na lista dos campeões.

"Essa era a meta quando eu tinha dezessete anos e demorei muito para atingi-la", contou-me Federer. "Talvez a alegria tenha sido ainda maior por causa disso. Acho que você pôde perceber isso."

Uma noite de folia aguardava os suíços: champanhe para todos e alguns cigarros para Wawrinka comemorar. Haveria uma recepção digna de heróis na Suíça, na segunda-feira, depois de um voo rápido para casa em um jatinho particular.

Mas, primeiro, Federer fez um último pedido no vestiário para seus amigos de infância Lammer e Chiudinelli.

Com a taça finalmente assegurada e a adrenalina acabando, a coluna estava enrijecendo novamente.

"Roger estava tipo: 'Você pode tirar minhas meias para mim, por favor? Porque estou morto e não consigo me inclinar para a frente'", disse Lammer. "Ele se esforçou demais naquela semana. Isso é algo que as pessoas costumam esquecer. Ele sempre parece muito tranquilo, relaxado, mas sabe como sofrer, passar pela dor e não demonstrar."

CAPÍTULO CATORZE

DUBAI

Roger Federer nunca jogou uma partida oficial na quadra um do Madinat Jumeirah Tennis Club. Nenhum ingresso foi vendido para vê-lo jogar lá, mas é uma das quadras onde ele passou mais horas ao longo dos anos. A quadra onde Federer costumava treinar durante os intervalos dos torneios era um local de baixa iluminação em meio às luzes brilhantes de Dubai e foi onde, em novembro e dezembro de 2016, ele se preparou com o afinco de um homem mais jovem para seu primeiro retorno.

"Ainda tenho sede", disse-me Federer em Dubai, pouco antes de pegar um avião para Perth, na Austrália. "E agora estou revigorado e rejuvenescido."

Para chegar ao clube, é necessário passar pela entrada principal do hotel Jumeirah Al Qasr e pela fonte com temática equestre e imponentes estátuas douradas de cavalos que estão posicionadas no gramado da frente. Em termos de arquitetura, e talvez só nisso, Dubai é a Las Vegas do golfo Pérsico (jogos de azar e consumo de álcool são oficialmente proibidos por lá).

Você caminha pelo saguão com pé-direito alto e ornamentado com vasos de palmeiras e fachadas neoárabes e espera um carrinho de golfe com motorista, que o transporta por pontes e canais, passando por pavões e esculturas de camelos pintadas em cores vivas até chegar a um clube de estuque que é pequeno em comparação com todas as estruturas faraônicas ao redor.

Você desce, passa pela recepção do clube e se senta em um longo banco de madeira com vista para uma quadra dura de Plexicushion azul onde, em fevereiro, o professor Marko Radovanovic deu uma aula em grupo para três alunos sobre a disparidade entre habilidades e motivação.

As crianças pareciam não perceber que estavam em uma quadra de tênis sagrada.

"Esta é a quadra de Federer, a única em que ele treina em Dubai", explicou Radovanovic entre os exercícios do treinamento. "Ele frequenta este lugar há quinze anos."

Outras celebridades também praticam ao ar livre no clima ameno de inverno de Dubai, entre as quais Novak Djokovic algumas semanas antes. Mas nenhuma superestrela do tênis moderno passou tanto tempo em Dubai quanto Federer, que jogou pela primeira vez no ATP da cidade em 2002 e conquistou o título em 2003. Mais tarde, ele comprou uma luxuosa cobertura na Marina de Dubai em um arranha-céu chamado *Le Rêve*, que em francês significa "o sonho". O edifício possui jardins projetados pelo arquiteto paisagista australiano Andrew Pfeiffer, uma academia projetada por Federer e um serviço de concierge que permite aos residentes reservar uma Ferrari, um helicóptero ou um jato particular com apenas o "toque de um botão". Lá, tem-se a visão panorâmica do golfo, do arquipélago artificial de Palm Jumeirah e do Burj Al Arab, o famoso hotel em forma de vela onde Federer e Andre Agassi bateram bola no heliporto do edifício para promover o torneio de Dubai e, em seguida, espiaram cuidadosamente na borda, a trezentos metros de altura.

Radovanovic, um sérvio simpático que cresceu em Belgrado em tempos difíceis, ainda guarda lembranças de ter dado aulas de tênis às filhas gêmeas de Federer.

Em agradecimento, o suíço assinou um "calendário de 2016 de Roger Federer" para Radovanovic com uma mensagem personalizada de ano-novo que agora está em exibição em Belgrado.

"Minha mãe roubou o calendário e o colocou na parede da casa dela", disse Radovanovic com uma risada. "Estamos todos muito orgulhosos. Tenho só as melhores lembranças de Roger jogando lá e de treinar as crianças, que eram muito gentis e fofas. Foi um sonho que se tornou realidade para qualquer treinador de tênis."

Mas 2016 não acabou sendo um ano dos sonhos para Federer. Um dia depois de perder para Djokovic nas semifinais do Aberto da Austrália, ele estava preparando o banho das filhas no hotel em Melbourne quando disse que ouviu um estalo no joelho esquerdo.

O estalo acabou sendo um menisco rompido, e Federer foi submetido à primeira cirurgia de sua carreira: nada mau para um jovem de 34 anos em sua 18ª temporada no circuito profissional. Ele passou por uma artroscopia, na Suíça, em 3 de fevereiro, apenas seis dias após a partida contra Djokovic.

Seu preparador físico, Pierre Paganini, que havia trabalhado com tanta diligência e criatividade para manter Federer livre de lesões, ficou emocionado quando discutimos a recuperação do atleta.

"Rog trabalhou com o fisioterapeuta por duas semanas e, quando começamos o treinamento físico, no início, ele tinha que, por exemplo, correr cinco metros e depois andar para trás", disse Paganini. "Era como se ele estivesse aprendendo a andar de novo. Você pode ser a pessoa mais positiva do mundo, e ainda há momentos em que você se pergunta: Será que ele vai ser capaz de jogar tênis de alto nível de novo?"

Federer surpreendeu Paganini e a si mesmo ao retornar rapidamente aos torneios — menos de dois meses depois — para competir no Aberto de Miami.

"Estou muito, muito satisfeito", disse ele durante uma entrevista coletiva antes do torneio. "Para ser sincero, não esperava voltar às quadras depois da cirurgia."

O processo, como muito do que Federer faz em público, parecia incrivelmente tranquilo. Mas, nesse caso, as aparências enganavam. Ele desistiu antes de sua partida de abertura por causa de uma gastroenterite viral e, quando voltou para o circuito, foi no saibro, em Monte Carlo, em meados de abril. Ele perdeu nas quartas de final para o francês Jo-Wilfried Tsonga e viajou a Madri, onde teve que desistir novamente antes de entrar em quadra depois de sentir dores nas costas durante os treinos.

Ele perdeu na terceira rodada do Aberto de Roma para o jovem austríaco Dominic Thiem: uma derrota que soa melhor agora, dado o sucesso subsequente de Thiem, do que pareceu em Roma, onde era visível que Federer estava lutando para se movimentar sem limitações.

No ponto alto da temporada, Federer estava em apuros, mas em geral encontrava uma maneira de lidar com tais problemas: controlando a dor na coluna e outras dores.

Roger e sua equipe viajaram para Paris ainda dando a palavra de que ele jogaria em Roland Garros. A equipe realizou o check-in no hotel, e Federer e Paganini foram para o salão vazio para fazer o trabalho físico antes de seguirem para Roland Garros.

"Eu estava correndo pelo salão, quando parei e disse a Pierre: 'O que estamos fazendo aqui?'", contou-me Federer. "E Pierre estava, tipo, 'O que está acontecendo? É o seu joelho?', e eu respondi: 'Meu joelho parece pesar cem quilos. Minha coluna não está 100%. Por que estou fazendo isso? Por que estou jogando em Paris?'"

Eles pararam o trabalho de preparação física e conversaram por quase uma hora. Federer mais tarde expressou suas dúvidas ao restante da equipe — o fisioterapeuta Daniel Troxler e os treinadores Severin Lüthi e Ivan Ljubicic, amigo de Federer e ex-rival que havia ingressado no grupo em dezembro, no lugar de Stefan Edberg.

Federer decidiu tentar praticar no saibro vermelho em Roland Garros e acabou na quadra um, a quadra circular conhecida como "praça dos touros".

"Eu estava bem, mas nunca cheguei nem perto de 100%", revelou Federer. "E é aí que dizemos: 'Quer saber? Vamos encerrar o dia e nos prepararmos para a grama.' Eu tentei, você sabe, realmente tentei."

Sua desistência interrompeu a sequência recorde de participações consecutivas em torneios de Grand Slam, que chegou a 65 — uma façanha que já foi quebrada por Feliciano López. Mas a sequência nunca teve muito significado para Federer. O que mais importava para ele era ter uma chance de vencer, não de participar.

Ainda doía abandonar o torneio de Paris. Até mesmo hoje Federer parece um pouco envergonhado, como se devesse ter encontrado uma maneira de evitar um resultado desses. Não é fácil para um exímio estrategista desistir de seu plano. O problema era que a grama não ofereceria refúgio em 2016.

"Talvez eu pudesse — ou devesse — ter demorado mais para voltar depois do Aberto da Austrália, já que fiz a cirurgia", disse ele.

Ele foi a Halle, onde vencera três títulos consecutivos e oito títulos no total, e perdeu nas semifinais para o adolescente alemão Alexander Zverev. Federer seguiu para Wimbledon, onde venceu quatro rodadas sem perder sets e depois teve que reagir em dois sets para derrotar Marin Cilic nas quartas de final. Essa partida revelou uma notícia boa e uma ruim: a notícia boa para Federer é que ele teve força e confiança para lutar contra três match points; a má notícia era que ele estava claramente vulnerável.

A rodada seguinte confirmou isso quando Federer enfrentou Milos Raonic, um canadense racional com um saque brutal e uma comitiva digna de uma superestrela que incluía o novo consultor técnico, John McEnroe. Raonic evoluiu de maneira significativa, melhorando sua agilidade e seu jogo de rede. Mas, para mim e para muitos outros que assistiram à semifinal, o que fica na nossa memória não são os 23 aces que Raonic acertou, ou os oito break points que Federer não conseguiu converter, ou as duas duplas faltas consecutivas que ele cometeu e acabaram ajudando o canadense no quarto set.

O que muitos de nós lembramos é do rali no início do quinto set, com Federer sacando em 1-2 e depois chegando a 40 iguais. Raonic devolveu uma esquerda paralela, que aterrissou perto da rede. Federer conseguiu se aproximar e acertou um bate-pronto de direita cruzado que Raonic conseguiu devolver com uma direita depois de se mover de forma agressiva.

Mas enquanto Federer se apressava lateralmente para tentar prolongar o rali, a perna esquerda cedeu e ele caiu feio. O mais estranho de tudo para o Baryshnikov do tênis é que ele caiu de maneira desajeitada e de cara no chão, com a raquete derrapando na quadra central.

Eu me lembro do suspiro coletivo na área de imprensa de Wimbledon, geralmente um lugar onde se vê de tudo. Mas isso era novo e, com os jornalistas esportivos programados para farejar o simbolismo, parecia estar imbuído de um significado mais profundo: Federer não era mais ágil o suficiente para conter os rivais mais jovens.

Ele passou um momento deitado de bruços na grama, então se levantou e foi até sua cadeira, chamando o treinador, o que era quase tão raro quanto aquela queda desajeitada. Afinal, aquele era um homem que nunca fora desqualificado em uma partida do circuito. Ele voltou à quadra, teve seu serviço quebrado e perdeu o quinto set por 6-3.

A derrota foi particularmente dolorosa para Ljubicic, que fora, em parte, responsável por ter ajudado a transformar Raonic em um jogador melhor quando o treinou de 2013 a 2015. Mas Ljubicic, como muitos de nós assistimos naquela tarde, sabia que Federer ainda estava longe do auge.

Adotei uma pegada de "fim de uma era" para minha coluna no *The New York Times*:

> Federer, um notável campeão e embaixador, claramente conquistou o direito de continuar jogando quanto quiser, sem muita reclamação das classes tagarelas, mesmo que o 18º título de simples do Grand Slam agora pareça cada vez mais improvável. O tênis, como a vida, é cíclico. Sete vezes campeões de Wimbledon caem, e novos competidores surgem para desafiar o *status quo*. Mas à luz de toda a frustração e ambição do Grand Slam que Murray, de 29 anos, ainda guarda em seu auge, parece uma boa aposta que a tarefa mais difícil de Raonic em Wimbledon deste ano está à frente dele, não atrás.

Pelo menos acertei a última parte da coluna: Raonic acabou perdendo a final para Andy Murray, que estava em sua melhor temporada e conquistaria a segunda medalha de ouro no simples nas Olimpíadas do Rio algumas semanas depois.

Mas não haveria Jogos Olímpicos para Federer; nenhuma chance nova de conquistar o último título grandioso de simples. Pela primeira vez na carreira, ele interrompeu a temporada depois de Wimbledon. A queda contra Raonic havia enviado um sinal também a ele.

"Nunca perco o equilíbrio assim, e meio que tropecei de uma forma engraçada", disse-me ele. "Não sei se foi, em parte, porque os músculos da minha perna não estavam fortes o suficiente ou algo assim. Foi muito estranho, e o problema foi que caí de novo sobre o joelho esquerdo, por isso fiquei com muito medo. Mas eu estava perdendo nos break points. Mesmo em forma, talvez tivesse perdido aquela partida, então isso não é uma desculpa. Mas com certeza foi uma queda estranha. Quantas vezes caí na minha carreira? É bem raro, especialmente em um momento como este: as semifinais de um Grand Slam."

Ele decidiu descansar e fortalecer o corpo e os joelhos com o foco em 2017: um hiato de seis meses que foi de longe o mais longo da carreira até então. Em última análise, foi um aviso. Ele ficou mais de um ano parado entre 2020 e 2021.

"Este ano joguei um torneio em que estava basicamente na minha melhor forma", disse ele, referindo-se ao Aberto da Austrália. "Não acredito que eu tenha perdido o restante da temporada por jogar na grama. Só acho que meu joelho e meu corpo precisavam de uma pausa e, tirando seis meses de folga, eu teria o tempo necessário para que eles melhorassem. Agora posso olhar para trás e dizer: 'Olha, se não der certo, fiz tudo o que podia. Não me arrependo de nada.'"

A pausa foi, de certa forma, uma prévia da aposentadoria.

"Eu de fato senti o gostinho", disse-me Federer. "De repente, eu poderia me organizar e dizer 'Ok, vamos ficar quatro semanas seguidas em casa, no mesmo lugar. Com quem vamos sair para jantar, Mirka? Ou com quem podemos colocar a conversa em dia?'"

Mas a aposentadoria verdadeira não era uma consideração real, mesmo que Federer já lidasse com esse tipo de pergunta há mais de sete anos, desde que completou o Grand Slam ao vencer em Roland Garros, em 2009.

Ele havia, ocasionalmente, feito um teste com Mirka.

"Se eu perguntasse a ela, quando tinha um dos meus momentos de desânimo, 'Sério? Ainda precisamos fazer isso?', ela diria: 'Você decide, mas acho que vale a pena. Veja como você está jogando bem, e eu sei dizer quando você está jogando bem ou mal'", revelou Federer. "Ela é supersincera e sempre foi da opinião de que, enquanto eu jogar, sempre poderei alcançar grandes coisas. Então é bom ouvir isso da esposa."

Mirka, que teve a carreira interrompida por um problema crônico no pé, também foi rápida em analisar a lesão de Federer.

"Ela fica, tipo, 'Olhe para o seu machucadinho'", disse Federer, deixando a voz mais aguda para imitar a dela. "'Essa coisinha no joelho. Não é nada. Veja os outros caras, o que eles têm, ou olhe o que eu tinha. Isso, sim, é ruim. Você vai ficar bem. Confie em mim. A única coisa com que devemos nos preocupar é que você talvez tenha disputado 1.400 partidas na carreira. Esse é o único problema que podemos encontrar, mas essa coisa do joelho, vamos lá, isso é mamão com açúcar.' Foi desse jeito que ela falou comigo."

Federer achou isso divertido e reconfortante, mas, mesmo assim, fez bom uso da longa pausa: aproveitou para relaxar na Suíça, apesar de continuar acompanhando os resultados dos jogos. "Fiquei surpreso com quantas vezes me peguei verificando os resultados", disse-me Federer, rindo.

Ele se mudou com a família para Dubai em novembro. Era uma jornada que eles fizeram muitas vezes: uma rápida mudança para climas mais quentes e uma cultura radicalmente diferente. Apesar do fato de Dubai ter um resort de esqui coberto, é difícil imaginar locais mais díspares do que uma vila alpina suíça com seus chalés e paralelepípedos e uma metrópole em expansão no golfo Pérsico, com seus arranha-céus e um deserto plano. Mas a transição não foi uma grande mudança em um aspecto. Federer ainda era capaz de levar uma vida relativamente pacífica e desimpedida.

"Isso é importante para mim e uma das coisas que a Suíça e Dubai têm em comum", disse-me ele.

Depois de jogar no torneio de Dubai em 2002 e 2003, ele voltou à cidade para passar férias em julho de 2004, logo após vencer em Wimbledon pela segunda vez e em Gstaad pela primeira. Dubai é escaldante em julho, mas Federer, cansado após sua sucessão de vitórias, queria passar alguns dias no calor e na praia. Ele estava tão exausto que até mesmo caminhar da espreguiçadeira até a água era um esforço, e chegou a ligar para Paganini brincando que nunca mais voltaria ao trabalho.

Ele aproveitou mais um tempo de folga antes de voar para a América do Norte, onde venceu seu primeiro Aberto do Canadá e o primeiro Aberto dos Estados Unidos, quando derrotou Lleyton Hewitt em uma de suas atuações mais marcantes.

Claramente, Dubai teve um efeito rejuvenescedor, e ele voltou em outubro daquele ano para treinar secretamente com Tony Roche, o australiano que Federer viria a contratar como técnico em meio período. Dubai tinha um clima bom e uma vibe relaxante na medida certa, mas também ficava em um lugar estratégico: era uma ponte entre a Europa e a Ásia, com conexões abundantes de voos e cada vez mais comodidades.

Federer ajudaria a definir uma tendência à medida que mais atletas e artistas começassem a se estabelecer em Dubai. Muitos foram atraídos por não precisarem pagar imposto de renda, mas Federer optou por permanecer domiciliado na Suíça, o que com certeza contribuiu para sua popularidade duradoura em casa. "Ele é um cara muito rico, e normalmente as pessoas daqui não gostam de gente muito rica, mas Federer é uma exceção", disse Margaret Oertig-Davidson, professora universitária na Suíça e autora do livro *The New Beyond Chocolate: Understanding Swiss Culture*. "De alguma forma, ele superou esse estigma, talvez porque ainda seja um cara normal, ou, pelo menos, é visto como um. Federer se manteve fiel às suas origens suíças, e as pessoas têm orgulho dessa associação."

Lucas Pouille, o jovem astro francês, foi um dos tenistas que se mudaram para Dubai por motivos fiscais, e em dezembro de 2016 era parceiro de treino regular de Federer no Madinat Club.

Federer costumava trazer jogadores jovens e promissores para as semanas de treino: uma maneira de se manter atualizado com os talentos em ascensão e absorver o entusiasmo deles, ao mesmo tempo que lhes dava a oportunidade preciosa de aprender e melhorar, assim como Marc Rosset fez com Roger quando ele era adolescente.

Mackenzie McDonald, um americano veloz que conquistou os títulos de simples e duplas da NCAA na UCLA, foi um dos que viajaram para Dubai a convite de Federer.

"Quando você cresce vendo o cara, e ele ainda é o melhor do mundo, e fica perto dele aprendendo, é muito legal", disse-me McDonald. "Ele tem um plano A, um plano B, um plano C, do início ao fim do alfabeto. Se uma coisa não está funcionando, ele tem outros recursos, e dá para ver quanto ele é um atleta completo. As mãos dele são brincadeira. As pernas são superfortes. Sua composição corporal é ideal para o jogo, que Federer transforma em uma partida de xadrez. Isso me fez perceber que preciso ser menos unidimensional e acrescentar mais coisas ao meu jogo. Sou um cara veloz, mas sinto que posso ficar ainda mais rápido se eu me mover com mais eficiência como ele. Eu não diria que existe um ingrediente secreto, mas acho que ele trabalha de forma extremamente inteligente. Acho que ele consegue administrar o tempo e sabe, a essa altura, quantas horas deve se dedicar."

De acordo com McDonald, os jogadores de hoje muitas vezes não têm o controle total sobre o corpo e a técnica limpa que Federer tem.

"Você vê as crianças hoje em dia jogando tênis, e elas não têm equilíbrio, apenas balançam a raquete", disse ele. "Corpos se jogam de um lado para outro, mas é possível dizer que Federer teve o desenvolvimento correto e os treinadores certos dizendo a ele quase sempre as coisas certas a se fazer, e ele está mostrando que tudo o que fez valeu a pena."

Com a temporada de 2017 se aproximando rapidamente, Federer, que aderiu tarde às redes sociais, decidiu transmitir um de seus treinos com Pouille no Periscope para se reconectar com seus fãs após uma longa pausa nas competições. Foi uma rara janela de 37 minutos para espiar a técnica de Federer, incluindo os treinos intervalados de alta intensidade e curta duração com Paganini, que são cheios de variedade, como a apresentação dupla de malabarismo com bolas de tênis para treinar a coordenação mão-olho em movimento.

"Nunca vira rotina", observou Emmanuel Planque, treinador de Pouille, em entrevista a Sophie Dorgan, do *L'Équipe*. "Sempre tem algo novo. A equipe dele está a toda hora tentando surpreendê-lo e oferecer a ele perspectivas diferentes. Isso o mantém estimulado e alerta. Severin faz uma pausa e Ivan chega. Eles se alternam. Para melhorar um jogador desse nível, é necessário surpreendê-lo. Acho que a estratégia deles é muito boa."

Federer, usando microfone para falar para a câmera, provou ser um excelente mestre de cerimônias ao contar piadas e dar dicas, explicando que o ritmo do serviço era a primeira coisa a se perder durante um intervalo prolongado. Ele falou em francês com Paganini, suíço-alemão com Lüthi, inglês com Ljubicic e francês e inglês com Pouille enquanto estavam sentados ao lado da quadra durante uma pausa e discutiam sobre a próxima Copa Hopman, o evento de times mistos em Perth, Austrália, que Federer não jogava desde 2002 e o qual havia escolhido para seu retorno.

"Foi a última vez que joguei com Mirka, minha esposa", disse ele a Pouille. "Dezesseis anos atrás eu joguei com a Hingis, e este ano, ou ano que vem, vou jogar com a Belinda Bencic. Nossa, o tempo voa."

Mas, como a sessão de Periscope deixou claro, o entusiasmo de Federer permanecia intacto.

"Ele parecia um garoto de doze anos", disse Planque sobre o tempo que passou com Federer naquele inverno. "Ele brincava durante o aquecimento, imitando Stefan Edberg e Bernard Tomic. Gritava do nada. Eu adorei. Temos a sorte de poder compartilhar tudo isso com ele. É algo precioso e, em termos de técnica, ele ainda é o padrão-ouro. É como uma educação continuada para mim; toda vez é um laboratório de treinamento. Tenho o mestre bem ali na minha frente. Eu assisto e é inspirador. Tenho 150 páginas de anotações."

O que também estava claro para Planque era que Federer estava em rara forma de novo, não apenas com a cabeça fresca e as pernas descansadas depois da longa pausa, mas também mais bem preparado.

"Ele progrediu muito tecnicamente na esquerda, em especial na devolução", disse Planque. "Ele mudou sua devolução. Está mais na frente, mais compacto. É mais agressivo, com uma abordagem mais curta à bola. Ele melhorou seu controle."

"É tudo bastante preocupante", brincou Planque, que não parava de explicar a Pouille que ele não deveria desanimar por perder feio para Federer em tantos jogos de treino.

"De fato achei que o jogo de Roger estava em uma ótima fase", disse Planque.

No fim das contas, Planque sabia exatamente do que estava falando, e os treinadores de Federer também pareciam otimistas. Lüthi, um tipo equilibrado e não chegado a previsões ousadas, disse duas vezes a Federer achar que ele tinha chance de vencer o Aberto da Austrália.

Ljubicic interrompeu a carreira no tênis aos 33 anos, desgastado por lesões e depois de perceber que não queria mais ficar tanto tempo longe da família.

"Quando você percebe que em 80% ou 90% do tempo durante o treino tem que lidar com a dor e tentar fazer exercícios para limitá-la em vez de melhorar seu desempenho físico, então isso deixa de ser divertido", disse-me Ljubicic quando se aposentou em abril de 2012. "Jogar tênis é a parte mais fácil. É só se preparar, praticar e viajar, obviamente agora com dois filhos. Não é fácil. Não quero viajar sozinho. Então simplesmente senti que não queria mais. Não vale mais a pena."

Por outro lado, lá estava Federer mais ansioso do que nunca para voltar à estrada aos 35 anos: viajando pelo mundo com a esposa, os quatro filhos e a equipe de apoio.

"Queremos tê-lo o maior tempo possível", disse Ljubicic. "Ele é um tesouro, então você não quer que ele perca o entusiasmo."

Ljubicic é uma figura e tanto, com mais de 1,90 metro de altura, cabeça raspada e voz de barítono, e como muitos que foram diretamente afetados pela desintegração violenta da Iugoslávia, teve uma longa jornada. Nascido em Banja Luka, uma cidade no interior da atual Bósnia e Herzegovina, ele teve que fugir em maio de 1992, aos treze anos, com a mãe e o irmão mais velho por causa da crescente tensão na cidade. Como Banja Luka estava sob controle dos sérvios, havia uma hostilidade crescente contra os croatas étnicos como os Ljubicic.

Depois de uma rota tortuosa que os fez passar por Hungria e Eslovênia, eles acabaram refugiados na então recém-independente Croácia, após cruzarem a fronteira a pé.

Ljubicic, já um atleta juvenil promissor, fez a viagem com duas raquetes de tênis, mas sem seu pai, Marko, que ficou em Banja Luka e não conseguiu entrar em contato com a família por vários meses. Eles finalmente se reuniram na Croácia, mas Ljubicic logo voltou a viajar, partindo para a Itália em 1993 para seguir a carreira no tênis como parte de um pequeno grupo de jovens jogadores da antiga Iugoslávia.

Ele tinha catorze anos, a mesma idade de Federer quando ele deixou a Basileia rumo a Ecublens.

"Oficialmente, minha carreira no tênis profissional começou em 1998, mas sinto que o início foi em 1993", disse Ljubicic. "Foi quando saí de casa, quando meus pais deixaram claro para mim que tênis é o que eu faço, que tênis será a minha vida porque essa é basicamente minha única chance."

Foi um período assustador, mas, ao longo dos anos, Ljubicic passou a apreciar a clareza que essa época proporcionou.

"Olhando para trás agora me considero sortudo, porque, de certa forma, não tive escolha e provavelmente foi por isso que fui bem-sucedido", revelou ele. "Por um lado, é fácil quando não se tem escolha. Você vê o que precisa fazer e pode se concentrar 100% nisso. Se há escolhas e você opta por algo, você ainda está, lá no fundo, às vezes pensando que talvez devesse ter feito algo diferente. Na situação em que eu me encontrava no início dos anos 1990, não tinha outra opção. Tenho que admitir que estou surpreso que caras como Roger e Rafa tiveram tantas opções e conseguiram se concentrar em uma coisa e fazê-la tão bem."

Ljubicic também teve a sorte de, aos dezessete anos, encontrar-se com o técnico italiano Riccardo Piatti, um excelente planejador de golpes e mentes do tênis. Piatti treinou Ljubicic de graça nos primeiros anos.

"Ele disse: 'Até você chegar ao top 100, não quero um centavo seu'", contou Ljubicic. "Isso foi ótimo porque pude me concentrar em praticar com um dos melhores treinadores do mundo sem pensar muito sobre como arrumaria dinheiro."

Ljubicic chegaria a ser o número 3 do mundo em 2006, mesmo ano em que foi até as semifinais de Roland Garros. Ele também levou a Croácia ao título da Copa Davis de 2005, comemorando com mais de cem mil torcedores em Zagreb, capital croata. Ljubicic continuou com Piatti até se aposentar, às vezes compartilhando o tempo do treinador com outros jogadores como o francês Richard Gasquet ou Djokovic. A parceria com Djokovic era politicamente simbólica: um sérvio e um croata trabalhando juntos.

"Acho que conhecer a si mesmo é muito importante no tênis", disse Ljubicic. "Isso foi algo que me impressionou imediatamente quando conheci Novak, e ele tinha dezessete ou dezoito anos. Ele já sabia exatamente o que queria, do que precisava e também o que *não* queria ou *não* precisava. Ele era ótimo nisso desde muito novo, e é isso que faz grandes campeões. No meu caso, demorei um pouco mais. Eu tinha 24 ou 25 anos quando percebi de que tipo de treino eu precisava, de que tipo de pessoa eu precisava ao meu redor. Isso também é um tipo de talento."

Ljubicic conheceu Federer quando o superastro tinha apenas dezesseis anos, em um torneio-satélite na Suíça. "Às vezes, bate na hora, e a gente teve afinidade de cara", disse Ljubicic. "É assim que as amizades funcionam. Elas simplesmente surgem."

Eles costumavam jantar e treinar juntos, e, tendo participado de algumas de suas sessões de treinamento, posso confirmar que nem sempre estavam inteiramente dedicados à tarefa.

"Talvez nosso treino não devesse ser filmado e mostrado para crianças", disse Ljubicic com uma risada. "Mas nós gostávamos, então, para nós, era o que importava."

Federer, no ambiente descontraído de uma sessão de treinos, pode ser ainda mais divertido de assistir do que quando ele dá voltas na quadra na hora que o jogo é para valer. Ele fica mais animado e tenta alguns golpes ultrajantes: esquerdas em ângulos agudos cortando bolas que quicam bem acima da cabeça; bate-prontos de direita cortando por completo na linha de base; toques rápidos de lugares e posições improváveis.

O extraordinário SABR ("Ataque surpresa de Roger"), no qual ele se move rapidamente para perto da rede para devolver um saque direto, pegando uma bola de bate-pronto, era, a princípio, um movimento de improvisação no treino.

"Às vezes, você se sente como um espectador mesmo quando está do outro lado da rede", disse Ljubicic.

Ljubicic venceu apenas três das dezesseis partidas de simples que disputou no circuito principal contra Federer. Eles nunca se enfrentaram em um torneio de Grand Slam, mas Federer venceu as quatro finais que disputaram um contra o outro, incluindo a do Aberto de Miami em 2006.

Ljubicic era um defensor frequente de Federer e, em 2010, quando o suíço estava sem conquistar um título de Grand Slam havia um ano, Ljubicic me garantiu em entrevista que o amigo conquistaria mais.

Isso se confirmou quando Federer venceu Wimbledon novamente em 2012, mas, no início de 2017, o suíço ainda não tinha vencido outro. Ele chegara perto — perdera três finais, todas para Djokovic — e ainda estava no topo do tênis masculino. Mas o papel principal não era mais dele. Ele não vencia o World Tour Finals — o quinto torneio mais prestigioso da modalidade — desde 2011 e, nas quatro temporadas entre 2013 e 2016, ganhou apenas três títulos Masters 1000 em comparação aos dezessete conquistados por Djokovic.

Ljubicic ainda acreditava nas chances de Federer. Essa foi uma das razões pelas quais concordou em trabalhar com o amigo. Ao contrário de Edberg, que era bem mais velho, Ljubicic tinha a vantagem de ter enfrentado muitos possíveis adversários de Federer e ter observado outros quando trabalhava com Raonic.

A decisão de Federer de contratar Ljubicic também foi outro indicador de quanto ele valorizava as relações de longa data.

Como Lüthi, Ljubicic conhecia Federer desde a adolescência.

O croata é um comunicador natural e exuberante, que dá respostas longas e com confiança — uma personalidade diferente da de Edberg, mais reservado. O que foi surpreendente é que Ljubicic parou de falar publicamente depois de se juntar à equipe de Federer. Não era uma diretriz de seu novo empregador, mas um desejo de internalizar e não correr o risco de que a comunicação com Federer tivesse algum ruído.

Ele me disse que estava gostando da nova abordagem, ao contrário de nós, jornalistas.

"Prefiro ficar quieto e deixar o Roger falar, tanto com a raquete quanto com a boca", revelou ele. "Eu sei que é estranho eu não falar sobre tênis com ninguém além de Roger, mas vale a pena."

Foi um momento intrigante no tênis masculino, que acabou se revelando um ponto de inflexão. Mas isso nem de longe estava claro quando os jogadores voaram rumo a Melbourne.

Djokovic continuou a reinar supremo até a metade da temporada de 2016: venceu seu primeiro torneio de Roland Garros e se tornou o primeiro homem desde Rod Laver, em 1969, a ganhar os quatro principais títulos de simples em sequência. Esse feito só ficava atrás de um verdadeiro Grand Slam, que exige vencer os quatro principais torneios no mesmo ano. Mas isso, também, parecia ao alcance de Djokovic, com suas habilidades nos variados pisos e capacidade de aguentar a pressão. No entanto, em vez disso, ele se viu em uma queda lenta e inesperada. O americano Sam Querrey o aborreceu na terceira rodada de Wimbledon. Stan Wawrinka lutou para vencê-lo na final do Aberto dos Estados Unidos: a terceira vez que Wawrinka derrotou Djokovic na trajetória rumo ao título de um Grand Slam.

Djokovic não venceu outro torneio no restante do ano e até foi ultrapassado por Murray na partida no fim do ano que definiria o primeiro lugar no ranking, quando o britânico o derrotou e levou a melhor no World Tour Finals em Londres.

Federer, que assiste a muito tênis quando está viajando pelos torneios do circuito, ainda acompanhava tudo de longe.

"Foi necessário algo extraordinário, e Murray foi capaz de oferecer isso, e é aí que tiro o chapéu", disse-me Federer de Dubai. "O cara acabou de ganhar tudo no fim do ano, e não é fácil para ninguém porque, dentro de casa, acho que o buraco é mais embaixo. Acho que Novak foi o jogador do ano por seis meses e Andy, pelos últimos seis meses."

Perguntei a Federer sobre a surpreendente queda de desempenho de Djokovic.

"Talvez seja apenas humano e compreensível que Novak tenha tido uma queda, porque conseguiu tudo o que queria", disse Federer, referindo-se à vitória em Roland Garros. "Talvez seja necessário se reinventar, ou o que quer que seja. Mas é bom ver que nem sempre é tão fácil para todos durante um longo período. E acho que isso realmente cria uma ótima história para o próximo ano. Andy é uma ótima história. Novak é uma ótima história. Rafa, obviamente, sempre será uma boa história. Espero que a minha volta seja uma boa história também. Acho que o início do ano, especialmente o verão australiano, será épico."

Nadal também encurtou sua temporada de 2016, parando em outubro para curar uma lesão no punho que o incomodou durante grande parte da temporada e o forçou a desistir após duas rodadas de Roland Garros.

Durante a pausa, Nadal decidiu contratar Carlos Moyá, seu amigo de longa data e mentor na infância, como treinador assistente para a temporada de 2017. Nadal também abriu sua academia de tênis, de mesmo nome, em Manacor, e convidou Federer para se juntar a ele na inauguração, em 19 de outubro.

"Fiquei tão impressionado com aquela academia e com o que Rafa foi capaz de construir lá", disse-me Federer. "Acho que é muito corajoso e legal que ele tenha feito isso por sua ilha e cidade natal, e todo mundo está envolvido — a namorada, a irmã, os pais, o agente dele. Todo mundo estava muito empenhado, e eu simplesmente senti que era a coisa certa a fazer — ajudá-lo —, porque me perguntei o que eu ia querer se estivesse na mesma situação. E minha resposta foi que eu ia querer que meu maior rival ligasse para mim e dissesse: 'Você precisa da minha ajuda? Já estou aí.'"

"E foi isso que fiz com Rafa. Eu disse: 'Precisa da minha ajuda? Me avisa. Você pode me ter por um dia: clínicas infantis, imprensa, inauguração, qualquer coisa.'"

Qualquer coisa, menos tênis, porque nenhum dos dois estava em forma para jogar naquela fase.

"Falei para ele que queria o ideal seria fazer uma partida beneficente ou algo assim, mas eu estava com a perna lesionada e ele teve uma lesão no punho", disse Federer. "Estávamos jogando minitênis com alguns juvenis e achamos que aquilo era o melhor que podíamos fazer naquele momento."

Parecia razoável pensar que o tempo deles no topo havia passado, mas, apenas três meses depois, os dois estavam prontos quando o Aberto da Austrália de 2017 começou.

Acabou sendo um dos Grand Slams mais surpreendentes da era aberta. Djokovic foi surpreendido na segunda rodada pelo 117º colocado, Denis Istomin, um uzbeque que usava óculos em quadra e tinha um histórico com mais derrotas que vitórias na carreira.

Foi um choque, mas Federer não parecia estar em posição para tirar vantagem disso. Ele estava na outra chave, tinha um jejum de títulos havia mais de um ano e fora classificado como o 17º cabeça de chave: sua classificação mais baixa desde que os torneios do Grand Slam passaram de dezesseis para 32 cabeças de chave em Wimbledon, em 2001.

Ele havia vencido as duas primeiras rodadas, uma contra o veterano Jürgen Melzer e outra contra o estreante Noah Rubin. Mas enfrentou um teste mais exigente na terceira rodada contra o número 10, Tomas Berdych, o tcheco com cara de anjo que foi um dos maiores batedores de bolas chapadas do tênis. Lamentavelmente para Berdych, seus golpes de fundo de quadra tinham mais força do que sua psique. O tcheco também não tinha um bom jogo de pés, mas derrotara Federer em Wimbledon, no Aberto dos Estados Unidos e nas Olimpíadas.

Dessa vez, Federer o venceu em apenas noventa minutos — 6-2, 6-4, 6-4 —, desequilibrando-o com ataques surpresa, golpes de ângulo agudo e deixadinhas vencedoras de bate-pronto.

"Já joguei contra ele muitas vezes, e acho que posso dizer que foi a melhor partida que o vi jogar", disse Berdych. "Eu não estava no comando de quase nenhum lance, não importava se o serviço fosse meu ou não. Isso era bastante incomum. Depois da partida, tive certeza de que ele poderia ir até o fim e vencer o torneio."

Foi uma daquelas noites em que a raquete de Federer parecia mais uma varinha. Ele teve quarenta bolas vencedoras e dezessete erros não forçados, fez a festa no segundo saque de Berdych e conquistou vinte dos 23 pontos junto à rede. E não teve que enfrentar um break point sequer.

"A bola de tênis não sabe quantos anos você tem e certamente não reconheceu que ele tinha 35 anos", disse Jim Courier, duas vezes campeão do Aberto da Austrália, ao deixar Melbourne Park naquela noite. "Isso foi muito bom. Mágico, na verdade."

Federer estava otimista, mas comedido.

"Sabia desde o início que eu poderia ser perigoso", disse ele. "Em termos de torneio, percebi que o caminho era longo e muito difícil, mas antes de começar, pensei que poderia encarar qualquer um na minha primeira partida. Agora, consigo fazer isso jogo após jogo? Ainda tenho minhas dúvidas, mas, de qualquer forma, esse resultado me dá confiança."

A chave em que Federer estava ainda parecia uma pista de obstáculos em um campo de treinamento, mas um dos grandes estava prestes a ser removido do caminho. Murray, em seu primeiro torneio de Grand Slam como cabeça de chave número 1, foi derrotado na quarta rodada por Mischa Zverev (irmão mais velho de Alex), que jogou no estilo saque e voleio de antigamente.

Em sua quarta rodada, Federer venceu em um duelo de cinco sets de alta qualidade com o cabeça de chave número 5, Kei Nishikori, japonês com excelente contragolpe que havia se formado como jogador nas quadras de piso duro da IMG Academy em Bradenton, na Flórida.

Quando a partida terminou, com a vitória de Federer no set final por 6-3, ele reagiu arregalando os olhos e dando o salto com os braços ao lado do corpo, que normalmente reserva para muito mais tarde em um torneio.

Com Djokovic e Murray de fora, foi a primeira vez desde 2004 que os dois primeiros classificados masculinos não conseguiram chegar às quartas de final em um torneio de Grand Slam.

"Duas grandes surpresas, sem dúvida", disse Federer.

Tanto Murray quanto Djokovic aparentemente estavam pagando o preço pelas temporadas longas e desgastantes de 2016. Mas Federer estava sedento e também desfrutando a rara sensação de jogar sem o peso das expectativas do tamanho dos Alpes sobre seus ombros.

Ele venceu Mischa Zverev por três sets a zero e jogou o duelo da semifinal contra seu amigo e compatriota Wawrinka, que conquistara três títulos de Grand Slam nos três anos anteriores, enquanto Federer não vencera nenhum.

Foi um confronto intenso na noite de quinta-feira, com grandes mudanças no ímpeto em uma quadra que Federer e outros acreditavam estar mais rápida naquele ano. Federer venceu os dois primeiros sets contra o descontente Wawrinka, que quebrou uma raquete no joelho como se fosse um graveto.

Wawrinka solicitou um intervalo para atendimento médico e voltou com um sorriso no rosto e um curativo no joelho direito, vencendo os dois sets seguintes. Federer parecia cansado perto do fim do quarto set, e disse, posteriormente, que esperava ver seu condicionamento melhorar em algum momento do torneio, contra os melhores jogadores do mundo, mas foi a vez dele de deixar a quadra para ser atendido: algo ainda mais raro para Federer do que pedir uma pausa para receber atendimento em quadra.

Ele vinha lidando com dores no músculo adutor, na parte interna da coxa, e Troxler tratou o incômodo com massagem durante o intervalo, que durou longos sete minutos. Quando Federer voltou, defendeu um break point no terceiro game e então agarrou a oportunidade quando Wawrinka fez um jogo instável e acabou tendo o serviço quebrado no sexto game.

Federer se manteve firme, muito firme, e venceu por 7-5, 6-3, 1-6, 4-6, 6-3, tornando-se o homem mais velho a chegar a uma final de Grand Slam de simples desde que Ken Rosewall perdeu na final do Aberto dos Estados Unidos de 1974 para Jimmy Connors, aos 39 anos.

"Foi muito melhor do que eu pensava; isso também é o que eu estava dizendo a mim mesmo no quinto set", disse Federer. "Eu estava conversando comigo mesmo, dizendo: 'Relaxa, cara. Só o retorno já é muito bom. Deixe a bola voar da sua raquete e veja o que acontece.'"

Federer ainda não sabia quem enfrentaria na final. O Aberto da Austrália é o único dos quatro torneios do Grand Slam a ter disputas das semifinais em dias diferentes. Nadal, que estava voltando bem, só enfrentaria o jovem búlgaro Grigor Dimitrov na sexta-feira.

Federer, Lüthi e Ljubicic assistiram à partida juntos no hotel e analisaram tudo ao vivo. Havia muito o que dissecar: Nadal e Dimitrov jogaram por quatro horas e 56 minutos antes de o espanhol finalmente vencer por 6-4 no quinto set.

Foi uma partida clássica, a melhor do torneio (até então), e também didática, tanto para Federer quanto para Nadal.

No caso de Nadal, enfrentar Dimitrov foi o mais próximo de encarar Federer, por causa da esquerda de uma mão só com uma finalização elástica até os passos de pluma e o instinto de movimentação por toda a quadra. Dimitrov chegou a ser apelidado de "Baby Fed", um apelido que não o agradou. Mas seu estilo semelhante também significava que os padrões que Federer e seus treinadores estavam estudando eram diretamente importantes para a final, e foi revelador Dimitrov ter tido sucesso consistente em rebatidas chapadas e fechado paralelas com sua esquerda. A ressalva era que, apesar de todo o brilhantismo e ousadia, ele ainda perdeu a partida.

"É especial jogar contra Roger na final de um Grand Slam, não posso mentir", disse Nadal. "É emocionante para mim, e para nós dois, ainda estarmos lá e ainda competirmos em eventos importantes."

A revanche seria o primeiro encontro em uma final de Grand Slam desde a edição de 2011 de Roland Garros, e a primeira vez que eles se enfrentaram com a humilde classificação de nono e 17º cabeças de chave.

Embora fosse fácil pensar que Federer estava em vantagem por ter um dia a mais de descanso, valia a pena lembrar que Nadal tinha uma vantagem de 23-11 na carreira sobre o suíço e de 3-0 no Aberto da Austrália. Nadal estivera na mesma situação em Melbourne, em 2009, recuperando-se de uma vitória sobre Fernando Verdasco na semifinal ainda mais longa, em uma sexta-feira, para depois derrotar Federer na final.

"Isso foi há muito tempo", disse Nadal. "Acho que este jogo é completamente diferente do que aconteceu antes. É especial. Fazia um tempo que não estávamos nessa situação, o que torna a partida diferente."

Por muito tempo, o confronto na final entre Federer e Nadal parecia predeterminado, mas essa partida foi uma grande surpresa no que deveria ter sido o momento de Djokovic e Murray. Federer e Nadal superaram não apenas as expectativas do público, mas também as próprias.

"Eu diria que seria um grande evento se eu chegasse às quartas", disse Federer. "Quarta rodada seria bom."

Em vez disso, ele estava prestes a ganhar o 18º título de simples de Grand Slam. Ao longo dos anos, Nadal havia sido seu adversário mais difícil, mas deve ter sido revigorante não ver Djokovic do outro lado da rede disputando um troféu tão importante.

A sensação de entrar em uma máquina do tempo em Melbourne não se restringiu a Federer e Nadal. Na noite anterior, Serena Williams, então com 35 anos, havia derrotado sua irmã, Venus Williams, de 36, na final feminina: seu primeiro duelo em uma final de Grand Slam desde 2009. Serena, sem o conhecimento de todos, exceto de Venus e de alguns outros, ganhou seu 23º título de simples com dois meses de gravidez.

Não havia nada que pudesse superar isso, mas o duelo entre Federer, muitas vezes um anticlímax, certamente não deixou de ser inspirador dessa vez.

O principal plano de jogo de Federer era bastante simples: bater com a esquerda agressivamente sem recuar atrás da linha de base ao longo da partida. Era um desafio conhecido e, ao longo dos anos, ele começava com uma intenção semelhante contra Nadal, mas aos poucos ia perdendo terreno sob a pressão acumulada do topspin violento do espanhol. Mas agora ele tinha uma arma mais adequada para a tarefa depois de mudar para uma raquete com cabeça de 97 polegadas quadradas. No verão de 2014, ele fez a mudança definitiva após mais de um ano de experimentação exaustiva e ajustes finos. Sair do modelo de noventa polegadas quadradas deu a ele mais potência e uma área de superfície 8% maior, aumentando o "ponto ideal" de contato das cordas com a bola e reduzindo o número de golpes errados. Sua raquete agora era semelhante em tamanho aos modelos de cem polegadas quadradas usados por Nadal e Djokovic, e, embora a preocupação inicial de Federer fosse a de que pudesse estar sacrificando o toque, ele sentiu que realmente havia se entendido com a nova raquete durante a longa pausa das competições.

Federer já havia derrotado Nadal com a de 97 na última partida em 2015, mas isso acontecera dentro de casa, na Basileia, em uma quadra rápida de piso duro numa partida de melhor de três sets. Essa final seria disputada em um campo mais neutro, mesmo que Federer, em vista de seu status de azarão e apelo de um velho estadista, fosse novamente o favorito do público em Melbourne.

Federer estava empenhado em reduzir o uso do slice de esquerda e da devolução bloqueada. Ele precisava manter Nadal desequilibrado para privá-lo do tempo para se preparar adequadamente para a esquerda top de linha.

Paul Annacone encontrou Federer e Lüthi no restaurante dos jogadores algumas horas antes da final. Annacone, que iria comentar o jogo na TV, sentou-se e disse: "Tudo bem, amigo. O que vou ver hoje?"

Federer respondeu: "Você var ver RF de pé na linha de base, e vai ter swing."

Annacone disse: "Vai ter swing o tempo todo, certo? Em todos os três sets, todos os cinco sets, o que for preciso?"

Federer respondeu: "Sim. Não vou ficar na defesa. Vou apenas me comprometer com essa esquerda."

Funcionou bem por quase duas horas, enquanto Federer assumia a liderança em dois sets a um. Mas Nadal se recuperou para vencer o quarto set, momento em que Federer solicitou outro intervalo fora da quadra por causa do problema no adutor.

Isso gerou críticas do ex-astro australiano Pat Cash, bastante franco, que raramente tem medo de criticar e acusou Federer de "trapaça legal" por interromper o andamento da partida.

No entanto, Nadal não parecia desestabilizado. Ele quebrou o serviço de Federer no game de abertura do quinto set e saltou para uma vantagem de 3-1.

O placar parecia terrível e familiar para Federer, mas a realidade era que Nadal estava liderando, não dominando. Ele precisou salvar três break points em seu primeiro game de serviço do set e outro break point no seguinte. Federer ainda cravava bolas vencedoras a partir de sua esquerda com autoridade e até acertava as devoluções de esquerda quando Nadal sacava com força contra seu corpo. Acima de tudo, o diálogo interno de Federer era novo.

"Eu disse a mim mesmo para jogar com liberdade", declarou Federer. "Você joga com a bola. Você não joga com o oponente. Seja livre em sua mente. Seja livre em seus golpes. Mande ver. Os corajosos serão recompensados aqui. Eu não queria apenas bater por bater, vendo Rafa fazer chover as esquerdas dele em mim."

Em uma enxurrada de golpes iniciais brilhantes, Federer não voltou a perder outro game, quebrando o serviço de Nadal no sexto, deixando em 3-3, e depois novamente no oitavo, surpreendendo-o no ponto de abertura ao devolver com um slice de esquerda maldoso que Nadal, àquela altura tão acostumado aos golpes de Federer, demorou para registrar.

Entretanto, Nadal se recuperou de 0-40 para chegar a 40-40, e então veio o ponto que encapsularia a final: um rali de linha de base de 26 batidas rápidas de golpes ousados e uma defesa elástica que Federer conseguiu ao acertar uma paralela vencedora de direita com as pernas esticadas em uma cruzada de Nadal que tinha muita pungência, mas não profundidade suficiente.

Foi um tênis de alto nível, e o fato de ter acertado um serviço vencedor no ponto seguinte para manter o game vivo mostra a resiliência de Nadal. Mas Federer estava a pleno vapor e, no break point seguinte, Nadal mandou seu clássico saque slice em gancho para a esquerda de Federer, que normalmente devolvia curto esse saque perto da rede. Dessa vez, ele acertou uma esquerda fortemente angulada que pegou Nadal de surpresa de novo.

Era hora de sacar pelo título em 5-3 (com novas bolas), e, embora Federer tenha ficado para trás em 15-40, ele salvou o primeiro break point com um ace e o segundo, com uma direita vencedora de dentro para fora, que caiu longe de Nadal.

Federer não converteu o primeiro championship point, mas no segundo foi diferente. Ele acertou um bom primeiro serviço no T e uma direita cruzada do meio da quadra que Nadal não conseguiu alcançar, mas imediatamente pediu a conferência da arbitragem, pois achava que a bola tinha ido fora.

A celebração foi adiada, pois os dois olhavam para a tela, Nadal com as mãos nos quadris. Mas a análise eletrônica logo confirmou que o golpe de fato caíra na linha lateral.

Resultado final: 6-4, 3-6, 6-1, 3-6, 6-3 para Federer, que ergueu os braços e saltou com os olhos fixos em sua equipe antes de caminhar em direção à rede para o aperto de mão e o abraço em Nadal.

Talvez a Rod Laver Arena (que também é palco de shows de rock) nunca tenha estado tão barulhenta em uma partida de tênis, e as lágrimas vieram rapidamente quando Federer saudou o público e se ajoelhou.

Foi um longo caminho até seu 18º e mais improvável título de Grand Slam, que foi ainda mais surpreendente do que sua trajetória na edição de 2009 de Roland Garros, a única outra vitória que, na cabeça dele, era remotamente comparável.

Mas ele estava oito anos mais velho agora, não conquistava um título de Grand Slam havia quase cinco e não jogava um torneio oficial havia seis meses. E, ao contrário de Paris, precisou vencer Nadal pelo título.

Foi uma partida que, como a final de Wimbledon de 2008, vai valer a pena ver novamente quando os dois estiverem aposentados. Eles inspiraram um ao outro no crepúsculo do All England Club aos vinte e poucos anos. Agora, na casa dos trinta, eles se desafiavam sob as luzes do Melbourne Park.

"Honestamente, nesses tipos de partida, eu ganhei muitas vezes dele", disse Nadal. "Hoje ele me derrotou, e eu apenas o parabenizo."

Era uma rivalidade com notável poder de permanência, com quantidade e qualidade, e a vitória de Federer em Melbourne sinalizou uma nova dinâmica.

Embora Moyá tivesse me contado tempos depois que a tática e a execução de Federer os haviam surpreendido em 2017, Nadal não estava preparado para admitir a derrota na noite da final.

"Ele não me surpreendeu", disse Nadal. "Ele estava jogando agressivamente, e entendo isso em uma partida contra mim. Não acho que teria sido inteligente tentar entrar em muitos ralis longos desde a linha de base. Não acho que ele teria vencido. Ele foi com tudo, e foi a coisa certa a fazer."

Algumas semanas depois, perguntei a Federer se esse título fora do comum parecia predestinado.

"Para falar a verdade, achei que o de Roland Garros seria mais certo de acontecer", disse ele. "Tive que trabalhar duro para ganhar este."

"Houve partidas difíceis com Del Potro e Haas, é claro", disse ele sobre suas vitórias em cinco sets em Paris em 2009. "Mas este não parecia ter sido feito para ser da mesma maneira. Senti que estava com a mente descansada, queria muito isso, me sentia muito bem em relação a tudo e surfava aquela onda da volta sem ter nada a perder. Senti que era mais uma daquelas coisas. Foi uma surpresa e tanto. O que é para ser não vem com nada a perder. Esse foi diferente de qualquer outro que já vivi."

Minha próxima pergunta era sobre quanto mais ele queria viver do tênis.

Federer fez um comentário intrigante para o público na cerimônia de premiação em Melbourne: "Espero vê-los no ano que vem", disse ele. "Se não for possível, esta foi uma trajetória maravilhosa, e estou muito feliz por ter vencido aqui hoje à noite."

O último décimo sétimo cabeça de chave a ganhar um título masculino de Grand Slam individual foi Pete Sampras no Aberto dos Estados Unidos de 2002. Sampras se aposentou sem jogar outro torneio. Foi tentador passar a liderança de Sampras?

"Acho que, em um lugar distante, passou pela minha mente: como eu poderia superar isso?", disse-me ele. "Mas, novamente, a alegria foi muito grande, e continuei observando a reação da minha equipe quando ganhei o match point na Austrália e como todos pulavam de felicidade. Inacreditável. Eu me diverti muito. Estou com vontade de passar por isso outra vez."

Federer se esforçara muito em seu retorno para simplesmente parar agora, e, não é pouca coisa, ele também estava se preparando para jogar no fim do ano no evento por equipes da Laver Cup, criado por ele e seu agente, Tony Godsick.

"O objetivo, quando parei por seis meses, era fazer isso por mais alguns anos, e não apenas em um torneio", disse Federer. "Entendo as pessoas que dizem: 'Ah, seria o momento perfeito para parar.' Mas sinto que trabalhei muito, e amo muito isso, e ainda tenho bastante combustível para queimar."

Ele provaria isso sem sombra de dúvida depois de comemorar a vitória nos Alpes, arrastando a réplica do troféu da Norman Brookes Challenge Cup até um chalé no topo de uma montanha em Lenzerheide para curtir um fondue em família e tirar fotos. Essa não foi a única aventura do troféu.

"Eu o chamo de Norman", disse ele. "Jantei com Norman, passei muito tempo com ele. Sei que é apenas uma réplica, mas está tudo certo."

Ele voltou a Dubai e perdeu na segunda rodada para Evgeny Donskoy, um russo classificado na etapa de qualificação. Depois foi aos Estados Unidos e conquistou os títulos em Indian Wells e Miami, derrotando Nadal por dois sets a zero em ambos os torneios.

Certa vez, perguntei a Brad Gilbert, um dos treinadores mais afiados do esporte, o que ele considerava o auge de Federer.

"Obviamente, os resultados mostrarão que de 2004 a 2006 ele estava no auge", disse Gilbert. "Mas nunca o vi chegar tão perto de ser melhor do que em 2017 em Indian Wells e Miami. Sentei na lateral da quadra nos dois torneios, e ele arrasou com Rafa duas vezes. Achei que era o nível mais alto em que o tinha visto. Era impressionante a qualidade com que ele estava acertando a esquerda. Na final em Miami, tenho certeza de que Rafa estava pensando: Uau! O que aconteceu com esse cara? E isso forçou Rafa a melhorar. Podia parecer loucura dizer isso sobre Roger quando ele tinha dez anos de invencibilidade, mas acho que na ocasião ele estava jogando contra alguns caras que eram melhores do que em 2004, 2005 e 2006."

Mas o timing de Federer também foi excelente, pois Djokovic e Murray estavam fora da jogada durante seu retorno triunfal.

Eles eram os números 1 e 2 no início do ano, mas de forma notável — talvez até espantosa — ele não teve que enfrentar nenhum dos dois em 2017 no caminho até conquistar sete títulos. Ele não enfrentaria Murray em 2018, 2019 nem em 2020.

Os problemas de Djokovic eram uma combinação de discórdia conjugal, esgotamento e uma lesão no cotovelo direito que acabou sendo operada em fevereiro de 2018. O problema de Murray foi no quadril, com uma grave lesão que o forçou a interromper sua temporada de 2017 depois de Wimbledon.

Isso não era culpa de Federer nem problema dele, mas com certeza tornava sua tarefa mais fácil. Em vez de ter que passar por dois ou três membros dos *Big Four* para conquistar o título de Grand Slam, ele teve apenas que derrotar Nadal.

Esse nem foi o caso em Wimbledon. O espanhol, que acabava de conquistar seu décimo título de Roland Garros, perdeu para Gilles Müller na quarta rodada, que foi uma verdadeira maratona, chegando a 15-13 no quinto set. Djokovic mais tarde desistiu das quartas de final contra Berdych por causa do cotovelo.

Federer havia pulado a temporada completa da quadra de saibro para preservar o corpo e otimizar suas chances na grama. Valeu muito a pena, pois ele atropelou no All England Club sem perder um set, derrotando Raonic sem nenhum tropeço nas quartas de final e depois despachando Berdych nas semifinais e Marin Cilic em uma final estranha e decepcionante.

Cilic, que esteve tão perto de derrotar Federer em Wimbledon em 2016, começou a partida com uma bolha enorme no pé esquerdo e, quando estava perdendo por 0-3 no segundo set, começou a chorar em sua cadeira enquanto era atendido durante uma troca de lado.

Chorava de decepção, não de dor.

"É óbvio que foi muito difícil emocionalmente porque me lembro de tudo o que passei nos últimos meses me preparando", disse Cilic.

Federer, mostrando os limites de sua empatia, derrotou-o por 6-3, 6-1, 6-4 e acabou ultrapassando Sampras e William Renshaw, tornando-se o primeiro homem a ganhar oito títulos de simples em Wimbledon.

Federer logo começou a chorar em sua cadeira enquanto olhava para o camarote dos jogadores, onde suas filhas gêmeas de sete anos estavam acompanhadas por seus filhos gêmeos de três anos.

Ele me disse mais tarde, enquanto andávamos de um estúdio de televisão para outro pelos corredores do All England Club, que não tinha imaginado aquela reação.

"Aquele foi de fato o primeiro momento que tive para mim mesmo", disse ele. "E acho que foi quando percebi que, cara, consegui vencer Wimbledon novamente e quebrei um recorde, e minha família está aqui para dividir isso comigo. Eu não sabia que os meninos estariam lá também, achei que seriam só as meninas. Então fiquei muito feliz e acho que também percebi quanto havia me dedicado para estar lá. Foram todas essas coisas juntas."

Ele conquistou seu 19º título de Grand Slam e, embora fosse perder nas quartas de final do Aberto dos Estados Unidos para Del Potro, com as costas o incomodando novamente, foi uma temporada incrível.

Quase tudo em que ele se envolvia parecia dar certo, incluindo a primeira Laver Cup em Praga, no fim de setembro. Era o projeto favorito de Godsick e Federer: inspirado na Ryder Cup de golfe, após estudo e participação de Godsick. Uma equipe representaria a Europa e a outra equipe representaria o resto do mundo.

"Vamos lá, Time Mundo" não é o grito de guerra mais cativante, mas os jogadores abraçaram o espírito do novo evento (e as taxas de aparição lucrativas, além dos prêmios em dinheiro). O projeto foi bem concebido, com seu formato compacto de três dias, e o valor das partidas aumentava a cada dia para garantir uma final importante. O evento tinha visual próprio: quadra preta, iluminação indireta e camarotes elevados para os jogadores, o que permitia fácil interação e exibição para as câmeras e, em 2017, as mídias sociais.

Mas o que realmente esgotou os ingressos da edição inaugural na O2 Arena foi o poder das estrelas, com Federer e Nadal se unindo em Praga em meio à recuperação dos dois. Eles dividiram os quatro títulos do Grand Slam do ano, com Nadal de volta ao primeiro lugar no ranking depois de vencer o Aberto dos Estados Unidos e Federer então como número 2.

Após o sorteio na praça da Cidade Velha lotada em Praga, peguei uma carona de van com eles na volta para o hotel da equipe (o trabalho no jornalismo especializado em tênis envolve realizar muitas entrevistas em veículos em movimento). Os dois não faziam a barba havia alguns dias. Nadal estava de bom humor. Federer estava tonto, tão entusiasmado quanto um empresário que acabara de garantir a última rodada de financiamento de sua start-up, e ria de quase tudo que o espanhol dizia.

Foi uma viagem alegre, apesar dos paralelepípedos, no mesmo tom otimista da temporada dos dois, e uma das coisas mais impressionantes em relação a isso foi que Björn Borg, o capitão da equipe europeia, estava no banco de trás escutando em silêncio. Décadas antes, Borg tinha sido o superastro que fazia parte de uma rivalidade transcendente, mas Federer e Nadal já haviam discutido em detalhes o conceito e estavam prestes a se unir pela primeira vez para jogar em duplas (sem contar alguns games em uma partida em prol das vítimas de inundações na Austrália, em 2011).

"Espero não termos esperado muito, porque estamos muito velhos agora", disse Federer.

Mas, àquela altura, o simbolismo parecia mais importante do que o resultado.

"Olha, acho que sempre fomos rivais, então estarmos juntos agora será algo muito especial, único", disse Nadal. "Acho que vai ser ótimo."

Conversamos sobre quanto eles deviam um ao outro pela excelência duradoura, se eles teriam alcançado tanto por tanto tempo sem ter o outro como motivação.

"De certa forma, acredito que sim, mas, por outro lado, acredito que não", disse Federer. "Acho que, por causa do Rafa, talvez eu tenha conquistado menos, mas ao mesmo tempo sinto que ele me fez ser um jogador melhor."

Nadal concordou, o que foi uma surpresa, considerando que ele geralmente afirma que sua motivação seja interna.

"Tenho minha motivação pessoal, mas é claro que ter alguém à sua frente facilita perceber o que você precisa melhorar", disse ele.

"O adversário acaba descobrindo, despindo você", disse Federer.

"Exatamente", concordou Nadal. "Se você é o melhor e não vê as coisas que as outras pessoas estão fazendo melhor do que você, é difícil ir à quadra e entender o que você precisa fazer para melhorar. Ter alguém como Roger na minha frente por tantos anos, é claro, me ajudou a ir à quadra e entender e me permitiu praticar tendo uma perspectiva diferente em relação às coisas que tenho que fazer."

No entanto, ainda havia alguns detalhes a serem resolvidos antes do jogo das duplas no sábado.

"Onde você costuma jogar?", perguntou Nadal a Federer, que parecia encantado com o ineditismo da pergunta.

Até sábado, os dois decidiram pôr Federer no lado direito da quadra e Nadal no esquerdo, e eles se entrosaram muito bem, apesar de uma quase colisão quando Nadal recuou para acertar um smash. Lado a lado, usando camisas azuis, bandanas e shorts brancos idênticos, os dois estavam mais parecidos do que o normal. O canhoto Nadal e o destro Federer eram imagens espelhadas: ambos com 1,85 metro de altura, rápidos nas jogadas e felizes em falar sobre táticas de duplas por um longo período de acordo com Borg, um homem de poucas palavras que provou ser um bom ouvinte.

Eles também venceram, derrotando uma dupla forte, formada por Sam Querrey e Jack Sock, e o Time Europa também venceu, pois Federer levou a melhor na partida decisiva contra Nick Kyrgios, no domingo desse evento híbrido, um meio-termo entre exibição e torneio sério.

Federer voltou às vitórias, viajando à Ásia, onde venceu o Masters 1000 de Xangai, novamente derrotando Nadal por dois sets a zero na final. Em seguida, venceu o evento de sua cidade natal, a Basileia, pela oitava vez antes de sofrer uma derrota surpreendente nas semifinais do World Tour Finals em Londres para David Goffin. Mas recarregou as baterias nas Maldivas com a família, encontrando Cilic, que passava férias no mesmo resort, o que foi uma coincidência, mesmo que seja um hábito as estrelas do tênis irem ao país paradisíaco. Federer então voltou a Dubai e para sua quadra no Madinat Jumeirah Club a fim de se preparar para 2018.

Ele chegou à final do Aberto da Austrália sem perder um set e novamente não enfrentou Nadal ou Djokovic (ou Murray) em um torneio importante. Mas, dessa vez, Cilic estava pronto para fazer frente a ele.

Eles haviam praticado juntos nas férias: jogaram duas vezes por 45 minutos sem nenhum treinador, preparador físico ou agente à vista. Eles se encontraram para tomar alguns drinques e comer sobremesas — Federer com a família e Cilic com a noiva.

Agora eles disputavam o troféu do Aberto da Austrália.

Lá estava o Federer clássico: amigável com seus concorrentes, mas também impiedosamente capaz de perder o encanto quando a bola estava em jogo e se concentrar no desafio à frente (lembre-se de James Blake em Indian Wells).

Cilic o levou para o quinto set e teve o que acabou sendo sua grande chance com dois break points no saque de Federer no game de abertura. Mas Federer lutou contra os dois e ainda quebrou o saque de Cilic: lembrando sua versatilidade ao usar o slice de esquerda baixo repetida e efetivamente contra Cilic, de 1,98 metro, depois de usá-la tão pouco contra Nadal na mesma quadra, na final de 2017.

Federer percorreu um longo caminho em um ano: de um verdadeiro intruso a franco favorito, mesmo que ele tivesse resistido a esse rótulo antes do início do Aberto da Austrália.

"Não acho que um jogador de 36 anos deva ser o favorito para um torneio", disse Federer.

Ele superara a si mesmo e agora tinha feito uma das melhores temporadas de fim de carreira em qualquer esporte: vencendo três dos últimos quatro torneios de simples de Grand Slam que disputara e atingindo seu recorde total com um número fácil de lembrar: vinte títulos conquistados.

De volta à Suíça, Christian Marcolli, seu ex-psicólogo, acendeu o vigésimo charuto no terraço da sua casa em Küttigen, no interior suíço, ainda pensando em Peter Carter.

"Guardei todas as pontas de charuto como uma espécie de prova", disse-me Marcolli, dando uma risada. "Como se pode imaginar, é um momento especial, único e muito emocionante. Sempre fico sozinho e fumo um charuto após cada vitória."

Federer não foi o único a resistir com excelência. Serena Williams estava prestes a retornar às partidas de tênis aos 36 anos, após o nascimento de sua filha Olympia, e alcançaria quatro finais de Grand Slam nas duas temporadas seguintes. O quarterback da NFL Tom Brady e o goleiro italiano Gianluigi Buffon estavam entre os atletas que chegaram aos quarenta anos ainda em atividade e em alto nível.

A ciência do esporte e a melhor compreensão do papel da nutrição, do treinamento e da recuperação são fatores importantes. O mesmo aconteceu com a capacidade de um jogador como Federer de montar uma equipe pessoal altamente qualificada e ter recursos para levar a família nas viagens. Mas foi útil saber que outros também estavam ultrapassando os limites.

"Adoro ouvir essas histórias", disse Federer sobre Brady, Buffon e a estrela da NHL Jaromír Jágr. "Sempre quis ser um grande atleta ou um grande jogador por muito tempo e consegui isso, mas ver que os caras estavam em atividade antes de mim e ainda estão jogando, com certeza é uma inspiração, um incentivo e uma motivação."

Federer jogara a final do Aberto dos Estados Unidos de 2005 contra um Agassi de 35 anos, mas o norte-americano nunca conquistou um Grand Slam com essa idade, muito menos três.

Para encontrar um precedente no tênis masculino, era necessário voltar até Rosewall, o australiano baixinho ironicamente apelidado de "Muscles" [Músculos] que venceu o Aberto dos Estados Unidos de 1970 aos 35 anos, o Aberto da Austrália de 1971, aos 36, e o de 1972, aos 37. Rosewall também chegou à final do Aberto dos Estados Unidos e de Wimbledon de 1974 aos 39 anos, perdendo rápido para Jimmy Connors nas duas partidas.

Com 1,70 metro e 65 quilos, ele tinha uma constituição diferente da de Federer e era bem-sucedido porque jogava principalmente na grama, onde a bola vem baixa. Jogando com uma raquete de madeira, ele acertava a direita com um pequeno topspin e a esquerda sem topspin, usando um drive ou dando slices com bastante controle.

"Ele poderia acertar com precisão uma moeda de dez centavos e depois procurar por ela", disse Fred Stolle, contemporâneo de Rosewall.

O que Rosewall e Federer tinham em comum era um jogo de pés suave e uma técnica sólida.

"Gosto de pensar que é a maneira como nos movimentamos na quadra, razoavelmente suave, mas rápida. Nós nos movemos da maneira certa", disse-me Rosewall quando nos encontramos para um café em Melbourne, em 2020, como fizéramos no passado. "Tenho certeza de que Roger jogaria muito bem com nossas raquetes de madeira. Sua técnica funcionaria perfeitamente. Não posso dizer o mesmo sobre vários jogadores de hoje."

Aos 85 anos, Rosewall ainda pesava 65 quilos e tinha um aperto de mão firme e uma personalidade tranquila e despretensiosa que certamente se devia, em parte, ao fato de ter passado décadas conhecendo novas pessoas em novas cidades como parte do circuito profissional de jogos de exibição.

"Todas as noites estávamos em um lugar diferente", disse ele. "Havia uma lona que eles colocavam por cima do piso da quadra ou do gelo se estivéssemos jogando em uma quadra de hóquei. Nossos pés ficavam gelados."

A publicidade constante fazia parte da equação.

"Tivemos que batalhar para conseguir exposição", disse ele. "Em nosso jogo profissional, não tínhamos patrocinadores ou marketing para fazer, então estávamos prontos a qualquer momento para falar com qualquer pessoa, dar uma entrevista na TV, ou qualquer coisa assim."

Como muitos dos grandes jogadores australianos do passado, ele apreciava o jogo de Federer e tinha respeito pela história do esporte, e começou a lhe escrever uma carta de apoio de meia página todo ano e deixá-la no vestiário do jogador durante o Aberto da Austrália.

"Às vezes é difícil entrar no vestiário hoje em dia", disse Rosewall. "Não gosto de incomodá-lo, mas acho que ele tem sido fantástico no jogo. Sou um grande admirador dele dentro e fora das quadras. Ele tem conseguido lidar com a pressão e parece não carregar aquele fardo que nos deixa cansados de tudo isso."

Rosewall, assim como seu arquirrival amigável Rod Laver, uniu as eras amadora e aberta de tênis, tornando-se profissional ainda jovem, o que o deixou inelegível para os torneios de Grand Slam e da Copa Davis, até que, em 1968, o esporte mudou sua política em definitivo.

Rosewall imediatamente ganhou o título de 1968 de Roland Garros, o primeiro torneio de Grand Slam "aberto" tanto para amadores quanto para profissionais. Ele conquistou oito títulos ao todo e lamenta muito nunca ter vencido em Wimbledon. Rosewall certamente teria conquistado muitos outros campeonatos se não tivesse perdido onze anos de tênis do Grand Slam depois de se tornar profissional em seu auge, em 1957. Como Federer, ele se destacou na adolescência e com trinta e tantos anos. Mas nem mesmo Federer pode igualar a lacuna de dezenove anos entre o primeiro e o último título de simples de Grand Slam de Rosewall.

Rosewall nunca teve uma lesão séria na carreira e só começou a ter problemas com o manguito rotador aos 55 anos. Ele jogou de forma recreativa até quase os oitenta anos.

"O que Ken fez é simplesmente incrível", disse-me Federer na Austrália em 2016, pouco antes de sua primeira cirurgia. "Eu o admiro, é claro, e o que ele fez me dá esperança de que, se continuar saudável, poderei jogar por muitos anos mais."

Tendo em mente homens notáveis como Rosewall, Federer e Paganini fizeram um plano a longo prazo em 2004 para o suíço resistir e perdurar no esporte, logo depois de virar o número 1 pela primeira vez. Eles estavam convencidos de que menos tênis poderia levar a mais. E estavam corretos, embora o modelo só funcionasse porque Federer tinha o talento para acertar com rapidez os bate-prontos vencedores do fundo da quadra e sacar com força sob grande pressão na linha.

Ele ainda executava isso aos 36 anos, como fizera aos 22, e em fevereiro de 2018, duas semanas depois de derrotar Cilic em Melbourne, interrompeu as férias planejadas e viajou da Suíça para o porto holandês de Rotterdam com o propósito de jogar um torneio indoor.

O amor de Federer pelo jogo não foi a explicação dessa vez. Ele estava prestes a ultrapassar Nadal para voltar a ser o número 1. Chegar às semifinais em Rotterdam lhe daria pontos suficientes para conseguir o feito, então ele pediu um convite ao diretor do torneio, Richard Krajicek, ex-campeão de Wimbledon, e aproveitou a oportunidade.

Em uma chave com 32 jogadores em Rotterdam, Federer precisava vencer três rodadas. Na primeira, derrotou o belga Ruben Bemelmans, que havia passado na qualificação; na segunda, o veterano alemão Philipp Kohlschreiber; e, na terceira, o holandês Robin Haase após, compreendendo o significado da ocasião, perder o primeiro set.

Federer então ganhou crédito extra ao vencer o torneio, derrotando Dimitrov por 6-2, 6-2 na final.

No início de seu retorno, ele teria se contentado em ganhar mais um título em Wimbledon, mas fez muito mais do que isso, muito mais do que ele ou qualquer pessoa próxima esperava.

"Quando comecei a trabalhar com Roger, eu fazia muito mais previsões do que agora, e muitas vezes estava errado", disse-me Lüthi. "Estou pronto para ser surpreendido por ele. Na verdade, estou esperando ser surpreendido por ele e acho que o melhor é deixar isso em aberto e não tentar impor limites. É claro, às vezes também me pergunto quanto tempo mais ele vai continuar nas quadras, mas acho que a melhor coisa a fazer é só viver e apreciar o momento. Fazer isso pode lhe dar força e poder. Por outro lado, a falta de garra também pode ser um problema, então é necessário encontrar o equilíbrio."

Para Federer, naquela época, o desafio era mais mental do que físico, mesmo com um joelho operado.

"Você precisa se conhecer e ser honesto consigo mesmo", disse-me ele. "Quando você vai a, digamos, Rotterdam, é preciso ir com gás. Se não estiver empolgado nessa idade, é melhor não ir. É simples assim."

Ele tinha ido apenas com a quantidade necessária de gás, e, na segunda-feira seguinte, após o fim do torneio, consultou o site da ATP. Federer estava de volta à posição de número 1, o jogador mais velho a ocupar o primeiro lugar desde 1973, quando a ATP publicou seu ranking inaugural.

CAPÍTULO QUINZE

～•～

INDIAN WELLS, Califórnia

Era um dia de mudanças no deserto, e Roger Federer acordou antes do amanhecer. Nós nos encontramos na pista, em Thermal, a uma curta distância de carro de Indian Wells, onde Federer havia perdido na final do Masters 1000 de 2018 no dia anterior para Juan Martín del Potro.

Federer, de volta ao topo do ranking, lamentou mais do que o normal. Ele havia sacado pelo título em 5-4 no terceiro set e não conseguiu fechar, apesar de ter tido três match points: o tipo de virada da sorte que acontecia raramente, mas com mais frequência para Federer do que para seus rivais. Ele perdeu mais de vinte vezes após chegar ao match point, enquanto Nadal e Djokovic perderam menos de dez vezes na mesma situação.

"Sei que não é uma coisa legal de se dizer, mas às vezes chamo Federer de 'preguiçoso' do tênis ao ver todas as partidas em grandes torneios que ele perdeu estando com a vantagem", declarou Günter Bresnik, um dos grandes treinadores de tênis. "Ele já deveria ter ganhado uns trinta Grand Slams se considerarmos as partidas contra Del Potro, Djokovic e Nadal, e em todas elas ele perdeu estando claramente em vantagem."

As razões não eram claras. Seria sensibilidade subjacente? A baixa margem para erros? Um mau hábito que se tornou difícil de mudar? "Acho que é porque o estilo dele é agressivo", disse Paul Annacone, seu ex-treinador. "Quando era mais jovem e se movimentava de forma diferente, ele podia corrigir muita coisa. Mas agora, mais velho, precisa ser ainda mais agressivo com os grandes jogadores, e isso é difícil de se fazer em momentos de grande pressão. Rafa, quando fica nervoso, deixa muita margem nas jogadas e se move muito bem. Novak, mesmo que suas bolas não tenham efeito, é preciso, por isso suas jogadas não são arriscadas. Para Roger, os riscos são muito maiores."

Mas Federer, com sua perspectiva e capacidade de compartimentalizar conquistadas a duras penas, parecia estar bem munido para lidar com as consequências. Ele estava longe de ser mal-humorado enquanto conversava e bocejava na manhã fria, após dormir muito pouco.

"Cinco horas", disse ele. "Não é o suficiente depois de uma partida como aquela."

Ele logo foi liberado para embarcar no jatinho particular que o levaria a Chicago, e eu o acompanhei na viagem de quatro horas: uma chance para acompanhar de perto um dia na vida empresarial de Federer e poder ver o próximo local da Laver Cup. O fato de ter sido convidado a fazer a reportagem de um de seus santuários era um sinal de que Federer e eu tínhamos uma boa relação de trabalho, mas, acima de tudo, um sinal de como Federer e seu agente, Tony Godsick, estavam ansiosos para que a ideia deles fosse bem-sucedida.

A Laver Cup, cujo nome é uma homenagem a Rod Laver, parecia bastante simples conceitualmente: três dias de tênis por ano, combinando o melhor da Europa contra o melhor de todos os outros lugares do mundo, com Federer tendo a chance sem precedentes de jogar na mesma equipe de Nadal e Djokovic.

Mas, na prática, foi complicado por causa de todos os interesses conflitantes no jogo. Para um esporte internacional comparativamente pequeno, que permite a somente cerca de duzentos profissionais no masculino e no feminino ter uma vida boa, o tênis é repleto de órgãos dirigentes: sete, se contarmos o circuito masculino, o feminino, a Federação Internacional de Tênis e os quatro torneios de Grand Slam, que em geral atuam em conjunto, mas permanecem sendo entidades independentes.

Chegar a um consenso é mais difícil do que deveria, e a fragmentação dificultou inovar e criar mudanças significativas no tênis. Isso acaba brecando muito o esporte. Cada novo evento, cada modificação na agenda já cheia, invade o território de outra pessoa.

Federer e Godsick sabiam de tudo isso quando criaram a Laver Cup em Praga, em 2017, e passaram a entender ainda mais quando se comprometeram em fazer de Chicago a sede da segunda edição, em 2018.

"Essa é a loucura do tênis", disse-me Federer antes de Praga. "Qualquer peça que você mova estremece a estrutura inteira. Qualquer coisa nova mexe no sistema atual com o qual os jogadores se acostumaram, mas isso não significa que seja necessariamente negativo."

Para um superastro, Federer se envolveu fortemente na governança e na política do jogo: primeiro mostrando a inclinação quando assumiu um papel de liderança na equipe suíça na Copa Davis no início de sua carreira. Posteriormente, como presidente do Conselho de Jogadores da ATP de 2008 a 2014, quando pressionou com sucesso em prol de grandes aumentos de prêmios em dinheiro nos torneios de Grand Slam e eventos regulares do circuito.

O tênis masculino já foi um viveiro de ativistas. Jogadores importantes como Arthur Ashe, Cliff Drysdale e Stan Smith trabalharam durante toda a carreira para aumentar a influência dos jogadores e o poder de barganha em um microcosmo dominado pelas federações nacionais e por proprietários de torneios. Entretanto, Sampras, Agassi e Boris Becker — as principais estrelas que comandavam antes de Federer surgir — estavam muito menos interessados em gastar sua energia em problemas de governança.

"Talvez seja uma questão de geração, mas nenhum grande jogador top da minha época perderia tempo em se envolver com qualquer uma dessas coisas", relatou-me Sampras. "Eu não queria a distração de me envolver com política, prêmios em dinheiro ou com federações diferentes. Já tinha dificuldade o suficiente só em jogar e vencer."

Mas Federer se tornaria muito mais engajado, e Nadal, Murray e Djokovic se juntaram a ele em graus variados. Houve até um raro momento de tensão entre Federer e Nadal em 2011 e 2012, quando os dois discordaram sobre mudanças no sistema de classificação e na escolha do próximo presidente da ATP. Essa questão se tornou pública no Aberto da Austrália de 2012, quando comentei com Nadal durante uma coletiva de imprensa que Federer não gosta quando os jogadores falam mal do circuito em público. "Eu discordo", disparou Nadal. "Para ele é fácil: 'Não digo nada. Tudo está ótimo. Fico com fama de cavalheiro e os outros que se danem.'"

Em uma época mais acalorada, quando os dois não se davam tão bem, um comentário desses não chamaria atenção, mas a fala de Nadal soou feito uma discussão acalorada no meio da quadra. Logo a ordem e a cortesia voltaram a reinar, mas a explosão de Nadal ficou na memória como um lembrete de que até o mais amistoso dos rivais é, no fundo, um competidor por influência tanto quanto por títulos.

No fim, Djokovic se tornou o mais radical entre os Três Grandes. Ele assumiu publicamente a criação e até liderou o lançamento de um novo grupo de jogadores em 2020 que buscava ser uma voz independente no circuito tradicional masculino.

Federer não abraçou essa abordagem mais radical, preferindo trabalhar dentro do sistema, e escolheu dois treinadores apropriados para o que queria, Paul Annacone e Ivan Ljubicic, que estiveram profundamente envolvidos na política da ATP durante suas carreiras como jogador e compreendiam todas as questões principais. "Já conversamos sobre muitas dessas questões", disse Annacone.

Mas a Laver Cup gerou muita tensão, tanto na frente das câmeras quanto nos bastidores, e com certeza mais tensão do que talvez Federer teria suportado lidar em seus anos dourados no tênis.

A Federação Internacional de Tênis encarava a Laver Cup como um empecilho para a competição por equipes da Copa Davis, que encontrava dificuldades para obter uma participação consistente das maiores estrelas masculinas, incluindo Federer, e estava prestes a mudar de formato. As datas da Laver Cup no fim de setembro também conflitavam com os eventos já existentes na modalidade masculina, privando-os de atenção e da chance de atrair os melhores jogadores.

Os líderes dos torneios de Grand Slam tinham opiniões divergentes. O All England Club e a Federação Francesa de Tênis mantiveram distância, mas a Tennis Australia e a United States Tennis Association investiram na Laver Cup, e a equipe de relações de mídia do Aberto da Austrália até viajou de Melbourne a Praga para trabalhar no evento, como fora acordado.

Acredito que o tênis tinha um excesso de torneios, mas não um excesso de torneios transcendentais. Deve haver espaço para um evento como a Laver Cup, que, com Federer envolvido, teve boas chances de gerar um burburinho internacional em vez de um interesse meramente local ou regional. Também cobri muitas Ryder Cups, do golfe, a inspiração para a Laver Cup. Para mim, a Ryder Cup foi um dos eventos mais consistentemente atrativos no cenário esportivo: ela deixa você com os nervos à flor da pele desde o primeiro jogo na manhã de abertura. A Ryder Cup, como a Laver Cup, foi uma exposição no sentido de que não oferecia pontos para a classificação, mas passou a ter, ao longo de muitos anos, um grande peso para os jogadores. O torneio também foi uma forma ainda rara hoje em dia de os atletas europeus competirem lado a lado. A diferença é que os jogadores de golfe representaram tanto o circuito europeu quanto seu continente. Não houve um circuito europeu separado de tênis, mas a Europa era, sem dúvida, a força dominante no tênis masculino: talvez dominante até demais para o bem a longo prazo da Laver Cup.

Embora a primeira edição da Laver Cup em Praga tenha sido um sucesso estrondoso em termos de entretenimento, com jogos disputados, ingressos esgotados e Federer e Nadal unindo forças pela Europa, o evento também gastou uma quantia significativa por causa dos custos iniciais e das altíssimas taxas de participação e prêmios em dinheiro concedidos aos jogadores.

Era importante para Federer que a segunda edição passasse uma primeira impressão positiva, razão pela qual ele estava indo para Chicago enquanto Mirka e as crianças viajavam separadamente para a Flórida para se instalar e se preparar para o Aberto de Miami.

"A Laver Cup é algo pelo qual tenho muito apreço, então é claro que sempre tenho energia extra para a competição", revelou Federer. "Na minha carreira, não jogo mais tanto, e quando estou na quadra tudo começa a acontecer em alta velocidade, então depois preciso de um tempo livre novamente."

Federer não tinha avião próprio, mas viajava em um fornecido por uma empresa que vende propriedade fracionada de jatinhos particulares. O suíço usava o serviço quando viajava pela América do Norte e, com frequência, pela Europa.

Tudo fazia parte do plano para reduzir o atrito em sua complicada vida global: tornar as transições, o jet lag e a rotina fora da quadra o mais tranquilos possível para ele e sua família.

"Não preciso de tudo isso", contou-me Federer, apontando para o avião. "É só mais simples, fácil. Um investimento em si mesmo na questão de gerenciamento de energia. Não preciso passar por tantas checagens de segurança, filas, pessoas e fotos, posso só entrar no avião e relaxar."

Federer tinha agora os meios para reduzir uma grande quantidade de atrito. Ele estava percorrendo o trajeto para se tornar o primeiro jogador de tênis e um dos poucos atletas do mundo a ganhar 1 bilhão de dólares durante a carreira de esportista: juntou-se ao jogador de golfe Tiger Woods e ao boxeador Floyd Mayweather. Apenas cerca de 130 milhões de dólares dos ganhos de Federer vieram dos prêmios oficiais em dinheiro. O restante provinha de patrocínios, taxas de participação e eventos especiais, como as lucrativas exibições que Godsick organizou na América do Sul.

O desempenho de Federer nesse domínio tem sido tão impressionante quanto a performance em quadra, e, embora os resultados nos negócios e no tênis estejam inextricavelmente ligados, ele começou com desvantagens no poder aquisitivo fora da quadra.

Federer nasceu em um país rico, mas não com um mercado importante como os Estados Unidos, o Japão, a Alemanha ou a França, o que, no início, limitou seu apelo a patrocinadores em potencial.

"Sendo suíço, você representa um país pequeno", disse Régis Brunet, o primeiro agente de Federer na IMG. "Se quiser ganhar muito dinheiro, ser o número 10 no mundo não é suficiente."

Brunet, ex-jogador francês, sabia disso por experiência própria, porque representou Marc Rosset, a estrela suíça que alcançou a décima posição.

"Você precisa ser o número 1 do mundo para se tornar global", revelou Brunet. "Se você for o número 1 e americano, vai ganhar muito dinheiro, mas, nessa fase, sendo suíço, só seria possível ganhar tanto dinheiro quanto o americano sendo muito melhor do que ele, sendo um número 1 verdadeiramente excepcional."

Brunet viu Federer pela primeira vez no Junior Orange Bowl, em 1995, quando o suíço competiu na divisão juvenil até catorze anos no Biltmore Hotel, em Coral Gables, perto de Miami. Não faltavam agentes na busca perpétua pelo próximo grande sucesso. O principal alvo de Brunet naquele ano era Olivier Rochus, um belga promissor, mas um amigo próximo de Brunet, Christophe Freyss, disse que ele deveria dar uma olhada em Federer também. Freyss foi o técnico francês que supervisionou o treinamento de Federer no centro de treinamento nacional suíço em Ecublens.

"Christophe me disse que Roger não era fácil de lidar porque era muito nervosinho, mas tinha bastante talento", disse Brunet. "Então fui assistir a uma partida dele e, depois de cinco minutos, ou talvez dez, corri para a primeira cabine telefônica que encontrei, porque naquela época não havia celular, liguei para o Christophe e perguntei se ele poderia organizar uma reunião na Basileia com os pais de Roger. Eu sabia que precisava agir rápido, porque tinha consciência de que os outros agentes não demorariam muito para notar as habilidades de Roger."

Brunet não se incomodou com o temperamento de Federer e ficou particularmente impressionado com sua proficiência técnica precoce, sobretudo a habilidade de acertar diferentes tipos de esquerda aos catorze anos.

"Todo mundo batia uma boa direita, mas, para mim, aquela esquerda realmente o diferenciava", disse Brunet.

O agente voltou para a França e em seguida viajou à Basileia para ver Lynette e Robert Federer. Ele conhecera Lynette durante seus anos no departamento de credenciamento no evento da ATP na Basileia. Brunet disse que os Federer conheciam a IMG e ficaram tranquilos pelo fato de ela ser "uma empresa dos Estados Unidos" com alcance internacional.

"Nessa fase, como agentes, conversamos muito mais com os pais do que com o jogador", disse Brunet. "E posso dizer que os pais de Roger eram extraordinários. Eles foram bem-educados e fizeram as perguntas certas e, quando confiavam em você, confiavam de verdade e o tempo todo. Se todos os pais fossem como eles, o negócio teria sido muito melhor. É difícil ser agente, porque a grama do vizinho é sempre mais verde."

Não houve um acordo formal no início, mas os Federer assumiram o compromisso. Brunet conseguiu fechar um contrato com a Nike em 1997 para Federer usar as roupas e o tênis da marca. Também houve interesse da Adidas, que forneceu alguma vantagem, e Brunet disse que o valor-base do contrato com a Nike era de 500 mil dólares em cinco anos: um montante significativo a ser pago a um atleta juvenil.

"Foi o maior contrato que assinamos para alguém daquela idade", declarou Brunet. "O nível de um jogador juvenil suíço muito bom seria talvez de

20 mil dólares por ano durante alguns anos, e então veríamos como ficaria. Mas a Nike multiplicou isso por cinco e ficou cinco anos, porque acreditava muito em Roger. Eu o vendi para a Nike como o futuro número 1, mas, para ser sincero, fiz isso com todos os jogadores. O mais importante não era o montante total, mas a proteção que Roger teve em termos de estrutura para que, se ele chegasse rapidamente entre os cinquenta ou vinte primeiros do ranking, seu patamar financeiro refletisse seu nível de habilidade no tênis."

Embora alguns jogadores se sintam obrigados a escolher uma empresa de raquetes com base no tamanho da oferta financeira, em vez de sua preferência, Federer conseguiu assinar um acordo com a Wilson, que fazia a raquete que ele usava e da qual gostava.

Em 1998, ele terminou como o número 1 do mundo na categoria juvenil, e Paul Dorochenko, fisioterapeuta e osteopata francês, lembra de uma celebração na residência de Federer na Suíça, depois que ele conquistou o título sub-18 no Orange Bowl.

"Era fim de ano", disse Dorochenko. "O pai de Roger deu a mim, a Peter Carter e a Peter Lundgren um envelope com um valor em dinheiro. Os Federer não estavam nadando em dinheiro. Eles com certeza não eram pobres, mas também não eram ricos e nos deram uma quantia generosa, algo em torno de mil francos suíços, o equivalente a mil euros."

Mais do que ninguém, Dorochenko se lembra do que aconteceu em seguida.

"Eu dirigia de volta para casa em meio a uma tempestade de inverno, e estava tudo embaçado. Então abri as janelas do carro e, quando tirei as notas do envelope, houve uma grande rajada de vento, e a maioria das notas voou pela janela", disse-me. "Tentei usar os faróis para encontrar parte do que voou, mas estava nevando tanto que era muito difícil. Na manhã seguinte, eu me levantei, saí para procurar e encontrei um monte de notas nas árvores."

Há alguma metáfora nisso, em algum lugar.

Brunet e Robert Federer costumavam discutir o futuro de Roger. Robert acreditava no talento do filho, mas, como ele era apenas um jogador de tênis recreativo, procurou a opinião de especialistas.

"Robbie me perguntava: 'Você acha que ele vai longe? Ele vai ser bom?'", disse Brunet. "E eu respondia: 'Robbie, seu filho é excepcional, mas saber se ele vai ficar entre os dez, vinte ou cem melhores depende de muitas coisas: lesões, motivação, mulheres.' É realmente muito difícil dizer quais atletas juvenis vão se destacar."

Uma das principais tarefas de Brunet era garantir convites, os *wild cards*, para Federer em torneios profissionais de modo a acelerar sua transição para o circuito. Ele fez isso com eficiência, mas não sem dificuldade.

Em 1999, Brunet tinha dois *wild cards* disponíveis para o evento indoor organizado pela IMG em Marselha. O dilema era que ele representava três jovens jogadores promissores: Federer e os franceses Arnaud Clément e Sébastien Grosjean, que acabariam chegando ao top 10. Brunet teve que escolher dois dos três e acabou decidindo por Federer e Clément. Federer fez Brunet parecer muito bem em Marselha ao derrotar o campeão de Roland Garros Carlos Moyá na primeira rodada, mas Grosjean dispensou Brunet.

"Ele ficou com raiva de mim e continuou com raiva", disse Brunet. "Nós brincamos com isso agora, mas perdi Grosjean por causa de Roger."

A vitória de Federer sobre Moyá, que brevemente se tornaria o número 1 algumas semanas depois, certamente facilitou a obtenção de um *wild card* para o Aberto de Miami, também organizado pela IMG, em março, à frente de jogadores de mercados maiores.

Mas os *wild cards*, por mais úteis que sejam, logo seriam desnecessários. O último solicitado por Federer foi em Marselha, em fevereiro de 2000. Dessa vez, ele chegou à final.

"Sempre achei que Federer e a família tinham uma boa relação com o dinheiro", disse Dorochenko. "Eu me lembro de quando ele chegou à final em Marselha e, no retorno, entregou o cheque à mãe e disse: 'Aqui está. A grana está começando a entrar.'"

Isso era verdade, mas a relação com Brunet e a IMG acabou azedando. Federer e seus pais ficaram chateados porque Stephane Oberer, treinador de Rosset de longa data e então diretor técnico nacional da Suíça, estava recebendo comissões da IMG sobre os contratos de patrocínio de Federer sem o conhecimento da família. Isso aconteceu porque Oberer desempenhou um papel nos bastidores, juntando Federer e a IMG.

Muitos treinadores evitavam esse tipo de arranjo devido a preocupações com conflitos de interesses, mas Brunet disse que pagar uma espécie de "taxa de indicação" era uma prática comum, apesar de mantida na confidencialidade.

Brunet disse que a pessoa responsável por revelar isso aos Federer foi Bill Ryan, que era o agente de Lundgren e Borg na IMG na época e passou a representar Roger após ele deixar Brunet.

Ryan confirmou para mim que informou a família de Federer e disse ter ficado surpreso por ninguém lhe contar sobre esse arranjo quando passou a agenciar Roger. Disse que descobriu sozinho.

"Eu nunca faria um acordo desses", alegou Ryan. "Basicamente, você está tirando dinheiro do jogador."

Brunet me garantiu que o valor recebido por Oberer nunca foi descontado de Federer.

"Roger não pagou mais comissões", disse Brunet. "Talvez tenha significado menos dinheiro para nós da IMG. Não era algo contra Roger. Ele não foi penalizado. Foi apenas um acordo comercial que você pode fazer quando alguém lhe traz negócios e você deseja recompensá-lo por isso."

Ryan podia ser uma figura abrasiva. Apesar de inspirar lealdade nos muitos jogadores que agenciava, era impopular com algumas pessoas na indústria, incluindo Mike Nakajima, ex-diretor de tênis da Nike que conhece Federer desde quando o atleta era adolescente.

"Nunca concordei com esse cara, e fiquei me perguntando por que o maior idiota do mundo representa o cara mais legal do circuito", disse Nakajima.

Em 2002, o contrato de cinco anos de Federer com a Nike estava expirando, e Ryan disse que se recusava a renová-lo pelo valor oferecido pela empresa.

"Estavam oferecendo 600 mil dólares ao ano", contou Ryan. "O pai de Roger me implorou para aceitar a oferta, mas eu disse: 'Robbie, seu filho vai ser um dos melhores jogadores de tênis do mundo. Por que eu aceitaria só 600 mil dólares?'"

Baseado no contrato de outros jogadores, Ryan acreditava que Federer poderia ganhar pelo menos 1 milhão de dólares por ano da Nike. "Roger topou", disse Ryan. "Mas ainda tenho o e-mail de Robbie dizendo: 'Bill, você precisa convencer Roger a aceitar a oferta. Ele precisa do dinheiro.'"

Ryan manteve-se resoluto, e quando ele deixou abruptamente a IMG, no fim de 2002, o contrato ainda não havia sido renovado. Isso se deveu, em parte, ao início tumultuado de Federer naquele ano, com as derrotas na primeira rodada em Roland Garros e em Wimbledon.

"O contrato estava expirando e a Adidas também estava na área, mas todas as marcas hesitaram porque Roger de fato estava tendo dificuldades naquela época", disse um amigo que conhecia bem o casal. "Esse foi um ponto da virada na carreira de Roger. Mas Mirka intensificou o papel dela, assumiu mais responsabilidades e conduziu Roger rumo a uma estrutura que o ajudaria nesses tempos difíceis."

Ryan me disse que ficou surpreso com o fato de outras empresas não estarem a postos para fazer uma oferta quando as negociações com a Nike emperraram. "Não havia uma empresa para a qual eu não tenha ligado: os japoneses, Fila, Diadora, Lacoste, todo mundo", disse ele. "Eu estava implorando. Foi tipo: 'Ei, estou entregando a você o melhor jogador de todos os tempos.'"

Nakajima disse que o atraso na renovação da Nike era mais uma questão de dinheiro do que dúvidas sobre o jogo de Federer. Nakajima estava na quadra em Wimbledon quando Federer derrotou Sampras, em 2001. "Fiquei hipnotizado com a maneira como ele deslizava na quadra", disse Nakajima.

Mas negócios eram negócios. "Foi uma negociação", disse Nakajima. "Às vezes os agentes querem mais. Dizemos internamente na Nike que sempre que a gente se reúne para negociar o preço sobe, então quanto menos nos encontrarmos, melhor. E estávamos muito distantes."

Ryan contou ter dito a Federer que não poderia mais representá-lo durante o Aberto dos Estados Unidos de 2002, mas não poderia oferecer uma explicação por causa dos termos de sua saída da IMG. Ele assinara um acordo de não competição.

Ryan e Federer tinham um bom relacionamento. Eles chamaram um ao outro de "Kenny" devido à letra de uma música do Eminem que Federer não parava de ouvir. Em 2001, Federer e Mirka ficaram hospedados com Ryan e sua família durante o Aberto dos Estados Unidos, e Mirka havia treinado com a esposa de Ryan, a ex-jogadora sueca Catarina Lindqvist.

"Eu me senti horrível", contou-me Ryan sobre a separação. "Roger desceu para o meu quarto e disse, boquiaberto: 'O que houve?' Respondi: 'Não posso falar sobre isso, mas não tem nada a ver com você.' Ele ficou triste. Estava chateado, e o que mais lamento é que não pude explicar a ele.

Então Federer, com apenas 21 anos, decidiu com Mirka e seus pais romper os laços com a IMG e montar a própria equipe de gestão.

"Quando Bill deixou a IMG, não tínhamos permissão para trabalhar com ele", explicou-me Federer mais tarde. "Não sei qual foi o motivo. Pensamos em procurar outro agente, e acabei dizendo: 'Acho que devemos tentar resolver as coisas sozinhos por um tempo.'"

Os pais do atleta desempenharam um papel importante. Lynette Federer deixou seu emprego na indústria farmacêutica e Robert Federer passou a negociar taxas de aparição e novos acordos comerciais com a ajuda de Bernhard Christen, um advogado suíço.

"Eu não estava preparado no início", disse-me Roger em 2005. "Houve momentos, é claro, em que pensei, Jesus, se eu soubesse disso antes, ou: Cara, eu não estava pensando em voltar para a Basileia e ter reuniões para resolver as coisas e decidir sobre negócios. Mas o resultado final é que me sinto muito confortável com isso, porque tenho a sensação de que estou no controle de tudo."

Federer reconheceu que a curva de aprendizado significava que erros tinham sido cometidos.

"O que faz com que eu me sinta bem é que estou tomando decisões sozinho, e eu odiava tomar decisões", disse ele. "E acho que também é o que me ajudou a talvez até mesmo me tornar um jogador melhor e, quem sabe, uma pessoa melhor, mais adulta. Porque não posso simplesmente dizer 'Bem, vocês decidem' quando alguém me pergunta o que eu acho. Tenho que dar minha opinião e ter uma opinião embasada, porque sei que ela tem peso."

Para Federer, naquele estágio, a chance de se concentrar nos negócios era uma fuga saudável das quadras de tênis. Ele também acreditava que compreender o lado comercial de sua carreira poderia torná-lo menos vulnerável a confiar nas pessoas erradas e a perder o que já conquistara.

"Você vê e ouve algumas coisas, e sempre deseja que elas não aconteçam com você, mas dificilmente tem uma garantia, exceto, é claro, se você realmente tomar as rédeas, como eu fiz", disse-me.

Mas a abordagem de gestão caseira adotada por Federer foi motivo de preocupação para muitos na indústria do tênis, incluindo agentes rivais como Ken Meyerson, um americano determinado, ambicioso e de raciocínio rápido que representou Andy Roddick antes de morrer, em 2011, de infarto aos 47 anos.

"Sinto que Roger está sendo representado de forma terrivelmente inadequada e sinto que milhões e milhões estão sendo perdidos", disse-me Meyerson em maio de 2005, quando Federer já era o número 1 havia mais de um ano e conquistara quatro títulos de simples de Grand Slam.

Roddick ganhou um título de Grand Slam e ficou em terceiro lugar, mas Meyerson acabara de fechar um lucrativo negócio a longo prazo para ele com a Lacoste. A marca supostamente pagava 5 milhões de dólares anuais ao jogador, uma cifra bem maior do que a da renovação com a Nike que Federer finalmente assinou no início de 2003, com o pai conduzindo as negociações.

"Posso dizer com toda a sinceridade que temos um negócio substancialmente maior do que o de Federer, e Andy está em uma posição inferior no ranking", revelou Meyerson. "Quem quer que tenha negociado o atual acordo dele com a Nike certamente prestou um péssimo serviço àqueles que estão do outro lado representando um talento proporcional. Todo o mercado vai abaixo se o pai, por causa de sua inexperiência, achar que um negócio vale X quando, na verdade, vale dez vezes isso."

Meyerson estimou que o acordo de Federer com a Nike rendeu ao tenista, no máximo, entre 1,75 milhão e 2 milhões de dólares anuais.

"Deveria valer 10 milhões por ano", disse Meyerson. "A gestão regional só é boa se você quiser ser um jogador regional... Isso se traduz em dólares perdidos? Acho que sim."

Também foi instrutivo comparar Federer à nova estrela feminina do tênis, Maria Sharapova, que venceu Wimbledon aos dezessete anos em 2004. Os acordos de patrocínio da tenista fora das quadras estavam se aproximando dos 20 milhões ao ano no fim de 2005, segundo executivos da IMG, que disseram que Federer não chegava a 10 milhões.

"Estávamos fechando negócios e estávamos quilômetros na frente dele", disse Max Eisenbud, agente de longa data de Sharapova na IMG. "Mas ele era um Roger Federer diferente na época."

Em 2005, a *Forbes* estimou os ganhos anuais do atleta em 13 milhões de dólares, mantendo-o fora da lista dos cinquenta atletas mais bem pagos do mundo: bem atrás de Andre Agassi e Sharapova, que estavam com 28 milhões.

Federer me disse então que gostava da independência dele e não queria se comprometer demais com patrocinadores por causa da demanda de tempo que isso geraria. Mas ele claramente observou as disparidades e a sobrecarga em Mirka, que estava ocupada gerenciando as relações com a mídia e sua agenda.

Em agosto de 2005, quando veio para a América do Norte, Federer decidiu se reunir com agências de gerenciamento. A IMG tinha um novo presidente e executivo-chefe: Ted Forstmann, um bilionário e aficionado por tênis, dono da firma de *private equity* Forstmann Little, que adquirira a IMG em 2004.

Forstmann estava ciente de que outros executivos da IMG haviam tentado, sem sucesso, trazer Federer de volta ao grupo. Ele conhecia Monica Seles, a ex-número 1 do mundo, e perguntou se ela poderia ajudar a marcar um encontro. Seles concordou, entrou em contato com Mirka e participou da reunião. Foi ótima: Forstmann e Federer conversaram sobre a África do Sul. Em 1996, Forstmann adotou dois meninos do país africano depois de visitar um orfanato durante uma viagem pelo país com Nelson Mandela. Federer havia criado recentemente uma fundação para ajudar a melhorar a educação infantil no país.

A questão era quem trabalharia com Federer no dia a dia. Godsick, então com trinta e poucos anos, já representava Seles e a número 1 da época na modalidade feminina, Lindsay Davenport, assim como Tommy Haas. Mas Seles estava praticamente aposentada, e Davenport logo formaria uma família e reduziria o tempo dedicado ao tênis. A carreira de Godsick chegara a uma encruzilhada, e ele já estava até explorando outras oportunidades na IMG fora do tênis.

Ele já estivera no lugar certo, na hora certa, uma vez em sua carreira. Jogador de futebol americano em Dartmouth, em 1992 ele estagiava na Transworld International, o braço de transmissão da IMG, quando uma mensagem urgente chegou do escritório de Cleveland em busca de alguém para trabalhar com Seles em uma exibição em Mahwah, Nova Jersey.

Godsick, que estava fazendo hora extra nesse dia, imediatamente se ofereceu. "Eu disse: 'Não faço ideia do que estou fazendo, então me diga o que tenho que fazer'", revelou ele com uma risada.

Em seu primeiro dia de trabalho, ele teve uma discussão com o promotor do torneio sobre as exigências da agenda de Seles. A tenista, que estava recebendo uma alta taxa de aparição de mais de 250 mil dólares, acabou conseguindo o horário que queria e, aos dezoito anos, logo deu a Godsick outro desafio.

"O Guns N' Roses vai tocar amanhã", disse ela. "Quero um ingresso."

Godsick também conseguiu isso, inclusive passes para os bastidores no Giants Stadium porque o vocalista da banda, Axl Rose, era fã da tenista.

"Tudo parecia muito surreal", disse Godsick.

Seles pediu a ele que trabalhasse com ela na estrada, mas Godsick ainda tinha que terminar seu último ano em Dartmouth. Ele fez malabarismos para viajar com Seles e conciliar os estudos até março de 1993, quando conseguiu um emprego fixo na IMG com um salário-base de pouco mais de 20 mil dólares por ano.

Mas apenas algumas semanas depois, no dia 30 de abril, ele acordou com a notícia de que Seles, a número 1 do ranking, havia sido atingida nas costas com uma faca de um pouco mais de vinte centímetros por um fanático que torcia para Steffi Graf, em uma partida em Hamburgo, Alemanha. Seles passou por uma cirurgia e se recuperou rapidamente dos ferimentos, mas os danos psicológicos foram muito mais profundos. Ela entrou em depressão e só voltou às quadras no verão de 1995, tendo Godsick como seu agente em tempo integral.

"Foi uma coisa horrível o que aconteceu com ela, é claro, mas, para ser sincero, realmente me ajudou o fato de ela ter ficado de fora por aqueles dois anos", disse-me Godsick. "Isso me permitiu aprender sobre os negócios e lidar com as coisas de forma adequada, ou, pelo menos, tentar lidar com a grande repercussão do retorno dela."

Godsick acabou se tornando um dos principais agentes do tênis.

"Se eu não tivesse respondido àquela mensagem, se tivesse ficado ausente do computador por mais alguns minutos, ou não tivesse trabalhado até tarde, tudo isso poderia não ter acontecido", disse ele. "Sério."

Seles o apresentou a Mary Joe Fernández, a ex-estrela americana do tênis, e incentivou os dois a saírem em um encontro. Godsick e Fernández se casaram em 2000. Seles também recomendou fortemente Godsick para Mirka e Roger.

"Monica foi quem acabou me fazendo entrar em contato com Roger", disse-me Godsick. "Devo muito da minha carreira a ela e também à minha esposa, que realmente me ajudou."

A chegada de Godsick no fim de 2005 marcou uma grande mudança nos resultados financeiros de Federer. Em meados de 2010, os ganhos anuais mais do que triplicaram para cerca de 43 milhões de dólares, de acordo com a *Forbes*. Isso incluiu negócios com a montadora alemã Mercedes-Benz e marcas suíças com foco internacional, como a relojoaria Rolex, a empresa de chocolate Lindt e o banco Credit Suisse.

Em 2008, Federer também renovou seu contrato com a Nike para a próxima década por mais de 10 milhões de dólares anuais: um recorde para um patrocínio no tênis. Dessa vez, não houve queixas de que ele estava derrubando o mercado.

Godsick também estava tentando trazer Federer para o *mainstream* nos Estados Unidos, talvez o mercado mais difícil para um jogador de tênis europeu, em parte porque o tênis é um esporte de nicho na América do Norte em comparação com os principais esportes coletivos.

"No início da carreira, todo mundo fala dos Estados Unidos", disse Federer. "Você jogou nos Estados Unidos? Você é famoso no país?"

Eu não tinha ilusões. O meu acesso frequente a Federer estava principalmente ligado ao desejo dele de ampliar seu alcance nos Estados Unidos. Mas o *The New York Times* era apenas uma pequena parte de uma estratégia mais ampla. Alguns patrocínios foram fechados com a condição de divulgar Federer nos Estados Unidos. Ele também vinculou sua imagem a uma das celebridades americanas mais proeminentes: Tiger Woods.

Ambos eram representados pela IMG e patrocinados pela Nike, e, em 2006, Godsick e o agente de Woods, Mark Steinberg, amigos de longa data, organizaram um encontro entre eles no Aberto dos Estados Unidos, em Nova York. Naquela fase, os dois estavam a seis títulos do recorde masculino de Grand Slams nos respectivos esportes: Federer com oito contra catorze de Pete Sampras; Woods com doze contra dezoito de Jack Nicklaus.

A admiração mútua parecia genuína. Woods se declarou um "grande fã de Federer" durante o British Open de golfe que o americano venceu no Royal Liverpool, em julho de 2006, e quando entrevistei Federer várias semanas depois em Nova York, antes do Aberto dos Estados Unidos, ele falou longamente sobre a inspiração que encontra em Woods.

"Tiro força disso", disse ele. "A ideia é que você queira provar para si mesmo, e não para as outras pessoas, que pode fazer isso", disse Federer. "É por isso que, para mim, essa rivalidade com o Rafael Nadal, certo, talvez seja interessante, mas, no fim das contas, eu me preocupo em vencer torneios. Isso, para mim, é o que importa e se Rafael Nadal estiver do outro lado, melhor ainda. Porque então poderei vencer meu grande rival ou escrever uma grande história com base nisso. Mas acho que pessoas como Tiger e eu estamos mais interessadas não em saber contra quem estamos jogando ou competindo, mas em fazer o melhor possível. É importante ir para a cama e poder acordar de manhã sentindo-se bem consigo mesmo e com seu esforço."

"Como está o seu sono esses dias?", perguntei.

"Estou dormindo bem, obrigado", respondeu ele.

Federer e Godsick também estavam interessados em tirar o melhor proveito do potencial comercial do atleta. A Gillette, empresa de barbeadores com sede em Boston, estava à procura de embaixadores globais da marca para substituir o astro do futebol David Beckham. A marca já havia se decidido por Woods e estava considerando Federer e Nadal. Uma ligação na vida real com Woods certamente não faria mal. Quando Federer enfrentou o astro americano Andy Roddick na final do Aberto dos Estados Unidos de 2006, Woods foi a Flushing Meadows e teve um encontro com o tenista antes da partida. Quando a final começou, Woods estava na primeira fila do camarote de Federer ao lado da esposa, Elin Nordegren, e de Mirka.

"Não foi nenhuma façanha conseguir fechar o contrato com a Gillette", disse Godsick. "Tiger e Roger só queriam se conhecer. O Aberto dos Estados Unidos foi a única oportunidade que consegui encontrar para isso."

Mas aquele encontro com Woods quando ele estava no auge da fama com certeza foi benéfico. Quando Federer conquistou o título, Woods visitou o vestiário, com o boné branco virado para trás, a fim de ajudar Federer a comemorar com um pouco de champanhe.

"É engraçado, sabe, porque muitas coisas eram semelhantes", disse Federer. "Ele sabia exatamente como eu me sentia na quadra. Isso é algo que eu nunca tinha percebido, um cara que sabe como é se sentir invencível às vezes."

Roddick certamente notou seu compatriota americano torcendo na primeira fila por um suíço que acabara de conhecer.

"Eu diria que isso foi meio surpreendente", disse-me Roddick. "Eu não sabia que estava acontecendo. Olhei para o alto. Sentar no camarote de alguém é algo diferente, e fiquei surpreso ao ver isso no Aberto dos Estados Unidos. Entendo a questão da Nike e da IMG, e, sim, não tenho o direito de ficar chateado com alguém que não conheço, mas talvez 'desnecessário' seja a palavra certa."

Em janeiro de 2007, Federer foi nomeado embaixador global pela Gillette, junto a Woods e ao jogador de futebol Thierry Henry.

Federer e Woods mantinham contato e, quando as programações de seus torneios coincidiam, eles iam pessoalmente assistir ao jogo do outro. Mas o contrato de patrocínio de alto nível com a Gillette durou mais para Federer do que para Woods, que em 2009 teve que lidar com a exposição de seus sucessivos casos de infidelidade e o subsequente fim de seu casamento de seis anos. O escândalo foi amplamente coberto pela mídia internacional e custou a Woods vários contratos de patrocínio.

Woods e Federer não iriam compartilhar uma festa da vitória de novo, mas o golfista compartilhou uma com Nadal no Aberto dos Estados Unidos de 2019, quando foi ao camarote do espanhol para vê-lo conquistar o título.

Nadal, no fim das contas, era muito mais fã de golfe do que Federer e jogava muito melhor também, ainda que o fizesse com a mão direita.

Perguntei a Federer sobre Woods em maio de 2010, quando nos encontramos em Paris alguns meses depois que estourou o escândalo de infidelidade.

"Tentei estender a mão, mas é difícil", disse ele.

Ele revelou que vira a futura ex-esposa de Woods, Elin, em Miami, em março, com a filha, Sam.

"Foi bom, achei legal encontrá-la e ver como ela está indo também", disse ele sobre Elin. "Quero ver Tiger novamente. Faz um tempo que não nos encontramos."

Federer estava mais interessado em discutir o teor da cobertura do que o comportamento de Woods.

"As pessoas gostam de notícias chocantes, e as acompanham, até isso acabar virando um reality show, o que é muito comum agora", disse ele. "Estou surpreso com a duração dessas histórias e a proporção que elas tomam."

Perguntei se ele achava que a história de Woods merecia tanta cobertura.

"Sinceramente, achei um pouco exagerado", disse ele. "Não me importo muito em ter certeza de que tudo está perfeito ou algo assim. Os fatos são esses, e não acho que você deva se esforçar demais para proteger sua imagem. Deve acontecer naturalmente, e essa é a abordagem que tenho seguido.

"Se as pessoas te amam, elas te amam", acrescentou. "Se não amam, não amam. Não vou mudar meu caráter para agradar a todos, porque sei que nem todos ficarão satisfeitos e sei que não deveriam mesmo, porque há muitas outras personalidades por aí e outros atletas. Então, só acho que adotar o caminho natural com a mídia e os fãs foi o ideal a seguir. Estou feliz por poder falar tão aberta e honestamente com todos sem ser muito polêmico, mas acho que tento ser interessante para os fãs, porque quero que eles leiam uma boa história em vez de todas essas controvérsias."

Observei que ele era, em alguns aspectos, o último superastro que ainda não havia tido qualquer comportamento que pudesse manchar sua imagem.

"Há um sentimento lá fora do tipo 'não estrague tudo, Roger'", disse eu. "Você pensa nisso?"

Federer deu uma risadinha.

"Você não pode pensar nisso", disse ele. "Porque às vezes as coisas acontecem e aí você tem que lidar com elas."

Agentes da indústria esportiva acreditam que Federer se beneficiou inadvertidamente da implosão da imagem de Woods.

"Demorou um pouco e envolveu muitas vitórias no Grand Slam para que Federer engrenasse", disse Max Eisenbud, agente de longa data de Sharapova na IMG. "Mas nunca vi um pacote mais completo do que ele, e acho que, quando muitas coisas começaram a acontecer, a controvérsia do Tiger Woods, e as empresas começaram a ficar muito tensas e preocupadas com as associações das respectivas marcas, Roger realmente se deu bem porque ele estava o mais seguro possível. A situação de Tiger Woods de fato abalou o mundo, porque o golfista era visto como alguém intocável. Acho que as marcas estavam de fato começando, naquele momento, a considerar até mesmo não fazer associações, ou, se estavam fazendo, tinha que ser o mais transparente possível."

Nesse contexto, foi preocupante e em um timing ruim que, no fim de 2010, um processo no Tribunal Superior do Condado de Los Angeles tenha acusado Forstmann de ter aumentado uma aposta na final de Roland Garros de 2007 após consultar Federer.

A manipulação de resultados se tornou uma preocupação cada vez maior no tênis profissional, amplificada pelo aumento dos jogos de azar na internet e pelos insignificantes prêmios em dinheiro oferecidos nas ligas menores, que criaram um incentivo considerável para a trapaça. O esporte demorou a agir, mas em 2008 criou a Unidade de Integridade no Tênis, um órgão investigativo e com poder de aplicar sanções. Embora os jogadores fossem havia muito tempo proibidos de apostar no tênis, só a partir de 2009 é que outras pessoas envolvidas com o esporte — a equipe de apoio do jogador, os oficiais de torneios etc. — foram expressamente proibidas de apostar no esporte.

A aposta de Forstmann na final de 2007, a qual ele reconheceu ter feito, é anterior às novas regras. Mas o processo, que alegava que Forstmann investira milhões de dólares em apostas em uma variedade de esportes, ainda colocava Federer em uma posição desconfortável, sugerindo que ele estava fornecendo informações privilegiadas a um apostador.

"Eu nunca faria uma coisa dessas", disse ele ao falar comigo e com um pequeno grupo de repórteres no evento indoor em Paris, em novembro de 2010.

Foi a única vez que me lembro de Federer ter sido colocado em uma posição de negar uma história que o envolvia em um assunto potencialmente volátil. Mas Federer disse não ter ideia de que Forstmann estava apostando em suas partidas e negou qualquer envolvimento com jogos de azar. Ele disse que contatou diretamente Forstmann, o especialista em finanças de cabelos grisalhos, então com setenta anos, que ajudou a atraí-lo de volta para a IMG.

"Entrei em contato e disse a ele que queria saber tudo sobre isso, sobre como esse boato surgiu", disse Federer. "E ele foi legal, é claro, em me contar o lado dele da história, além de ter sido muito aberto com a imprensa. Então está tudo bem. Ele não é meu agente. Tony é meu agente, mas ainda assim a empresa de Forstmann faz muito pelo esporte, então é apenas algo que, para mim, é importante saber o que está acontecendo do lado deles também."

O processo, baseado em uma disputa comercial, acusou Forstmann de ter feito apostas de 22 mil e 11 mil dólares na vitória de Federer em 9 de junho, um dia antes da final de Roland Garros de 2007 que Federer perdeu para Nadal, outro cliente da IMG. A situação teria sido mais problemática se Forstmann tivesse apostado na derrota de Federer.

No início, Forstmann disse ao *Daily Beast* que ele pode ter ligado para Federer antes da final, mas apenas porque ele era "meu amigo".

"Eu só desejaria boa sorte a ele", disse Forstmann. "Como isso é informação privilegiada?"

Mas depois de consultar seus registros telefônicos, Forstmann esclareceu que não havia ligado para Federer antes da final. No mínimo, apostar nos próprios clientes mostrou ser extrema falta de bom senso. A IMG não só representava dezenas de jogadores de tênis, mas também era proprietária de torneios e eventos especiais.

Federer ficou chateado com razão, assim como os membros do conselho de diretores da IMG.

"Só acho que é realmente importante ficar de olho aberto para observar o que os jogadores estão fazendo e o que quem está à volta está fazendo, a quantia em apostas e outras coisas que estão rolando", disse Federer. "É óbvio que devemos reprimir isso ao máximo.

"Às vezes, não dá para evitar que nomes sejam espalhados por aí. É assim que funciona. Então, para mim, foi uma notícia maluca ouvir isso daquele lado. Mas, obviamente, não é uma coisa boa quando a IMG ou Ted Forstmann estão envolvidos nisso, mas tenho certeza de que ele aprendeu a lição."

A situação toda não parecia totalmente esclarecida, mas, em última análise, não houve sanções contra Forstmann. Ele foi diagnosticado com câncer no cérebro cerca de seis meses depois e morreu em novembro de 2011. Forstmann nunca testemunhou no processo, que acabou sendo arquivado.

A Federer Inc. continuou em sua trajetória ascendente. Em 2013, a receita anual de Federer atingiu cerca de 71,5 milhões de dólares, impulsionada por sua primeira turnê de exibição na América do Sul e por um novo contrato de cinco anos com a marca de champanhe Moët & Chandon. Isso o colocou em segundo lugar na lista da *Forbes* de 2013 que elencava os atletas mais bem pagos do mundo, atrás de Woods e à frente do astro do basquete Kobe Bryant.

A lista da *Forbes* é uma fonte imperfeita. Os agentes dizem que é, no máximo, uma estimativa, com valores muitas vezes inflados, e que eles dependem dos próprios agentes para confirmar os números. O incentivo para os agentes exagerarem é alto, já que é algo bom para os negócios.

No entanto, não resta dúvida de que o que separa Federer de tantos grandes atletas não é apenas seu desempenho na quadra, mas sua atuação em salas de reunião e suítes corporativas. Ele se orgulha de oferecer um serviço personalizado. Mesmo em seus primeiros anos, visitava todas as 21 suítes de patrocinadores no Swiss Indoors para conhecer e cumprimentar todos. Ele manteve essa filosofia.

"Se você o viu com patrocinadores, com CEOs, pôde constatar que ele é muito bom", disse Eisenbud. "Ele tem a capacidade de fazer você sentir que ele de fato se importa com o que você está dizendo e tem tempo para escutá-lo. Roger nunca apressa o interlocutor. Se você é fã e está em um evento para cem pessoas que um dos patrocinadores dele organiza e você está falando com ele, Roger o faz sentir que tem todo o tempo do mundo para ouvi-lo. Acredito que seja genuíno e nunca vi outro atleta assim. Acho que tem muito a ver com a forma como ele foi criado."

Andy Roddick me disse que Federer foi a Austin, no Texas, em 2018, para ajudá-lo em um evento para a fundação de caridade do norte-americano, que financia programas e atividades educacionais para jovens de baixa renda.

"Eu o busquei no aeroporto, estávamos chegando, e ele ficou, tipo, 'Ok, qual é o objetivo aqui?'", contou Roddick. "E Roger disse: 'Fale com detalhes sobre o que vocês fazem. Não quero apenas dizer que você ajuda crianças porque é uma resposta preguiçosa.' E então ele disse: 'Ok, como posso ser mais útil a todos vocês hoje?' Não houve uma conversa sequer sobre o horário em que ele estaria liberado ou quanto tempo ele teria que ficar ali."

Quando chegaram ao evento, Roddick esperava ser o acompanhante de Federer, apresentando-o aos convidados e doadores. Mas Federer tomou a iniciativa.

"Roger se afastou de mim e, literalmente, foi até as duas primeiras pessoas que viu e se apresentou. Ele se virou no ambiente sozinho, sem precisar de interferência de nenhum agente, nenhum gestor", disse Roddick. "Eu o observei fazer isso por uma hora, em uma sala cheia de estranhos, e ele apenas ficou batendo papo com as pessoas. Um dos integrantes do nosso conselho tem gêmeos, e lá estavam os dois falando sobre filhos gêmeos. Ele é capaz de encontrar os paralelos e o terreno comum. Fiquei realmente impressionado. Quem menos precisa fazer isso é a pessoa que faz melhor. Terminamos o evento e o avião dele atrasou. Roger voltou para a sala de doadores e começou a passear pelo ambiente de novo. Ele só saiu de Austin à uma ou às duas da manhã, e se ele estava chateado, não dava para saber."

Perguntei a Roddick se esse tipo de abordagem era muito incomum em comparação com outros atletas de elite que ele conhecia.

"O que mais invejo não é a habilidade nem os títulos dele, mas a simplicidade", disse Roddick. "Existem pessoas que são tão boas quanto Roger em diferentes esportes, mas Jordan ou Tiger não chegam nem perto de ter a simplicidade que Roger tem no dia a dia."

Nakajima lembra de Federer indo à sede da Nike em Beaverton, no Oregon, para testar alguns tênis no laboratório de pesquisa da Nike. Eles saíram do prédio e se dirigiam para a próxima reunião quando Federer parou e disse: "Tenho que voltar."

Nakajima perguntou se ele havia esquecido algo, e Federer disse que havia se esquecido de agradecer às pessoas que o ajudaram com os tênis.

"Então voltamos correndo para o prédio, descemos até o laboratório e passamos pela segurança só para ele poder agradecer à equipe", disse Nakajima. "Que atleta faz isso?"

Em um verão, Federer voltou à sede da Nike para o "Roger Federer Day", em que todos os edifícios do amplo campus foram temporariamente renomeados para ele. Mas Nakajima disse que o dia não foi simplesmente uma celebração das conquistas do suíço. Federer, sempre disposto a uma brincadeira, concordou em pregar algumas peças nos funcionários da Nike.

Eles reuniram a equipe de publicidade para assistir a um novo anúncio. Federer surpreendeu a todos ao entrar na sala empurrando um carrinho e servindo café e donuts. Na academia da empresa, ele se sentou na recepção e entregou toalhas aos funcionários. No refeitório, Federer trabalhou um turno como caixa e depois como barista.

"Claro, ele não sabia fazer café, então acabou simplesmente dando umas voltas, indo de mesa em mesa e dizendo 'Olá, meu nome é Roger Federer, prazer em conhecê-lo', como se as pessoas não soubessem quem ele era", lembrou Nakajima. "Foi inacreditável. Que outro atleta olharia para isso e diria 'Nossa, que ótima ideia'? Você acha que a Maria Sharapova faria algo assim? É claro que não. E Roger fez tudo isso com um sorriso no rosto, e então jogou Wii Tennis com qualquer um que se dispôs a jogar com ele."

Em 2011, a Universidade do Oregon construiu uma arena de basquete no valor de 227 milhões de dólares e a batizou em homenagem a Matthew Knight, o falecido filho do cofundador da Nike, Phil Knight. Matthew morreu em um acidente de mergulho aos 34 anos, e Nakajima pensou que uma exibição de tênis em março seria uma ótima maneira de ajudar a inaugurar a arena porque ambos os Knight amavam o esporte.

"A primeira pessoa para quem ligamos foi Roger, mas ele já tinha um compromisso de sete dígitos e precisava estar em outro lugar", contou Nakajima. "Então Roger perguntou: 'Isso é para o Phil?' Eu respondi 'É, sim, e ele disse 'Pode contar comigo'."

No fim de 2013, divulguei para o *Times* a história de que Federer e Godsick estavam deixando a IMG para formar a própria empresa especializada em gestão chamada Team8. O nome é uma homenagem ao número talismânico de Federer (ele nasceu no dia 8 do oitavo mês do ano, agosto). De acordo com executivos familiarizados com o negócio, eles puderam sair "ilesos" sem pagar penalidades ou taxas para a IMG, algo com que Forstmann havia concordado antes de sua morte.

O movimento de ruptura foi parte de uma tendência do alto escalão do esporte. Tiger Woods e Steinberg deixaram a IMG em 2011. Nadal também havia saído recentemente, assim como seu agente de longa data, Carlos Costa.

As famílias Federer e Godsick tornaram-se bem próximas. Fernández é madrinha dos filhos de Federer e o filho de Fernández e Godsick, Nicholas, um promissor jogador de tênis, recebeu conselhos de Federer e teve um lugar privilegiado em muitas de suas partidas.

A Team8, que também teve o apoio de investidores americanos como Ian McKinnon e o bilionário Dirk Ziff, pretendia representar outros atletas além de Federer. As estrelas do tênis mais jovens, Juan Martín del Potro e Grigor Dimitrov, assinaram com a empresa no lançamento da Team8.

"Roger vai ter um legado e um negócio que vai prosperar depois de seus dias de atleta, vai ser um cara como Arnold Palmer no golfe", declarou John Tobias, então presidente da Lagardère Unlimited Tennis, uma agência rival. "Achei que isso seria o bastante, e tive que imaginar que esses números pós-carreira seriam sólidos o suficiente para Tony ficar bem financeiramente. Por que ele quer assumir outras responsabilidades, eu não sei exatamente. Acho que é porque Tony é um cara muito competitivo."

Godsick me disse que queria inovar e criar um novo conceito, não apenas gerenciar os negócios existentes de Federer. Foi um movimento ousado, mas longe de ser ilógico, tendo em vista a morte de Forstmann, a venda iminente da IMG e a experiência de Federer na condução do próprio negócio no início da carreira.

Ele passou a se envolver mais no recrutamento de jogadores do que o esperado, usando seu poder de astro e suas habilidades de comunicação para se aproximar do jovem australiano Nick Kyrgios e sua família, do jovem astro alemão Alexander Zverev e do fenômeno americano, a adolescente Coco Gauff.

Zverev e Gauff se juntaram formalmente à Team8, enquanto Kyrgios não. Um agente rival chamou algumas das táticas de recrutamento deles de "chocantes" e demonstrou surpresa com o fato de "Roger gostar de se envolver em tudo isso".

O percurso não tem sido dos mais fáceis. Apesar do apelo de Federer, o recrutamento tem sido desafiador e há um desgaste considerável entre clientes e funcionários. Dimitrov, Zverev e Del Potro acabaram saindo. A Team8 também rompeu com Tommy Paul, um jogador americano jovem e talentoso.

André Silva, um conceituado ex-executivo da ATP contratado pela Team8, saiu em 2016 para se tornar diretor de um torneio. Chris McCormack, neto do fundador da IMG, Mark McCormack, saiu e se juntou a uma agência rival.

No entanto, os ganhos de Federer continuaram subindo e, em 2018, quando ele e a Nike surpreendentemente não conseguiram chegar a um acordo de renovação, o tenista assinou um contrato de dez anos com a varejista japonesa Uniqlo. Estima-se que o contrato renda a Federer 30 milhões de dólares por ano, mas alguns especialistas da indústria do tênis acreditam que esse valor tenha sido inflado.

De qualquer forma, é muito mais do que a Nike estava preparada para pagar a um superastro não tão novo, não importa quão imaculada fosse sua imagem.

"Fico feliz que tenha acontecido depois que saí, porque eu nunca teria me perdoado", disse Nakajima sobre o rompimento Nike-Federer. "Infelizmente, tudo se resume a números. Mas isso é brincadeira, né? Você vai deixar Roger Federer ir embora? Lamento que isso tenha acontecido. Para mim, ele é como um Michael Jordan: já está pensando no que vai acontecer depois e pode ser potencialmente ainda mais bem-sucedido após a aposentadoria se fizer as coisas certas. Que empresa não gostaria de associar o nome a ele?"

John Slusher, vice-presidente-executivo de marketing esportivo global da Nike, era o principal negociador da marca. Ele é filho de Howard Slusher, um importante agente esportivo apelidado de "Agente Laranja" devido a seu cabelo ruivo e táticas de negociação agressivas e que trabalhou no fim da carreira diretamente para o cofundador da Nike, Phil Knight.

John Slusher é, assim como Godsick, um ex-aluno de Dartmouth e também integrou o time de futebol americano, formando-se três anos antes de Godsick, em 1990. Mas os laços da velha escola não ajudaram a fechar o negócio. Nem a reunião cara a cara entre Slusher e Federer ou qualquer gesto de boa-fé ao longo dos anos de parceria. Massimo Calvelli, que deixou a Nike para se tornar o principal executivo da ATP, também esteve envolvido nas negociações.

"Tivemos algumas negociações difíceis dez, quinze anos atrás, então você se acostuma", disse Federer ao *The New York Times*. "Mas está tudo bem. Tentamos resolver isso por um ano, talvez até mais de um ano, e, do meu ponto de vista, pensei que estava sendo razoável."

O tênis não é uma grande fonte de lucro para a Nike. É uma pequena divisão dentro de uma grande empresa global. A receita da marca atualmente é de 50 bilhões de dólares ao ano. "O tênis rende para a Nike por volta de 350 milhões de dólares, então é só fazer as contas", disse Nakajima.

A regra geral, de acordo com Nakajima, é não gastar mais do que 10% da receita com patrocínio de atletas. A Nike já estava comprometida com estrelas como Serena Williams, Nadal e Sharapova, que ainda não havia se aposentado em 2018. Também tinha contrato com estrelas em ascensão como Kyrgios, Denis Shapovalov e Amanda Anisimova. Para chegar mais perto de atender às demandas de Federer, Nakajima disse que a empresa teria que quebrar esse teto de 10%.

Em 2008, quando Federer assinou o lucrativo contrato de dez anos com a Nike, Phil Knight estava diretamente envolvido nas negociações. Federer esperava que Knight pudesse intervir em seu nome outra vez, mas Knight, em 2018, já tinha completado oitenta anos e era presidente emérito da marca, afastando-se da parte administrativa. Slusher e o ex-presidente-executivo Mark Parker assumiram a tarefa, mas os dois jamais poderiam imaginar que Federer de fato trocaria uma empresa de roupas esportivas de alto desempenho por uma marca de fast fashion mais popular. Mas se foi um blefe, Federer pagou para ver, e apesar de a Nike poder cobrir qualquer oferta, o acordo da Uniqlo era exorbitante demais na visão da marca.

"De jeito nenhum Roger queria deixar a Nike, de jeito nenhum", afirmou Nakajima. "Ouvi dizer que Massimo chorou quando Tony disse a ele que Roger fechou com a Uniqlo. Eu nunca, nunca teria deixado isso acontecer."

Algumas pessoas na indústria do tênis ficaram surpresas por Federer não ter aceitado menos dinheiro da Nike em troca de uma garantia de que a marca manteria o logo "RF" a longo prazo, como fez com Michael Jordan.

"Sempre foi um sonho para mim", disse-me Federer certa vez. "Agassi teve uma linha, certo? Jordan tinha uma linha. Acho incrível, mas não é algo para mim, para eu poder sair por aí dizendo 'Olha, tenho minha própria linha' para outros jogadores de tênis e outros atletas. Isso, para mim, não é tão importante. O importante é que um fã possa comprar algo que seja relacionado a mim, como no futebol, que você pode adquirir uma camisa com o nome do jogador nas costas. É disso que gosto no logo RF. Fiquei muito orgulhoso de saber que a Nike estava disposta a seguir nessa direção, porque sei que é algo difícil para ela. Afinal, se eles fizerem isso por mim, outros cinquenta vão bater na porta deles e dizer: 'E eu?'"

Contudo, após mais de vinte anos de parceria, Federer seguiu em outra direção, mesmo que isso significasse que demoraria mais de dois anos para recuperar o direito de uso do logo "RF" da Nike.

"O que você vê como seu valor pode não ser o que eles veem", disse ele sobre a Nike. "Estou feliz em provar que estou no caminho certo com este acordo a longo prazo com a Uniqlo."

Como o acordo com a Uniqlo não cobria calçados, ele também investiu na On, uma empresa suíça de tênis de corrida, e ajudou a desenvolver um tênis que usou em competições pela primeira vez em 2021.

O acordo com a Uniqlo colocou Federer no patamar financeiro que lhe era apropriado. Em meados de 2020, a *Forbes* o classificou como o atleta mais bem pago do mundo, estimando a renda anual em 106,3 milhões de dólares, dos quais apenas 6,3 milhões foram em prêmios oficiais.

Foi a primeira vez que Federer ou qualquer jogador de tênis liderou a lista, superando estrelas do futebol como Cristiano Ronaldo, Leo Messi e Neymar e estrelas do basquete como LeBron James, Stephen Curry e Kevin Durant. A preeminência de Federer, aos 39 anos, se deve em parte à pandemia, que paralisou os esportes profissionais por uma parcela significativa de 2020.

Federer sem dúvida vive no luxo, mas Lüthi, que a essa altura o conhece muito bem, não acha que o dinheiro mudou sua natureza. "Sinceramente, acho que ele teria ficado feliz pintando casas na Basileia", disse-me Lüthi. "O dinheiro pode criar muitos problemas. Todo mundo gosta de ter mais, mas nem todo mundo sabe lidar com isso. Acho que Roger lida com isso muito bem."

Mas, além das lucrativas conquistas individuais de Federer, é a Laver Cup que continua sendo o projeto favorito da Team8: um evento que, se prosperar, pode servir como um legado para Federer e um veículo para ele permanecer envolvido no jogo como capitão de equipe ou organizador.

Para proteger o evento, Godsick e Federer agiram nos bastidores com insistência para que se tornasse uma parte oficial do ATP Tour, e eles também lutaram ferozmente para preservar as datas do fim de setembro, que também são atraentes para a Copa Davis. Federer e Godsick não puderam, no entanto, evitar que os líderes de Roland Garros invadissem unilateralmente a parte deles do calendário durante o ano pandêmico, mas a edição de 2020 da Laver Cup no TD Garden de Boston muito provavelmente teria sido adiada por causa das restrições a eventos públicos.

―――⊸⊰⊱⊶―――

Depois que deixamos o deserto da Califórnia às sete da manhã em março de 2018, Federer passou a primeira parte do voo tomando café da manhã e conversando sobre política de tênis comigo, Godsick e Lüthi, que parecia ainda mais sonolento do que Federer. Foi uma conversa longa e envolvente. Federer ouviu mais do que falou, fazendo perguntas sobre tudo, desde as potenciais mudanças na Copa Davis até o impacto das mídias sociais no ramo do jornalismo. Federer e Godsick batiam papo com familiaridade, levantando apenas ligeiramente a voz quando suas opiniões divergiam. Não parecia que Federer viajava com pessoas que concordavam com tudo que ele dizia.

"É a natureza dele. Você pode discordar de Roger, mas ele não leva para o lado pessoal, não fica nervoso", disse-me Paul Annacone certa vez. "Ele fica feliz em conversar sobre o assunto e dizer 'Ok, entendi', mas ele pode dar um passo atrás e avaliar as coisas de forma realmente objetiva."

Lüthi contou que ele e Annacone perceberam, quando ambos treinavam Federer, que era mais eficaz lhe dar duas visões divergentes do que chegar a um consenso e apresentar apenas uma opção.

"Outros jogadores, quando ouvem coisas diferentes, ficam nervosos", disse-me Lüthi. "Roger não é assim. Ele gosta de ouvir as diferentes opiniões e então decidir por conta própria. Ele sempre lhe dá a possibilidade de ser você mesmo, de se expressar e ser sincero, e para mim isso é fundamental. Esse é um dos pontos fortes de Roger. Não concordamos com tudo o tempo todo, mas acho que isso torna tudo mais interessante."

Após uma breve soneca em uma cabine separada, Federer se preparou para sua primeira visita a Chicago com um jogo de perguntas e respostas.

"Time da NFL?"

"Bears", respondeu ele.

"Time da NHL?"

"Blackhawks!"

"Time de beisebol?"
"Cubs!"
"E?"
Federer fez uma pausa antes de responder, corretamente, com "White Sox".

Nada mau para um suíço que certamente assistiu muito mais a futebol do que a beisebol, mas Federer adora esportes e também foi um grande fã da NBA e do Chicago Bulls na juventude. Aos dezessete anos, ele tinha pôsteres de Michael Jordan e Shaquille O'Neal em seu quarto (bem como um pôster da Pamela Anderson de maiô).

Grande parte do apelo de Chicago para Federer era a chance de sediar a Laver Cup no United Center, a arena do Bulls. Fomos direto para a arena depois de pousar no Aeroporto Internacional Midway. Federer visitou o United Center com o australiano Kyrgios, que já estava garantido para jogar pelo Time Mundo na Laver Cup, mas, considerando sua ambivalência quanto ao tênis, certamente teria preferido ser um atleta da NBA.

A surpresa foi seu guia turístico: Scottie Pippen, um ótimo apoio para Jordan nas equipes do Bulls durante os campeonatos. Federer ficou arrepiado enquanto Pippen os escoltava ao vestiário dos Bulls e até a quadra.

"Foi especial conhecer Scottie", revelou Federer. "Nick agora acompanha os jogos de basquete. Ainda vejo um pouco, mas lá atrás, na época em que Scottie jogava, foi quando eu estava realmente acompanhando o basquete."

As quatro horas de Federer na cidade foram como tirar umas miniférias, e ele conseguiu visitar um local típico da pizza de prato fundo, a *deep-dish pizza*, o Chicago Theatre, o Millennium Park e o Chicago Athletic Association Hotel para uma coletiva de imprensa com Rod Laver, John McEnroe, o capitão do Time Mundo, e o prefeito de Chicago, Rahm Emanuel.

"A vida de Roger só é a vida dele se for agitada, é o que ele sempre conheceu", disse Godsick.

Juntei-me a Federer no banco de trás para a longa viagem de carro de volta ao Aeroporto Internacional Midway e então para um voo de volta a Miami em um jatinho particular. Perguntei se naquela fase de sua vida ele conseguia ter tempo para ficar sozinho.

Federer riu e pareceu surpreso com a pergunta. "É raro", disse ele. "Mas viajo sem Mirka e as crianças de vez em quando e então fico sozinho no meu quarto de hotel."

Contudo, ele confessou que não sentia nenhuma necessidade em particular de ficar sozinho, mas que precisava se reconectar com a natureza e de um ambiente mais calmo depois de passar muito tempo viajando entre os torneios. Entretanto, deixou claro que ainda não estava cansado das viagens.

"Pense no dia de hoje", disse ele. "Saímos ao nascer do sol, em um dia lindo de céu azul em Indian Wells, e chegamos aqui, e está frio e o ambiente é completamente diferente. Essa é a beleza da viagem, de ver novos lugares. Eu adoro. Eu faço com frequência. E ainda amo isso."

Evitar as filas da checagem de segurança do aeroporto e os procedimentos de embarque das companhias aéreas comerciais certamente tornou mais fácil curtir a beleza da viagem, mas Federer ainda parecia sobrenaturalmente equipado para ser o melhor profissional de tênis com seu amor não apenas pelo jogo, mas também pela maioria das coisas que vêm junto com a carreira e importunaram seus colegas. Para ele, a Laver Cup é uma ponte entre gerações: entre os jogadores do circuito profissional dos tempos de Laver e as futuras estrelas do tênis.

"Sinto que a roda continua girando e você às vezes se perde como uma lenda", disse ele. "É bom que as lendas aposentadas do tênis ainda tenham um palco. Nos dias de hoje, o tênis também se beneficiaria disso. As lendas têm muitas histórias para contar, então essa é uma das grandes razões de eu ter gostado da ideia da Laver Cup. Para mim, Laver realmente se destacou, mas ele não foi o único de sua geração. Havia também Lew Hoad e Ken Rosewall. Esses caras tiveram que ralar muito. Tony Roche me contou muitas de suas histórias, e achei que seria bom agradecer-lhes de alguma forma pelas contribuições. Ninguém conhece bem a história deles, e, se você se interessar, é uma coisa extraordinária. Eles jogavam em, tipo, 150 cidades em duzentos dias. Era como um circo itinerante."

Mas Federer também queria desempenhar o papel de mentor: para lembrar as jovens estrelas do esporte de seu lugar em um *continuum* e ajudá-las a evitar as armadilhas da fama e da fortuna.

"Minha crença é sempre esta: 'Esteja interessado; esteja interessado em tudo'", disse Federer. "Podem ser suas finanças, sua agência ou a comunicação com o seu agente. Podem ser seus patrocinadores, seus impostos. Seja o que for, não deixe outras pessoas tomarem todas as decisões por você. No fim, se houver um problema, a culpa é sua e de mais ninguém. Esse é o meu maior conselho para qualquer um."

Perguntei a Federer o que ele viu nos olhos dos jogadores mais jovens quando explicou sua crença.

"Sinto que eles estão pensando: *Boa ideia*", disse Roger. "E então você pensa: *Bem, sim, então mão na massa*."

O motorista dirigiu até a pista do Aeroporto Internacional Midway, parando ao lado do avião. A primeira viagem de Federer a Chicago estava quase acabando, mas não sem uma última experiência autêntica da cidade: os ventos fortes tornaram quase impossível para ele abrir a porta do carro.

Após vencer essa batalha, Federer educadamente se despediu e lutou contra outra rajada de vento até alcançar a escada de embarque e finalmente adentrar o jatinho.

Minha jornada com Federer chegara ao fim e, depois de escrever a minha coluna no dia seguinte, eu logo estava voando de uma forma bem diferente: na classe econômica, em um assento na fileira do meio, de um voo lotado da American Airlines a caminho de Boston. Enquanto comia meu jantar em uma bandeja de plástico e dividia o braço do assento com meus dois vizinhos, pensei que aquilo parecia um revide de destino: um choque de realidade abrupto após um mergulho extenso na vida de pouco atrito de Federer.

Ao chegar ao Aeroporto Logan, peguei um ônibus na direção norte rumo à cidade em que moro, a qual fica bem perto de New Hampshire, mas cheguei depois das duas da manhã, o que significava que já era tarde demais para chamar um táxi.

Acabei caminhando os quase cinco quilômetros até a minha casa pelo acostamento da rodovia, puxando minha mala de rodinhas e, de vez em quando, rindo alto, na escuridão, ao me lembrar do contraste entre o início glamoroso do meu dia e o final como um pedestre comum.

Aquele, percebi então, era o tipo de solidão que Federer raramente experimentava.

CAPÍTULO DEZESSEIS

FELSBERG, Suíça

A quadra foi apelidada de "Roger", e Federer estava varrendo o saibro vermelho como um marceneiro limpando o chão da oficina depois de um dia agitado no torno.

Ele estivera longe de sua primeira quadra de tênis por tempo suficiente para sentir falta do deslizamento, do quique abafado da bola e dos rituais, como arrastar uma rede grossa pelo saibro para apagar as marcas e prepará-la para os próximos jogadores.

Nadal também costuma varrer a própria quadra de treinamento, e há uma certa humildade nesse gesto. E é sempre bom ver superastros agindo como nós, mortais.

"Até Roger Federer varre o saibro", disse Toni Poltera, presidente do Tennisclub Felsberg, enquanto observava o tenista trabalhando. "É por isso que Roger é popular aqui. Ele não se coloca acima dos demais. Ele é humano."

Vim para os Alpes em abril de 2019 para passar um dia assistindo a Federer treinar e entrevistá-lo para o *The New York Times* sobre seu retorno ao saibro após uma pausa de três anos, mas também para falar sobre a ligação dele com a Suíça.

O tenista certamente poderia ter pagado menos impostos (ou nenhum imposto) em outro país, mas suas raízes estavam fincadas lá, apesar de todas as viagens e opções, apesar do apartamento em Dubai e da propriedade na África do Sul e da afinidade por estilos de vida descontraídos.

"Continuo me sentindo suíço", disse ele. "E é por isso que eu quero criar meus filhos aqui. Quando falamos sobre nosso lar, é aqui. Por mais que

Mirka tenha raízes eslovacas e eu tenha origem sul-africana, acho que somos mais felizes aqui."

Federer falava durante o almoço no restaurante Rheinfels, uma pizzaria familiar em Chur, para onde fomos no Mercedes dele entre as sessões de treinamento. O salão principal estava quase cheio quando entramos, mas, embora cabeças tivessem se virado, não houve agitação ou exclamações dos outros clientes enquanto a recepcionista nos acompanhava até uma mesa na sala adjacente, onde poderíamos ter um ambiente mais tranquilo para um *tête-à-tête*.

É claro, a presença de Federer não passou despercebida, mas ele não foi incomodado, pelo menos por um tempo. Pouco depois de fazermos os pedidos, uma família veio em direção à nossa mesa, praticamente na ponta dos pés, ao lado da recepcionista, e pediu em suíço-alemão uma selfie em grupo. A princípio, Federer, que foi interrompido no meio de uma frase, pareceu meio irritado, mas se levantou da cadeira de madeira, sorriu e atendeu ao pedido.

Ainda assim, não houve qualquer algazarra, e a relativa calma foi notável, considerando que Federer é, de longe, o suíço mais famoso no país e no exterior.

Severin Lüthi, treinador de longa data e amigo de Federer, sabe disso muito bem.

"Se você vai para a Tailândia ou qualquer outro lugar, mesmo que de férias, e alguém pergunta de onde você é e você responde 'Suíça', eles logo gritam 'Roger Federer!'", disse Lüthi. "Isso acontece com bastante frequência."

Uma pessoa com menos tato poderia responder que realmente conhecia Federer.

"Eu não conto", revelou Lüthi. "Fico feliz em ver como reagem. Caso contrário, parece que você quer se exibir."

Como o comentário sugere, a Suíça é um país que enfatiza a discrição e o igualitarismo desde os primeiros dias de escola, e Federer acredita que a atmosfera respeitosa e discreta o ajudou a prolongar a carreira.

"Realmente sinto que posso voltar para a Suíça e relaxar", disse ele.

E, no entanto, com uma carreira profissional de mais de vinte anos, ele faz parte da memória coletiva do país, então muitas vezes se sente como se devesse aos suíços que cruzam seu caminho algum tipo de reconhecimento, não importa quanto tentem agir com naturalidade.

"As pessoas às vezes me olham como se eu fosse quase um político", disse ele com uma risada. "É como se eu devesse cumprimentar todo mundo porque eles me conhecem muito bem da TV, das propagandas e das entrevistas."

Perguntei a Federer qual era, para ele, a mentalidade suíça.

"Hum... reservada, sabe, em alguns aspectos. Mas se você conhecer um suíço, ele é muito aberto e receptivo, e provavelmente você terá um amigo para o resto da vida", respondeu ele. "Acho que, como também temos quatro línguas nacionais, somos naturalmente internacionais. Temos muita influência alemã, francesa, italiana e austríaca, então somos um verdadeiro caldeirão. E é um lugar fácil de se locomover e de viajar e mudar seu universo. Estamos aqui agora, mas é só dirigir duas ou três horas e chegaremos a Milão, um lugar bem diferente."

Ainda que Federer certamente não tenha uma "vida normal" na Suíça, ela parece administrável. Fomos almoçar só nós dois, sem assessores ou seguranças. Apesar do pedido da foto, o restante do almoço de duas horas foi tranquilo: da sopa à massa e ao expresso (Federer não é muito fã de carne).

"Não acredito muito nessa coisa de signos, mas sou leão", disse ele. "E acho que os leoninos gostam de ser o centro das atenções, mas só quando querem. Então, para mim, o mundo do tênis funciona perfeitamente. Fico feliz de encarar a música, os grandes estádios, a mídia, a atenção. Mas depois preciso me afastar de tudo."

Aquele me pareceu um comentário particularmente revelador: um com o qual eu poderia me identificar de alguma forma, embora em uma escala menor. Como jornalista esportivo, é necessário mergulhar no estresse, na confusão e nas multidões; escrever a matéria com prazo apertado em uma cabine de imprensa barulhenta, com as vaias e os gritos de milhares de torcedores. Toda essa energia e emoção se infiltram em você e acabam sugando sua energia, mesmo sendo um mero observador. Embora eu seja de sagitário, não de leão, muitas vezes termino de cobrir uma série de torneios de Grand Slam, uma Olimpíada ou uma Copa do Mundo e me vejo em busca da vida mais tranquila possível: florestas, fazendas, trilhas nas montanhas, qualquer coisa com o som de grilos em vez do de fãs ferozes berrando. É como se você precisasse oscilar de um extremo ao outro para encontrar alguma sensação de equilíbrio.

Federer concordou.

"Aqui sinto que posso encontrar meu equilíbrio e a minha paz e tudo o mais", disse ele, fazendo um gesto amplo com a mão que não segurava a xícara de café. "Então, na verdade, foi uma boa ideia trazer a família para as montanhas. A princípio, esse não era o nosso plano. Mas encontramos um pedaço de terra e há uns seis, sete anos, trocamos a cidade grande por esta área mais remota."

Eles construíram a propriedade em Valbella, com fácil acesso às pistas de esqui e a trilhas para fazer caminhadas em Lenzerheide e a apenas 45 minutos de carro de Davos e a uma hora de Saint Moritz.

Viver aqui significa treinar em altitude. Felsberg está 572 metros acima do nível do mar: o suficiente para fazer uma bola de tênis se mover mais rápido no ar rarefeito. Também significa jogar em lugares aconchegantes e despretensiosos como o Tennisclub Felsberg, que fica próximo ao rio Reno. Não foram compostas sinfonias para essa estreita faixa do Reno, mas erga o olhar e verá muita beleza: picos nevados até o fim de abril.

A trilha sonora dessa terça-feira foi uma mistura de canto de pássaros, gado mugindo, tráfego e bolas de tênis batidas com força. O clube tem uma parede de rebatimento e uma casa rústica de madeira que parece ter sido decorada por alguém que estava com pressa de entrar em uma das três quadras de saibro. Quando visitei o local, havia uma foto de Federer e do amigo e frequente parceiro de treino Tommy Haas na parede.

Uma raquete quebrada estava pendurada na entrada.

"Isso não é meu", disse Poltera, o presidente do clube, extrovertido, jovial, vestido com jeans e moletom de capuz e que tem um prazer compreensível em sua ligação modesta com Federer.

"Esta é a quinta ou sexta vez que eles vêm aqui este ano", disse Poltera. "Nunca se sabe. Depende de muitas coisas, incluindo o clima."

Também depende do boca a boca. Vá a um lugar com muita frequência, e os fãs começarão a se aglomerar lá. Os suíços podem ser discretos, mas não vão perder a chance de assistir a Federer jogar de graça.

"Gostamos de variar", explicou Lüthi depois de me buscar na estação de trem em Chur naquela manhã. "É bom mudar. As pessoas não precisam saber sempre onde treinamos."

Eles também mudam os colegas de treinamento, muitas vezes trazendo jovens jogadores suíços como Jakub Paul, que cresceu em Chur e agora treina no centro nacional de Biel/Bienne.

"Uma vez, durante as minhas férias, Lüthi me ligou do nada e perguntou se eu teria tempo para treinar", disse Paul. "E respondi que tinha tempo, claro. Então fui jogar com Roger naquele clube pequeno."

Nessa semana, o parceiro de treino era Dan Evans, o veterano britânico tatuado que, como Federer, tem uma esquerda de uma mão só e jogava squash com frequência na juventude. Em 2019, Evans ainda tentava voltar ao ranking depois de ser banido por um ano por uso de cocaína. Normalmente, seu jogo variado e criativo é o mais estiloso em qualquer quadra, mas não quando está treinando com Federer.

Não era um tênis clássico de quadra de saibro, mas era um presente.

"Estamos voltando aos anos 1980: slices vencedores!", gritou Federer depois de um rali particularmente chamativo em Roger-Platz, a quadra batizada em sua homenagem.

Ele havia feito o alongamento e o aquecimento preparatórios em casa, em Valbella, que fica a uma curta distância de carro, mas antes de o treino começar, às dez da manhã, ele trabalhou o jogo de pés, deslizando no saibro sem a raquete, como se estivesse testando seu alcance.

"Às vezes, o desafio para mim no saibro não é deslizar por deslizar", disse ele. "Acho que é isso que o Rafa faz tão bem ou os melhores jogadores de saibro: eles só deslizam se realmente for preciso. Naturalmente, você pensa: Ah, deslizar é divertido. Então você apenas começa a deslizar para todas as bolas, embora talvez tenha menos controle ao fazê-lo."

Depois de nosso almoço, ele não se alongou nem se aqueceu de novo, mas voltou rápido à quadra. Achei isso surpreendente para um homem de 37 anos com histórico de problemas nas costas e nos joelhos.

"Ele deveria ter feito um pouco mais de aquecimento e normalmente faz", disse Lüthi.

O preparador físico Pierre Paganini, que geralmente participa de tais treinos, não estava presente, mas tanto Federer quanto Lüthi disseram que é importante para o frescor mental de Federer não tornar a preparação enfadonha.

"Às vezes, antes das partidas, o fisioterapeuta quer fazer o trabalho perfeitamente, mas tenho que dizer a ele que não vamos gastar dez minutos fazendo um exercício para as costas", disse Lüthi. "Às vezes temos que chegar a um acordo. É diferente agora com um corpo que está há vinte anos no circuito. Mas Roger costumava pular duas vezes e depois começar a partida, então também é possível exagerar nos cuidados, fazer todos os tipos de aplicação de bandagem e dar tudo errado."

Federer disse que está prestando muito mais atenção agora ao aquecimento fora da quadra. "Já faz alguns anos que estou me aquecendo mais do que nunca, fazendo mais alongamento e massagem", disse ele. "Mas falei para a equipe: 'Olha, não posso fazer tudo, porque preciso ter uma vida. Preciso estar presente na vida dos meus filhos, na vida da minha esposa. Preciso aproveitar. Não posso ficar praticando por uma hora e depois passar três ou quatro horas fazendo outras coisas apenas para lidar com a tensão física.' Então, encontramos um bom plano que funciona para todo mundo."

Isso remete à metáfora do punho cerrado que Roger gosta de usar. Seja intenso e fique concentrado na tarefa por muito tempo, especialmente quando estiver longe das quadras, e você acabará se machucando e se esgotando.

Veremos como Nadal se sentirá quando estiver com quarenta anos — ele já foi muito além do que a maioria de nós esperava com sua abordagem de "tudo ou nada" —, mas é difícil discutir com os resultados e a durabilidade de Federer.

Os franceses costumam usar a palavra *relâchement* quando falam sobre o jogo de Federer. A melhor tradução para a palavra, que pode ser "relaxamento", é frouxidão. Para mim, essa elasticidade é a chave de tudo: o movimento suave, a força não forçada, a habilidade de inventar magia em movimento e sob pressão.

"Roger pode ganhar nove quilos de músculos, mas isso não quer dizer que ele acertará mais a bola", disse-me seu ex-técnico José Higueras. "Na verdade, ele pode até acertar a bola mais devagar. Não se trata de força. É uma questão de timing."

Ella Ling, uma das melhores fotógrafas de tênis, costumava resistir a tirar fotos de Federer nos primeiros anos porque ele mantinha as emoções sob controle. Mas ela mudou sua perspectiva. "A falta de contorção facial quando ele bate na bola diz muito", disse-me ela. "Jogar tênis é algo natural para Federer, ele faz isso sem esforço; é uma extensão de seu corpo e sua mente. É uma coisa única; duvido que algum dia veremos algo assim novamente."

Seu *relâchement* certamente foi fundamental para ajudá-lo a resistir quando tantos de seus colegas já tinham se aposentado. Dos 128 homens que jogaram o simples na edição de 1999 de Roland Garros, seu torneio de estreia em Grand Slams, Roger é o único que continua a jogar o simples no circuito.

"Sério?", disse ele, quando revelei essa estatística. "Não restou mais ninguém?"

Alguns outros jogadores da idade dele, ou até mais velhos, ainda estavam competindo no simples: Feliciano López, o espanhol canhoto que já foi seu rival no juvenil, e Ivo Karlovic, um croata altíssimo com um saque potente e barba grisalha.

Mas o *wild card* de Federer em Paris, em 1999, colocou-o acima da curva, e ele ainda estava à frente vinte anos depois, disputando grandes campeonatos e conquistando títulos no circuito: ele ganhou o centésimo título em Dubai, no início de 2019, e o 101º em Miami.

Natureza ou criação?

"Talvez meu talento tenha me ajudado um pouco mais a me moldar e conseguir alcançar a técnica que tenho hoje, o que pode me deixar menos desgastado", disse ele. "Mas acho que me beneficiei por causa do meu cronograma e da minha constituição física e talvez por causa do meu lado mental no jogo também. Por mais que leve as coisas muito a sério, sou bem tranquilo, então posso de fato relaxar muito rapidamente. Este almoço, por exemplo, é um descanso para mim. Na minha cabeça, posso dizer, olhe, acabamos de treinar e aqui estou eu realmente capaz de relaxar e curtir. E depois vamos voltar ao trabalho de novo. Acho que essa abordagem é fundamental."

Federer é uma mistura intrigante de ordem e espontaneidade, ou talvez não seja uma mistura, e sim uma corrente alternada. É como se todo o planejamento fosse o que lhe permite se manter no momento, totalmente presente, e ele parece, em particular, resistente a influências externas que interferem em seu ciclo natural.

A questão da aposentadoria pairava no ar desde 2009 e, mesmo assim, ele insistiu, mesmo dez anos depois, que ainda não tinha se permitido pensar sobre isso detalhadamente.

"O que estou tentando fazer é manter tudo o mais flexível possível para depois de fato ver o que devemos fazer", disse ele. "Quanto tempo para o tênis? Quanto tempo para os negócios? Quanto tempo para a família? Claro, eu gostaria de estudar todas as opções com os meus filhos e Mirka primeiro e partir desse ponto. O que não quero fazer é me comprometer com algo cedo demais e depois me arrepender. É isso. Não sei. Realmente não sei. Sempre disse que, quanto mais penso em aposentadoria, mais já estou aposentado. Se planejo tudo para o meu pós-carreira, sinto que estou meio aposentado."

"E isso afetaria seu desempenho?", perguntei.

"Bem, não meu desempenho em si, mas talvez meu desejo geral de querer fazer tudo direito", respondeu ele. "Posso descobrir isso quando estiver aposentado. Não vou me estressar com isso."

Havia anos ele já vinha superando as suposições de outras pessoas para a data da sua aposentadoria.

"Você foi o número 1 do mundo, você ganhou os quatro Slams, então qual é a próxima etapa? Acho que acabou, certo?", disse Federer, imitando as perguntas e as suposições. "Definitivamente, era um tema recorrente."

Nesse estágio, ele podia sentir as pessoas se posicionando para o fim, que é, aconteça o que acontecer, o que jornalistas como eu estão programados a fazer.

"Eles precisam atentar para qualquer detalhe, então sinto essa pressão, é como se a rede estivesse ficando apertada ao meu redor", disse ele. "Todo mundo está pedindo uma entrevista extra. E acho que isso tem um motivo. Mas tudo bem. É isso, não tem jeito, você sabe. Tudo bem."

Outra parte do legado de Federer é que ele poupará os futuros campeões do mesmo tipo de interrogatório repetitivo até muito mais tarde na carreira deles.

"Espero que sim", disse ele. "Quer dizer, Stan recentemente disse que gostaria de jogar por mais alguns anos", afirmou Federer, falando sobre Wawrinka. "Ele acabou de fazer 34 anos, e essa idade era considerada avançada naquela época, e hoje é como se ainda desse para jogar por mais três, quatro ou cinco anos."

O volume da voz de Federer aumentava, e ele balançava as mãos.

"Quer dizer, daqui a cinco anos, o cara vai fazer 39!", disse ele. "Mas é difícil, porque a competição é forte."

Federer dificilmente é *après moi, le déluge*, ou, na era dos Três Grandes, *après-nous, le déluge*. Ele tem um grande interesse na próxima geração e não apenas porque ainda precisa jogar contra eles. Roger está genuinamente curioso para ver quem vai ser o futuro número 1, conquistar vários campeonatos e, com sorte, levar o tênis para a frente, em vez de atrasá-lo.

Durante boa parte do fim do nosso almoço, com as xícaras de café vazias na mesa, nós dois ficamos especulando sobre qual dos jovens tinha as qualidades propícias.

"[Alexander] Zverev, talvez? Ou [Stefanos] Tsitsipas?", disse ele, parecendo mais curioso do que convencido.

O nome de vários outros jogadores surgiram também.

"Você sabe como é, o jogo sempre produz superestrelas, então não me preocupo com isso", disse ele. "Talvez também quando esta geração se for, eles se sentirão mais livres e, na verdade, vão mostrar mais um pouco do potencial deles. Talvez eles precisem de uma vitória em um grande torneio que os faça acreditar. Eu precisava. Eu precisava vencer Wimbledon para dizer 'Ok, posso fazer isso toda semana'. E talvez eles também precisem superar isso, porque, por enquanto, esses caras não podem sair e dizer 'Eu quero ser o número 1 do mundo' porque todo mundo vai falar 'Ah! Novak é o número 1' ou 'Tá bom, mas como você vai superar o Rafa, hein, amigão?'"

Federer não jogava uma partida em quadra de saibro no circuito desde 2016. Ele pulara a temporada de saibro de 2017 para preservar sua energia e seu joelho após a cirurgia para seu retorno bem-sucedido. Ele venceu Wimbledon sem perder um set. Pulara a temporada de saibro de 2018 porque queria manter a rotina que funcionava tão bem para ele.

Acima de tudo, queria comemorar os quarenta anos de Mirka em grande estilo em abril.

"Ela fez muito por mim, e pensei que, em vez de dar a Mirka algo que ela pudesse usar ou guardar, eu gostaria de proporcionar memórias, experiências", disse ele. "Meu sonho sempre foi que ela soubesse sobre as férias ou um lugar para onde iríamos, mas sem ter o conhecimento de todos os detalhes, porque normalmente ela organiza tudo. Então pensei que precisava inverter isso."

Depois das férias em família, eles acabaram fazendo uma viagem apenas para adultos a Ibiza, com cerca de quarenta amigos. Federer geralmente evitava o tênis, mas ainda assim assistiu à maior parte da vitória de Rafael Nadal em três sets sobre Alexander Zverev na final do Aberto de Roma.

"Eu estava em um daqueles clubes de praia, assistindo à partida pela TV", disse ele. "Temos um grande grupo de amigos, e Mirka tem se esforçado muito para manter contato com todos eles. Ela sabia sobre Ibiza. Sabia que íamos convidar amigos e montou a lista, então eu disse que resolveria todos os detalhes. Todas as surpresas diárias de que ela não tinha ideia, então isso foi ótimo."

Mas, em 2019, Federer estava pronto para uma temporada mais completa, em vez de fazer uma pausa de dois meses na primavera. Ele acreditava que jogar no saibro também aumentaria suas chances na grama em Wimbledon, onde havia perdido nas quartas de final para Kevin Anderson após cinco sets em 2018, depois de conseguir um match point.

"Acho que passei muito tempo na grama no ano passado", disse ele. "Acredito que jogar no saibro vai me ajudar a bater na bola com toda a velocidade. Quando se joga muito na grama, sinto que se começa a guiar a bola, enquanto no saibro são rebatidas completas. Você tem que fazer por merecer, então acho que isso poderia me beneficiar no futuro. O mais importante é que quero voltar para Paris. Quero voltar para o saibro."

Tudo caminharia bem. Ele alcançou as quartas de final em Madri no retorno ao saibro e chegou às semifinais de Roland Garros em sua primeira participação desde 2015. Durante sua ausência, não houve muita mudança. Nadal ainda era seu maior rival e, pela sexta vez em seis tentativas em Roland Garros, Federer não conseguiu superá-lo. Ele perdeu por três sets a zero em um dos dias de maior ventania da longa história do torneio, com nuvens de saibro vermelho voando nos olhos dos jogadores e arrancando o chapéu-panamá da cabeça dos espectadores.

Foi uma tempestade de areia em plena Paris.

"Chegou a um ponto em que eu ficava feliz em conseguir rebater sem parecer ridículo", disse Federer.

Mas Nadal, com as posições mais profundas em quadra e topspin mais pesado, estava mais bem preparado para lidar com as condições impostas. Mesmo naquele clima estranho, ele se sentia em casa em Roland Garros.

"Ele tem habilidades incríveis no saibro", disse Federer. "Eu já sabia disso. Parece que não lutei, mas lutei, sim, e tentei acreditar. Tentei virar o jogo até o fim. Mas quanto mais tempo a partida durava, melhor ele parecia se sentir em meio à ventania."

Ainda assim, o objetivo claro de Federer era Wimbledon, e ele chegou na forma e no estado de espírito certos, tendo conquistado o título em Halle, na grama, pela décima vez. Em Wimbledon, venceu as primeiras cinco partidas e esbarrou em Nadal em outra semifinal.

Foi a primeira partida deles no All England Club desde a final de 2008. Foi um momento de reflexão sobre a grandiosidade daquele duelo e sobre como foi surpreendente que Nadal, com 33 anos, e Federer, com 37, ainda estivessem se enfrentando regularmente mais de uma década depois nas finais dos torneios principais.

Eles passaram de dominar juntos o jogo de tênis no fim dos anos 2000 para a luta pela manutenção do ritmo frente à ameaça de Novak Djokovic em múltiplos pisos. Eles faziam parte dos "Quatro Grandes" com a ascensão de Andy Murray e, em seguida, parte de um grupo de líderes ainda maior com o surgimento de Wawrinka. Mas em 2019, com Murray e Wawrinka prejudicados por lesões, eles voltaram a ser os Três Grandes. Djokovic, que tinha um retrospecto positivo (mais vitórias que derrotas) contra os dois, havia voltado para o posto de número 1 e já estava na final de Wimbledon depois de vencer Roberto Bautista Agut no início do dia, na quadra central.

A tão esperada revanche de Federer e Nadal em Wimbledon não chegaria ao nível da obra-prima mútua de 2008. Esse duelo durou quatro sets em vez de cinco, sem gerar o mesmo tipo de suspense consistente ou memórias crepusculares. Terminou bem antes de escurecer.

Mas o quadragésimo duelo dos dois ainda foi um espetáculo, já que ambos ocuparam a quadra surpreendentemente bem, embora Nadal estivesse muitas vezes mais espremido na linha de base na tentativa de ser o primeiro a tomar a iniciativa. Ele e o técnico, Carlos Moyá, estavam cientes de que Federer dominara os jogos em superfícies mais rápidas desde o retorno do suíço, em 2017.

"A esquerda de Roger melhorou muito, e ele nos pegou de surpresa na Austrália", disse Moyá sobre o Aberto da Austrália de 2017. "Depois disso, sabíamos que tínhamos que mudar alguma coisa, e, com certeza, no saibro é mais fácil Rafa fazer algumas mudanças contra esses caras que estão tentando fazê-lo perder o ritmo."

A grama continuou sendo um desafio. Federer venceu o primeiro set apertado ao ganhar os últimos cinco pontos do tiebreak. Ele não achou o timing no segundo set, perdendo o saque duas vezes e vinte dos 23 pontos finais, enquanto batia na bola repetidamente com o aro da raquete.

Mas ele lutou contra mais problemas para vencer o terceiro set e, em seguida, os dois pareceram chegar ao auge no quarto. Bolas vencedoras, e não erros, eram a regra, já que ambos tentavam contornar a bola para usar seus principais golpes: Federer a direita e Nadal a esquerda de dentro para fora da quadra.

"Você espera golpes magníficos dele; e é o que ele oferece", disse Federer sobre Nadal. "O que se precisa fazer é forçá-lo a continuar tendo que acertar golpes magníficos. O problema é quando você tem que jogar sempre perto do seu limite e correr um risco enorme para forçar um break point. É difícil dizer 'Ah, vou tentar', porque você sabe que vai ser dureza. Você tem que encontrar o equilíbrio, e hoje eu o encontrei rápido. Fiquei zen e calmo."

Já fazia um bom tempo que era difícil saber, olhando para Nadal, se ele estava ganhando ou perdendo, se estava satisfeito ou frustrado. Mas, com a idade, ele se tornou mais transparente e, no sexto game, após perder uma devolução de esquerda, bateu com a palma da mão na testa. Mais tarde no jogo, depois de perder um slice de direita, ele se inclinou para a frente e se repreendeu.

Nadal ainda não tinha mostrado tudo do que era capaz, no entanto. Com 3-5, ele salvou dois match points em um game incrível que chegou a 40-40 cinco vezes. Ele então lutou contra mais dois match points com Federer servindo para fechar a partida no game seguinte. Ambos foram salvos com bolas vencedoras: uma direita de dentro para fora com o objetivo de encerrar um rali de 24 golpes de alta velocidade e, em seguida, uma passada arriscada de direita após uma devolução suave de Federer. Mas o suíço converteu seu quinto match point rumo à sua 12ª final em Wimbledon, estendendo os braços em triunfo e, em seguida, estendendo-os de novo na direção de Nadal para um aperto de mão caloroso junto à rede.

"Atendeu às expectativas", disse Federer sobre a revanche.

Eu concordei, conforme escrevi em minha coluna no *Times* naquela noite:

"A partida foi hipnotizante no quarto set, não porque Federer e Nadal estavam desafiando o tempo, mas porque estavam desafiando um ao outro."

Quando a vitória de Federer por 7-6 (3), 1-6, 6-3, 6-4 estava definida, falei com o finlandês Jarkko Nieminen, um ex-tenista que é próximo de Federer e, sendo um canhoto com um bom topspin na esquerda, ajudou a aquecê-lo para aquela partida.

"O nível da partida estava incrivelmente bom", disse Nieminen. "Em alguns momentos, fiquei sem palavras. Não pude acreditar na maneira com que logo alcançavam a bola, a força com que estavam rebatendo, a proximidade das linhas. Eles nem estão pensando sobre a idade deles ali, isso eu posso garantir."

Mas, ao contrário de 2008, esse duelo não terminaria com a cerimônia de premiação. Djokovic esperava Federer e, nessa fase, era ele, e não Nadal, nêmesis de Federer. O suíço havia derrotado Nadal em sete das últimas oito partidas, mas perdera cinco das últimas seis para Djokovic.

"Eu sei que ainda não acabou", disse Federer sobre o torneio. "Há, infelizmente ou felizmente, mais uma partida."

Era uma forma estranhamente franca de dizer as coisas, mas Federer sabia muito bem que não havia derrotado Djokovic em nenhum torneio de Grand Slam desde a final de Wimbledon de 2012.

O que estava claro era que Federer estava jogando e gerenciando os riscos muito bem. Sua decisão primaveril de jogar no saibro antes da grama parecia acertada.

Djokovic, contudo, também se tornou um mestre em planejamento e agora estava firmemente restabelecido nas finais dos torneios. Federer passara a última semana como número 1 em junho de 2018, com um total de 310 semanas ao longo da carreira. Djokovic acabaria por ultrapassá-lo no recorde masculino em 2021: parte de seu ataque renovado aos recordes de maior prestígio do tênis após emergir da queda em 2018.

O sérvio era um oponente formidável que se transformava e se adaptava em qualquer superfície e ainda era um desafio, considerando que Federer nunca havia conseguido derrotar Nadal e Djokovic no mesmo torneio de Grand Slam.

"Rafa, como canhoto, representa problemas muito diferentes, para mim e outras pessoas, dos representados por Djokovic", disse Federer. "Djokovic permanece na linha, bate chapado, move-se de maneira diferente e ocupa a quadra de forma distinta. Você tem que se ajustar taticamente. Hoje, Rafa estava sacando mais rápido do que antes. Novak saca na mesma zona em termos de velocidade, então isso ajuda muito porque o ajuste costumava ser mais extremo. Mas o mais importante é a confiança. Sem confiança, é muito difícil derrotar Rafa ou Novak consecutivamente."

O uso de "Rafa" e a alternância entre "Novak" e "Djokovic" parecia um reflexo justo do estado da relação de Federer com cada rival: caloroso e familiarizado com "Rafa"; mais frio e mais conflituoso com "Novak" e "Djokovic".

No entanto, o semblante de Federer foi parecido nas duas partidas. Ele estava zen no Wimbledon de 2019, e um dos elementos mais intrigantes da final foi que Djokovic, que costuma ser belicoso, escolheu adotar a mesma abordagem.

"Uma das táticas sobre a qual falamos antes era que ele precisava ficar muito, muito calmo e positivo", disse Goran Ivanisevic, um dos treinadores de Djokovic. "O objetivo era colocar a torcida de lado. Não há público. Apenas você e Roger na quadra."

Isso porque os espectadores na quadra central estavam, como sempre, fortemente a favor de Federer, o velho (ou eterno) azarão com o jogo elegante e os modos com que a clientela de luxo de Wimbledon se identifica.

Assim como fez contra Nadal, Federer abriu com um ace e confirmou rapidamente o serviço. Djokovic confirmou o game dele sem perder pontos, o que deu o tom para um primeiro set perfeitamente equilibrado e sem pausa, cheio de força e malícia e jogado próximo da linha de base. No tiebreak, Federer saltou para uma vantagem de 5-3 em seu serviço, mas depois teve problemas quando executou uma direita no meio da quadra e errou feio. Ele perderia os próximos três pontos, assim como o set.

Mas Federer não mostrou qualquer sinal de ressaca, quebrando um Djokovic repentinamente trêmulo três vezes em quatro games para varrer o segundo set em apenas 25 minutos. Esse tráfego de mão única viria a ser uma anomalia, e o terceiro set tenso se tornou uma repetição do primeiro. Federer tinha um set point com Djokovic sacando em 5-6, 30-40, mas o suíço perdeu feio a devolução de esquerda depois de um bom primeiro serviço.

Mais um tiebreak, e Federer teve um começo desastroso, errando mais esquerdas e ficando para trás em 1-5 antes de chegar a 4-5 em um rali. Djokovic deu a ele a chance de jogar, acertando um segundo saque, mas Federer errou outra esquerda, dessa vez um slice. Mais uma oportunidade perdida, e logo Djokovic chegou a dois sets a um, embora o nível ponto a ponto de Federer tivesse sido consistentemente mais alto.

O quarto set foi a mesma coisa, mas dessa vez Federer recebeu a recompensa, e eles passaram estoicamente para o quinto set decisivo, mas sob um novo conjunto de regras.

Para 2019, o All England Club decidiu, pela primeira vez, instituir um tiebreak no quinto set quando o placar alcançasse 12-12. Essa mudança foi uma resposta a um número crescente de jogos na modalidade masculina que pareciam ultramaratonas, algumas envolvendo o americano John Isner, de saque potente, e uma envolvendo Federer, quando ele derrotou Andy Roddick em um quinto set que chegou a 16-14 na final de 2009.

Em 2019, se necessário, haveria uma linha de chegada clara. Depois de Federer quebrar o serviço de Djokovic em 7-7 no quinto set com uma passada de direita, parecia que nenhum tiebreak seria necessário. Depois que o público se acalmou, Federer sacou para fechar o campeonato em 8-7. Mirka estava curvada para a frente no camarote dos jogadores, a testa apoiada nas mãos entrelaçadas, como se ela não pudesse suportar olhar para a quadra.

Aos 15-15, Federer acertou um ace no T da quadra. Aos 30-15, ele fez outro ace no T.

Estava 40-15. Dois match points. Uma notícia tranquilizadora no caso de Federer contra a maioria dos oponentes, mas certamente menos reconfortante contra Djokovic, vide as semifinais consecutivas do Aberto dos Estados Unidos.

Mirka ergueu a cabeça, piscando contra o sol de fim da tarde, olhou para o placar e logo voltou a baixar a cabeça para não assistir ao jogo.

Federer acertou com inteligência o primeiro serviço no T novamente. Djokovic estava inclinado para o lado errado, mas em vez de um terceiro ace consecutivo, a bola atingiu a fita e caiu para trás.

"Novak estava posicionado muito mal", disse Paul Annacone, ex-técnico de Federer. "Com qualquer bola passando a rede perto do meio, Roger venceria a partida, mas, em vez disso, a bola acertou a rede. Quando isso aconteceu, tive um flashback total."

Federer teve que acertar um segundo saque e foi um pouco mais lento do que o normal para reagir à devolução profunda de Djokovic, errando por muito a própria direita.

Estava 40-30. Federer acertou o primeiro serviço dessa vez. Djokovic devolveu com uma direita que caiu bem curta. Federer decidiu não pensar muito e acertou um topspin cruzado de direita e correu em direção à rede. No entanto, não foi um golpe particularmente nítido ou bem colocado, e Djokovic se movimentou bem, sem sequer precisar se esticar para acertar uma direita cruzada que ficou fora do alcance de Federer.

Dois championship points salvos, e Federer, certamente mais abalado do que sua expressão de indiferença revelou, jogou os próximos dois pontos de forma conservadora, perdendo ambos. Decepcionado, zuniu com a bola quando o placar eletrônico marcou 8-8 às 18h23.

Foi assustador para Federer e seus fãs, alguns dos quais estavam apontando um único dedo para o céu em seu primeiro ponto para terminar o jogo e vencer o campeonato. Foi emocionante para a equipe de Djokovic, mas ainda havia muito trabalho a ser feito, e Federer, pelo próprio mérito, mas não a seu favor, foi até o fim sem acusar exaustão.

O tênis é sempre, em algum nível, uma competição de concentração: duas batalhas internas divididas por uma rede. Esse jogo exemplificou isso.

"É verdade", disse-me Djokovic meses depois, quando nos encontramos em Monte Carlo. "Cada aspecto da vida se traduz em um match point em uma final, e será que sou capaz de lidar com isso ou não? É mais complexo do que parece, mas pode ser resumido e explicado em uma frase simples: 'Concentre-se no momento presente e confie em si mesmo, acredite em si mesmo.'"

Djokovic não tinha certeza do que estava enfrentando. Em um momento, ele realmente teve que confirmar com Damian Steiner, o árbitro de cadeira, que o tiebreak, se necessário, aconteceria em 12-12.

Para mim, o game mais impressionante de Djokovic em toda a partida foi quando ele sacou em 11-11. Com 40-0, ele perdeu quatro pontos consecutivos e cedeu um break point a Federer. Djokovic se salvou quando a devolução de esquerda de Federer aterrissou errado após seu ataque. Federer logo teve outro break point, e Djokovic atacou novamente, acertando um voleio de direita longe de ser perfeito e um smash um pouco instável no contrapé do suíço, marcando o ponto. Djokovic, ao se virar para voltar à linha de base, balançou a cabeça e abriu um sorriso irônico. Ele sabia que aquela jogada havia sido arriscada e feia. Arriscada e feia demais.

Djokovic jogou um tênis resiliente, corajoso e de iniciativa tendo o público e o fluxo do jogo contra ele. Federer ainda estava batendo na bola de forma limpa, misturando devoluções e drives na esquerda e parecendo tão revigorado no fim do quinto set quanto estava no fim do primeiro.

Mas a melhor oportunidade lhe escapou. Com 12-12, Djokovic assumiu o comando de mais um tiebreak, com uma vantagem de 4-1, enquanto Mirka assistia por entre os dedos das mãos. Federer diminuiu a diferença para 4-3, mas o sérvio conquistou os dois pontos seguintes como um campeão, acertando uma direita vencedora limpa e, em seguida, uma rajada chapada de esquerda na linha para encerrar um longo rali.

O resultado foi 6-3, e Djokovic conquistou seu primeiro match point, 44 minutos depois de Federer ter feito seu último.

Federer acertou o segundo saque, Djokovic devolveu com uma esquerda cruzada, o suíço se moveu mas errou sua direita final: a bola voou do topo do aro da raquete em direção ao público, que agora estava muito mais contido.

Os pais de Djokovic, o tio, o agente e o treinador Marián Vajda estavam pulando e se abraçando, mas Djokovic manteve uma tensão notável e equilibrada, caminhando em direção à rede para o aperto de mão com um sorriso de "eu contra o mundo" que me pareceu sarcástico. Ele então se agachou na grama e selecionou alguns chumaços para sua refeição, agora tradicional, mas na época ainda incomum, em Wimbledon após a vitória.

Enquanto ele mastigava a grama, Federer fervia. O suíço estava a um ponto do que poderia ser visto como sua maior vitória, uma que o tornaria o campeão masculino de simples mais velho da era moderna de Wimbledon e lhe daria o 21º título nos torneios de simples do Grand Slam, ampliando a distância em relação a Djokovic e Nadal.

"Só acho que foi uma oportunidade incrível perdida", disse Federer mais tarde, com sua voz de barítono um pouco mais baixa do que o normal.

Questionado sobre o que deu errado, Federer respondeu: "Um golpe, eu acho. Não sei qual escolher. Você decide."

Foi uma das melhores finais da história do tênis, tão convincente em tantos aspectos quanto a de Wimbledon de 2008 e com melhor continuidade e visibilidade.

"Esse jogo foi mais direto, talvez em alguns aspectos, porque não tivemos atrasos por causa da chuva, não tivemos a noite chegando e tudo o mais", disse Federer. "Mas, com certeza, foi uma final épica, tão perto, tantos momentos. Quer dizer, claro que há semelhanças. Mas você tem que cavar fundo para descobrir quais são. Eu perdi nas duas vezes, então essa é a única semelhança que vejo."

A vitória de Djokovic por 7-6 (5), 1-6, 7-6 (4), 4-6, 13-12 (3) foi também a mais longa final de simples na modalidade masculina de Wimbledon, com duração de quatro horas e 57 minutos em um torneio que existe desde 1877.

"Acho que fiquei o maior tempo na partida em desvantagem", declarou Djokovic. "Estava defendendo. Federer estava ditando o jogo. Apenas tentei lutar e encontrar uma solução no momento mais importante, e foi isso que aconteceu."

Federer terminou com 91 bolas vencedoras e cometeu 61 erros não forçados; Djokovic teve 54 bolas vencedoras e 52 erros não forçados, muitos deles na iminência do segundo set. Federer acertou mais aces (25 a 10) e teve menos duplas faltas (6 a 9). Ele converteu mais break points (7 a 3) e ganhou mais pontos ao todo (218 a 204). Mas o tênis, como Federer sabe mais do que ninguém, tem a ver com ganhar os pontos cruciais.

Não estava relacionado apenas às escolhas que ele fez durante os dois match points. Tinha a ver com os tiebreaks, tipicamente o território de Federer.

"Roger estava pressionando Novak, mas não nos três tiebreaks", disse Craig O'Shannessy, especialista em análise que foi consultor de Djokovic. "Na verdade, Novak ficou mais na rede do que Roger, o que é um grande erro. Roger deveria ter sacado e dado voleios, deveria ter devolvido os saques e pressionado, deveria ter forçado nos segundos serviços, deveria estar se aproximando do meio da quadra. Ele deveria ter jogado tudo na rede durante o tiebreak, mas hesitou, ficou para trás e deixou o rali se estender."

É cruel, mas inevitável, que Federer, um dos mais prolíficos vencedores no tênis e nos esportes em geral, também seja lembrado por perder duas das maiores partidas já disputadas, talvez as duas maiores partidas que já jogou. A vitória dele no Aberto da Austrália de 2017 sobre Nadal foi espetacular, mas Wimbledon continua sendo o mais histórico e mundialmente prestigiado dos campeonatos: o gramado que melhor se adapta ao estilo e à imagem dele.

Roger inspirou muitos com seu tênis, mas também inspirou a oposição.

"Espero dar a algumas pessoas a chance de acreditar que, aos 37 anos, ainda não acabou", disse Federer corajosamente durante a cerimônia de premiação na quadra central, enquanto falava com Sue Barker, da BBC.

Logo foi a vez de Djokovic se juntar a Barker.

"Roger disse que espera dar a algumas pessoas a chance de acreditar que podem fazer isso aos 37 anos", disse Djokovic, então com 32. "Eu sou um deles."

Há uma sedutora escola de pensamento de que Federer teve um caminho mais fácil para atingir a grandeza, que ele acumulou a maior parte de seus títulos de Grand Slams quando Nadal ainda não era uma verdadeira ameaça em quadra e Djokovic ainda não estava maduro o suficiente. Há também quem argumente que a única vitória de Federer em Grand Slam com os dois rivais no topo foi no Aberto dos Estados Unidos de 2008. Mas isso é esquecer que Nadal e Djokovic só se tornaram fabulosos porque tinham Federer como parâmetro. Federer conseguiu se manter um verdadeiro concorrente, mesmo quando Nadal e Djokovic estavam no apogeu físico e ele, já com mais de 35 anos.

Mas enquanto Sampras teve que lidar com a surpresa de seus recordes serem quebrados menos de uma década depois de se aposentar, Federer se manteve ativo por tanto tempo que seus recordes foram quebrados antes de sua aposentadoria.

É um desenvolvimento contundente, e uma vez perguntei a ele sobre isso. "Por mais que eu goste dos recordes, de quebrá-los ou de tê-los, acho que quebrar é o realmente bonito nesse caso, não o fato de ser detentor deles", respondeu Federer. "Porque ninguém pode tirar de você aquele momento. Afinal, todos os recordes estão lá para serem quebrados em alguma ocasião, mas, naquele primeiro momento, quando você dá aquele passo ou salto para aquela esfera onde ninguém esteve antes, isso é realmente inspirador."

Com certeza é ainda mais doce de saborear quando você experimenta o amargor da decepção de um grande jogo. Federer teve sua resiliência característica certamente posta à prova, mesmo quando ele tinha muito pouco ainda a provar.

Diante da hesitação, ajuda se sua família souber como ajudá-lo a seguir em frente. Mirka, que percebera de maneira clara o perigo na quadra central, entendeu perfeitamente. No dia seguinte à derrota, os Federer estavam à volta com a organização de um acampamento em família.

"Olha, sofri um pouco nos primeiros dias", admitiu Roger. "Ao mesmo tempo, estava viajando com meus filhos. Não tive muito tempo para pensar em todas as oportunidades perdidas. Eu estava organizando minha vida para passar um tempo com meus quatro filhos, dirigindo pelas belas paisagens da Suíça. Às vezes você tem flashbacks, coisas como 'Ai, eu poderia ter feito isso, deveria ter feito aquilo'. No dia seguinte, você está tomando uma taça de vinho com sua esposa pensando que as semifinais foram muito boas, até a final foi muito boa. Você pensa em fases."

EPÍLOGO

ÁFRICA DO SUL

Eu tinha viajado de trem à Basileia, cujas ruas são organizadas e as quadras de tênis, bem cuidadas. Mas traçar a história da origem de Federer desde os verdadeiros primórdios exigiu uma jornada mais longa.

Em fevereiro de 2020, depois de cobrir o Aberto da Austrália, peguei um voo diurno de Melbourne a Perth, um voo corujão atravessando o oceano Índico até Joanesburgo e um Uber do aeroporto para uma zona industrial em Kempton Park com um motorista expatriado do Zimbábue em um sedan enferrujado que, como a região, já teve dias melhores.

Sem a África do Sul não haveria Roger Federer.

Foi em Kempton Park, em 1970, que o pai de Federer, Robert, então um engenheiro químico de 23 anos, conhecera a mãe do tenista, Lynette, na época uma secretária de dezoito anos, quando ambos trabalhavam para a indústria química suíça Ciba-Geigy.

"Meu marido deixou o coração na África do Sul", contou-me Lynette muitos anos depois, com orgulho.

Ela também deixou o dela e, embora o jovem casal logo tenha se mudado para a Suíça, terra natal de Robert, eles voltavam com frequência para a casa de Lynette, como recém-casados e, mais tarde, com os dois filhos.

"Passamos a maior parte das férias lá por muitos anos", revelou Lynette. "Roger foi lá pela primeira vez quando tinha três meses. Era só um bebezinho, e minha filha tinha dois anos. Eu adorava ir com as crianças. Antes de meus filhos começarem a frequentar a escola, costumávamos ficar três meses seguidos por lá. Eles sentiram como é a África do Sul, embora fossem muito novos."

A conexão continuou forte para Roger, que tem dupla nacionalidade, suíça e sul-africana, mesmo que as visitas tenham se tornado muito mais raras à medida que a carreira no tênis se desenvolvia.

Mas agora ele estava voltando à África do Sul em uma missão: jogar uma partida de exibição com Rafael Nadal no estádio de futebol de 55 mil lugares na Cidade do Cabo, com Bill Gates, o cofundador da Microsoft, e o comediante Trevor Noah se juntando às duplas.

Os ingressos esgotaram em menos de dez minutos na internet.

"Acho que vai ser muito emocionante porque, de verdade, eu queria jogar na África do Sul há muitos, muitos anos", disse-nos Federer durante uma entrevista coletiva antes da partida. "Não acredito que demorou tanto."

Federer tinha acabado de chegar às semifinais do Aberto da Austrália, onde foi notavelmente menos ativo do que o normal na derrota para Novak Djokovic, lutando contra uma lesão na perna que o forçou a considerar jogar a toalha antes da partida. Ele jogou mesmo assim, saltando para uma rápida vantagem de 4-1 antes que a partida se estabilizasse e Djokovic vencesse por três sets a zero.

Pouco mais de uma semana depois, em um continente diferente, ele estava apto a voltar à quadra para o "Match in Africa", a última da série de exibições para a fundação beneficente de Federer, que ajuda a financiar a educação infantil no continente.

Ele começou a caridade com a ajuda e o incentivo dos pais em 2004: o ano em que ele foi o número 1 pela primeira vez, aos 22 anos.

"Quando Roger estava começando a ganhar um bom dinheiro, dissemos que achávamos legal que ele doasse um pouco da própria fortuna aos menos favorecidos", explicou-me Lynette.

Lynette, a mais nova de quatro irmãos, cresceu na África do Sul durante o apartheid. Seu pai havia lutado na Segunda Guerra Mundial pela Grã-Bretanha e há muito tempo estava na Europa. A mãe dela era enfermeira, e Lynette disse que ela e os irmãos foram criados para ver os negros como iguais. Ela, como seu filho, teve o cuidado de evitar assuntos políticos em público, mas foi claramente uma força motriz na fundação e em seu foco.

"Muitas pessoas estavam interessadas no apoio de Roger em projetos", disse ela. "A Cruz Vermelha, entre outras, mostrou interesse, mas estávamos procurando algo não muito grande e que pudéssemos realmente ver e sentir a mudança."

Roger foi motivado, em parte, por Andre Agassi, o campeão americano que iniciou sua fundação homônima na casa dos trinta anos. Agassi dizia que gostaria de ter feito isso antes.

"Eu me lembro de ouvir essa citação", disse Federer. "Com certeza me inspirei em Andre. Posso dizer que comecei muito antes de eu ser realmente bom, e isso mostra que fazer algo assim de fato significou muito para mim."

Era intrigante que ele e Agassi atraíssem trabalhos de caridade na educação, embora ambos tivessem parado os estudos formais no meio da adolescência. Federer não era, como ele mesmo admitiu no início da idade adulta, um grande leitor de livros, ainda que claramente tenha desenvolvido uma predileção por livros de recordes.

Mas a fundação de Federer fez um bom trabalho, começando por financiar projetos na África do Sul e depois expandindo-os para outros países africanos e a Suíça. Antes de chegar à Cidade do Cabo, Federer viajou à Namíbia, onde se encontrou com o presidente do país, Hage Geingob, assim como se reunira com o presidente da Zâmbia, Edgar Lungu, em uma viagem à África em 2018.

As outras cinco edições do "Match in Africa" arrecadaram cerca de 10 milhões de dólares para o trabalho da fundação, e o jogo da Cidade do Cabo arrecadaria mais 3,5 milhões. No total, de acordo com Godsick, Federer gerou mais de 50 milhões de dólares ao longo dos anos para financiar projetos na África.

Ficou claro que Federer pretendia focar mais na fundação durante a aposentadoria.

"Até agora, não tive muito tempo", disse ele a um grupo de repórteres suíços antes de chegar à África do Sul. "Sempre disse que esses anos serviriam de aprendizado, mas é verdade que no futuro meu sonho seria ser tão conhecido pela fundação quanto pelo tênis."

Isso será um grande desafio, mas certamente foi um dos motivos pelos quais Federer procurou a orientação de Gates, um fã de tênis e um dos homens mais ricos do mundo. Gates passou da administração da Microsoft para a filantropia por meio da Fundação Bill & Melinda Gates, que se tornou a maior fundação privada do mundo, com ativos próximos a 50 bilhões de dólares, e fez um amplo trabalho na África para tratar de problemas como a malária.

Godsick entrou em contato com Gates em 2017, quando Federer estava organizando uma exibição em Seattle, e o bilionário concordou em participar. Federer, de origem modesta, sentia-se agora tão à vontade na companhia de magnatas quanto com os tenistas que jogam na linha de base. Ele e a família passaram férias com o francês Bernard Arnault e sua família. Arnault é o presidente e CEO da maior empresa de bens de luxo do mundo: a LVMH Moët Hennessy Louis Vuitton SE. Moët & Chandon, uma divisão da empresa, é um dos patrocinadores de Federer e, em maio de 2015, de acordo com o jornalista francês Thomas Sotto, Federer surpreendeu Arnault em sua quadra de tênis privada em Paris e fez dupla com ele em uma partida contra dois dos filhos do empresário.

Ele também tem laços estreitos com Jorge Paulo Lemann, o empresário suíço-brasileiro que jogou em Wimbledon na juventude e é um investidor da Laver Cup (Federer às vezes treina na quadra de grama de Jorge Paulo).

"Olha, Bill Gates tem sido incrível para a minha fundação", disse Federer. "É muito interessante aprender com ele, falar com ele e conhecer sua esposa. Para ser sincero, toda a equipe por trás da fundação dele nem se compara ao tamanho da fundação da minha família, mas passar algum tempo com ele e obter seu apoio tem sido realmente importante para nós."

Esses papéis foram invertidos na quadra de tênis, onde Gates, de forma consistente, mas limitada, ficou encantado em atrasar a bola para seu parceiro de duplas. Federer apelidou sua equipe de "Gateserer", cuja pronúncia não saiu muito clara.

"Se alguém tiver um nome melhor, estamos abertos a sugestões", disse Federer com uma risada.

Mas, pelo menos, Gates era um jogador de tênis ávido. Trevor Noah, o comediante sul-africano que se tornou uma estrela nos Estados Unidos como apresentador do *Daily Show*, encaixava-se perfeitamente no evento em vários aspectos. Ele, como Federer, tem mãe sul-africana e pai suíço. É também bastante conhecido na África do Sul. O problema era que Noah não sabia jogar tênis.

"Eu não queria contar para eles, porque todo mundo sabe que, quando pessoas legais o convidam para alguma coisa, você só diz 'Claro, podem contar comigo!'", explicou Noah mais tarde em uma participação no programa *Ellen*. "Em dois meses, tive que aprender tênis do zero, uma das coisas mais loucas que já fiz na vida."

Houve muitas coisas notáveis sobre o "Match in Africa", mas o fato de Noah ter conseguido manter o controle diante de 52 mil espectadores enquanto jogava uma partida de um esporte que acabara de aprender deve ter sido o mais admirável. O homem claramente não tem medo do palco.

Nem Lynette Federer. Ela foi apresentada no estádio como a "orgulhosa mãe de Roger Federer" e subiu a rampa para realizar o sorteio pré-jogo em meio ao rugido da multidão. Ela estava radiante, deleitando-se com o momento, e seu filho a cumprimentou na quadra, abraçou-a e deu-lhe um beijo na testa.

Assistindo à cena das arquibancadas, pensei em minha breve visita a Kempton Park dois dias antes e na caminhada em torno dos antigos escritórios da Ciba. Dentro do portão principal coberto com espirais de arame farpado, a brisa fazia uma bandeira suíça tremular ao lado da sul-africana.

Existem elementos aleatórios na vida de todos nós: a bifurcação inesperada na estrada. Mas o encontro casual dos Federer certamente teve consequências maiores do que a da maioria. Robert, transbordando de desejo por viagens na juventude, poderia facilmente ter acabado em outro lugar em sua aventura profissional — os Estados Unidos, a Austrália ou até mesmo Israel, que estava recrutando trabalhadores estrangeiros.

Em vez disso, ele viajou para a África do Sul, onde ele e sua futura esposa jogavam tênis por diversão e, em seguida, apresentaram o esporte aos filhos na Basileia.

O único filho homem do casal cresceu para ser um dos maiores jogadores de todos os tempos: uma força criativa e muitas vezes avassaladora, um favorito da multidão, mas também um competidor resiliente, um otimista implacável, mas também um pragmático, capaz de tomar decisões difíceis e se adaptar ao grande sucesso e à derrota brutal.

É algo impressionante — não a perfeição, mas ainda assim um pacote e tanto qual lhe permitiu vencer no circuito nas décadas de 1990, 2000, 2010 e 2020.

"Nunca perdi a paixão pelo esporte", disse Federer. "Nunca."

Houve momentos em que isso parecia mais obstinação do que lógica, mas eu acredito nele. A satisfação no trabalho veio de forma inequívoca: da quadra de treino à quadra de jogo e à quadra improvisada em uma plataforma no centro de um estádio sul-africano lotado com o maior público da história do tênis assistindo a Federer jogar contra seu grande rival.

"Com o tempo, deixamos para trás uma rivalidade forte na quadra por uma que valorizamos e entendemos que faz parte de algo especial no mundo do esporte", revelou-me Nadal antes da partida. "E acho que também entendemos que nós dois nos beneficiamos e temos que cuidar disso. Acho lindo cuidar dessa história que vivemos juntos, e acredito que nós dois entendemos que, para isso acontecer, uma das coisas importantes a se fazer é ter um relacionamento realmente bom."

Federer não poderia ter imaginado a Cidade do Cabo sem Nadal. Na opinião dele, era o confronto que o público sul-africano merecia. Foi um grande quebra-cabeça encontrar uma data que funcionasse para os dois. Mas, como sempre, o timing de Federer foi excelente. Assim como sua tolerância à dor: ele conseguiu jogar a partida com o joelho direito machucado, que, sem o conhecimento de todos, exceto de seu círculo mais próximo, precisaria de uma cirurgia no fim do mês.

Gates, profundamente envolvido com questões de saúde pública, estava bem ciente do potencial do novo coronavírus, então recém-descoberto na China, para criar um pânico global. Durante um jantar em seu íntimo e elegante hotel cheio de seguranças, Bill Gates alertou Federer e Nadal sobre a tempestade que se aproximava. Os três estavam hospedados no Ellerman House, um hotel com vista para Bantry Bay e Robben Island, de onde Nelson Mandela contara os dias na prisão.

"Tivemos muita sorte e estamos muito gratos por termos conseguido receber o evento", disse John-Laffnie de Jager, ex-jogador sul-africano que foi um dos promotores da exibição. "Algumas semanas depois, com o aparecimento do vírus, o evento não teria acontecido."

Algumas semanas depois, não teria havido o fechamento de um ciclo no estádio da Cidade do Cabo ou o abraço na rede; nenhuma alegria nas arquibancadas; nenhuma celebração pós-jogo repleta de jogadores, gandulas e dançarinos, todos saltando ao ritmo da música enquanto as lágrimas escorriam novamente pelo rosto de Federer.

Como era de seu feitio, o timing do suíço tinha sido perfeito.

AGRADECIMENTOS

"Então, quanto tempo demorou?" é a pergunta que mais ouvi após a conclusão deste livro.

Mais de um ano é a resposta simples se você estiver falando sobre o processo de planejamento e redação. Conversei sobre isso com minha nova e intuitiva agente literária, Susan Canavan, que gostou da ideia desde a primeira vez que a discutimos durante um almoço no litoral norte de Boston, em 2019. Parecia tão simples na época! Mas conduzi mais de oitenta entrevistas para o projeto e precisei assistir ou reassistir a dezenas de partidas de Federer.

Mas a resposta verdadeira é que este livro começou há mais de vinte anos, na primavera de 1999, nas arquibancadas do Suzanne Lenglen Court durante Roland Garros, quando Federer fez sua estreia no Grand Slam.

Ele manteve o nosso interesse vivo desde a adolescência e nunca abriu mão dele. Houve campeões de tênis mais extravagantes e fascinantes, mas nunca aquele cujo jogo fosse tão agradável aos olhos e, como percebi ao escrever este livro, nunca aquele que abraçou todos os aspectos do esporte com tamanho entusiasmo.

Ter a chance de acompanhar a carreira de Federer tão de perto era uma questão de estar no lugar certo — geralmente na Europa — e na hora certa. Agradeço a Barry Lorge e Bob Wright, meus grandes e falecidos chefes no jornal *San Diego Union*, que me abriram as portas para o jornalismo e depois me enviaram para cobrir torneios de tênis, incluindo o Wimbledon em 1990.

Agradeço a Neil Amdur, um ex-correspondente de tênis do *The New York Times* que acabou se tornando o editor do caderno de esportes do jornal e apostou em mim pouco depois de eu ter me mudado para a França como um freelancer recém-casado. *Merci* para Peter Berlin e Michael Getler, que me contrataram em Paris para o meu emprego dos sonhos como correspondente-chefe de esportes no *International Herald Tribune*, e *merci* para o notável David Ignatius, que me tornou colunista independente. O que mais eu poderia pedir?

Foram anos incríveis percorrendo o mundo para cobrir os maiores eventos: Olimpíadas, Copas do Mundo, campeonatos mundiais, Copas América, Liga dos Campeões, campeonatos de golfe e, sempre, torneios de tênis. Obrigado a todos os editores do *IHT* e do *Times* que tornaram isso possível, incluindo Tom Jolly, Alison Smale, Sandy Bailey, Jeff Boda, Marty Gottlieb, Jason Stallman, Dick Stevenson, Jill Agostino, Naila-Jean Meyers, Andy Das, Oskar Garcia e, mais recentemente, Randy Archibold, que me ajudaram durante a licença que precisei tirar para escrever este livro.

Eu não poderia ter escrito este livro sem todos aqueles que conversaram comigo. Obrigado a todos vocês pelo tempo e pela confiança e muito obrigado a Andy Roddick, Marat Safin, Pete Sampras, Rafael Nadal e Novak Djokovic, por se aprofundarem em como foi enfrentar Federer nas quadras, e a Peter Lundgren, José Higueras e, em particular, Paul Annacone, por me revelar como foi treiná-lo.

Um agradecimento especial a Federer e a seu agente de longa data, Tony Godsick, por conceder a mim e ao *Times* tanto acesso ao longo dos anos. Essas oportunidades tornaram-se raras com muitas superestrelas do esporte, mas Federer entende e respeita o papel da mídia e está disposto a compartilhar mais de si mesmo do que a maioria.

"Então, quanto tempo demorou?"

"Mais do que deveria", poderia ter dito Sean Desmond, o editor da Twelve. Mas se conteve. Com receptividade e uma empatia digna de Roger Federer, Sean, ele próprio um autor, deu-me tempo e paz de espírito para terminar o trabalho.

Sou grato a ele por acreditar neste projeto e a Rachel Kambury e ao restante da equipe de Sean por apoiá-lo. Também sou grato à minha família e aos meus amigos pela paciência enquanto eu me afundava nos prazos e em torneios antigos de tênis. Acima de tudo, *un grand merci* para minha própria rocha, minha esposa há trinta anos, Virginie, que nunca vacilou, nem mesmo em meio a uma pandemia, e que me lembrou, quando a tarefa parecia difícil demais, que era isso que eu sempre quis fazer.

Como sempre acontece, ela estava certa, ou, como os franceses preferem dizer, não estava errada.

ÍNDICE

Aberto da Austrália, 239-240, 330-331, 335-336
    1995, 69, 248
    1996, 139-140
    1998, 81-82
    1999, 110-111
    2000, 96
    2003, 134-135, 148
    2004, 157-161, 162-164
    2005, 172-173, 173-178, 190-191, 226-229, 300-301
    2006, 197
    2007, 187-188
    2008, 206-207, 301
    2009, 264-265, 286-287
    2012, 34-36
    2016, 326, 328-329
    2017, 340-349, 409
    2018, 353-355, 356-357
    2020, 411, 412
Aberto da Austrália (1982), 33-34
Aberto de Miami, 130-131, 164-165, 186-187, 187-188, 190-191, 226, 232-233, 270, 281, 327, 329-330, 349-350, 363-364, 367-368
Aberto de Monte Carlo, 109-110, 110-111, 121-122, 299-300, 302, 313, 327, 406-407
Aberto dos Estados Unidos: 2007, 286-287, 2009, 285-289, 2010, 290-291, 291-292, 310-311, 2011, 290-294, 2015, 308-311
    ranking, 74-75, 217, 339-340
    rivalidade com Federer, 267, 304-307, 308-310, 349-351, 359-361, 401-402
    Safin e, 159-160
    Wimbledon: 2008, 209-210, 2011, 301, 2012, 307-309, 2019, 12-13, 82-83
Aberto de Roma, 116, 197, 219, 275, 327, 400-401
Aberto de Rotterdam, 357-358
Aberto do Canadá, 332-333
Abramowicz, Daria, 81-82
Academia Bollettieri, 70, 110-111, 161-162
Acasuso, José, 234

acidente de esqui em Crans-Montana, 96, 99-100
Adams, Valerie, 50
Adidas, 231-232, 365-366, 368-370
África do Sul, 11, 26-27, 102-103, 411-417
Agassi, Andre, 168-169, 240-241, 265, 288-289, 296-297, 326, 361
    Aberto da Austrália, 173-174, 195-196
    Aberto dos Estados Unidos, 223, 354-355
    ATP de Adelaide (1998), 147
    Copa Davis (1991), 320-321
    Grand Slams, 193-195, 241-242
    Masters Cup (2003), 134-35, 152-153, 154-156
    Melbourne (2003), 157-158
    patrocínios, 201-202
    pulando as Olimpíadas de Sydney (2000), 101-102
    Roland Garros, 240-241, 1998, 21, 162-163
    Swiss Indoors (1998), 39-40, 91-92, 92-93, 138-139
    treinamento de, 28-30, 91-92, 124-125, 136-137, 231-232
    Wimbledon, 166-167, 193-194, 2003, 136-137, 137-138, 139-140
Agut, Roberto Bautista, 401-402
Alami, Karim, 110-111
Alexander, John, 33-34
All England Lawn Tennis & Croquet Club, 113, 114, 405-406, Ver também Wimbledon
Allegro, Yves, 122-123, 155-156, 203-204, 268-269
    começo do treinamento de, 44, 47, 48, 63, 70-73, 128-129
    Indian Wells (2004), 186-187
    morte de Carter, 127-128, 128-129
    Olimpíadas de Atenas (2004), 164-165
    primeiros anos da carreira de, 74, 92-93
Amanovic, Miljan, 298-299
ambidestria, 89-91
Ancic, Mario, 123-124, 207-208
Anderson, Kevin, 14-15, 262, 297-298, 400-401
Anderson, Pamela, 388

Andrianafetra, Harivony, 320-321
Andy Roddick Foundation, 380-382
Anisimova, Amanda, 385
Annacone, Paul, 244, 359, 387
    Aberto da Austrália (2017), 345-346
    curiosidade de Federer, 9, 10-11
    Djokovic e Federer, 306-307, 307-308, 405-406
    Federer se recuperando de derrotas, 151, 278-279
    padrões de sono de Federer, 281-282
    Roland Garros, 243-244, 251, 269, 307-308
    Sampras e Federer, 261
    trabalho como técnico, 248, 261, 269, 276-277, 281-282, 309-310, 362-363, 387
    Wimbledon, 111-112, 248, 278-279
Arazi, Hicham, 123-124, 129-130, 132-133, 221
Arnault, Bernard, 414-415
Arnold Ker, Lucas, 85-86, 219
Ashe, Arthur, 58, 146, 361
Associação de Tênis dos Estados Unidos, 21, 170-171, 218, 231-232, 362-363
ATP de Dubai
    2002, 132-133
    2006, 197
    2007, 187-188
    2008, 206-208
    2017, 349-350
ATP de Halle, 72, 134-135, 209-210, 328-329, 401-402
ATP de Hamburgo (2002), 116
ATP de Mallorca, 182

Bahrami, Mansour, 39
Barker, Sue, 201-202, 409
Barlocher, Madeleine, 30-32, 37-38, 41, 42
Barrett, John, 187-188, 188-189
Basileia, 11, 26-28
Bastl, George, 23-24, 129-130, 245-246, 251
Batalha dos Pisos (2007), 179-181, 216
Batalha dos Sexos (1973), 180-181
Becker, Boris, 182, 223, 249, 361
    como exemplo, 35-36, 117, 139-140
    Grand Slams, 39, 190-191, 222
    Wimbledon, 27-28, 139-140, 242-243
Beckham, David, 375-376
Bemelmans, Ruben, 358
Bencic, Belinda, 334-335
Benhabiles, Tarik, 136-137
Benneteau, Julien, 321-323
Berberian, Yulia, 54
Berdych, Tomas, 164-165, 341-342, 350-351
Bernard, Alexis, 58
Biel/Bienne, 64-65
Björkman, Jonas, 114, 120-121, 136-137
Blake, James, 23-26, 201-203, 353-354
Bogdanovic, Alex, 164-165

Bollettieri, Nick, 110-111, 161-162
bombardeio da Iugoslávia pela Otan, 294-295, 303
Borg, Björn, 11-12, 71, 99, 120-121, 226, 239-240, 351-352
    como exemplo, 121-122, 201-202
    Grand Slams, 83-84, 84-85, 91-92, 121-122, 190-191, 194-195, 195-196, 239-240
    Laver Cup, 351-353
    Roland Garros, 206-207, 209-210
    trotes telefônicos de Lundgren para, 111-112
    Wimbledon, 83-84, 84-85, 121-122, 201-202, 209-210, 1980, 174-175, 214-215, 216
Brady, Tom, 354-355
Brennwald, Roger, 39, 40-41
Bresnik, Günter, 48, 49, 51, 232-233, 359
Bruguera, Sergi, 87-88, 90-91, 108-110, 189-190, 199
Brunet, Régis, 58, 219, 364-365, 365-370
Brunold, Armando, 91-93
Bryan, Bob, 109-110, 318-320
Bryan, Mike, 109-110, 318-320
Bryant, Kobe, 261
Budge, Don, 241-242
Buffon, Gianluigi, 354-355
Burj Al Arab, 326
Butler, Gerard, 308-309

Cahill, Darren, 97, 131-132, 154-156, 209-210, 231-233
    juventude e começo do trabalho de treinador de, 31-38
    morte de Carter, 124-126, 127-129
    World Youth Cup (1996), 58-60
Calvelli, Massimo, 384-385
Carillo, Mary, 137-138
Carlin, John, 225
Carlsson, Kent, 71
Carmen, Eric, 7
Carter, Peter, 30-37, 58-59, 122-123, 142, 231-232, 354-355, 366-367
    Aberto da Austrália, 97, 163-164, 227
Carter, Silvia, 124-126, 127-128, 128-129
Casa do Tênis (Biel), 64-65, 67-68, 69-73, 74-79, 87-93
Cash, Pat, 33-34, 84-85, 146, 182, 213-214, 346-347
Castorri, Alexis, 78-79
Centro Nacional de Tênis de Biel/Bienne, 64-65, 67-73, 74-79, 87-93, 102-103, 108-109
Chang, Michael, 129-130, 190-191, 208-209, 249
Chatrier, Philippe, 101-102
Chicago Bulls, 387-388
Childs, Lee, 185-186
chinês mandarim, 11
Chiudinelli, Marco, 41-42, 70, 117, 155-156, 312, 315, 321-322, 324

Christen, Bernhard, 370-371
Christinet, Cornélia e Jean-François, 44, 315, 321-322, 324
Ciba-Geigy, 26-27, 27-28, 37-38, 46, 411, 415-416
Cilic, Marin, 328-329, 350-351, 353-355, 356-357
Clément, Arnaud, 96, 164-165, 323-324, 367-368
Clijsters, Kim, 148
Collège de la Planta, 44-45, 61-63
Concordia Basel, 29-30
cônjuges do tênis, 274-275
Connors, Jimmy, 29-30, 39, 146, 189-190, 195-196, 249, 288-289
    Aberto dos Estados Unidos (1974), 343-344, 355-356
    coletivas de imprensa, 17-18
    Grand Slams, 195-196, 239-240
    Masters Cup, 151
    treinamento de, 296-297
    Wimbledon (1984), 205-206
Conselho de Jogadores da ATP, 29-30, 249, 306-307, 316, 361
Copa Bambino, 42
Copa Davis, 22-23, 144-145, 147-149, 150, 312-324
    1986, 146
    1991, 320-321
    1995, 321-322
    1997, 145-147
    1998, 86-88
    1999, 147, 313
    2000, 96, 97, 180
    2001, 21, 16-19, 114, 126-127, 129-131
    2002, 123-124, 126-128
    2003, 143-144, 144, 148-151
    2004, 189-190, 321-322
    2005, 193-194, 336-337
    2008, 321-322
    2012, 314-315
    2014, 72, 312-313, 315-324
    2015, 41
Copa do Mundo
    1966, 50
    1994, 183
    1998, 184-185
Coria, Guillermo, 94-95, 189-190, 193-194, 217
Corretja, Àlex, 109-110, 181, 189-190
Costa, Albert, 181, 189-190, 199
Costa, Carlos, 382
Courier, Jim, 14-15, 178, 249, 258-259, 297-298, 322-323, 341-342
    Aberto da Austrália, 178, 248, 341-342
    Grand Slams, 39
    rankings da ATP, 74-75
    rivalidade entre Federer e Djokovic, 293-294
    rivalidade entre Nadal e Federer, 230-231
    Roland Garros, 208-209
Cowan, Barry, 115

Credit Suisse, 304, 374-375
Cruz Vermelha, 71, 412
Curry, Stephen, 386

Davenport, Lindsay, 372-373
Davin, Franco, 8
Davydenko, Nikolay, 187-188, 237
de Jager, John-Laffnie, 417
Decker, Brooklyn, 253
del Campo, Pablo, 179, 180
del Potro, Juan Martín, 8, 383-384
    Aberto da Austrália: 2009, 264
    Aberto de Miami (2018), 226
    Aberto dos Estados Unidos: 2009, 258-259, 286-289, 290-291, 2017, 351-352
    BNP Paribas Open (2018), 15-16, 359
    Copa Davis (2008), 321-322
    Roland Garros (2009), 237, 242-243, 348-349
    Wimbledon (2009), 251
Delgado, Ramón, 182, 186-187
Dementieva, Elena, 100-101
Deniau, Georges, 58, 150
Di Pasquale, Arnaud, 111-112
Dimitrov, Grigor, 343-344, 358, 383-384
direita, 22-23, 24-25, 25-26, 35-38, 46, 58, 60-61, 89-91, 167-168, 185-187
Djokovic, Dijana, 301-302
Djokovic, Goran, 294-296, 299-300, 300
Djokovic, Jelena, 297-298, 299-300
Djokovic, Novak, 16-17, 290-311, 339-341
    Aberto da Austrália: 2005, 300-301, 2008, 206-207, 301, 2012, 214-216, 2020, 412
    Bryant e, 261
    Copa Davis, 315-316, 316
    flexibilidade de, 296-299
    juventude e início do treinamento de, 46, 291-301
    lesões de, 349-351
    Roland Garros: 2011, 269, 307-308, 2016, 339-340, 2019, 397-402
    treino em Dubai, 326
Djokovic, Srdjan, 294-295, 295-296, 298-306, 301-302
Donskoy, Evgeny, 349-350
Dorgan, Sophie, 334-335
Dorochenko, Paul, 15-16, 56, 87-91, 94-95, 95, 107-110, 272, 288-289, 366-368
Drysdale, Cliff, 361
Dubai Marina "Le Rêve", 326
Dubai, 325-326, 331-334
Dunant, Henri, 71
Durant, Kevin, 386

Eagle, Joshua, 126-127
Edberg, Stefan, 10, 22, 71, 78-79, 84-85, 222-223, 334-335, 338-339

como exemplo, 10, 35-36, 39, 88-89, 117, 139-140, 288-289
treinamento de, 39, 216, 309-310, 328-329
Egger, Jean-Pierre, 50, 52
Eisenbud, Max, 267, 371-372, 377-378, 380-381
Ellison, Larry, 204-206
Emanuel, Rahm, 388
Emerson, Roy, 144, 219, 241-242, 257
Eminem, 369-370
empunhadura *western*, 35-36
Enqvist, Thomas, 40
Erving, Julius, 21
Escudé, Nicolas, 164-165
especialização esportiva precoce, 28-30
Esposito, Silvio, 42-43
esquerda, 22-23, 24-25, 25-26, 35-36, 36-38, 60-61, 75-76, 83-84, 89-90, 109-110, 138-139, 175-176, 230-231, 345-346, 346-347, 365-366
Evans, Dan, 395
Evert, Chris, 278
exibições de tênis, 179-180

Favre, Laurent, 112
FC Basel, 77-79
Federação Suíça de Tênis, 26-27, 65, 67
  Ver também Casa do Tênis
Federação Francesa de Tênis, 58, 362-363
Federação Internacional de Tênis, 100-101, 101-102, 126-127, 316-317, 360, 362-363
Federer Inc., 369-371, 379-381
Federer, Charlene, 263-264, 266, 273-277, 279-280, 281, 283-284
Federer, Diana, 26-27, 45, 275
Federer, Lenny, 275, 283-284
Federer, Leo, 275, 283-284
Federer, Lynette, 140-141, 243-244, 301
  administração dos negócios de Roger, 192-193, 365-366, 367-369, 370-371
  começo do treinamento de Roger, 26-27, 27-28, 30-31, 35-36, 37-38, 45, 80-81
  curiosidade de Roger, 9
  decisão de Roger de abandonar a escola, 67
  infância de Roger, 25-29
  morte de Carter, 124-125
  na África do Sul, 11, 26-27, 102-103, 411-414, 415-416

Federer, Miroslava Vavrinec "Mirka", 123-124, 135-136
  administração dos negócios de Roger, 192-193, 365-366, 366-367, 367-369, 370-371
  casamento com Roger, 232-233
  cirurgia de, 270-271
  começo do treinamento de, 15-16, 102-106
  decisão de Roger de abandonar a escola, 67-68
  doença de, 243-244
  infância de Roger, 25-29
  Federer, Myla, 263-264, 266, 273-277, 279-280, 281, 283-284
  Federer, Robert, 93-94, 155-156
  filhos e vida familiar de, 7, 64, 232-233, 263-268, 273-284, 363-364, 398-399
  Jogos Olímpicos (2000), 100-102, 102-104, 105-106, 111-112
  morte de Carter, 126-127
  na África do Sul, 411-414
  papel e relacionamento com Roger, 116, 135-136, 140-141, 156-157, 157-158, 165-166, 192-193, 193-194, 210-211, 212-213, 247, 268-277, 282-283, 289-290, 317-318, 331-332, 369-370, 372-373, 399-401, 410
  primeiro beijo em Roger, 111-112
  primeiro encontro com Roger, 102-104
  treinamento de Roger, 26-27, 27-28, 30-31, 37-38, 102-103, 106-107, 107-108, 244
Federer, Roger
  anos como juvenil de, 30-43, 57-95
  ausência de comentários políticos, 303-304
  chance de 2016, 330-332, 333-336, 339-341, 348-350
  coletivas de imprensa, 17-18, 23-24, 54, 265, 315
  concepção errada sem esforço em relação a, 170-172
  curiosidade de, 8-9, 10-11, 193-194, 399-400
  decisão de abandonar a escola, 65-67
  estilo de, 82-83, 220-221
  estilo ofensivo de, 22-24
  fundação de, 412-415
  Grand Slams, 10, 12-13, 19, 98, 172-173, 194-196, 201-202, 219, 229, 239-240, 241-242, 245, 257, 263, 308-309, 343-345, 347-348, 375-376, 409
  infância de, 11, 26-29
  legado de, 383-384, 398-400
  lesões de, 33-34, 189-190, 275, 326-329, 331-332
  línguas de, 11, 11-12, 17-19, 26-27, 31-32, 44-45, 47, 61-62, 65, 86-87
  longevidade da carreira de, 282
  nascimento de, 25-26
  orientação técnica e treinamento de, 15-16, 26-27, 27-40; anos em Eclubens, 44-47, 57-63; Casa do Tênis, 64-65, 67-68, 69-73, 74-79, 87-93; separação de Lundgren, 155-157, 273; troca para Lundgren, 106-109. Ver também técnicos específicos
  padrões de sono de, 281-282
  primeiros anos como profissional de, 96-142
  problema de autocontrole de, 37-38, 77-78
  questão da aposentadoria, 10-11, 11-12, 331-332, 348-350, 397-399

rankings da ATP, 66, 72, 74-75, 159-160, 220, 357-358, 361
"velocidade de processamento" de, 13-15
Fernández, Mary Joe, 290-291, 292-293, 373-374, 280
Ferreira, Wayne, 39, 126-127
Ferrero, Juan Carlos, 134-135, 144, 153, 159-160, 181, 189-190, 217
Fiala, Daniel, 74-75
Fish, Mardy, 135-136, 314
Fitzgerald, John, 32-33, 34-35, 147-148
Forbes (revista), 371-372, 374-375, 379-381, 386
Forcades, Joan, 203-204
Fortsmann, Ted, 372-373, 378-380, 382, 383-384
Fragnière, François, 54
fraturas por estresse, 33-34, 189-190
Freeman, Cathy, 99-101
Freyss, Christophe, 44-45, 58, 60-61, 63, 142, 364-366
Fromberg, Richard, 91-92
Fundação Roger Federer, 412-415
futebol, 28-29, 29-31, 48, 50, 77-79, 99, 183, 185-186, 202-204, 295-296
"futebol australiano", 145-146

Gagliardi, Emmanuelle, 101-102
Gallwey, Timothy, 78-79
Gambill, Jan-Michael, 23-24
Garizzio, Agustín, 73
Garner, Jake, 287-288, 288-289
Gasquet, Richard, 24-25, 89-90, 186-187, 320-324, 337-338
Gates, Bill, 16-17, 412, 413-415, 417
Gaudio, Gastón, 181, 189-190
Gauff, Coco, 383-384
Geigob, Hage, 413-414
Gencic, Jelena, 295-300
Gilbert, Brad, 91-92, 136-139, 164-165, 166-167, 209-210, 238, 248
Gillette, 375-376, 376
Gimelstob, Justin, 267-268, 316
Gisin, Dominique e Michelle, 78-79, 81-82
Godsick, Tony, 7-8, 40, 209-210, 231-232, 372-376, 384-385, 388
    Fernández e, 290-291, 373-374
    Laver Cup, 29-30, 348-349, 351-352, 360, 364-365, 386-387
    Matches for Africa, 413-414, 414
    Mirka e, 269, 273
    Seles e, 372-374
    Team8 e, 382-384, 386-387
Goffin, David, 353-354
Gomez, Andres, 58
González, Fernando, 237
Gonzalez, Pancho, 238, 239-240
Graf, Jaz Elle, 154

Graf, Simon, 40
Graf, Steffi, 27-28, 54, 68, 154, 173-174, 373-374
Granat, Jiri, 103-104
Grether, Claudio, 74, 92-93
Groeneveld, Sven, 65
    contratação de Lundgren, 106-108
    Mirka e, 105-106, 112, 268, 273
    morte de Carter, 125-127
    treinamento de, 30-31, 69-70, 75-78, 78-79, 80-82, 88-89
Grosjean, Sébastien, 164-165, 224-226, 367-368
guerras iugoslavas, 294-295, 299-300, 300, 303
Gullikson, Tim, 81-82, 118, 247-248
Gullikson, Tom, 118, 248
Guns N' Roses, 373-374
Günthardt, Heinz, 68
Günthör, Werner, 50

Haas, Tommy, 85-86, 372-373
    Jogos Olímpicos (2000), 110-112
    Roland Garros (2009), 235-236, 242-243
    Wimbledon (2009), 251-252
Haase, Robin, 358
Habsudova, Karina, 103-104
Halep, Simona, 34-35
Hamlet Cup (2001), 128-130
Henman, Tim, 114, 121-122, 167-168, 269
Henry, Thierry, 376
Herbert, Pierre-Hughes, 279
Heuberger, Ivo, 47, 70, 91-92
Hewitt, Ava, 277
Hewitt, Cherilyn, 146
Hewitt, Cruz, 277
Hewitt, Darryl, 146
Hewitt, Glynn, 146
Hewitt, Lleyton, 145-147, 189-190
    Aberto da Austrália: 2003, 147, 2004, 157-159, 2005, 178
    Aberto dos Estados Unidos: 2004, 169-171, 171-173, 2017, 332-333
    aposentadoria de, 277
    coletivas de imprensa, 17-18
    Copa Davis, 145-147, 2000, 97, 123-124, 181, 182, 2003, 143-144, 148-151
    Grand Slams, 32-33, 132-133
    início do treinamento de, 32-33, 145-147
    Masters Cup (2001), 130-132
    rankings, 74-75, 123-124, 144
    rivalidade com Federer, 130-133, 147, 171-173, 218
    viagem da família de, 277
    Wimbledon: 2002, 124-125, 2003, 136-137, 144, 2004, 164-165, 2009, 253
    World Youth Cup (1996), 58-60
Higueras, José, 208-210, 210-211, 231-232, 248, 269, 396

Hingis, Martina, 25-26, 26-27, 67-69, 100-101, 104-105, 198
Hlasek, Jakob, 23-24, 49, 126-127, 150, 313-314
Hoad, Lew, 144, 238, 239-240, 389
Hodgson, Guy, 84-85
Hopman Cup, 270, 334-335
Hopman, Harry, 144
Horna, Luis, 132-133, 221
Hôtel de Crillon, 192-194

IMG, 124-125, 180, 192-193, 271, 364-371, 372-373, 376, 377-380, 382
Instituto Federal Esportivo da Suíça Magglingen, 50
International Herald Tribune, 8, 25-26, 192-193, 295-296
Islanova, Rauza, 161-163
Isner, John, 31-32, 98, 256, 314, 405-406
Istomin, Denis, 340-342
Ivanisevic, Goran, 83-84, 123-124, 192-193, 200-201, 295-296, 306-307, 404-405
  Wimbledon (2001), 214-216, 297-298
Ivanovic, Ana, 69, 300

Jagger, Mick, 253
Jágr, Jaromír, 354-355
James, LeBron, 99, 121-122, 386
Jankovic, Jelena, 300
Järryd, Anders, 71
Jeanpierre, Julien, 94-95
jogo interior do tênis, O (Gallwey), 78-79
Jogos Olímpicos
  Atenas (2004), 100-101, 164-165
  Barcelona (1992), 101-102
  Los Angeles (1984), 101-102
  Pequim (2008), 100-101
  Rio de Janeiro (2016), 330-331
  Seul (1988), 103-104
  Sydney (2000), 21-22, 99-102, 102-103, 105-106, 110-112
  tênis nos, 101-103
Jogos Olímpicos de Atenas (2004), 100-101, 164-165
Jogos Olímpicos de Barcelona (1992), 101-102
Jogos Olímpicos de Los Angeles (1984), 101-102
Jogos Olímpicos de Pequim (2008), 100-101, 319-320, 322-323
Jogos Olímpicos de Seul (1988), 103-104
Jogos Olímpicos de Sydney (2000), 21-22, 99-102, 102-103, 105-106, 110-111,
Jogos Olímpicos do Rio (2016), 330-331
Jogue para vencer (Winning Ugly) (Gilbert), 136-139
Jordan, Michael, 13-14, 82-83, 99, 384-385, 385, 388

Juan Carlos I da Espanha, 181-182
Jung, Carl, 78-79

Kacovsky, Adolf "Seppli", 26-27, 30-31, 35-36, 59-61
Kafelnikov, Yevgeny, 126-127, 161-162
Karlovic, Ivo, 98, 136-137, 144, 397
Keller, Marco, 40
King, Billie Jean, 13-14, 180-181
Knight, Matthew, 382
Knight, Phil, 382, 383-384, 385
Kohlschreiber, Philipp, 235, 358
Kooyong Lawn Tennis Club, 157-158
Korda, Petr, 192-193
Kosovo, 303
Koubek, Stefan, 135-136
Kournikova, Anna, 161-162
Kovac, Pavel, 140-141, 157-158
Krajicek, Richard, 113, 358
Kramer, Jack, 238
Kratochvil, Michel, 24-25, 70, 101-102, 129-130, 148
Kucera, Karol, 110-111
Kuerten, Gustavo "Guga", 21, 123-124, 162-163, 164-165, 217, 222
Kyrgios, Nick, 117, 353-354, 383-384, 385, 388

Labadze, Irakli, 81-85
Lacoste, 369-370, 371-372
Lagardère Unlimited Tennis, 383-384
Lammer, Michael, 70, 71, 77-78, 117, 122-124, 312, 315, 321-322, 324
Laver Cup, 249, 360, 386-389, 414-415,
  2017, 29-30, 348-349, 351-354, 360, 363-364
  2018, 360-361, 362-364
  2020, 387-388
Laver, Rod, 39, 144, 172-173, 219, 227, 228, 241-242, 339-340, 356-357, 360-361, 388
Law, David, 85-87, 91-92, 109-110
Leconte, Henri, 86-87
Lee, Hyung-taik, 135-136
"Lei de Jante", 93-94
Lemann, Jorge Paulo, 414-415
Lendl, Ivan, 58, 78-79, 117, 173-174, 249, 260
Les Petits As, 81-82
Lindt, 374-375
Ling, Ella, 396-397
língua francesa, 11, 11-12, 44-45, 61-62, 65, 86-87
língua inglesa, 17-19, 26-27, 31-32, 191-192, 266-267
Ljubicic, Ivan, 300, 335-339
  carreira de tenista de, 122-123, 127-128, 300, 335-339
  treinamento de, 26-27, 328-329, 329-330, 334-336, 338-340, 343-344, 362-363

López, Feliciano, 135-137, 199, 328-329, 397
Los Angeles Lakers, 261
Lundgren, Peter, 99, 106-107, 140-141, 366-367
　morte de Carter, 124-125, 125-126
　Safin e, 173-177
　treinamento de, 11, 69-71, 72, 74, 74-76, 80-81, 92-93, 100-101, 116, 117, 119, 133-134, 135-136, 174-175, 270, contratação como técnico viajante, 106-109, 126-127, 128-129, rompimento, 155-157, 273, 273
Lungu, Edgar, 413-414
Lüthi, Severin, 276, 282, 334-335, 386, 392, 395-396
　Aberto da Austrália (2017), 343-344, 345-346
　Copa Davis (2014), 318-320, 321-322, 324
　Laver Cup (2020), 387-388
　Roland Garros (2016), 328-329
　treinamento de, 14-15, 47, 129-130, 231-232, 232-233, 252, 312, 318-320, 321-322, 324, 328-329, 335-336, 338-339, 343-344, 345-346, 357-358, 395-396

Macpherson, David, 31-32, 318-321, 321-322
Madinat Club, 325-326, 332-334
Mahut, Nicolas, 256
Majoli, Iva, 73
mal de Parkinson, 143
Maleeva, Magdalena, 50, 54-57
Maleeva, Manuela, 47, 51, 54-55
Malisse, Xavier, 114, 313
Mandela, Nelson, 372-373
Manta, Lorenzo, 22, 47, 101-102
Mantilla, Félix, 132-133
Maradona, Diego, 13-14
Marcolli, Christian, 77-82, 86-87, 95, 108-109, 116, 142, 354-355
Marinha, Estados Unidos, 20
Martin, Todd, 22, 298-299
Martínez, Conchita, 105-106
Massú, Nicolás, 129-130
Masters 1000 de Indian Wells, 12-13, 207-208, 270
　2004, 186-187, 187-188
　2006, 201-203
　2011, 261
　2017, 349-350
　2018, 15-16, 359-361
Masters Cup
　2001, 130-132
　2003, 151-156
　2004, 171-172
Masters de Xangai, 4-5, 130-131, 132-133, 353-354
Matches for Africa, 412-417
Mathieu, Paul-Henri, 234
Mayweather, Floyd, 364-365
McCormack, Chris, 383-384
McDonald, Mackenzie, 333-334

McEnroe, John, 14-15, 123-124, 151, 153, 239-240, 247, 329-330, 388
　Aberto dos Estados Unidos, 194-195, 288-289, 1990, 117
　chiliques de, 117
　Grand Slams, 39, 194-195, 239-240
　Roland Garros (1979), 81-82
　Wimbledon: 1980, 174-175, 214-215, 216, 1984, 205-206
McEnroe, Patrick, 21, 23-24, 218, 223, 254
McIngvale, Jim, 151-152, 153
McKinnon, Ian, 382-384
McMillan, Frew, 236
Mecir, Miroslav, 103-104
Medvedev, Andrei, 240-241
Melzer, Jürgen, 94-95, 341-342
menisco rompido, 326-329
Mensua, Rafael, 162-163
Mercedes-Benz, 374-375
Messi, Leo, 386
Meyerson, Ken, 370-372
Mezzadri, Claudio, 23-24, 313
Milosevic, Slobodan, 303
Mirnyi, Max, 129-130
Moët & Chandon, 379-380, 414-415
Molitor, Melanie, 68
"momento Starbucks", 258-259
Monfils, Gaël, 34-35, 236, 242-243, 320-321, 321-323
mononucleose, 207-208, 208-209, 301
More Life, Please! (Marcolli), 79-81
Mourier, Cédric, 317-318
movimento de saque, 118, 220-221, 287-288
Moyá, Carlos, 130-131, 184-185, 187-188, 189-190, 199, 340-341, 347-348, 367-368, 401-403
mudanças climáticas, 304
Müller, Gilles, 350-351
Murray, Andy, 293-294, 330-331, 339-341, 349-351, 401-402
　Aberto da Austrália, 235, 2017, 341-343, 344-345
　Aberto dos Estados Unidos, 290-291
　ATP de Dubai (2008), 206-208
　Copa Davis, 316
　Jogos Olímpicos (2016), 330-331
　Laver Cup (2018), 361
　rankings, 74-75, 339-340, 349-351
　serviço, 118
　treinamento de, 296-297
　Wimbledon: 2009, 253, 2012, 308-309
Museu Louvre, 279
Muster, Thomas, 192-193
Myskina, Anastasia, 161-162

N'Goran, Clement, 74-75
Nadal Homar, Miguel Ángel, 183, 192-193

Nadal, Ana María, 199, 224-226
Nadal, Rafael, 179-207, 391, 396
　　Aberto da Austrália: 2005, 226-229, 2009, 264-265, 2017, 343-349, 409
　　Aberto de Miami (2004), 164-165
　　Aberto de Roma (2019), 400-401
　　Aberto dos Estados Unidos: 2009, 286-287, 2019, 376
　　anos como juvenil e começo da carreira de, 74-75, 185-191, 223-224
　　Copa Davis, 316, 321-322, 2004, 189-190
　　infância de, 28-29, 181-186
　　Hewitt comparado com, 131-132
　　Laver Cup (2017), 351-354
　　lesões de, 195-197, 224, 226-227, 250, 340-341
　　partida de exibição de 2007 na Palma Arena, 179-181, 216
　　patrocínios, 375-376, 382, 385
　　rivalidade com Federer, 185-192, 195-207, 216, 224, 227-232, 241-243, 250, 304-307, 349-350, 351-354, 359-360, 361-363, 375-376, 400-402
　　Roland Garros: 2000, 109-110, 2005, 190-192, 192-193, 223-224, 2007, 379-380, 2008, 204-207, 217-218, 2009, 233-235, 2019, 400-402
　　separação dos pais, 224-226
　　treinamento de, 28-29, 181-186, 340-341
　　Safin e, 159-160
　　serviço, 118, 168-169
　　velocidade da cabeça da raquete, 88-89
　　Wimbledon: 2003, 185-187, 199-201, 2006, 200-201, 2007, 200-202, 2008, 12-13, 209-216, 250-251, 2009, 250, 2011, 309-310, 2019, 401-403
Nadal, Sebastián, 183, 184-186, 195-196, 224
Nadal, Toni, 181, 183, 184-186, 197, 199, 214-215, 227, 234, 295-296
Nakajima, Mike, 182, 275, 368-369, 369-370, 381-382, 384-385
Nalbandian, David, 94-95, 124-125, 134-135, 153, 159-160, 321-322
Navratil, Miroslav, 103-104, 104-105
Navratilova, Martina, 54, 98-99, 103-105, 105-106, 113, 145-146, 198
New Beyond Chocolate, The (Oertig-Davidson), 332-333
New York Times, The, 8, 99-100, 191-192, 192-193, 286, 295-296, 329-330, 374-375, 384-385, 391
Newcombe, John, 39, 144, 147, 228
Nieminen, Jarkko, 403-404
Nike, 82-83, 93-94, 124-125, 180, 182, 195-196, 201-202, 275, 288-289, 365-367, 368-370, 371-372, 374-375, 376, 381-382, 383-386
Nishikori, Kei, 342-343
Noah, Trevor, 412, 414-416
Noah, Yannick, 39, 58, 132-133, 320-321

Norman, Magnus, 234
Novak, Jiri, 109-110, 130-131
Nyström, Joakim, 71

O'Neal, Shaquille, 388
O'Shannessy, Craig, 262, 408-409
Obama, Barack, 227
Oberer, Stephane, 69, 367-368, 368-369
Oertig-Davidson, Margaret, 47, 332-333
Old Boys Basel, 30-32, 35-37, 41-43, 45, 70
Orange Bowl, 65-66, 93-95, 95, 364-365, 366-367
"orange boys", 145-147
Orantes, Manuel, 58
Osaka, Naomi, 121-123, 187-188, 304
Ouahabi, Talal, 74-75

Paganini, Niccolò, 49
Paganini, Pierre, 203-204, 332-333, 334-335, 356-357
　　origens de, 49-51
　　treinamento de preparo físico de, 15-16, 47-57, 58-59, 60-62, 108-109, 157-158, 203-204, 282, 322-323, 327, 328-329, 333-334, 396
pandemia do coronavírus, 161-162, 276, 417
Panorama Resort and Spa, 231-232
Parque Nacional Kruger, 124-126
Partizan Belgrade, 298-300
patrocínios, 364-376, 383-386, Ver também Nike, Uniqlo
Paul, Jakub, 395
Paul, Tommy, 383-384
Perfors, Mikael, 71, 146
Periscope, 333-335
Perry, Fred, 241-242
Pfeiffer, Andrew, 326
Phelps, Michael, 224
Philippoussis, Mark, 97, 136-137, 139-141, 148, 150, 241-242
Piaget, Jean, 78-79
Piatti, Riccardo, 300, 336-338
Pierce, Mary, 69
Pilic, Nikola "Niki", 299-300
Pioline, Cédric, 147
Pippen, Scottie, 388
Planque, Emmanuel, 332-336
PlayStation, 72, 76-77, 87-88
Pollock, Jackson, 14-15
Poltera, Toni, 391, 394
Porta, Jofre, 185-186
Pouille, Lucas, 332-336
Price, S, L125-126
Prinosil, David, 110-111
Privatklinik Bethanien, 264, 265
psicologia de desempenho, 78-82
psicologia do esporte, 77-82
Puerta, Mariano, 190-191, 191-192

quadra central Roger Federer, 41
quadra Marco Chiudinelli, 41-42
quadras de grama, 82-83, 114-115, 135-136,
   139-140, 350-351, 402-403, Ver também
   Wimbledon
   Batalha dos Pisos (2007), 179-181, 216
quadras de saibro, 73, 84-85, 109-110, 199, 206-
   207, 208-209, 218-219, 222, 223, 224, 232-234,
   320-321, 391-392
   Batalha dos Pisos (2007), 179-181, 216
Querrey, Sam, 224, 339-340, 353-354

Radonavic, Marko, 325-326
Rafa (Nadal), 199, 224-225
Rafter, Patrick, 22, 117, 260
   Aberto dos Estados Unidos (1998), 139-140
   Copa Davis (1997), 147
   Roland Garros (1999), 21, 219-220, 221,
   242-243
   Wimbledon (2001), 173-174, 216
Raonic, Milos, 328-331, 338-339, 350-351
Raoux, Guillaume, 91-92
raquetes Wilson Pro, 88-90, 118, 222
Rasheed, Roger, 34-35, 149, 158-159, 171-172
Real Madrid, 183
relâchement, 396-397
Renshaw, William, 350-351
"resistência explosiva", 52-54
Ricci Bitti, Francesco, 350-351
Riggs, Bobby, 180-181
Ríos, Marcelo, 69, 74-75, 106-107, 117, 161-162,
   192-193
Ripken, Cal, Jr 322-323
Robredo, Tommy, 186-187
Roche, Tony, 147, 172-174, 192-193, 227, 269,
   332-333, 399
Rochus, Olivier, 84-85, 364-365
Roddick, Andy, 16-17, 94-95, 134-135, 171-172,
   198, 272, 322-323
   Aberto da Austrália (2005), 226
   Aberto dos Estados Unidos (2006), 375-376
   aposentadoria de, 259-260
   Copa Davis: 2001, 23-26, 2004, 189-190
   fundação de caridade, 380-382
   Masters Cup (2003), 153-154
   patrocínios, 370-372
   rankings, 94-95, 371-372
   serviço, 167-169
   títulos na carreira, 259-260
   vida familiar de, 270-271
   Wimbledon: 2002, 124-125, 2003, 134-135,
   136-140, 2004, 164-170, 2008, 209-210, 2009,
   245, 253-259, 2019, 405-406
Roddick, John, 136-137
Roger Federer, Spirit of a Champion
   (documentário), 27-28, 140-141,

Roland Garros
   1968, 356-357
   1973, 299-300
   1979, 81-82
   1987, 71
   1996, 69, 135-136
   1998, 21, 81-82, 162-163
   1999, 21, 219-221, 240-241, 397
   2000, 109-110, 221
   2001, 114, 221
   2002, 123-124, 132-134, 221
   2003, 221
   2004, 189-190, 221-222, 223
   2005, 190-192, 192-193, 222, 223-224
   2006, 336-337
   2007, 378-380
   2008, 204-207, 214-215, 217-218
   2009, 232-239, 240-242, 242-244, 290-291,
   331-332, 347-349
   2011, 269, 291-292, 307-308
   2016, 327-329, 339-340
   2019, 400-402
   2020, 81-82
   papel de Chartrier, 101-102
#RogerWakeUpNow, 304
Rolex, 230-231, 374-375
Ronaldo, Cristiano, 386
Rose, Axl, 373-374
Rosewall, Ken, 39, 144, 218, 238, 239-240, 260,
   354-355, 389
   Aberto dos Estados Unidos (1974), 193-195,
   343-344, 355-356
   carreira de tenista de, 86-88, 90-91, 97-98,
   101-102, 126-127, 129-131
   Copa Davis, 126-127, 1998, 86-88, 2003, 129-
   131, 148-149, 150
   Jogos Olímpicos (2000), 101-102
   Mirka e, 267, 272-273
   morte de Carter, 129-131
   Rosset, Marc, 13-15, 65-66, 364-365
   treinamento de, 26-27, 27-28, 34-35, 51, 53,
   54, 86-88, 333-334, 367-368
   viagem para esquiar, 96-97
rua Roger Federer (Biel), 64, 72
Rubens, Peter Paul, 14-15
Rubin, Noah, 341-342
Rusedski, Greg, 106-107, 125-126
Ryan, Bill, 121-122, 127-128, 247, 269, 367-371
Ryder Cup, 351-352, 362-364

Sabatini, Gabriela, 8, 54, 146
"SABR (Ataque surpresa de Roger)", 309-310,
   334-335
Sachs, Gloria, 20
Safin, Marat, 134-135, 156-157, 159-161, 181
   Aberto da Austrália: 2004, 159-162, 162-164,

2005, 173-178, 190-191, 300-301
Aberto de Roma (2001), 116
ATP de Hamburgo (2002), 123-124
Copa Davis (2002), 126-127
Roland Garros (1998), 21, 162-163
treinamento de, 161-163, 296-297
Safin, Misha, 161-162
Sampras, Bridgette, 245-246, 247, 261
Sampras, Gus, 247
Sampras, Pete, 170-172, 172-173, 245-250, 306-307, 361
   Aberto da Austrália: 1995, 248, 1996, 139-140
   Aberto dos Estados Unidos: 1990, 117-118, 2000, 159-160, 2002, 10, 122-123, 251, 348-349
   amizade com Federer, 246-249, 247, 261-262
   aposentadoria de, 10, 134-135, 194-195, 246
   como exemplo, 10, 16-17, 35-36, 82-83, 288-289, 296-297
   Copa Davis: 1991, 320-321, 1995, 321-322
   Grand Slams, 10, 39, 122-123, 190-191, 194-195, 222, 227, 229, 238-240, 245, 257, 260-261, 262, 374-375, 409
   Masters Cup (2003), 153
   não participando das Olimpíadas de Sydney (2000), 101-102
   patrocínios, 201-202
   raquete de, 222
   Roland Garros, 238, 239-240, 1996, 135-136
   serviço, 60-61
   talassemia de, 223
   treinamento de, 247-248
   turnê de circuito de exibições, 246-248
   Wimbledon, 22, 135-137, 142, 201-202, 242-243, 256, 350-351, 1979, 83-84, 1996, 113, 135-136, 2001, 113, 115-123, 159-160, 222, 369-370, 2009, 245-246
Sanguinetti, Davide, 313
Santa Ponsa Country Club, 182
Santana, Manolo, 191-192, 199
Santoro, Fabrice, 235
Sargsian, Sargis, 115
Saturday Night Live (programa de TV), 153
Schnyder, Patty, 100-101, 104-106
Schwartz, Alan, 170-171
Sedgman, Frank, 144
Segurola, Santiago, 230-231
Seles, Monica, 295-296, 296-297, 298-299, 315, 367-371
serviço, 60-61, 82-84, 118, 167-169, 252-253
Shapovalov, Denis, 385
Sharapov, Yuri, 105-106
Sharapova, Maria, 28-29, 46, 69, 105-106, 182, 261, 272, 371-373, 385
Schmidli, Reto, 30-31
Siemerink, Jan, 91-92

Silva, Andre, 383-384
"Síndrome da papoula alta", 93-94
Skelly, John, 109-111
Sluhser, Howard, 384-385
Slusher, John, 384-385, 385
Smith, Brett, 163-164, 187-188
Smith, Peter, 32-34, 34-35, 38, 107-108, 143, 147, 163-164, 172-173
Smith, Stan, 361
Sock, Jack, 353-354
Söderling, Robin, 207-208, 251
   Roland Garros (2009), 233-235, 237-239, 240-243
Sommer, Yann, 78-79
Sotto, Thomas, 414-415
Spadea, Vincent, 21, 109-111
Spadea, Vincent, Sr21, 110-111
Spartak Tennis Club, 161-162
Spicher, Joël, 73-74
Sproga, Raimonds, 93-95
Squillari, Franco, 116
Staubli, Reto, 157-158, 165-166
Stefanki, Larry, 253-254
Stein, Jonas, 42-43
Steinberg, Mark, 374-375, 382
Steiner, Damian, 406-407
Stevenson, Alexandra, 21
Stevenson, Samantha, 21
Stich, Michael, 39, 69
Stine, Brad, 14-15, 297-298
Stolle, Fred, 270, 355-356
Stolle, Sandon, 126-127
Strambini, Alexandre, 47
Strokes of Genius (documentário), 42, 145, 171-172, 250-251
substituição por Lundgren, 106-109
Sundström, Henrik, 71
Svensson, Jonas, 71
Swiatek, Iga, 81-82
Swinnen, Sven, 61-62, 122-123
Swiss Indoors, 23-24, 39-41, 91-92, 380-381

Tchelychev, Igor, 73
Team8, 382-384, 386-387
tendinite, 224, 250
Tennis Masters Cup (2000), 97-98
Tennisclub Felsberg, 391, 394-396
Thiem, Dominic, 49, 327
Thorpe, Ian, 99-100
Threlfall, Bill, 84-85
Thunberg, Greta, 304
Tigre, Argentina, 7-8, 10, 11-12, 16-19
Tillstrom, Mikael, 110-111
Tobias, John, 278, 383-384
Tomic, Bernard, 334-335
torneios-satélites, 73-74

Tous, Alberto, 179
Trans World International, 372-373
Travolta, John, 35-37
treino intervalado, 53
treinos de preparo físico, 48-49, 52-54
Troféu Memorial Peter Carter, 148
Troxler, Daniel, 328-329, 342-343
Tsitsipas, Stefanos, 399-400
Tsobanianm Gerard, 176-177
Tsonga, Jo-Wilfried, 34-35, 278, 281, 320-321, 321-322, 327
"Tweener", 176-177, 285-287, 307-308

Uehling, Gordon, 310-311
Uniqlo, 275, 383-386
Universidade de Dartmouth, 372-373, 373-374, 384-385
Universidade de Zurique, 78-79
    1974, 343-344, 355-356
    1990, 117-118
    1998, 139-140
    2001, 129-130
    2002, 10, 122-123, 251, 348-349
    2003, 144
    2004, 169-171, 171-173
    2005, 194-195, 354-355
    2006, 289-290, 375-376
    2008, 251, 409
    2009, 263, 285-289
    2010, 290-291, 291-292, 302
    2011, 290-294
    2015, 308-311
    2017, 351-352
    2018, 122-123
    2019, 376
    Aberto dos Estados Unidos, 285-294, 332-333
Universidade do Oregon, 61-62, 382

Vacheron, Philippe, 61-63
Vajda, Marián, 297-298, 407-408
Valbella, 64, 283, 394, 395
van Garsse, Christophe, 313
van Harpen, Eric, 105-106, 270
Vedasco, Fernando, 226-227, 344-345
Vicario, Arantxa Sánchez, 105-106
Vilas, Guillermo, 8
VO2 max, 53, 90-91

Wawrinka, Stan, 89-90, 398-399, 401-402
    Aberto da Austrália (2017), 342-344
    Aberto dos Estados Unidos (2016), 339-340

Copa Davis, 312-313, 314-315, 317-320, 321-323, 324
    rankings, 74-75, 217
    treinamento de, 26-27, 28-29, 48, 51
Wenner, Jann, 20
Wertheim, Jon, 210-211
Wilander, Mats, 71, 190-191
wild cards, 33-34, 100-101, 220, 366-368
Williams College, 20
Williams, Serena, 28-30, 100-101, 122-123, 187-188, 344-345, 354-355, 385
Williams, Venus, 17-18, 28-30, 100-101, 344-345
Wimbledon, 22-23, 114-115, 282
    1877, 238
    1979, 83-84
    1984, 205-206
    1985, 27-28
    1987, 213-214
    1996, 113, 135-136
    1998, 81-85
    2000, 109-110
    2001, 113-123, 216, 261, 297-298, 341-342, 369-370
    2002, 123-125
    2003, 133-144, 185-187, 241-242, 242-243, 271
    2004, 164-170, 189-190
    2007, 200-202
    2008, 12-13, 209-216, 250-251, 347-348
    2009, 245-246, 250, 251-259
    2011, 278-279, 301
    2012, 7, 279, 307-309, 338-339
    2016, 328-331
    2017, 350-352
    2019, 12-13, 82-83, 401-404
    tradições da quadra central, 113
Wintour, Anna, 220, 267
Woodbridge, Todd, 32-33, 148
Woodforde, Mark, 32-33, 148
Woods, Tiger, 16-17, 364-365, 374-379, 382
World Youth Cup (1996), 58-60

Yen-hsun Lu, 251
Ysern, Gilbert, 240-242
Yu, Ron, 273

Zidane, Zinedine, 13-15
Ziff, Dirk, 383-384
Zverev, Alexander, 328-329, 383-384, 399-400, 400-401
Zverev, Mischa, 342-343

1ª edição	SETEMBRO DE 2021
reimpressão	OUTUBRO DE 2024
impressão	LIS GRÁFICA
papel de miolo	HYLTE 60 G/M²
papel de capa	CARTÃO SUPREMO ALTA ALVURA 250 G/M²
tipografia	WARNOCK PRO LIGHT